Schreibweise
des Namens Jesu
zur Zeitenwende

Franz Alt

Was **Jesus wirklich** gesagt hat

Eine Auferweckung

In Dankbarkeit für Günther Schwarz
und für Papst Franziskus

Inhalt

I. Wer war er wirklich?

II. 48 fundamentale Jesus-Worte

III. Wie glaubwürdig ist das Glaubensbekenntnis?

I.

Wer war er wirklich?

1. Jesus war und ist einzigartig

Warum gerieten die Menschen vor 2000 Jahren »außer sich«, wie der Jesus-Biograf Matthäus schreibt, wenn sie »seine Worte hörten«? Und warum geraten die Christen heute nicht mehr außer sich, wenn sie das Neue Testament lesen? Lesen sie es überhaupt noch? Oder ist aus dem lodernden Feuer, das Jesus einst entzünden wollte, nicht längst graue Asche geworden? Oder konnten wir Jesus bisher überhaupt nicht verstehen, weil er Aramäisch sprach, eine Sprache, die aber bis heute kaum ein Theologe kennt?

Jesus hat Vieles neu gedacht und noch mehr neu gemacht. Doch dieses Neue wurde im Laufe von 2000 Jahren verschüttet und durch falsche Übersetzungen oder bewusste Fälschungen übertüncht und deshalb unverständlich, in Teilen geradezu pervertiert. Die zunehmende Leere der Kirchen hängt wesentlich mit der heutigen Lehre der Kirchen zusammen. Diese hat oft mit Jesu Lehre nichts mehr zu tun. Asche statt Feuer!

Die meisten der in diesem Buch zitierten Jesus-Worte sind von dem Theologen Günther Schwarz (1929 bis 2009) in 50-jähriger Übersetzerarbeit aus den ältesten altsyrischen Grundtexten in die aramäische Muttersprache Jesu rückübersetzt und anschließend ins Deutsche übertragen worden. Damit stellt Schwarz im Gegensatz zu *allen* anderen Übersetzungen die Sinntreue der Lehre Jesu und sein geistiges Eigentum wieder her. Er hat wie kein anderer Theologe gravierende Übersetzungsfehler erkannt und benannt. Dabei wird zweierlei klar: Alle überlieferten Jesus-Worte waren ursprünglich poetisch geformt, und der herkömmlich aus dem Griechischen übersetzte Wortlaut Jesu wurde an vielen Stellen nicht annähernd richtig übersetzt. So führt zum Beispiel die kirchenoffizielle Vaterunser-Bitte »Und führe uns nicht in Versuchung« zu einem völlig falschen und jesusfremden Gottesbild. Hier wird Gott mit Satan, dem Versucher, verwechselt. Der »Vater« Jesu ist aber doch kein Zyniker, der uns in Versuchung führt. Und dennoch wird diese absurde Bitte milliardenfach ohne jeden Sinn und Verstand nachgebetet. Schon hier wird deutlich, wie verheerend falsche Übersetzungen sein können.

Jesu Lehre über Gott ist eine ganz andere: »Gott« steht für »gut«. Das Göttliche ist das Gute: Es ist der Inbegriff des Guten. Die Botschaft von Gott, die wir Jesus verdanken, ist eine »Gute Nachricht«. Die Evangelisten Matthäus, Markus, Lukas und Johannes publizieren ihr Evangelium als »Frohe Botschaft«, als *euaggelion*, als Botschaft vom guten Gott. Jesu Botschaft heißt: Das Gute ist möglich, weil es Gott gibt. Das Gute ist da. Es gibt Gutes, man kann es erfahren und mehr noch: Man kann es tun. Davon handeln alle Jesus-Geschichten, alle Jesus-Taten und alle Jesus-Gleichnisse. Religion ist eine gute Nachricht. Dieses Vertrauen in das Gute, in das Göttliche, ist der fundamentale Unterschied zum alltäglichen Zynismus, Fatalismus, zur Resignation, zur Hoffnungslosigkeit und zum Skeptizismus. Jesus lehrt uns, was das Wichtigste im Leben ist. Umso wichtiger ist es, so genau wie möglich zu wissen, was er wirklich gelehrt hat. Auch als Christen können wir über Gott nichts »wissen«, aber dank Jesus können wir ihm vertrauen.

Die Begegnung mit dem Gottesbotschafter Jesus kann jeden und jede von uns zu jener Energie befreien, die in uns selbst offenbar vorhanden ist. Deshalb sagte er auch nach jedem »Wunder« nicht etwa »Ich habe dich gesund gemacht« oder »Gott hat dich gesund gemacht«, sondern: »Dein Vertrauen hat dich gesund gemacht.« In der Schule Jesu können wir unseren inneren Reichtum entdecken, der unser Herz gesund, unsere Seele angstfrei und unser Denken ruhig und stark macht, sodass wir wahre Liebe und wirkliche Menschlichkeit lernen. Jesus lehrte die stille Macht des Guten.

Jesus war und ist einzigartig. Viele sahen und sehen in ihm »Gott« oder »Gottes Sohn«. Mit »Herr« wurde und wird er angeredet oder aber mit »Meister« oder »Lehrer«. Andere nannten oder nennen ihn »Helfer« oder »Heiler«, also »Heiland«. Viele sahen oder sehen in ihm den »Erlöser« oder »Retter«. Wieder andere erkannten oder erkennen in ihm den lange erwarteten »Propheten« oder eine »Wiedergeburt des Johannes«.

Es gibt keine andere Person der Weltgeschichte, in die ebenso viel hineinprojiziert wurde und wird. »Messias« wurde und wird er genannt, »Christus« oder der »Bevollmächtigte Gottes« oder auch »Dämonen-Beschwörer«. Den »Logos« sahen und sehen viele in ihm, also den, der in Gottes Namen wirkt – auch in der Natur, in der Schöpfung, im Kosmos. In der Tat: Jesus lebt!

Die Frage, wer Jesus für einen selbst ist, kann nur jeder und jede für sich beantworten. Es gibt so viele Jesus-Bilder, wie es Jesus-Anhänger gibt. Der österreichische Jesus-Forscher Kurt Niederwimmer schrieb: »Das Maß meines Verstehens hängt von der Klarheit meines eigenen Bewusstseins ab.« Nur ein reifendes Bewusstsein kann Klarheit schaffen. Und nur ein klares persönliches Bewusstsein ermöglicht ein klares Jesus-Bild. »Das Jesus-Bild, das sich ergibt, ist immer verräterisch«, meint Niederwimmer. Erschwerend kommen die vielen falschen Übersetzungen dazu. Der Unterschied zwischen Jesu Muttersprache Aramäisch und dem Griechischen, welches die Basis aller bisherigen Übersetzungen bildete, ist gewaltig.

Was Jesus gelehrt und erst recht, was er getan hat, ist wie ein unerschöpflicher Brunnen aus der Vergangenheit für eine bessere Zukunft. Die Theologin und Psychotherapeutin Monika Renz schreibt in ihrem Buch »Der Mystiker aus Nazareth«: »Jesus lebte aus einem Geheimnis heraus.« Sie fragt: »Wie aber ereignet sich dieser Jesus und sein Geheimnis in der menschlichen Seele?« Und: »Was befähigte Jesus, sich jenseits des Neurotischen so zu verschenken, wie er es tat? Woher nahm er das Sensorium, Menschen bis ins Innerste zu durchschauen, sogar so, dass er wusste, was sie heilte? Zweifellos: Jesu Botschaft war und ist genial. Doch wie kam er dazu?«

2. Was hat er gelehrt?

Jesus erkannte, was den meisten Menschen wirklich fehlte und fehlt: die *religio*, das heißt die Rückbindung an Gott, das Angeschlossen-Sein an den Vater, Urvertrauen ins Leben, seelische Heimat, Mutterboden, geistige Muttermilch. Deshalb brachte er eine Botschaft für alle Menschen aller Zeiten und aller Zonen. Religion ist immer Verbindung und Rückbindung. Das sieht man sehr gut am Beispiel des weltberühmten Schriftstellers Aldous Huxley, der einer der großen Kulturkritiker des 20. Jahrhunderts war. In seinen jungen Jahren war er dezidierter Agnostiker und scharfzüngiger Kritiker aller Religionen. Nach dem Studium der Weisheitslehren des Buddhismus und Hinduismus erfuhr er eine tief greifende Wandlung seines Denkens und Handelns und schrieb: »Gott ist. Das ist das Ur-Faktum. Dass wir dieses Faktum für uns selbst entdecken, durch unmittelbare Erfahrung, dazu sind wir hier. Ziel und Auftrag jedes Menschen ist die Einheit stiftende Erkenntnis, dass Gott ist.«

Ob wir uns zu einer Religionsgemeinschaft oder Konfession bekennen oder nicht – es ist eine Tatsache, dass alle Menschen von Natur aus religiös sind. Ein Atheismus-Kongress in der alten Sowjetunion kam zum Schluss: Menschen sind unheilbar religiös. Religion können wir so wenig leugnen wie ein Fisch das Wasser oder ein Vogel die Luft. So wie alle Vögel durch das Element der Luft miteinander verbunden sind und alle Fische durch das Element des Wassers, so sind alle Menschen durch das Element der Religion miteinander verbunden. Und doch ist »Religionslosigkeit« das neue Bekenntnis unserer Zeit – zumindest in den westlichen, industrialisierten Ländern. Hier herrscht transzendente Obdachlosigkeit. Da hilft wohl nur noch beten. Wirklich? Beten Sie, liebe Leserin, lieber Leser? Schon die Frage ist vielen peinlich. Und die Antwort oft auch.

Es ist mit der Religion wohl so, wie es Sigmund Freud über die Kultur gesagt hat: Sie ist nicht dazu da, um uns die Realität vergessen zu lassen, sondern sie ist dazu da, um Raum zu schaffen für eine größere Realität. Jesus verstand unsere seelischen Krankheiten und unsere tiefsten Ängste, unser Abgespalten-Sein vom Urgrund. Unsere Urangst überschattet oft unser Urvertrauen. Aber, so lehrt Jesus, jeder Mensch hat als Tochter oder Sohn Gottes Anteil an Gott. »Tiefste Selbsterfahrung ist zugleich Gotteserfahrung« (Monika Renz). Jesus war nach dem Neuen Testament »das Ebenbild des unsichtbaren Gottes, der Erstgeborene der ganzen Schöpfung«. Durch ihn ist »alles geworden, und ohne ihn ist nichts geworden, was geworden ist« (Joh 1,1-3). Jesus war also Sohn Gottes, aber nicht Gott der Sohn.

Politisch ausgedrückt ist Jesus Gottes Regierungssprecher, sein von ihm selbst bevollmächtigter Sprecher. Deshalb ist es wichtig, dass wir so genau wie irgend möglich wissen, was Jesus wirklich über Gott gesagt hat.

Jesus als Sprecher Gottes über Gott und sein Reich:

»Im Haus Abbas gibt es viele Ruhestätten. Ich! Ich werde hingehen, um vorzubereiten einen Platz für euch, damit dort, wo ich sein werde, auch ihr sein könnt« (Joh 14,1-3 in der Rückübersetzung aus dem Aramäischen von Günther Schwarz).

Wer diesem Wort vertraut und es versteht, braucht keine Angst mehr vor dem Tod zu haben.

Wirklich ist, was wirkt. Ist die Bibel das Wort Gottes? Sie ist Menschenwerk, von Gott wohl inspiriert, aber sicher nicht von ihm diktiert.

Nach Jesus ist Gott Urlicht, Urkraft, Urenergie, Urkeim alles Lebendigen. Vor allem aber ist er Liebe. Liebe ist seine Ureigenschaft, aus der sich alle anderen Eigenschaften herleiten wie die Wärme aus dem Feuer. Gott ist der große Ermöglicher. Satan ist das Böse, er ist der Verhinderer.

Was aber ist die Liebe? Sicher mehr als ein christliches Dogma oder eine romantische Schwärmerei. Eher ein Ideal, das uns beflügelt, eine Sehnsucht, die uns treibt, ein Paradies, von dem auch Atheisten träumen. Liebe ist das Herz aller Religionen. Deshalb sagt Jesus: Gott ist Liebe. An Gott zu glauben, heißt also, an die Liebe zu glauben. Und an die Liebe zu glauben, heißt, an Gott zu glauben. Gott ist das Ziel und der Grund und die Hoffnung der Liebe. Doch was haben die Kirchen in 2000 Jahren aus Jesu Urbotschaft bis heute gemacht? Und was haben wir Menschen in der Zwischenzeit aus dieser Welt gemacht?

Fast eine Milliarde Menschen im Süden sind unterernährt. Mehr als 20 000 Menschen verhungern jeden Tag. Alle fünf Sekunden stirbt ein Kind an Hunger. Die Leichenberge in Afrika wachsen. Die Spekulationen auf Nahrungsmittel von Institutionen wie der Deutschen Bank töten indirekt Millionen Menschen, und daran ist jeder mitverantwortlich, der Geschäfte mit der Deutschen Bank macht. Auch jeder Wähler ist mitverantwortlich, wenn die von ihm gewählte Regierung diese Zustände toleriert. Nach einer Oxfam-Studie wird ab 2016 das eine Prozent der Superreichen über mehr Geld verfügen als die übrigen 99 Prozent der Weltbevölkerung. Das kann und wird auf Dauer nicht gut gehen. 2015 sehen wir Kriege auf fast allen Kontinenten. In den reichen Ländern war die seelische Not von Millionen Menschen noch nie so groß wie heute.

Der Schweizer Tiefenpsychologe C. G. Jung meinte, alles, was man zum Leben brauche, seien Glaube, Hoffnung, Liebe und Einsicht. Menschen, denen diese Individuation gelingt, beschrieb er so: »Sie kamen zu sich, sie konnten sich selbst annehmen, sie waren imstande, sich mit sich auszusöhnen, und dadurch waren sie auch mit ungünstigen Umständen und Ereignissen versöhnt.« Dies gleicht dem, was man früher mit den Worten ausdrückte: »Er hat seinen Frieden mit Gott gemacht, er hat seinen eigenen Willen geopfert, er hat sich dem Willen Gottes unterworfen.« Der Psychotherapeut hat während seines langen Lebens 80 000 Träume analysiert und kam zur Einsicht: »Unter all meinen Patienten jenseits der Lebensmitte … ist nicht ein einziger, dessen endgültiges Problem nicht das der religiösen Einstellung wäre. Ja, jeder krankt in letzter Linie daran, dass er das verloren hat, was lebendige Religionen ihren Gläubigen zu allen Zeiten gegeben haben, und keiner ist wirklich geheilt, der seine religiöse Einstellung nicht wieder erreicht, was mit Konfession oder Zugehörigkeit zu einer Kirche natürlich nichts zu tun hat.«

Eine Mutter, die ihr Kind stillt – das ist ein Symbol des Vertrauens in allen Kulturen zu allen Zeiten. Das Kind an der Mutterbrust bekommt alles, was es braucht: Nahrung, Wärme, Sicherheit, Kontakt, Liebe, Zuneigung und Urvertrauen ins Leben. Diese Urbeziehung des Lebens, Stillen und Gestillt-Werden, ist wohl die erste Meditationserfahrung, die wir machen. Hier wird uns ein Grundgefühl des Vertrauens und jeder Religion vermittelt. Gott schmeckt nach unbegrenzter Güte und Geborgenheit. Das Nährende ist in allen Kulturen zu aller Zeit auch immer das Göttliche. Das sinnvolle Tischgebet in meinem Elternhaus hieß: »O Gott, von dem wir alles haben, wir preisen dich für deine Gaben. Wir danken dir, dass du uns liebst, und segne auch, was du uns gibst.« Christian Morgenstern: »Was ist Religion? Sich in alle Ewigkeit weiter und höher entwickeln wollen.« Ganz natürlich – wie ein Kind.

Foto: Bigi Alt

Afrikanisches Kind an Mutterbrust

In der Spur des »aramäischen« Jesus können wir lernen, was Vertrauen bewirkt. Sich auf Jesus einzulassen, bedeutet, sich auf Gott einzulassen. Gott kann kreativer Urgrund werden, obwohl er uns immer unfassbar bleiben wird. Manche Menschen mit Nahtoderfahrung berichten sogar, dass Jesus uns in unserer Todesstunde entgegenkommt. Mit der kirchlichen Jesus- und Gottesbotschaft, zugrunde gelegt in der griechischen Fassung des Neuen Testaments, oder gar mit dem christlichen Glaubensbekenntnis, können immer mehr Menschen unserer Zeit jedoch nicht mehr viel anfangen. Doch diesen Menschen ist nicht ihr Glaube abhandengekommen, sondern ihr Bewusstsein hat sich weiterentwickelt. Kann es sein, dass wir Jesu Worte, vor 2000 Jahren in einer uns heute fremd gewordenen Welt und auf Aramäisch gesprochen, gar nicht mehr richtig verstehen können? Wenn aber Jesu geistiges Eigentum falsch übersetzt wurde, bleibt es uns unverständlich.

Jesu Muttersprache, das Aramäische, und die Sprache des Neuen Testaments, das Griechische, sind vor 2000 Jahren etwa so weit auseinander wie heute das Deutsche und Arabische. Das ist die Ursache vieler Missverständnisse, auf die dieses Buch aufmerksam macht. Hinzu kommt: Jesus war Jude. Er lebte in einer jüdischen Umwelt, die vom Alten Testament geprägt war, vom Morgenland. Wir aber sind Abendländer, das heißt griechisch-römisch-europäisch geprägt. Die Griechen und Römer lebten vor allem in einer anderen Geisteswelt. Die Übersetzung der Worte, Gleichnisse und Taten Jesu ins Griechische war also nicht nur eine Übertragung in eine andere Sprache, sondern auch in eine andere Geisteswelt. Und damit tun wir uns sehr schwer. Deshalb ist die Rückübersetzung ins Aramäische so wichtig. Nur dann werden wir Jesus neu verstehen lernen. Es ist unter Theologen unstrittig, dass Jesus Aramäisch sprach, und zwar galiläisches Westaramäisch. Aber alles, was *wir* von ihm wissen, ist in griechischer Übersetzung überliefert.

Diese Frage drängt sich auf: Ist das, was wir im Neuen Testament über Jesus lesen, identisch mit dem, was Jesus wirklich gesagt und gedacht, gefühlt und geglaubt, gewollt und gelehrt und getan hat? Die Entdeckung des »aramäischen« Jesus kann eine geistige

Auferweckung des wundervollen jungen Mannes aus Nazareth bewirken.

Wie also sah sich Jesus selbst? Als Messias? Mystiker? Revolutionär? Gott? Er selbst nannte sich »Menschensohn«, also ganz einfach Mensch. Den aramäischen Begriff »bar enascha« kann man übersetzen mit »Mensch schlechthin« oder mit »jeder Mensch«. Sein wahres Geheimnis steht im Johannes-Evangelium: »Ich und der Vater sind eins« (Joh 10,30). Das heißt nicht, dass er sich als Gott verstand, aber er wusste spätestens nach seiner Taufe, dass er in tiefster mystischer Verbundenheit mit seinem Abba, seinem Vater, lebte. Ein Vater bleibt ein Vater, und ein Sohn bleibt ein Sohn.

Johannes schrieb über Jesus von Nazareth: »Nie hat ein Mensch so geredet, wie dieser redet.« Fest steht, dass über das, was Jesus geredet und gelehrt hat, die meisten Bücher aller Zeiten geschrieben und verkauft worden sind: Etwa 3,5 Milliarden Mal wurde das Neue Testament bis heute gedruckt. 2010 wurden mehr als 29 Millionen Bibeln gedruckt, und 2011 waren es 32 Millionen – vor allem in den afrikanischen und lateinamerikanischen Ländern. Das Jesus-Testament ist das Buch aller Bücher, der Bestseller aller Bestseller. Die Bibel ist in über 1000 Sprachen übersetzt. Aber wie oft wird sie auch gelesen?

Jesus hat das Licht der Welt erblickt, damit allen Menschen ein Licht aufgehen kann. Wem dieses »Licht« aufgegangen ist, der kann ein rettender Lichtblick für andere werden. Wahrheit und Klarheit, Gottvertrauen und Menschenliebe waren die Wesensmerkmale des wunderbaren jungen Mannes aus Nazareth.

Deshalb hält seine Wirkgeschichte bis heute an: Täglich erscheinen weltweit im Durchschnitt drei neue Jesus-Bücher, also etwa Tausend pro Jahr. Nie wurde über einen Menschen so viel geschrieben, zu seinen Ehren gedichtet und komponiert, und noch nie wurden zu jemandes Ehre so viele Gebäude, also Kirchen, errichtet. Jesu Bergpredigt ist die Rede aller Reden in der gesamten Menschheitsgeschichte. Die Kirchen jedoch haben dieses Licht in den Stall von Bethlehem eingesperrt – die Gefangenschaft Jesu beginnt mit einer falschen Übersetzung seiner Worte.

Jesus – wer war er wirklich? Wer auf diese Frage eine Antwort sucht, muss natürlich zuerst fragen: Wie sah er sich selbst? Im Johannes-Evangelium finden wir einen ersten Hinweis auf sein Selbstzeugnis:

»Ich bin hervorgegangen aus Abba (dem Vater = Gott).
Und ich bin gekommen auf die Erde.
Und ich werde scheiden von der Erde.
Und ich werde zurückkehren zu Abba.«

(Joh 16,28 nach der Rückübersetzung ins Aramäische von Günther Schwarz. Für Rückübersetzung steht künftig RÜ.)

Jesus lebte demnach in unbedingtem Vertrauen zu Gott, war sich sicher, von seinem Vater eine einzigartige Offenbarung und Vollmacht empfangen zu haben, und erkannte, Gott gegenüber zu völliger Hingabe verpflichtet zu sein. Er redete Gott immer als »Abba« an und sprach von ihm fast immer als »Abba«. Im Aramäischen bedeutet Abba so viel wie »Papa« oder ganz zärtlich »Papi«, in der Intention Jesu: ein mütterlicher Vater. Das war und ist die Revolution unseres Gottesbildes. Gott ist für Jesus die Liebe in Person: »Und seht! – Es gibt keinen Gott der Toten, sondern einen Gott der Lebenden, denn aus ihm leben sie *alle*« (Mk 12,27/Lk 20,38 RÜ). Keiner soll verloren gehen. Welch eine Zusage für jede und jeden von uns! Wir können und wir sollen ein Netzwerk der Liebe über diesen Planeten spannen.

3. Das Göttlichste an Gott ist die Liebe

Aber im Alten Testament wird Gott 100-mal als »Herr der Heerscharen« bezeichnet und noch achtmal in der griechischen Übersetzung des Neuen Testaments. Dieses Gottesbild wiederum hat nicht das Geringste mit dem Gott Jesu zu tun. Gott, der Allmächtige, das ist nach den Erkenntnissen von Günther Schwarz ein Produkt der Übersetzer. Nach deren Gottesvorstellungen wäre Jesus kein Christ.

Wir können uns an Gott wenden wie ein Kind an die Brust seiner Mutter – und alles Bedrängende und Belastende, alles Quälende und Quengelnde fällt von uns ab, verkündet Jesus. Jesu Gott ist nie weit weg, er ist uns immer ganz nah. Jesus hat uns im Vaterunser gelehrt, dass wir direkt mit Gott sprechen können – jederzeit und ohne Vermittler. So wie er es selbst tat. Nach Jesus hat sein Vater immer Sprechstunde!

Der junge Mann aus Nazareth empfand sich nach seiner Taufe durch Johannes am Jordan selbst ganz ohne Zweifel als der bevollmächtigte Sprecher dieses Vater-Gottes, also als göttlich, aber nicht und niemals als Gott. Günther Schwarz: »Dafür, dass er die zweite Person eines dreieinigen Gottes sei, findet sich im gesamten Neuen Testament nicht ein einziger vertrauenswürdiger Beleg.« Wie blamabel für die Lehre der Kirchen über Jesus, die ihn bis heute als »zweite Person des dreieinigen Gottes« lehrt, was immer das auch heißen soll. Verstehen kann das wohl niemand. (Machen Sie doch einmal eine Umfrage unter Ihren Bekannten, um herauszufinden, ob jemand dieses Rätsel theologischer Dogmatik lösen kann.)

Fakt ist: Der Jude Jesus hat sich taufen lassen, weil er zunächst dem Gottesbild des Johannes traute. Es war das Gottesbild des Alten Testamentes. Doch bei dieser Taufe hatte er eine charismatische Gotteserfahrung: Jetzt ist Gott nicht mehr der ferne, strenge und unnahbar furchterregende Vater, sondern ein Vater, der *alle* seine Kinder liebt. Jesus hat Gott als »mütterlichen Vater« erfahren, der ihm offenbarte: »Du bist mein geliebter Sohn.« Diese Liebeserklärung Gottes hat Jesus verwandelt. Es handelt sich hier wohl um die wichtigste Korrektur zwischen dem Alten und dem Neuen Testament. Jeder von uns weiß, was eine Liebeserklärung mit uns anstellen, wie sie uns verwandeln kann. Die Menschen gingen vor 2000 Jahren zu Johannes, um sich aus Angst vor Gott und seinem Gericht von der Sünde loszusagen. Doch Jesus sieht den Himmel nicht mehr versperrt, sondern »offen«, und »hört«, dass er von seinem Vater geliebt ist. Aus Angst wird grenzenloses Vertrauen in Gottes Güte. Die Tragödie des menschlichen Lebens besteht bis heute in der Gefangenschaft unseres Daseins im Kerker der Angst. Und genau davon wollte uns Jesus befreien – durch die Macht des Vertrauens.

Nach dem Zeugnis des aramäischen Johannes-Evangeliums lebte Jesus schon vor seinem Erdenleben einzigartig in unmittelbarer Gottesnähe und konnte auch deshalb seinen »Abba« auf unserer Erde glaubwürdig als gütig beschreiben. Nur deshalb verdanken wir Jesus ein ganz anderes Gottesbild als das, was vor seiner Zeit, zu seiner Zeit und auch nach seiner Zeit gelehrt wurde und wird. Doch dieses jesuanische Gottesbild wurde verschüttet – vor allem wegen des Übersetzungsproblems.

Das Johannes-Evangelium dazu in der Rückübersetzung (RÜ) aus dem Aramäischen:

»Aus der Fülle Gottes empfangen wir Güte um Güte.
Die Thora (die fünf Bücher Moses) wurde
durch Moses gegeben;
Die Güte wurde durch Jesus verkündigt.
Kein Mensch hat Gott gesehen;
Der Einzigartige (Jesus) hat ihn uns beschrieben.«
(Joh 1,16-18 RÜ)

Jesus hat sich nie als Gott bezeichnet, aber als göttlich empfunden. Nach Johannes war er »das Wort«. In der Rückübersetzung beginnt das Johannes-Evangelium nach Günther Schwarz jedoch anders. Doch zunächst der Wortlaut, wie wir ihn aus der griechischen Übersetzung kennen: »Im Anfang war das Wort, und das Wort war bei Gott, und das Wort war Gott.« In der Rückübersetzung heißt es: »Im Ursprung setzt Gott das Wort aus sich heraus, so dass er, das Wort, bei Gott war. Alles ließ Gott durch ihn entstehen, so dass nichts ohne ihn entstand, so dass durch ihn Lebendiges entstand. Ihn, das Wort, ließ Gott Mensch werden, so dass er sich aufhielt mitten unter uns voller Güte und Treue.« (Joh 1,1.3.4.14 RÜ)

Das Wort »Anfang« im griechischen Johannes-Evangelium führt sofort zur Nachfrage: Und was war vor dem Anfang? Ich bin über Günther Schwarz nicht auf einen ganz anderen, aber doch auf einen wesentlich anderen Jesus gestoßen. Dieser Jesus-Autor ist unter weltweit etwa 20 000 Jesus-Autoren der einzige, der die Lehren des Mannes aus Nazareth in dessen aramäischem Originalton aufspürt. Nach meiner Überzeugung wäre es sehr hilfreich, würden jedem Menschen heute einige dieser Jesus-Urworte jeden Morgen neben den Frühstücksteller gelegt. Das wäre konkrete und praktische Lebenshilfe. Nach der Lektüre der aramäischen Jesus-Bücher von Günther Schwarz ging es mir so, wie es in einem orientalischen Sprichwort beschrieben ist: »Die größte Sünde für einen Beduinen ist es, wenn er von einer Oase weiß und dieses Wissen für sich behält.« Deshalb dieses Buch.

Schon Albert Schweitzer war im 20. Jahrhundert davon überzeugt: »Was seit 1900 Jahren als Christentum in der Welt auftritt, ist erst ein Anfang von Christentum voller Schwächen und Irrungen, nicht volles Christentum aus dem Geist Jesu.« Und Albert Einstein: »Wenn man das Judentum der Propheten und das Christentum – so wie es Jesus gelehrt hat – von allen Zutaten der Späteren, insbesondere der Priester, loslöst, so bleibt die Lehre übrig, die die Menschheit von allen sozialen Krankheiten zu heilen imstande wäre.«

4. Die wirkliche Weltrevolution

Mit Jesus kam *der* Gottes-Botschafter in Bethlehem als Kind zur Welt (Lk 2,4 und Mt 2,1). Gott will damit nicht länger als der Angst machende, strafende, allmächtige und rächende Herr-Gott gelten, sondern als bescheidener, liebender, demütiger, von Angst befreiender Gott erkannt werden. Hier, in einem menschlichen Kind, scheint die Liebe Gottes zu uns Menschen auf, wie sie verbindlicher und überzeugender nicht sein könnte. Was wir daraus lernen könnten: Mach's wie Gott, *werde* Mensch! Mensch sein wollen heißt Mensch *werden*.

Maria und Josef waren Jesu Eltern. Alle vier Evangelisten beschreiben die beiden unbefangen als Jesu Eltern. Sie nannten ihren Jungen Jeschua, was so viel bedeutet wie »Gott hilft«. Jesus ist die griechische Form dieses aramäischen Namens. Das Aramäische ist eine alte semitische Sprache, die im östlichen Mittelmeerraum viele Jahrhunderte lang weit verbreitet war. Eine klare Antwort auf die wunderliche jungfräuliche Geburt Jesu gibt eines der altsyrischen Evangelien. Das Altsyrische ist dem Aramäischen verwandt. Dort ist der Stammbaum Jesu nach Matthäus 1,16 beschrieben.

Am Ende des Stammbaums heißt es: »Jakob zeugte Josef, Josef, dem die Jungfrau Marjam (Maria) verlobt war, zeugte Jeschua, der Messias genannt wird.« Im Aramäischen ist Jungfrau identisch mit junger Frau. Diese Erklärung mag manchen Lesern ungewohnt sein. Aber sie steht nun einmal so da. Dieser altsyrische Evangelien-Text liegt seit 1897 auch in Deutsch vor, dank Adalbert Merx' »Die vier kanonischen Evangelien nach ihrem ältesten bekannten Texte«. Es handelt sich dabei um den ältesten Evangelien-Text, den die Christenheit bisher kennt.

Jesus, der Sohn Josefs, so lautete nach altem jüdischen Brauch und ohne jede dogmatische Verkrampfung der volle Name Jesu, eine Verbindung des Eigennamens mit dem des Vaters wie im Orient üblich. Nach Markus 6,3 hatte Jesus vier Brüder: Jakobus, Josef, Judas und Simon sowie mehrere namentlich nicht genannte Schwestern.

Gemessen am heutigen Kirchenrecht ist die Heilige Familie recht unheilig, meinte Heribert Prantl in der Süddeutschen Zeitung: Da sind zunächst eine nicht verheiratete Mutter, ein uneheliches Kind, eine ungewollte Schwangerschaft und ein nicht ehelicher Partner, der sich Gedanken darüber macht, von wem das Kind eigentlich ist. Diese Patchwork-Familienkonstellation passt – 70 Generationen nach Jesus – eher in unsere moderne Welt als in die sogenannte gute alte Zeit. Die schöne christliche Weihnachtserzählung bietet Anschauungsmaterial dafür, dass die Musik des Lebens mehr ist als ein Kirchenkonzert. Auch aus ganz unheiligen Umständen kann Heil erwachsen. Der später in Galiläa und Samaria herumziehende Single Jesus war ja auch nicht gerade ein Vorbild für Familienfreundlichkeit.

Aufgewachsen ist Jesus in Nazareth, einem damals unbedeutenden Nest mit etwa 100 bis 150 Einwohnern, das zum Großdorf Jafia gehörte. Das Nest ist so unbedeutend, dass es außer im Neuen Testament nirgendwo erwähnt wird. Bei einer Hochzeit im nahe gelegenen Kanaa fragt der Apostel Nathanael: »Was kann aus Nazareth schon Gutes kommen?«

Zur großen Überraschung der Theologen seiner Zeit lehrt Jesus mit 12 Jahren bereits im Tempel. Er wird wohl das gelehrt haben, was ihm Maria und Josef in der Tradition der jüdischen Religion beigebracht haben. Von seinem Vater lernte Jesus in Nazareth (Lk 2,51) das Handwerk des Zimmermanns. Die 23 Jahre zwischen seinem Auftritt im Tempel zu Jerusalem und seinem öffentlichen Auftreten mit 35 Jahren sind uns weitgehend unbekannt. Wir können aber davon ausgehen, dass Jesus neben seinem Hauptberuf das gelernt hat, was ihn später berühmt machte: Dämonen austreiben, Kranke heilen und lehren. Bei Johannes 7,15 (RÜ) fragen einige Pharisäer verwundert: »Wie? Dieser will die Schrift kennen, ohne studiert zu haben?« Keiner von ihnen hat Jesus unterrichtet. Aber er hat sich intensiv selbst mit den heiligen Schriften seines Volkes beschäftigt. Seine Gegner und Feinde haben ihn attackiert, aber bestreiten konnten sie seine Kenntnisse der Schriften nicht. Bei seiner Kreuzigung war Jesus wohl 38 Jahre alt, damals das Durchschnittsalter. Ob er am Kreuz tatsächlich gestorben ist, das wissen wir nicht. Alle vier Evangelien lassen das offen. Dort heißt es lediglich »Er hauchte aus.« Jedenfalls traf sich Jesus nach seiner Kreuzigung mit seinen Jüngern und aß mit ihnen. Dazu am Schluss dieses Buches mehr.

Als bescheidener Gottsucher machte sich Jesus im Jahr 28 auf den Weg zu Johannes an den Jordan, um sich taufen zu lassen. Und dabei fand er den bedeutendsten Schatz aller Zeiten, den Schatz aller Schätze, seinen Abba.

Bei seiner öffentlichen Taufe am Jordan erkannte Jesus seine eigentliche Berufung, Gott als liebenden, mütterlichen Vater zu verkünden. Er »sah« den Himmel »offen« und »hörte« die Stimme seines geliebten und ihn liebenden Vaters: »Du bist mein geliebter Sohn!« Das ist genau das, was jede Mutter und jeder Vater ihrem Neugeborenen verbal oder nonverbal sagen: »Ich hab dich lieb!«

Jesus wollte diese einfache Gotteserfahrung, durch keine Theologenschule autorisiert, als Wanderprediger dem Volk weitergeben: Gott liebt uns alle – voraussetzungslos und bedingungslos, und er lässt uns alle Freiheit. »Die Himmelsstimme, die bei seiner Taufe am Jordan zu ihm sprach, hat Jesus verstanden als ein Wort der Versöhnung und Vergebung, als Zuspruch göttlicher Huld und als Freispruch von jeglicher Schuld« (Eugen Drewermann). Oder: »Du kannst nie tiefer fallen als in Gottes Hände« (Margot Käßmann). Oder: »Wir alle fallen. Diese Hand da fällt. Und sieh dir andre an: es ist in allen. Und doch ist Einer, welcher diesen Fall unendlich sanft in seinen Händen hält« (Rainer Maria Rilke).

Jesu Auftrag war kein göttlicher Zwang, aber eine vor Gott verantwortete Entscheidung. Jesu Gotteserlebnis am Jordan wurde seine Gottesbotschaft. Seine Taufe ist die Quelle seiner Gotteserfahrung: Danach hat er »mit Vollmacht« Neues über Gott verkündet. Diese Gotteserfahrung Jesu war wohl *die* entscheidende Sekunde der Weltgeschichte: »Abba«, Vater, Papa, Papi wird er Gott von nun an nennen. Das ist das Urgestein des Neuen Testaments. Von jetzt an gilt für Jesus, was 1750 Jahre später der Frühromantiker und Philosoph Novalis so ausdrückte: »Die Liebe ist das Atmen des Universums.«

Die Gotteserfahrung bei seiner Taufe prägte das Leben Jesu auf verschiedenste Weise:

- Er erlernte bedingungsloses Vertrauen in seinen ihn und alle Menschen liebenden Vater.
- Dieses Grundvertrauen schützte und trug ihn bis zum Kreuz. Er ließ nie davon ab.
- Dieses Vertrauen war zeit seines Lebens die beste Arznei gegen die »Angstverwaltung und Angstverbreitung« (Eugen Drewermann) der kirchlichen und staatlichen Institutionen.
- Jesus hatte spätestens jetzt die Angst vor dem Sterben überwunden. Wenn Gott die Basis des Lebens ist, was kann dann der irdische Tod?
- Alles Vertrauen auf Gott wandelt sich bei ihm in eine Zuversicht auf ein Leben jenseits des irdischen Todes. Im Geiste Jesu

darf Sterben nicht mit Tod verwechselt werden. Tod bedeutet eine geistige Verdunkelung und Gottferne. Gott hat uns jedoch ins Leben berufen und nicht für den Tod bestimmt. Angst frisst die Seele auf und schadet auch dem Körper – wie uns die moderne Psychosomatik lehrt.

Sein Erlebnis am Jordan verbindet Jesus – wie alle Propheten vor ihm – mit dem Empfang des Heiligen Geistes, wörtlich: des Geistes der Heiligkeit, also des Geistes Gottes, der Kraft aus der Höhe. So spricht er selbst seine Erfahrung bei Lukas 24,49 zum Abschied von seinen Freunden an: »Seht! Ich werde auf euch senden, was Abba zugesagt hat. Und ihr! – Bleibt in der Stadt, bis Abba euch ausrüsten wird mit Kraft aus der Höhe!« (RÜ). Die Schönheit seiner Prophetensprache wird erst deutlich, wenn man seine Worte, Geschichten, Gebete und Gleichnisse in der Rückübersetzung in Jesu Muttersprache liest, wie ich an 48 Beispielen im zweiten Teil dieses Buches zeigen möchte.

5. Jesus braucht keine Dogmen

»Sechs Tage sollst du arbeiten und all deine Werke tun, aber am siebten Tage sollst du ruhen«, so wird das Sabbatgebot im Alten Testament definiert. Per göttlichem Gebot ist also für fromme Juden der Sabbat heilig, das heißt, es darf nicht gearbeitet werden und man darf auch nur eine bestimmte Anzahl von Schritten gehen. Doch Jesus stellte immer wieder diese Frage: Ist der Sabbat für die Menschen da, oder sind die Menschen für den Sabbat da? Als Jesus am Sabbat in Kafarnaum einen Mann mit einem unreinen Geist heilt, »erschaudern alle«, schreibt Markus. Als er – wiederum am Sabbat, was offiziell verboten war – einen Mann mit einer verkrüppelten Hand heilt, hecken die Pharisäer und die Anhänger des Königs Herodes sogar einen Mordplan gegen ihn aus. Und als er – noch einmal am Sabbat – eine Frau heilt, die jahrzehntelang nur gekrümmt gehen konnte, protestiert der Vorsteher der

Synagoge. Der Streit um den Sabbat zwischen orthodoxen und liberalen Juden wird in Israel bis heute ausgefochten und führt oft zu grotesken Situationen: Arbeiten oder auch Autofahren ist für strenggläubige Juden bis heute am Sabbat verboten, nicht aber Steinewerfen auf Autos, mit denen weniger fromme Juden am Sabbat unterwegs sind. Die Orthodoxen berufen sich dabei allen Ernstes auf das vierte Buch Mose, in dem Gott angeblich befohlen hat, einen Mann zu töten, weil er am Sabbat Holz auflas. Eine solch gesetzestreue, aber schreckliche und inhumane Vorstellung von Gott und Religion wollte Jesus ein für alle Mal überwinden.

Jesus lehrt, dass der Geist Gottes weht, wo er will, wie er will und wann er will. Deshalb werden Theologen Gott ewig böse sein, weil er sich nicht an ihre Lehre hält. Nach Papst Benedikt XVI. ist Gott den Priestern untertan. Der frühere Papst wörtlich: »Gott gehorcht dem Priester. Er spricht zwei Sätze aus, und auf sein Wort hin steigt der Herr vom Himmel herab.« Und: »Nach Gott ist der Priester alles.«

Die Menschen kamen zu Tausenden zu Jesus. Fischer und Frauen, Bauern und Kinder. Vor allem aber Leute aus der Unterschicht: Tagelöhner, Arbeitslose, Sklaven, Bettler und Kranke. Aber auch die damaligen Mittelschichten: Handwerker, Händler, Kleinbauern. Ihnen, nicht den Privilegierten und Prämierten, zeigte er einen Gott, der Mitleid hat mit den Leidenden, Erbarmen mit den Armen und der sich bemüht um die Mühseligen. Als heimatloser Wanderprediger befand sich Jesus oft in schlechter, nicht »gesellschaftsfähiger« Gesellschaft.

Wer die Geografie Galiläas gesehen hat, den wundert es nicht, dass im Neuen Testament von einer »Bergpredigt« bei Matthäus, einer »Feldpredigt« bei Lukas und sogar von einer »Seepredigt« bei Markus die Rede ist. Es gibt Gegenden auf unserem Planeten, wo man die Jahreszeiten intensiver als anderswo erlebt: den Frühling vielleicht in Kalifornien, den Sommer in Spanien, den Herbst im Schwarzwald und den Winter in den Schweizer Bergen. Doch zu jenen Landschaften, wo man den Frühling wie das Geschenk einer fünften Jahreszeit erleben kann, gehört für mich die Gegend um den See Genezareth zwischen Bethsaida, Kafarnaum und Magdala, wo Jesus mit seinen Heilungen den größten Erfolg hatte. Ich konnte einige Frühlingstage bei Kafarnaum, wo Jesus wohnte, verbringen und diese Gegend wie ein »fünftes Evangelium« empfinden. So beschreibt der Benediktiner-Pater und Galiläa-Kenner Bargil Pixner die Landschaft im Norden Israels. Es gibt Verbindungen zwischen einer Seelenlandschaft und einer geografischen Region. Die Seelenlandschaft Jesu kann man am See Genezareth erahnen. Es ist der Ort der Bergpredigt, der »Brotvermehrung«, des »Sturms auf dem See« und vieler Heilungen. Ich erlebe hier an einem wundervollen Frühlingstag zartes Grün. Knospen öffnen sich, Obstbäume zeigen ihre Blütenpracht, die Natur ist im Farbenrausch. Und mir kommen Verse von Joseph von Eichendorff in den Sinn: »Es wär, als hätt der Himmel die Erde still geküsst.«

Jesus war ein begnadeter Menschenkenner. Wahrscheinlich konnte er die Aura von Menschen sehen und heilend in sie eingreifen. Solche Ausnahmemenschen gibt es in allen Religionen und Kulturkreisen, zum Beispiel bis heute in der traditionellen chinesischen Heilmedizin. Diese Heilkraft hat Jesus an seine Schüler weitergegeben, denn auch sie konnten Dämonen austreiben und Kranke heilen, nachdem er sie in dieser Kunst unterrichtet hatte. Seine Heilkraft war allerdings begrenzt. Günther Schwarz hierzu: »Er konnte nicht überall und nicht jeden heilen. Zuweilen war auch, was er tun wollte und sollte, an eine bestimmte Zeit gebunden oder, wie der Seewandel, nur nach längerer Vorbereitung (Gebet/Meditation) möglich. Und: Dass man ihm drei Totenerweckungen unterstellte, war doppelt töricht; erstens, weil Tote nicht erweckbar sind; zweitens, weil die Betreffenden nur für Tote gehalten worden waren, wie der Textzusammenhang bei sorgfältiger Lektüre erkennen lässt. Als selbstverständlich gilt ihm, dass er die Vollmacht, über die er verfügte, nur für andere anwenden durfte, nicht auch für sich selbst.«

Nach Johannes 1,51 stand Jesus selbst in ständiger Verbindung mit Engeln, die ihm die Botschaften seines »Abba« überbrachten. Die meisten Botschaften gab Jesus in seinen Lehren an seine Mitmenschen weiter. Nur wenige Botschaften betrafen die Zukunft. Diese – wie zum Beispiel die Zerstörung des Tempels in Jerusalem – haben sich alle erfüllt. Deshalb gilt Jesus zu Recht als echter Prophet.

Nicht Vorschriften, Gebote und Verbote, sondern Gott macht die Menschen gut durch seine Güte. Diese fundamentale Zusage Jesu gilt primär den Schwachen und Schmuddel-Kindern unserer Welt, den Trauernden und Weinenden, den »Zöllnern« und »Sündern«. Der Mann aus Nazareth wollte den Schuldiggewordenen ihre eingetrichterte Angst vor Gott nehmen und versicherte ihnen die Vergebungsbereitschaft und Liebe seines »Abba«. So selbstverständlich, wie ein Hirte sein verlorenes Schaf sucht und ein Vater seinen »verlorenen« Sohn freudig erwartet.

Jesus bringt also keine feste Lehre und schon gar keine Dogmen. Er zeigt vielmehr einen Weg, den wir gehen, und ein Ziel, an dem wir uns orientieren können. Ein guter Seelsorger braucht keine Dogmen, meint Jesus, es reicht, wenn er die Liebe lebt, von der Güte Gottes durchdrungen ist und Weisheit besitzt. Jesus lehrt uns, dass Gott nicht über Dogmen und Theologen zu uns spricht, sondern einzig über das menschliche Herz. Dogmen trennen. Jesu Bilder aber, die wir in diesem Buch in seiner Muttersprache bedenken, laden ein. Der gesunde Menschenverstand lehnt Dogmen ab und das Herz schreckt vor Geboten zurück. Die Angebote des jungen Mannes aus Nazareth machen neugierig. Seine Bilder erreichen unsere Seele. In Jesu Bildern erkennen wir uns wieder. Mit Dogmen kann man »Heilige Kriege« führen: mit Christus gegen Moses und Mohammed oder umgekehrt.

Darum braucht es uns nicht zu irritieren, wenn das, was in der Bibel steht, verschieden interpretiert wird. Die Bibel ist grundsätzlich offen, ein Angebot an die eigene Lebensgeschichte. Ich habe in meinen bisherigen Jesus-Büchern zuerst den Friedensfreund (Frieden ist möglich – Die Politik der Bergpredigt) beschrieben, dann den Freund der Liebe (Liebe ist möglich – Die Bergpredigt im Atomzeitalter), danach den Freund emanzipierter Frauen und Männer (Jesus – der erste neue Mann) und schließlich den ökologischen Jesus (Der ökologische Jesus – Vertrauen in die Schöpfung). Seit einigen Jahren nun beschäftigt mich der »aramäische« Jesus, so wie ihn Günther Schwarz in akribischer, jahrzehntelanger philologischer und exegetischer Klein- und Schwerstarbeit erkundete.

Meine Jesus-Bücher waren und sind immer auch zeitorientiert: Der pazifistische Jesus der Bergpredigt beschäftigte mich in der Phase der Friedensbewegung in den Achtzigern. Der Frauenbewegung verdanke ich den Zugang zu Jesus als einem zu seiner Zeit einmalig emanzipierten Mann und Frauenfreund. Auf meinen vielen Reisen als Fernsehjournalist in die »Dritte Welt« lernte ich einen Jesus kennen, der mit seinem »Gott für alle« zugleich ein Kämpfer für eine gerechtere Welt ist. Und als mir durch die Umweltbewegung das Ausmaß der heutigen Umweltzerstörung bewusst wurde, die ich in meinen Zukunftssendungen in der ARD aufzeigte, entdeckte ich die Sensibilität für den ökologischen Jesus. In diesem Buch nun versuche ich, frühere Fehler zu vermeiden, wissend und hoffend, dass ich bis zu meinem letzten Atemzug ein Suchender bleibe, also auch fehlbar.

6. Am Ort der Bergpredigt

In der Symbolsprache aller Zeiten steht der Berg für Ruhe, Beständigkeit, Festigkeit und Ewigkeit. Anfang der Achtziger sitze ich am Nordufer des Sees Genezareth in Obergaliläa und »höre« auf die Verheißungen des Bergpredigers, wonach Frieden nur mit friedlichen Mitteln erreicht werden kann. Auf dem Höhepunkt des atomaren Nachrüstungswahns, als die Menschheit am atomaren Abgrund stand, »höre« ich den Bergprediger sagen, dass einer anfangen müsse, mit dem Wettrüsten aufzuhören. Anschließend schreibe ich mein kleines Buch »Frieden ist möglich. Die Politik der Bergpredigt«. Ein paar Jahre später, zur Zeit von Gorbatschows Glasnost und Perestroika, sagt mir Alexander Konovalov, einer seiner militärischen Berater, bei einer Tagung der Politischen Akademie in Tutzing: »Wir haben im Kreml Ihr Bergpredigtbuch gelesen. Wir werden im Geiste Jesu mit dem Wettrüsten aufhören, egal was der Westen tut. Wir nehmen Euch Euer Feindbild.« Feindesliebe konkret und praktisch. Sie hat die Welt verändert.

Zur gleichen Zeit will ein katholischer Verlag in Rom dieses Bergpredigtbuch ins Italienische übersetzen. Doch ein Vatikanfunktionär verhinderte das mit der fabelhaften Begründung, die Zeit sei noch nicht reif für Jesus. Heinrich Böll schrieb dazu im SPIEGEL: »Selten so gelacht.« Wie gesagt: Das war beinahe 2000 Jahre nach Jesus! Die Zeitenwende am Ende des Kalten Krieges begann nicht im Vatikan oder bei den »christlichen« Politikern in Bonn, Paris, London, Washington oder im Vatikan, sondern hinter den dicken Mauern eines kommunistischen Regimes im Kreml. Der Geist Gottes weht, wo er will. Die Zeit war einfach reif für die Wende. Der Geist Gottes, die Kraft Gottes, hatte hier größere Chancen als bei allen »christlichen« Bedenkenträgern in Rom, Bonn, Paris, London und Washington zusammen. Die Entdeckung der politischen Wirkkraft der Bergpredigt war für mich eines der großen Aha-Erlebnisse meines Lebens. Mehr und mehr hat mich diese Lehre angesteckt.

»Auge um Auge, Zahn um Zahn«, so heißt ein Grundsatz im Alten Testament. Das könnte im Atomzeitalter bedeuten, dass die ganze Welt blind und zahnlos wird. Eine Politik der Bergpredigt müsste aber dieser Intention folgen: lieber zwei Jahre verhandeln als ein Jahr bomben. Krieg im Atomzeitalter ist mehr als »nur« das klassische Abschlachten von Soldaten durch Soldaten. Krieg heute bedeutet Vernichtung von Zivilisten und Zivilisation.

Doch der Westen insgesamt hat nach 1989 eine große Chance für eine friedlichere Welt verpasst. Wir haben keine intelligente Antwort auf die Auflösung des Warschauer Pakts durch Gorbatschow gefunden. Im Gegenteil: Wir haben die NATO als größtes Militärbündnis aller Zeiten nicht nur nicht aufgelöst, sondern noch erweitert und vergrößert. Mit seiner wiedergewonnenen Souveränität hätte das glücklich und friedlich vereinte Deutschland für die Auflösung der NATO werben können. Stattdessen haben wir Bündnistreue zur Staatsräson erhoben. Es fehlte schlicht an Visionen und an einer Politik der Bergpredigt. Die Grundregel aller Pazifisten wurde wieder einmal missachtet: »Mit Gewalt erreicht man nichts.« Seit 1989 leben wir im fundamentalen Irrtum, dass »der Westen« den Kalten Krieg gegen die Sowjetunion gewonnen habe. In Wirklichkeit hat ihn Michail Gorbatschow beendet. Der bedeutendste Politiker des 20. Jahrhunderts gilt heute in Russland als ein Verräter und im Westen als ein Gescheiterter. In Wirklichkeit hat er die Welt vom Damoklesschwert der atomaren Selbstzerstörung befreit.

Nach dem 11. September 2001 wurden fast alle Ansätze, die auf friedliche Konfliktlösung setzen, hinweggefegt. Das Ergebnis sehen wir im Jahr des Schreckens 2015: Kriege in Nahost, Kriege in Syrien und im Irak, Bürgerkriege in Afrika und Afghanistan. 2014 und 2015: eine Zeit von Krisen, Kriegen und Konflikten. Michail Gorbatschow hat mir in langen, geduldigen Gesprächen erklärt, warum die NATO-Osterweiterung so verhängnisvoll war und ist: »Ich konnte meine Politik der einseitigen Abrüstung nur im Vertrauen auf die Stärke der westlichen Friedensbewegung beginnen.« Vertrauen! *Die* Gottesgabe für menschlichen Fortschritt.

Die große Leistung Gorbatschows bestand darin, dass er den Mut hatte, sich gegen die totalitären Strukturen in seinem eigenen Land zu stellen und damit den Rüstungswettlauf sowie den Teufelskreis der Angst zu überwinden. Der Kommunist Gorbatschow überwand das Prinzip des Wettbewerbs und des Misstrauens und setzte auf das Prinzip der Kooperation und des Vertrauens. Im Westen hingegen: überwiegend Friedens-Gerede und Säbel-Gerassel. Wer verstanden hat und nicht handelt, hat nicht wirklich verstanden. Ohne die Vorbilder Gandhi, Nelson Mandela, Vaclav Havel oder Lech Walesa hätte wohl auch Gorbatschow nicht gewagt, 1989 seine Soldaten in den Kasernen zu lassen. Diese Namen belegen, dass nicht nur Strukturen oder Sachzwänge Geschichte machen, sondern mutige Menschen. Karl Marx nannte Revolutionen »die Lokomotiven der Geschichte«, aber Lokomotiven brauchen Lokführer. Für mich ist deshalb auch klar: ohne Gorbatschow keine deutsche Einheit.

Ende 2014 sitze ich wieder am Nordufer des Sees Genezareth. Ich bin ein Stück den Jesus-Trail zwischen Nazareth und dem See gefahren, den sie in Israel den Kinneret nennen. Der Name kommt vom hebräischen »Kinor«, was Harfe oder Geige bedeutet. Das Rauschen der Wellen soll an den Klang eines Harfenspiels erinnern. Kleine Wellen schlagen an das Ufer. Hier scheint alles friedlich. Ein sanfter Herbsttag. Grünes Gras und hohe Palmen, sieben Quellen schlängeln sich von Norden in den See, der mir einen grandiosen Blick bietet. Hier hat Jesus seine Friedensbotschaft entwickelt.

Aber in Jerusalem – nur 150 Kilometer südlich – herrscht wieder einmal Krieg zwischen Palästinensern und Juden. Und nur wenige Kilometer westlich vom See tobt der syrische Bürgerkrieg. Die israelische Regierung versucht es einmal mehr mit eiserner Faust, mit Härte und mit mehr Polizei. Es herrscht das Gegenteil dessen, was Jesus hier gelehrt hat. Im Heiligen Land scheint 2000 Jahre danach noch immer kein Mittel zu unheilig, um die »Ruhe« wiederherzustellen. Man muss kein Prophet sein, um vorherzusehen, dass es *so* wieder einmal nicht gehen wird. Von Tag zu Tag schaukelt sich der Nahost-Konflikt hoch. Kürzlich hat die israelische Polizei einen palästinensischen Attentäter erschossen, der zuvor den Rabbiner Yehida Glick mit vier Schüssen niedergestreckt hatte. Palästinenser-Präsident Mahmut Abbas verherrlicht den palästinensischen Mörder als »Märtyrer«. Nur wenige Tage danach töten palästinensische Attentäter religiöse Juden in einer Synagoge in Jerusalem. Vernunft und Mäßigung werden zwischen den Extremisten auf beiden Seiten gelyncht – wieder einmal eskaliert der Konflikt mit Wucht und Wonne. Alles hier am See wirkt so friedlich wie vor 2000 Jahren, doch mir ist bewusst, dass ich mitten auf dem Pulverfass der Welt sitze.

Im Zentrum der Nahost-Tragödie steht die Unvereinbarkeit von nicht aufgeklärter Religion und Demokratie sowie die noch nicht erfolgte Emanzipation von Frauen in der gesamten arabischen Welt, sagt der prominente syrische Schriftsteller Adonis. Der arabische Frühling hat einen Schrei nach Demokratie und Freiheit, nach Menschenrechten, Kreativität und Individualität erklingen lassen, aber dieser wurde von Panzern und Diktatoren rasch erstickt. Der religiöse Faschismus hat den ganzen Nahen Osten im Griff. Adonis: »Am Anfang steht der Mord und nicht das Wort.«

Ich frage mich an diesem Wirkungsort Jesu, was wir Deutschen für den möglichen Nahostfrieden tun könnten. Die katholischen Bischöfe in Deutschland haben eine zentrale Rolle gespielt bei der deutsch-polnischen Aussöhnung nach dem Zweiten Weltkrieg. Die evangelische Kirche hat durch die Unterstützung der Bürgerrechtsbewegung in der DDR vor der deutschen Einheit eine ebenso wichtige Rolle gespielt. Genauso könnten die beiden christlichen Kirchen jetzt hilfreich sein bei der Aussöhnung zwischen Israel und Palästina. Aber zuvor müssten sie an ihrer jesuanischen Identitätsfindung arbeiten. Allein die Zerstrittenheit der christlichen Konfessionen ist ein Beweis dafür, dass wir den wirklichen Jesus noch nicht verstanden haben. Der Weg dorthin führt über den gemeinsamen »aramäischen« Jesus, der gelehrt hat: Frieden ist immer möglich. Das ist die Politik der Bergpredigt. Aktuell. Hilfreich. Notwendig. Dem Friedensgeist Jesu geschuldet.

Die wahre Revolution unseres Jahrhunderts wird sein, jenseits aller Religionen und Philosophien eine globale menschliche Ethik zu entwickeln. Der Dalai Lama hat dies in unserem gemeinsamen Büchlein »Ethik ist wichtiger als Religion« vorgeschlagen und große Zustimmung erhalten. In Zeiten des Klimawandels, von Bürgerkriegen und Terrorakten und in Anbetracht möglicher Atomkriege haben wir dazu keine wirkliche Alternative mehr.

7. Heute: Kein Gorbatschow weit und breit

Je länger der Westen im »Alten Denken« des Militarismus verhaftet bleibt und die NATO ihre Grenzen immer näher an die russische Grenze heranschiebt, desto nervöser werden natürlich die russischen Führer. Sie fühlen sich bedroht und setzen ihrerseits wieder auf militärische Aufrüstung. Leider hat Russland bis heute keinen zweiten Gorbatschow hervorgebracht, so wenig wie es bis heute einen westlichen Gorbatschow gibt.

Der damalige Präsident der Sowjetunion hat für seine Politik für mehr Menschlichkeit in Europa sein Leben riskiert. Wahrscheinlich hat er mit seinem Mut zur einseitigen Abrüstung einen Atomkrieg verhindert. In einem Fernsehinterview habe ich ihn gefragt, woher er die Kraft für diese schwierige Politik auf diesem schwierigen Posten nehme. Er strahlte einfach seine Frau an, die hinter der Kamera saß, und meinte: »Sie gibt mir die Kraft.« Raissa Gorbatschowa strahlte zurück. Ein politisches Liebespaar, das gemeinsam die Welt zum Besseren verändert hat. Er wollte einen globalen Konsens darüber erreichen, dass die Kriege der Zukunft die sind, die nicht geführt werden. Letztes Ziel seiner Politik war der Frieden, Frieden in Freiheit. Stattdessen drohen uns heute ganz neue Kriegsgefahren: Biologische Waffen, chemische Kampfstoffe, Weltraumwaffen oder neue ferngesteuerte Waffen aus dem Bereich »Cyberwar« – und noch immer gibt es Atomwaffen – auch mitten in Deutschland.

In den Zeiten der Ukraine-Krise gab und gibt es weit und breit keinen Gorbatschow, der eine gewaltfreie Politik und Kooperation in ganz Europa wirklich ernst genommen hat. Wer die Möglichkeit hatte, mit Michail Gorbatschow persönlich zu sprechen, wird nie vergessen, wie verbittert er darüber war, dass nach 1990 kein westlicher Politiker seine Vision vom »gemeinsamen Haus Europa« einschließlich Russlands, sein »Neues Denken« und seine Hoffnung auf tief greifende Veränderungen auch westlicher Strukturen, Institutionen und Denkweisen aufgegriffen und umgesetzt hat. Stattdessen herrschen im Westen bis heute altes Denken, Triumphalismus und Siegermentalität vor. Nach 1989 hat die NATO ein neues Feindbild gesucht. Jetzt hat sie es wiedergefunden: Russland. Das ist der wesentliche Grund dafür, dass auch in Russland am Ende Politiker alten Denkens wie Wladimir Putin wieder an die Macht kommen konnten.

Übrigens: Nach der völkerrechtswidrigen Annexion der Krim durch Putin geht in Deutschland ein neues Gespenst um. Es geistert das Etikett »Putin-Versteher« herum und ist negativ gemeint. Das ist in einem halbwegs aufgeklärten Land verwunderlich und überraschend. Warum sollte man den russischen Präsidenten denn nicht verstehen wollen? Ihn zu verstehen, ist doch vernünftiger und humaner, als ihn zu hassen, auch wenn man nicht von ihm regiert werden möchte. Wenn ich jemanden verstehe, kann ich eher einen politischen Kompromiss mit ihm schließen, als wenn ich ihn hasse. Zumindest so viel sollte 2000 Jahre nach Jesus im »christlichen« Abendland von der Bergpredigt verstanden sein.

Was ist intelligente Politik anderes als der Versuch, die zu verstehen, die das Gegenteil von mir wollen? Nur Verständnis macht uns politikfähig, friedensfähig und kompromissfähig.

George W. Bush hat sich nicht bemüht, seine Gegner zu verstehen. Das Ergebnis ist eine politische und humanitäre Katastrophe. Nach Bushs Verständnis waren seine Gegner immer und grundsätzlich die Bösen und er selbstverständlich auf der Seite der Guten. Diese Ichbezogenheit und dieses Nichtverstehen haben allein im Irak mindestens hunderttausend Menschen das Leben gekostet. Und letztlich dazu geführt, dass wir es heute mit dem Islamischen Staat, IS, zu tun haben. Der IS kämpft mit Waffen, die er von der US-Army nach dem Irakkrieg erbeutet hat. Jeder Präventivkrieg ist ein Verbrechen und schlägt auf den Angreifer zurück. Nach dem Krieg des George W. Bush gegen den Irak wandte sich die gesamte arabische Welt von den USA ab. Statt der versprochenen demokratischen Ordnung entstand Chaos. Vor den Trümmern dieser Politik stehen wir heute. Bushs Krieg gegen den Terror hat den Terror des IS ermöglicht.

Man muss sich im Rückblick noch einmal klarmachen, was Michail Gorbatschow mit seiner Politik des Vertrauens und Verstehens bewirkt hat: den militärischen Rückzug aus Afghanistan, das Ende der Breschnew-Doktrin, das die Verbündeten vom Zwangssystem des Warschauer Pakts erlöste, und schließlich sogar die Auflösung des Warschauer Pakts. Dafür hat der damalige Partei- und Staatschef der Sowjetunion sein Leben riskiert, als Teile der kommunistischen Partei und des Militärs 1991 gegen ihn putschten, und er hat darüber natürlich auch sein Amt verloren. Gorbatschow war sogar der bei einem »Realpolitiker« selten anzutreffenden idealistischen Überzeugung, dass freiwillige Machtaufgabe ungeahnte positive politische Auswirkungen haben könne. Genau das meint die Politik der Bergpredigt: Sei klüger als dein Feind, mache den ersten Schritt auf ihn zu. Ein tief besorgter Gorbatschow Anfang 2015 im SPIEGEL: »Die Lage droht zu eskalieren. Ich sehe tatsächlich Anzeichen eines neuen Krieges. Alles kann uns jederzeit um die Ohren fliegen, wenn wir nicht handeln ... Ein Krieg würde heute wohl unweigerlich in einen Atomkrieg münden ... Wenn angesichts dieser angeheizten Stimmung einer die Nerven verliert, werden wir die nächsten Jahre nicht überleben.« Michail Gorbatschow hat sich in seiner Politik nie auf Jesus berufen wie die CDU oder George W. Bush, aber er hat im Geiste Jesu Politik gemacht.

Die Folgen der versäumten NATO-Auflösung spüren wir bis heute: Wladimir Putin versucht sich wieder in alter Großmacht- und Gewalt-Politik – nach innen wie nach außen. Der Erfolg der friedlichen Revolution von 1989 basierte auf ihrem Slogan: »Keine Gewalt«. Bis an mein Lebensende werde ich diese Rufe von Hunderttausenden in den Straßen von Leipzig, Dresden, Berlin, Plauen und Rostock nicht vergessen. Menschen lernten die Jesus-Strategie – auch Atheisten und Agnostiker. Sie haben eine gewaltfreie jesuanische Revolution organisiert und damit weitere Gesellschaften in Osteuropa animiert, sich selbst ebenfalls gewaltlos von ihren Gewaltherrschaften zu befreien.

8. Die Jesus-Revolution von 1989

8. Oktober 1989, ein Sonntag. Ich bereite im damaligen Südwestfunk in Baden-Baden meine »Report«-Sendung für den nächsten Tag vor. Ein italienisches Fernsehteam bietet mir an, live Bilder aus Leipzig von der bis dahin größten Demonstration gegen das DDR-Regime einzuspielen. Gewalt sei nicht auszuschließen, sogar wahrscheinlich. Da eine Liveschaltung zu einem ARD-Team nicht

möglich war, sagte ich sofort zu. Der 9. Oktober 1989 wurde ein historischer Tag. 70 000 Menschen demonstrierten gegen ihre Regierung – friedlich. Viele hatten sich zuvor in Kirchen mit Gebeten eingestimmt. Die Liveübertragung klappte. Wir begannen die Sendung mit dieser großen und friedlichen Demonstration aus Leipzig. So konnten Millionen Westdeutsche die Freiheitsrufe ihrer Landsleute live erleben und sahen die Plakate, auf denen stand: »Keine Gewalt«, »Wir sind das Volk« und »Auf die Straße«. Der Demonstrationszug führte auch an der Leipziger Stasi-Zentrale vorbei, vor der Demonstranten zum Zeichen ihrer Gewaltfreiheit Kerzen entzündeten. Es wurde eine Revolution im Geiste Jesu. Eine friedliche Revolution, die nicht von der NATO in Brüssel gesteuert wurde, sondern von den Menschen auf den Straßen in Leipzig, Dresden und Ostberlin – einmalig in der deutschen Unheilsgeschichte.

Der Pfarrer, der damals die Nikolaikirche für die Friedensgebete öffnete, Christian Führer, 25 Jahre später dazu: »Ein Wunder biblischen Ausmaßes.« Eine der mutigen Organisatorinnen in Ostberlin, Evelyn Zupke, 25 Jahre später über ihre Lehre von damals für heute: »Man soll nicht immer denken, dass etwas unmöglich ist.« Jörg Schneider, der in Plauen heimlich Handzettel für eine Demonstration verteilte, die er auf einer alten Schreibmaschine geschrieben hatte und die in der 80 000-Einwohner-Stadt 20 000 Menschen gegen das DDR-Regime auf die Straße trieb: »Ich hatte mir geschworen, gegen dieses Regime musst du was unternehmen.« Frank Ebert, der sich 1989 in der Gethsemanekirche in Ostberlin an einer Mahnwache für inhaftierte Demonstranten beteiligte: »Wir zeigten, dass in einer Diktatur Widerstand möglich ist.« Erich Honecker dazu in seinen späteren Aufzeichnungen: »Mein Gott, dass das alles so kam.« Von jetzt auf nachher hatte der Diktator nichts mehr zu diktieren. Es gibt wohl einen Kipp-Punkt für die Unverschämtheiten eines jeden politischen Regimes. In der DDR war dieser Kipp-Punkt im Herbst 1989 erreicht. Jetzt konnte die Kraft der Schwachen Geschichte schreiben. Auch für die politischen Regimes in Peking und anderswo wird ein solcher Kipp-Punkt irgendwann erreicht sein.

Das eigentliche Wunder: Die kommunistischen Herrscher hatten Gewehre und Geschosse, Panzer, Polizei und Militär. Aber sie traten dennoch – meist – friedlich ab. Rücktritt – das war ihre vernünftige Antwort auf die Rufe der Bürgerrechtler: »Keine Gewalt« und »Wir sind das Volk«. Vor dem Hintergrund ganz anderer historischer Erfahrungen ein wirkliches politisches Wunder, eine Revolution ohne einen einzigen Schuss und ohne jedes Blutvergießen – und das in Deutschland, das noch Jahrzehnte zuvor durch Gewalt unendlich viel Leid über die ganze Welt gebracht hatte. Gorbatschows »Neues Denken« hatte sich zumindest in Teilen Europas durchgesetzt. Sein Mut war ansteckend. Das ist unsere eigentliche Hoffnung für eine bessere Zukunft: Wenn viele Menschen es wirklich, wirklich wollen, dann ist Veränderung möglich. Das zeigte sich beim europäischen Wendejahr 1989 und auch später bei der ägyptischen Revolution 2010. Noch wenige Wochen vor der Wende in der DDR 1989 war ich im damaligen Ostberlin und hätte nicht für möglich gehalten, was nur wenige Wochen später passierte. Wenige Wochen nach der ägyptischen Revolution war ich in Kairo, und auch meine ägyptischen Freunde sprachen von einem »politischen Wunder«.

Während ich an diesem Kapitel schreibe, habe ich den Dalai Lama interviewt. Auch er erinnert in der jetzt ganz kritischen Phase des Verhältnisses zwischen Tibet und China an diese beiden »Revolutionen von unten«: In den letzten Jahren haben sich 142 Tibeter aus Protest gegen die Gewalt der chinesischen Besatzer selbst verbrannt. Der Dalai Lama erklärt, er sei »voller Hoffnung auch für eine bessere Zukunft Tibets und ein friedliches Miteinander von China und Tibet .... Wir brauchen Geduld und müssen an gewaltfreier Veränderung arbeiten. Das Volk kann alles verändern, wenn es beharrlich will. Deshalb bin ich für die Zukunft optimistisch. Auch viele meiner Freunde in China wollen ein gutes Verhältnis zu Tibet. Das Interesse an Religion in China wächst ständig.«

Doch die USA, vor allem traumatisiert nach dem 11. September 2001, sind noch immer eine gewaltorientierte Großmacht mit Weltpolizei-Ambitionen. Und Europa ist noch immer zu sehr deren Vasall. Die Abhör-Orgien der NSA haben den ungeheuerlichen Sicherheitswahn und Sicherheitskomplex der USA erneut verdeutlicht. Diese USA bestätigen jeden Tag die alte Regel, wonach Geld, Gewalt und Angst die Welt regieren. Das Ergebnis einer solchen Wahnsinnspolitik ist freilich nicht mehr Sicherheit, sondern das genaue Gegenteil. Jesus zu diesem Dilemma: Gott oder Geld? Ihr müsst euch endlich mal entscheiden – der Grat zwischen Gottesdienst und Götzendienst ist sehr schmal.

Der US-Sicherheitswahn wird mir zum ersten Mal so richtig deutlich, als ich Anfang der Siebziger den »Vater« und Erfinder der Wasserstoffbombe, Eduard Teller aus den USA, in der ARD interviewe. Teller: »Unsere Philosophie lautet: Wir müssen militärisch immer doppelt so stark sein wie unsere Feinde. Dann sind wir sicher.« Was aber, wenn der »Feind« genauso denkt und handelt? Welch eine Einladung zu einem Wettrüsten ohne jeden Sinn und Verstand – gar nicht zu reden von Gefahren, Kosten und Moral. C. G. Jung wusste: »Mit dem Verstand allein kommen wir nicht zur Vernunft.« Man kann es auch so sagen: Die Atombombe ist ein Triumph unseres Verstandes, aber eine Niederlage unserer Vernunft.

Und was ist das Ergebnis dieser »Realpolitik«? Die Kriege werden immer brutaler, die Waffen immer tödlicher, die Rüstungsetats immer üppiger und der Frieden immer brüchiger. Und das Tollhaus aus Angst und Gewalt wird immer toller. »Wahrheit« und »Vernunft« bleiben auf der Strecke, solange wir sie nicht in Verbindung bringen mit der ewigen Wahrheit Gottes und seiner weisen Vernunft. Nur im Geiste Jesu und mit Gottes Hilfe finden wir Menschen den Weg aus der Finsternis der Nacht in das Licht der Morgensonne. Ohne eine Politik der Bergpredigt feiert in der Weltgeschichte die Tyrannei der Angst weiter Triumphe. Wir leben noch immer mit unserem Steinzeitgehirn, aber wir verfügen über die Atombombe.

Der evangelische Christ Helmut Schmidt hat die atomare Wahnsinnspolitik Ende der Siebziger vorangetrieben, und sein Nachfolger, der katholische Christ Helmut Kohl, hat sie in Deutschland in den Achtzigern realisiert! Die gefährlichen Atomraketen aufzustellen, hat die europäischen Steuerzahler etwa 20 Milliarden D-Mark gekostet. Sie danach wieder abzuräumen, war beinahe noch mal so teuer. Das hätte man preiswerter haben können! Gorbatschow hat mir mal eine rhetorische Frage gestellt: »Was hätten wir mit diesem Geld alles an Sinnvollem machen können!« Atomare Nachrüstung, heute noch oft als weise Politik verkauft, der wir angeblich das Ende des Kalten Krieges verdanken und mit der wir die Sowjetunion »totgerüstet« hätten – in Wahrheit war sie der Weisheit letzter Stuss.

Feindesliebe, wie Jesus sie empfiehlt, wird oft als etwas Unrealistisches und Unerfüllbares bezeichnet, etwas, das uns normale Menschen überfordert. Von Bismarck bis Kohl haben alle deutschen Kanzler gesagt: »Mit der Bergpredigt kann man nicht regieren.« Als hätten sie es je versucht! Gewaltverzicht um des Friedens willen? Verstehen statt verurteilen? Helfen statt strafen? Aufrichten statt hinrichten? Alles zu naiv und viel zu idealistisch! So lautet die Ausrede der »Realpolitiker«.

9. Die Bergpredigt ist kein Heimatroman

Der Ex-Verteidigungsminister der USA, Robert Gates, schreibt, Krieg sei für viele US-Politiker nur »ein Videospiel«. Der Friedensnobelpreisträger Barack Obama, ein Christ, gibt regelmäßig den Befehl, Terrorverdächtige ohne richterliche Genehmigung durch Drohnen hinzurichten. Dabei sterben mitunter Hunderte von Frauen und Kindern. Soll das eines Rechtsstaats würdig sein?

Doch Jesus hat mit Gewaltfreiheit ja nicht gemeint, dass wir uns alles bieten lassen sollen, sondern empfohlen, dass wir klüger sein sollten als unsere tatsächlichen oder vermeintlichen Feinde. Klüger ist es, die Projektion zu durchschauen, die dazu führt, dass der Andere mich anfeindet: Wie verletzt ist er, dass er mich ständig bedroht? Was braucht er, um mit sich und dann mit mir in Frieden zu kommen? Wahrscheinlich ist es anstrengender, seine Feinde zu hassen und die Folgen tragen zu müssen, als seine Feinde zu lieben und die Früchte davon ernten zu können, meint der Benediktinerpater Anselm Grün. Wenn ich dem Anderen etwas Gutes wünsche, überwinde ich die Macht des Negativen. Es entstehen neue Möglichkeiten der Beziehungen. Das kann jeder und jede persönlich erleben, und wir lesen von solchen Chancen auch gelegentlich auf politischer Ebene.

Der Meister aus Nazareth war ein großer Realist, aber kein Utopist. Seine Visionen einer besseren Welt können heute sehr hilfreich sein. Buddha und Jesus sind und bleiben Visionäre einer Welt mit mehr Güte, Liebe, Frieden und Gerechtigkeit. Die Bergpredigt ist kein Heimatroman. Jesus meint eher diese Strategie: Wer seinen Gegner umarmt, macht ihn bewegungsunfähig.

In den Wendejahren 1989 und 1990 erlebten wir tatsächlich solche »Wunder« von Feindesliebe. Nur durch das Entstehen von neuen, vertrauensvolleren politischen Beziehungen konnte der Kalte Krieg beendet werden. Entspannung hieß das Zauberwort – entliehen dem Yoga! Israel und Palästina oder die USA und der Iran stehen sich seit Jahrzehnten als Feinde gegenüber, so wie Deutschland und Frankreich am Ende des 19. und in der ersten Hälfte des 20. Jahrhunderts. Auch im Nahen Osten wird eines Tages Frieden möglich werden, so wie in Südafrika die scheinbar unüberwindbare Politik der Apartheid überwunden werden konnte und so wie sich Deutschland und Frankreich nach 1945 aussöhnten. Jesus ist und war der größere Realist. In meinem 50-jährigen Journalistenleben habe ich nur zwei deutsche Politiker kennengelernt, die mir sagten, die Bergpredigt sei wichtig für ihre Politik: den früheren Bundespräsidenten Richard von Weizsäcker und den früheren Ministerpräsidenten von Sachsen-Anhalt, Reinhard Höppner. Hingegen waren sich alle deutschen Kanzler darin einig, dass »man mit der Bergpredigt nicht regieren kann« (Otto von Bismarck).

Frieden und Gerechtigkeit sind das Hauptziel von Politik. Entfeindung im Sinne des Bergpredigers ist die wichtigste politische Aufgabe des 21. Jahrhunderts. Ohne Frieden kann es keine gerechte Welt geben. Wie empfindsam das zarte Pflänzchen Frieden ist, zeigt ein Blick in die europäische Geschichte: Es ist gerade mal 100 Jahre her, dass deutsche Künstler und Intellektuelle 1914 den Ersten Weltkrieg fast einhellig bejubelt haben und als »Befreiung« empfanden. Aber nicht nur in Berlin, Hamburg und München, auch in Wien, Paris, St. Petersburg und London waren die Massen begeistert, als die ersten Soldaten marschierten. Und sie marschierten immer noch nach dem antiquierten antiken Gedankengut des römischen Lyrikers Horaz: »Dulce et decorum est, pro patria mori!« (Süß und ehrenvoll ist es, fürs Vaterland zu sterben.) In englischen Texten wird dieser Spruch sogar so übersetzt: »What joy, for fatherland to die!«

Und wie sah diese »Freude«, für das Vaterland zu sterben, konkret aus? Im ersten Weltkrieg kämpften etwa 70 Millionen Menschen aus 40 Ländern mit Waffen gegeneinander. 17 Millionen starben. Nicht weit von meiner Heimatstadt Baden-Baden auf der anderen Rheinseite sind in den Vogesen am Harmannsweilerkopf 25 000 bis 30 000 Männer fürs jeweilige Vaterland »gefallen«. »Gefallen« ist ein beschönigendes Wort. Das heißt: Sie sind verblutet, erstickt und qualvoll gestorben, sie wurden erschossen, zerfetzt und zerrissen. Dagegen die Jesus-Strategie: Verzichtet endlich auf allen Nationalismus – der hat über Jahrtausende immer nur Massenmord und Krüppel, Witwen und Waisen, Tränen und Verzweiflung gebracht. Nur Vertrauen in Gott, so Jesus, kann uns vor der Vergottung des Blutes und Bodens, der Gewalt und des Geldes befreien: Ihr alle seid »Brüder« und »Schwestern«, weil ihr Söhne und Töchter Gottes seid. Verabschiedet euch endlich von den Phantastereien militärischer Größe und lernt die Hochschätzung menschlichen Dienens.

Fassungslos lesen wir heute, dass etwa Gerhart Hauptmann, Literaturnobelpreisträger mit sozialkritischem Blick, den Kriegsbeginn 1914 ebenso begeistert begrüßte wie der hochgeachtete Professor Max Weber, Urvater der aufklärerischen Soziologie. Hauptmann schrieb: »Denn einerlei, wie der Erfolg ist – dieser Krieg ist groß und wunderbar.« Weber dichtete, als seine Söhne in den Krieg zogen: »Komm, wir wollen sterben gehen (...) Eh' ich nicht durchlöchert bin, kann der Feldzug nicht geraten.« Mord und Totschlag galten als Heldentaten. Und was sagte die Kirche zum bevorstehenden Massenmord?

Am 2. August 1914 spricht der Berliner Hof- und Domprediger Bruno Doehring von den Stufen des Reichstags in einem improvisierten Gottesdienst vor Tausenden Menschen so: »Wenn wir nicht das Recht und das gute Gewissen auf unserer Seite hätten, wenn wir nicht ... die Nähe Gottes empfänden, der unsere Fahnen entrollt und unserem Kaiser das Schwert zum Kreuzzug, zum Heiligen Krieg, in die Hand drückt, dann müssten wir zittern und zagen. Nun aber geben wir die trotzig kühne Antwort, die deutscheste von allen deutschen: Wir Deutsche fürchten Gott und sonst nichts auf der Welt.« Die europäischen Völker, auch die meisten Christen, gierten noch vor 100 Jahren geradezu euphorisch nach dem Massenmord. Und das alles im »christlichen Abendland«. 1900 Jahre nach der Bergpredigt!

Und im 21. Jahrhundert haben die Rachekriege des George W. Bush und die Waffen des Westens weder in Afghanistan noch im Irak Frieden und Demokratie gebracht. Diese Kriege waren wie alle Kriege der reine Wahnsinn. Am Beginn seiner Amtszeit berief sich dieser Präsident der USA auf Jesus, er sei sein großes Vorbild. Jesus als Vorbild für Massenmord!

Würde Jesus heute unter uns weilen, er würde fragen: Wann lernt ihr endlich teilen statt töten? Jahrhundertelang haben Theologen vom »gerechten Krieg« gesprochen und geschrieben. Krieg aber, so Jesus, ist nie gerecht. Mit Bomben schaffen wir Friedhöfe, aber niemals Frieden. Immerhin sprechen die Kirchen heute überwiegend vom »gerechten Frieden«. Im Zeitalter von Massenvernichtungswaffen und Drohnen kann Krieg nie ein Werkzeug Gottes sein. Gott will das nicht, hat uns Jesus gelehrt, und der Auftrag eines jeden Christen ist es, diese Friedensbotschaft zu verkünden und zu leben. Ist das »Wehrkraftzersetzung«? Aber ja! Genau das wollte Jesus: Frieden ist Zukunft. Krieg ist Vergangenheit, ist Steinzeit-Bewusstsein. Kein vernünftiger Mensch sollte mehr Soldat werden und das Kriegshandwerk, das Töten, lernen.

In Deutschland muss, wer Kirchenmitglied sein will, Kirchensteuer zahlen. Dann ist er – katholisch gesprochen – »ein Teil am Leibe Christi«. Wenn aber einer wie Hitler oder Franco oder Georg W. Bush Kriege vom Zaune bricht und somit für Massenmorde verantwortlich wird, kann er weiterhin Mitglied der Kirche sein. Gegen diese unsägliche Heuchelei setzt Jesus seinen ganzen Protest, indem er sich gegen »die Pharisäer und Schriftgelehrten« wendet. Persönlich hatte Jesus durchaus freundlichen Kontakt auch zu Pharisäern und Schriftgelehrten. Er ließ sich auch zu ihnen nach Hause einladen. Aber er scheute sich dann nicht, ihnen die Leviten zu lesen. Er hält ihnen im Wesentlichen drei Sünden vor: ihre Heuchelei, ihre Scheinfrömmigkeit und ihren Ehrgeiz. Und er zeigt permanent auf, dass Religion in die Perversion getrieben wird, wenn den Vertretern der Religion die Buchstaben wichtiger sind als das Leben. Deshalb seine Warnung: »Hütet euch vor den Schriftgelehrten.«

Wo waren denn nun Protest und Widerstand der christlichen Kirchen gegen die Kriegshysterie 1914? Nach diesem Krieg waren drei Kaiserreiche zerstört, Millionen Menschen getötet und traumatisiert. Niemand hat es angeblich gewollt, aber die meisten haben mitgemacht. Wie Schlafwandler! Alle taten unschuldig. Viele Christen haben diesen kollektiven, flächendeckenden Schwachsinn sogar als »Gottesdienst« gefeiert. Es herrschte eine Theologie der Gewalt, die Waffen segnete und Jesu Kreuzestod mit dem »Tod auf dem Feld« gleichsetzte. In den Schulen und kirchlichen Hochschulen wurde gelehrt, dass »alle Obrigkeit von Gott« komme. So schickten die Kirchen mit »Festgottesdiensten« Soldaten »ins Feld« und wurden mitschuldig an der Urkatastrophe des 20. Jahrhunderts. Die Kirchen beanspruchten, göttliche Weisheit zu verkünden, aber sie waren von aller göttlichen Weisheit verlassen. Es gab Kriegsdienstverweigerer und Deserteure bei den Quäkern, den Zeugen Jehovas, bei den Mennoniten, aber kaum bei den großen Kirchen. Und weil Umkehr selbst nach dem Ersten Weltkrieg innerhalb der Kirchen kaum stattfand, konnte es im Zweiten Weltkrieg zu einer noch größeren Katastrophe kommen.

10. Der Christ Bush: Stolz auf Massenmord!

Krieg ist ein anderes Wort für die Verteidigung wirtschaftlicher Interessen. Wenn zum Beispiel im Irak nur Bananen wachsen würden, wäre dort 1991 oder 2003 kein einziger amerikanischer Soldat aufgetaucht. Es ging bei beiden Irakkriegen primär um US-Ölinteressen. Schon zu Beginn des ersten Krieges hatte Präsident George W. Bush der Ältere bei der größten Panzerschlacht seit dem Zweiten Weltkrieg mindestens 100 000 irakische Soldaten töten lassen. Die USA haben eines der reichsten Länder des Mittleren Ostens in Schutt und Asche gebombt. Bei der Siegesfeier sah man einen US-Präsidenten, der sich vor Vergnügen bog und der erklärte: »Nie zuvor war ich so stolz.« Und niemand weinte.

Jesus hat aber die glücklich genannt, die ihre Sensibilität nicht verlieren. Am Ende des Irakkrieges lag der Popularitätsgrad desselben Präsidenten bei 91 Prozent der US-Bevölkerung. Es war ein US-Präsident, Woodrow Wilson (Präsident von 1913-1921), der meinte: »Amerika wurde geschaffen, um die Welt zu führen.« So ähnlich dachten später die Nazis. Ein Adolf Hitler war im frommkatholischen Milieu seiner Großmutter in Braunau sozialisiert worden – er hatte im Fach Religion die Note Eins, war Ministrant, hatte schon als kleiner Junge »den glühenden Wunsch« gehabt, Pfarrer zu werden, und bekannte in »Mein Kampf«, dass er sich »oft und oft am feierlichen Prunke der äußerst glanzvollen kirchlichen Feste ... berauschen« könne – dieser Adolf Hitler sagte im Mai 1937 auf dem Obersalzberg den furchtbaren Satz: »Wehe dem, der schwach ist« – Faschismus in seinem prägnantesten Ausdruck. Jesus hat gerade die Schwachen, die Trauernden, die Friedfertigen und die Weinenden glücklich gepriesen. In der Not ihres Lebens spüren gerade sie die Nähe und die Größe Gottes mehr als die »Starken«. Aber noch nie in der Geschichte wurde Jesu Seligpreisung der Schwachen so verhöhnt und verpönt wie durch Führerfiguren wie Adolf Hitler, Mao Tse-tung oder auch die beiden Bushs. Stalin oder Mao Tse-tung beriefen sich wenigstens nicht auf Jesus.

Während der ersten drei Wochen des zweiten Golfkrieges, bei dem der Sohn des Siegers von 1991, George W. Bush, seinen Vater militärisch noch übertreffen wollte, war ich zu Vorträgen in Australien, China, Japan und Taiwan unterwegs. Dort habe ich keinen einzigen Journalisten, Politiker oder Bürger getroffen, der diesen Krieg der USA und Englands für richtig gehalten hätte. Alle Gesprächspartner haben es gut gefunden, dass Deutschland und Frankreich sich nicht an diesem Krieg beteiligt haben. Ständig habe ich gehört, dass nicht mehr die USA das Vorbild für ein friedliches Ostasien seien, sondern jenes Europa, das nach 1945 zum Frieden gefunden habe. Für uns Überlebende des Zweiten Weltkrieges ist der heutige Frieden in West-, Mittel-, Süd- und Nordeuropa *das* politische Wunder unseres Lebens. Und dennoch dürfen wir nie vergessen: Vom 20. Jahrhundert, also von zwei Weltkriegen, dem Holocaust und dem Stalinismus, werden wir uns auch in 100 Jahren noch nicht »erholt« haben.

Die Europäische Union hat 2012 zu Recht den Friedensnobelpreis erhalten. Dieser Preis ging an ein System, das ein friedliches Zusammenleben von 505 Millionen Menschen durch Recht und wachsenden Wohlstand ermöglicht. Dieses friedliche Zusammenwachsen Europas ist so attraktiv, dass sich diesem Staatenbund seit 1989 zusätzlich 17 Staaten angeschlossen haben und viele andere auf eine Mitgliedschaft warten. Die EU ist noch lange kein Paradies, aber sie ist auf einem guten Weg zu einem friedlichen Staatenbund. In der EU schlossen sich ehemalige Todfeinde zu einer Werte- und Wirtschaftsgemeinschaft zusammen. Sie stehen heute für das größte Friedensprojekt der menschlichen Geschichte und verpflichten sich zu Pluralismus, Menschenrechten, Aufklärung, Toleranz, Demokratie und Rechtsstaatlichkeit. Im Europaparlament arbeiten Abgeordnete aus 28 Ländern zusammen, die im 20. Jahrhundert zwei Weltkriege gegeneinander geführt haben. Ein einmaliges politisches Wunder. Eine Politik im Geiste der Bergpredigt. Hinzu kommt: Der Europäische Sozialstaat ist eine kulturelle Errungenschaft wie die Reformation und die Aufklärung, wie Goethe und Beethoven.

Die Europäische Union, nach Indien die zweitgrößte Demokratie der Erde, hat ihr heutiges Ansehen in der Welt vor allem durch gewaltfreie Versöhnung gewonnen. Und warum sollte den »Todfeinden« Kroatien und Serbien oder Israel und Palästina nicht auch bald gelingen, was Deutschland und Frankreich sowie Polen und Deutschland gelungen ist? Es ist vernünftig und fortschrittlich, dass in der EU Streitigkeiten nicht mehr mit Waffen, sondern mit Worten ausgetragen werden. Aus all diesen Gründen bin ich nicht stolz, ein Europäer zu sein, denn das alles ist kein persönliches Verdienst, aber ich bin dankbar und demütig. Freilich: Auch vor 1914 hatten viele Europäer geglaubt, die Welt werde immer friedlicher, demokratischer und gerechter. Es war schon damals eine Welt des Aufbruchs, der Hoffnung auf Parlamentarismus und Demokratie. Und dann richtete sich diese Welt selbst, als alle wie von Sinnen übereinander herfielen. Nationalismus, Faschismus und der bald in Terror ausartende Sozialismus beherrschten Jahrzehnte Europa, und viele Intellektuelle erlagen deren Ideologien. Säkulare Heilsbotschaften haben noch nie zum Heil der Menschen geführt. Fortschritt muss immer durch mehr Menschlichkeit erkämpft werden.

In den großen ökologischen Konflikten der Siebzigerjahre, wie zum Beispiel beim Kampf gegen das geplante deutsche Atomkraftwerk Whyl oder gegen ein Chemiewerk im französischen Markolsheim, wurde die alte deutsch-französische »Erbfeindschaft« auf beiden Seiten des Rheins endgültig überwunden. Unvergesslich, wie der französische Schullehrer Jean Gilg während der Platzbesetzung im elsässischen Markolsheim ein Transparent in den schlammigen Boden pflanzte: »Deutsche und Franzosen gemeinsam: Die Wacht am Rhein«. Der Franzose benutzte sehr bewusst den Titel der informellen deutschen Nationalhymne aus dem Ersten Weltkrieg und versah diese mit einer ganz neuen Intention: Wir arbeiten am gemeinsamen, friedlichen, grenzenlosen Europa. Wir sind Europäer. Und dieses Europa ist mehr als der Kontinent der Banken, Konzerne und Bürokraten. Nur ein soziales Europa kann ein Modell für andere Regionen werden.

Doch 100 Jahre nach dem ersten Weltkrieg gibt es Waffen, mit denen alles Leben auf unserem Planeten vielfach ausgelöscht werden kann. Weltweit lagern 19 000 atomare Sprengköpfe, davon 4400 einsatzbereit. In den Zeiten des Kalten Krieges waren es sogar dreimal so viele. Damals hätten sich Ost und West mindestens 50-mal gegenseitig umbringen können. Dabei hatten wir lediglich viel Glück, dass nichts wirklich Schlimmes passiert ist, zeigt der US-amerikanische Journalist Eric Schlosser in seinem erschütternden Buch »Command and Control. Die Atomwaffenarsenale der USA und die Illusion der Sicherheit. Eine wahre Geschichte«.

Die Wahrheit dieser Geschichte: Die US-Streitkräfte haben Hunderte von Zwischenfällen mit Atomwaffen erlebt. Wie durch ein Wunder ist nicht allzu viel passiert bei dieser »Politik der atomaren Abschreckung« – eine als Staatskunst verbrämte Irrsinnspolitik. Dafür nur einige Beispiele: Eine Intercontinental-Rakete vom Typ Titan II macht sich Anfang der Sechziger im ländlichen Arkansas selbstständig und verglüht in einem riesigen Feuerball. Wie durch ein Wunder bleibt der Sprengkopf unbeschädigt. Dutzende Unfälle lehren uns heute noch das Grausen: Flugzeuge kommen von der Start- oder Landebahn ab und rammen einen Bunker, der vollgestopft ist mit Atombomben. Ein B 2-Bomber mit thermonuklearer Ladung stürzt über bewohntem Gebiet ab. Unter einer B 2, die 1961 über North Carolina abstürzte, hingen nukleare Sprengköpfe mit der 20-fachen Sprengkraft der Hiroshima-Bombe. Da müssen wohl Heerscharen von Schutzengeln unterwegs gewesen sein und Schlimmeres verhindert haben, meint der von seinen Recherchen geschockte Autor. Das Buch liest sich wie ein Roman über die vorletzten Tage der Menschheit. Das US-Militär handelte und handelt nach dem Motto: »Wenn es schon Atombomben gibt auf der Welt, dann müssen wir die meisten, die besten und die stärksten haben.« Der atomare Wahnsinn auf sowjetischer Seite wird nicht wesentlich anders gewesen sein. Genaueres wissen wir nur noch nicht. Und heute? Was haben wir aus den militärischen Irrungen und Wirrungen der Vergangenheit gelernt?

Auf der »Sicherheitskonferenz« 2014 in München sprachen die deutschen Minister von der Leyen und Steinmeier, aber auch Bundespräsident Gauck von mehr »deutscher Verantwortung«. Präsident Gauck: Deutschland müsse sich »früher, entschiedener und substanzieller einbringen«. »Deutsche Verantwortung« ist ja ein kuscheliges Wort. Bundespräsident Gauck, Sie sprechen ja auch vom »Krieg als letztes Mittel«, und das heißt ganz konkret und praktisch: Tod, zerrissene, verletzte, zerfetzte und verwundete Menschen, Blut, Angst, Zerstörung, Hoffnungslosigkeit und Verzweiflung. Im Atomzeitalter können wir Kriege nie mehr gewinnen, aber unsere Menschlichkeit für immer verlieren. Mit Bomben schaffen wir Friedhöfe, aber keinen Frieden. Doch Sie, Herr Gauck, reden leichtfertig mit horrenden Phrasen. Nein, Herr Bundespräsident, die Lehre von 200 Kriegen nach 1945 und die Lehre Jesu sind ganz eindeutig: Krieg darf nie wieder ein Mittel der Politik sein. Nach dem Grundgesetz darf die Bundeswehr ausschließlich zur Landesverteidigung aktiv werden und nicht für Auslandseinsätze. Mehr deutsche Verantwortung muss nach den Erfahrungen von zwei Weltkriegen so aussehen: Stärkung einer echten Friedensdiplomatie, Ausbau des zivilen Friedensdienstes und Unterstützung von Kriegsflüchtlingen und Deserteuren. Also: Frieden schaffen – ohne Waffen! Die Deutschen sollten freilich das Wort »Verantwortung« ihres Präsidenten ernst nehmen. Was aber könnte das heißen?

Wir lassen uns von den Regierenden nicht länger einreden, dass wir wegschauen – nur weil wir genauer hinschauen. Dabei spüren wir die Verantwortung für Afrika-Flüchtlinge zum Beispiel, die im Mittelmeer ertrinken. Das Asylrecht im Grundgesetz sollten wir dahingehend ändern, dass es wieder wird, wie es einmal war: »Politisch Verfolgte genießen Asylrecht.« Keine Drohnen, wie sie Ursula von der Leyen bestellt hat. Deutschland braucht keine Waffen, die auf Knopfdruck automatisch töten, sondern ein größeres Herz für die Ärmsten. Doch die Realität sieht so aus: Deutschland gibt pro Jahr über 30 Milliarden Euro für das Militär aus und 29 Millionen Euro für die Friedensdienste, also knapp ein Tausendstel. Das ist zumindest ein skandalöses Missverhältnis. Die frühere EKD-Ratsvorsitzende Margot Käßmann dazu: »Es steht Deutschland gut an zu sagen: Wir exportieren Frieden und nicht Rüstung.«

In Afghanistan war der größte deutsche Bundeswehr-Einsatz, und er war sinnlos: Korruption, Frauen- und Mädchen-Diskriminierung, Stammesherrschaft und Islamismus werden sich wieder ausbreiten, sobald die deutschen Truppen abgezogen sind. In Afghanistan starben 54 deutsche Soldaten und Polizisten – davon 36 im Kampf. Wofür? Der frühere Verteidigungsminister Peter Struck hatte sich sogar zur Behauptung verstiegen: »Deutschland wird am Hindukusch verteidigt.« Zum Frieden finden ist offenbar weit schwieriger, als Gründe für den Krieg zu erfinden.

Aber solange die beiden Kirchen in Deutschland noch »Militärseelsorge-Verträge« mit dem Staat brauchen, haben sie von der Friedensbotschaft des Bergpredigers wenig verstanden. Jesus würde nie verstehen, dass »seine« Nachfolger »Militärpfarrer«, »Militärdekane« und »Militärbischöfe« sein wollen, die den Soldaten im Kampf den Segen erteilen und in von Militärs bewachten Kasernen »Militärgottesdienste« feiern und Lieder singen, die so klingen wie »Großer Gott, wir loben Dich, Herr, wir preisen Deine Stärke, vor Dir neigt die NATO sich ...«. Wenn nicht mal die Kirchen verstehen, was Jesus mit seinem Pazifismus gemeint hat, wie soll dann eine ganze Gesellschaft je pazifistisch werden?

Was sind denn die eigentlichen Erfolge der deutschen Politik nach 1945? Der Aufbau und Ausbau der Demokratie, die segensreiche Wirkkraft des Grundgesetzes, das Wirtschaftswunder, die Westbindung, die Ostpolitik, die europäische Einigung, die Wiedervereinigung. Das große Glück war, dass all diese Erfolge und Fortschritte ohne Gewalt erreicht wurden. Diese lebenswichtigen Ziele wurden allesamt friedlich organisiert. Wenn wir die künftigen Ziele ebenfalls friedlich erreichen wollen, was müssen wir aus den Erfolgen der letzten 70 Jahre lernen? Beim Aufbau der Ukraine mit wirtschaftlichen und technologischen Mitteln helfen, fairer Handel und Entwicklungshilfe für Afrika, großzügige Hilfe für Flüchtlinge und Asylanten, besseren und effektiveren Klimaschutz betreiben. Das sind die Schwerpunkte unserer Politik einer Verantwortung, die wir als reiches Land für eine friedlichere Welt setzen müssen. Frau von der Leyen, Herr Gauck und Herr Steinmeier: Darüber müssen wir endlich offensiv und ehrlich diskutieren. Das schützt auch vor dem Verdacht, doch wieder heimlich, still und leise Militäreinsätze vorzubereiten. Die deutsche Politik muss endlich deutlich machen, dass ihr fernes und künftiges Unglück nicht egal ist. Was würde Jesus heute zur aktuellen Flüchtlingskrise sagen? »Für diejenigen, die sich auf mich berufen, darf es keine Ausländer geben, sondern nur Kinder Gottes. Alle Menschen sind Brüder und Schwestern.«

Der Bergprediger empfiehlt bis heute: Hört endlich auf, die Menschen oder gar ganze Nationen in »Gute« und »Schlechte« einzuteilen. Dass Russland Sorge um seine Marinebasis auf der Krim hat, ist aus »realpolitischer« Sicht verständlich. Es ist nichts anderes, als würde Kuba versuchen, US-Militärbasen auf seinem Territorium zu schließen. Aus pazifistisch-jesuanischer Sicht freilich sind alle Militärbasen von Übel. Die Ukraine-Krise zeigt uns überdeutlich, dass auch 25 Jahre nach dem Fall der Mauer in Berlin und dem Ende des Kalten Krieges wirklicher Frieden auf unserem Kontinent noch viel Arbeit und kluge Politik braucht: ein Konzept gemeinsamer Sicherheit anstelle der gefährlichen Abschreckungslogik und den Mut, der anderen Seite Vertrauen entgegenzubringen.

11. Was würde Jesus heute sagen?

Die alles entscheidende Frage einer christlichen Ethik kann einzig und allein so lauten: Was würde Jesus dazu sagen?

Noch immer lernen Millionen junger Männer, auch Christen, in Kasernen, wie sie »Feinde« am effektivsten töten können. Deutschland – nur noch von Freunden umstellt – gibt Jahr für Jahr über 30 Milliarden Euro für Militär und Rüstung aus – weit mehr als zu Zeiten des Kalten Krieges. Die USA wenden gar mehr als das 20-Fache für ihre Kriegsbereitschaft auf: 700 Milliarden Dollar.

Das ist mehr als der Rüstungsetat aller übrigen Länder zusammen. Warum investieren wir dieses viele Geld nicht zur Überwindung des Hungers oder in die Erforschung des Lebens in den Ozeanen oder in die Untersuchung der Heilungskräfte in Ozeanen und Urwäldern? Warum geben wir zur Zeit etwa 100-mal mehr Geld aus, den Weltraum zu erkunden anstatt unseren eigenen Planeten?

Der Mythos vom Frieden stiftenden Militär ist längst beerdigt. In den deutschen verteidigungspolitischen Richtlinien vom 26.11.1992 heißt es: » Aufgabe der deutschen Bundeswehr ist die Aufrechterhaltung des freien Welthandels und des ungehinderten Zugangs zu den Märkten und Rohstoffen in aller Welt.« Diese Richtlinien gelten noch heute. Das ist ein ganz klarer Verstoß gegen das Grundgesetz, welches Militär nur für den Verteidigungsfall vorsieht.

»Kooperation statt Konfrontation« schlägt die Friedensbewegung als Motto einer neuen Politik vor. Und Jesus rät: Überzeugt durch Geist und nicht durch Gewalt! Der deutschen Außenpolitik mangelt es noch immer an Frieden stiftender Kreativität. Wie diese ganz konkret und praktisch gehen könnte? Die Zivilgesellschaft hat es schon lange vorgemacht. Zwei Beispiele:

Rupert und Christel Neudeck, Gründer der humanitären Hilfsorganisationen Cap Anamur und Grünhelme, haben mit ihren Helfern und Spendern in Afghanistan 40 Schulen gebaut. Auch sie kommen zum Schluss: Der militärische Einsatz der Bundeswehr dort ist total gescheitert. Die humanitäre Hilfe aus Deutschland hingegen war erfolgreich. Humanitär könnten wir tatsächlich viel mehr und erfolgreich helfen. Der Geist Gottes meint: Interveniert versöhnend, nicht spaltend; arbeitet befriedend, nicht kämpfend! Auch hier gilt: Lernen aus der Geschichte in Afghanistan und Irak heißt Lernen von den Erfahrungen der beiden Neudecks. Der 75-jährige Rupert Neudeck ist ein großer Freund des Nazareners, wie man in jedem seiner Bücher über humanitäre Politik nachlesen kann. Wirkliche Jesus-Nachfolger und wahre Humanisten müssen gemeinsam an einer Welt ohne Kriege arbeiten. Die Neudecks haben in den letzten Jahrzehnten mit ihren humanitären Aktionen 11 300 Boatpeople im südchinesischen Meer das Leben gerettet,

Hunderttausenden Flüchtlingen in Afrika zum Überleben verholfen, Zehntausenden Kindern eine Ausbildung ermöglicht und in Palästina und Afrika viele Solaranlagen installieren lassen. 15 Millionen Deutsche, darunter viele »Report«-Zuschauer, haben als Spender mit überwiegend kleinen, bescheidenen Beträgen diese Lebensrettungsarbeit finanziert. Eine Riesenmenschenmenge empfing 1979 die ersten 450 Boatpeople begeistert an den Hamburger Landungsbrücken. Exakt 35 Jahre später, am 9. August 2014, durfte ich dabei sein, als 3000 Vietnamesen, ihre Kinder und Enkel und viele Deutsche wieder an den Landungsbrücken zusammen mit den früheren Vizekanzlern Franz Müntefering und Philipp Rösler in einer Dankes- und Gedenkfeier sangen: »Einigkeit und Recht und Freiheit für das deutsche Vaterland«. Und: »Blüh im Glanze dieses Glückes, blühe, deutsches Vaterland.« Viel überzeugender und bewusster und selbstverständlicher, als es je eine deutsche Fußballnationalmannschaft im Fernsehen vorgesungen hat. Ich habe mich dabei meiner Tränen nicht geschämt. Auf vielen Plakaten und Bannern stand »Danke, Deutschland«. Diese Vietnamesen haben sich vorbildlich in die deutsche Gesellschaft integriert. Ich hörte beim großen Boatpeople-Treffen unter viel Beifall den Satz: »Auch wir deutschen Vietnamesen oder wir vietnamesischen Deutschen sind Fußballweltmeister. Und darauf sind wir stolz.«.

Ein anderes Beispiel ist die 88-jährige Rosi Gollmann mit ihrer Andheri-Hilfe. Der Religionslehrerin in Bonn fiel Ende der Fünfzigerjahre ein Artikel im »Stern« über die Not in einem indischen Waisenhaus in die Hände. Ihre humanitäre Arbeit begann damit, dass sie dafür sorgte, dass die Kinder dort zunächst jeden Tag eine Handvoll Reis bekamen. Doch im Lauf der letzten fünf Jahrzehnte wurde die Andheri-Hilfe weltweit zu einer der erfolgreichsten humanitären Hilfsorganisationen: 1,3 Millionen ehemals Blinde in Bangladesch können jetzt sehen, weil diese deutsche Hilfsorganisation das Geld für die Blindenoperationen zusammentrommelte – 40 Euro für eine Augenoperation, und schon kann ein Mensch wieder sehen! Aber auch diese »Wunder« geschahen und geschehen, weil eine Frau im Vertrauen auf Gottes Hilfe das Unmögliche gewagt hat: Millionen indischer Frauen haben sich mithilfe der deutschen Zivilgesellschaft zu Frauengruppen zusammengeschlossen, um sich vom traditionellen Patriarchat zu befreien: 200 000 Kinder wurden aus der Fabrikarbeit befreit und besuchen nun Schulen, welche die Andheri-Hilfe gebaut hat. Tausende von Mädchen verdanken der Hilfe aus Deutschland ihr Leben, weil in ihren Dörfern endlich die furchtbare Tradition der Mädchentötung überwunden werden konnte. Hunderte Tempelprostituierte konnten aus ihrem Elend befreit werden und einen Beruf erlernen, Millionen Frauen in Indien und Bangladesch konnten mithilfe von Mikrokrediten ihr eigenes Geschäft aufbauen und ihre Solaranlage installieren. Millionen Menschen haben eine glückliche Zukunft, weil sich *eine* Frau in Deutschland vor 50 Jahren auf die Spur Jesu begab. Auch hier haben unsere »Report«-Zuschauer dafür viele Millionen gespendet.

Menschen wie Rupert und Christel Neudeck sowie Rosi Gollmann und ihre Nachfolgerin Elvira Greiner, engagierte Christen, leben die elementare Kraft der Liebe mit einem großen Herzen. Sie haben sich im Himmel ein großes Liebes-Konto angespart. Gottes Liebe wirkt dort, wenn Menschen aus Liebe an ihre Grenzen gehen.

Als Rosi Gollmann vor 50 Jahren sagte: »Diesen Blinden müssen wir helfen«, wurde ihr entgegengehalten: »Das sind doch Tausende, ja Millionen! Wo willst du denn da anfangen?« Ihre schlichte Antwort: »Mit dem Ersten.« Wie gesagt: Heute sind es 1,3 Millionen!

Mit einer solchen humanitären Hilfe ist dem Frieden in der Welt weit mehr gedient als durch Militär und Waffenexporte. Ich werde nie vergessen, wie ich mit einem ARD-Team die Millionste Blindenoperation in einem Krankenhaus in Bangladesch filmte. Mein ganzes Team hatte Tränen in den Augen, als das fünfzehnjährige Mädchen Hasna sich nach der Operation überglücklich zum ersten Mal in einem Spiegel sehen konnte und minutenlang weinte und tanzte vor Glück und immer wieder rief: »Thank you! Thank you! Thank you!«

12. Keine Waffenexporte

Vor 100 Jahren begann der Erste Weltkrieg, vor 75 Jahren der Zweite. Was haben wir daraus gelernt? Wollen wir ewig Kriege führen? Solange Deutschland an dritter Stelle der Waffenexporteure dieser Welt steht, helfen wir noch immer dabei mit, dass anderswo gemordet wird. Ohne Waffen keine Kriege! Mit dem aus Deutschland exportierten Schnellfeuergewehr G3 und dem Sturmgewehr G36 werden jedes Jahr Zehntausende Menschen getötet. Diese Gewehre sind die schlimmsten Massenvernichtungswaffen unserer Zeit. Aber noch jede Bundesregierung hat ihre schützende Hand über die Produktionsfirma des G3 und des G36 aus Oberndorf am Neckar im Landkreis Rottweil gehalten: über Heckler & Koch. In dieser kleinen Stadt zwischen Stuttgart und dem Bodensee wird seit 200 Jahren ein Teil der Waffen hergestellt, mit denen die Menschheit in fast jedem Winkel unseres Planeten ihre Kriege führt. Hier leben 13 000 Menschen, jeder zehnte ist bei Heckler & Koch beschäftigt. Der Sicherheitszaun um die Firma ist von zwei netten Schildern geschmückt: »Wir stellen ein« und »Wir bilden aus«. Rüstungsgegner rechnen vor, dass jeden Tag mit Waffen aus dem deutschen Oberndorf 114 Menschen getötet werden. In den Kneipen von Oberndorf jedoch hört man am Stammtisch: »Unsere Waffen schützen Menschenleben.«

Der Tod ist noch immer auch ein Meister aus Deutschland. Unsere Politiker reden vom Frieden und unterstützen Kriege anderswo. Auch Deutschland ist in die weltweite Mord- und Mördermaschinerie verstrickt. Politik, Industrie und Banken profitieren vom Krieg – das geht quer durch die Parteien: christlich, liberal, sozial – alles tödlich. Es läuft nach dem Motto: Frieden schaffen mit immer mehr Heckler & Koch-Waffen oder durch Pistolen der Firma Sig Sauer in Schleswig-Holstein. Der Rüstungsgegner Jürgen Grässlin hat für sein »Schwarzbuch Waffenhandel« recherchiert, dass durch die Waffen aus Oberndorf bisher mehr als zwei Millionen Menschen starben. Er nennt diese Kleinwaffenexporte aus Deutschland »aktive Beihilfe zum Massenmord«. Die Verantwortung für diesen exportierten Tod liegt sowohl bei den Unternehmen wie bei der Politik. Und diese hat, egal ob CDU/CSU, die SPD, die FDP oder (leider auch) die Grünen an der Bundesregierung beteiligt waren, versagt. An der Spitze der für diesen Skandal Verantwortlichen stehen die letzten drei deutschen Bundeskanzler: Helmut Kohl, Gerhard Schröder und Angela Merkel. Und keiner der von Grässlin genannten Politiker und Manager hat bisher gegen das Buch geklagt. Der Autor hat die Richtigkeit des alten Spruchs der Friedensbewegung im Detail und akribisch bewiesen: »Deutsche Waffen, deutsches Geld morden mit in aller Welt.«

Im September 2014 verletzt die Bundesregierung ihre eigenen Richtlinien für Waffenexporte – wieder einmal. Sie beschließt, zur Bekämpfung der brutalen IS-Terroristen Waffen an den Irak zu liefern. Es ist offenbar leichter, solche Beschlüsse für Waffenexporte zu treffen als Beschlüsse für Flüchtlingshilfe. Waffen gibt es mehr als genug im Irak, nicht aber Lebensmittel und Medikamente. Die Bundesregierung hat keinen Einfluss darauf, in welche Hände diese deutschen Waffen langfristig gelangen. Die IS-Terroristen verüben ihre schlimmen Massaker mit Waffen, die aus den USA stammen oder aus Saudi-Arabien, also von unseren »Freunden«. Oft bekämpfen wir mit Waffen, was wir vorher selbst schaffen. Diese Waffenexporte wirken mittel- und langfristig destabilisierend, tödlich. Sie sind verantwortungslos und am Ende kontraproduktiv. Deutschland hat die Möglichkeiten, Weltfriedensmacht zu werden, und sollte nicht länger Waffenexporteur Nummer drei der Welt bleiben. Auf Gewalt ruht kein Segen. Frieden ist nur friedlich zu erreichen.

Im Dezember 2014 publiziert die Gemeinsame Konferenz Kirche und Entwicklung (GKKE) eine Übersicht problematischer Empfängerländer deutscher Rüstungsexporte: Ägypten, Algerien, Indien, Indonesien, der Irak, Israel, Kolumbien, Libyen, Marokko, Oman, Russland, Saudi-Arabien, Singapur, Turkmenistan, die Türkei, die Vereinigten Arabischen Emirate und Vietnam.

Solange »Sicherheitspolitik« noch immer auf militärische Drohung setzt, haben wir von Jesus nicht viel verstanden. Er würde heute in der globalisierten Welt mit Sicherheit für einen fairen Ausgleich der Interessen und für Kooperation plädieren. Das könnte für Deutschland heißen: 75 Jahre nach Beginn des Zweiten Weltkrieges ist die Zeit reif, die nationalen Armeen abzuschaffen und die Waffenexporte zu beenden. Jesus-Freunde sollten sich dafür engagieren. Was hilfreicher wäre, das ist eine internationale Polizeitruppe, die der UNO unterstellt ist. Der Krieg muss geächtet werden, so wie wir die Sklaverei geächtet haben. Die Schritte dorthin: Nationalstaatliche Militärgewalt ablösen – supranationale Institutionen aufwerten – überstaatliche Polizeimacht aufbauen. Wir sind bereits auf diesem Weg.

Die christlichen Kirchen veröffentlichen Verfolgungslisten, wonach Saudi-Arabien seit Jahren auf Platz zwei der schlimmsten Christenverfolgungen steht – hinter Nordkorea. In Saudi-Arabien leben über eine Million Christen. Die Ausübung ihrer Religion ist verboten, ihre Kirchen werden niedergebrannt. Sie werden verfolgt und gefoltert, aber Deutschland liefert ihren Peinigern Waffen. Rüstungsexport ist ein Mordsgeschäft. Waffenhandel ist ein Bombengeschäft. Dabei zählt nur eins: Profit, Profit und nochmals Profit! Verfassungsbruch inbegriffen. Die Regierung Merkel versprach den saudischen Herrschern zuletzt die Lieferung von 700 Leo-Panzern. »Christliche« Politiker als religiöse Legastheniker. Das saudische Königshaus gehört zu den schlimmsten Terrorregimen dieser Welt. Aber wir hängen am Tropf ihres Erdöls.

In diesen Tagen fragen sich die Menschen oft: Gibt es das Dämonische oder das Böse überhaupt? Wer die Geschichte kennt oder auch nur sich selbst, kann diese Frage leicht mit einem Ja beantworten. Dass es auch das kollektive Böse und Dämonische gibt, habe ich noch als Kind im Reich Adolf Hitlers erlebt, und jeder kann es erahnen, wenn er die aktuellen, unglaublich schrecklichen

Bilder etwa aus dem Bürgerkrieg in Syrien in der abendlichen Tagesschau sieht. Oder: Man höre sich die berüchtigte Sportpalast-Rede von Propagandaminister Goebbels aus dem Jahr 1944 an. »Wollt ihr den totalen Krieg?«, schrie Hitlers Minister in die Halle. Die Antwort war ein tausendfach gegröltes »Ja« von Nazi-Größen. Die Generation meiner Eltern war schlicht verrückt und verblendet.

13. Wie wäre die Welt ohne Jesus?

Im Kidrontal bei Jerusalem, wo Jesus vor seiner Passion von seinen Freunden Abschied nahm, meditiere ich die Frage, wie die Welt und mein eigenes Leben aussehen würden ohne den Weg dieses Gottesbotschafters oder ohne unser Wissen über ihn. Natürlich sind wir erst am Anfang, ihn zu verstehen und ihm zu folgen. Und natürlich wurde auch er so furchtbar missverstanden, dass es kaum ein Verbrechen gibt, das nicht in seinem Namen ausgeführt wurde: Kriege, sogar »heilige« Kriege, Misshandlungen, massenhafte Menschenrechtsverletzungen, Kreuzzüge, Intoleranz, brutalste Ungerechtigkeiten und vor allem: viel Gleichgültigkeit, wo Engagement hilfreich gewesen wäre. Ein besonders dunkles Kapitel in der Geschichte des Christentums ist die Zeit der Kreuzzüge im Mittelalter. Gewalt und Vernichtung, Eroberung und Massenmord sind ihre Kennzeichen.

Heute haben die Kirchen Jesu befreiende Botschaft zu einer bürgerlichen Anstandsmoral verengt. Deshalb hat sie ihre Erlösungs- und Befreiungskraft verloren. Der evangelische Theologe Paul Tillich hat in der Mitte des 20. Jahrhunderts gemeint, der kirchliche Begriff von Sünde sei nicht mehr zu retten. Und schon im 19. Jahrhundert hat der dänische Schriftsteller Sören Kierkegaard vorgeschlagen, wir sollten, was die Kirche Sünde nennt, mit Verzweiflung wiedergeben. Tatsächlich kommt das Wort Sünde von »absondern« oder im Hebräischen von »Verlorenheit«. Das trifft, was Jesus meinte. So können wir auch im Sinne Jesu eher verstehen, warum Menschen zu Gewalt neigen, Selbstmörder werden oder der Trinksucht und anderen Süchten verfallen. Für Verständnis hat sich der Meister aus Nazareth ausgesprochen, nicht für Verurteilungen.

Ich werde meiner Frau ewig dankbar dafür sein, dass sie in einer von mir verschuldeten Partnerschaftskrise mich nicht verurteilt, sondern versucht hat, mich zu verstehen. Setzt Verständnis und Vertrauen an die Stelle von Verurteilung und Selbstablehnung: Das ist die zentrale Botschaft des Nazareners. Das Gegenteil von Liebe ist nicht der Hass, sondern das Verurteilen. Nur deshalb konnte ich nach einer Psychotherapie vor 35 Jahren lernen, dass es im Geiste Jesu kein Fehler ist, wenn wir Fehler machen, aber ein ganz großer Fehler, wenn wir aus Fehlern nichts lernen. Ich hatte damals zum ersten Mal in meinem Leben Suizid-Gedanken. Manchmal muss man tief fallen, um mitten im Leben aufzuwachen.

Was Jesus über Gott als Ursprung der Liebe gesagt und gelehrt hat, ist und bleibt das Programm für eine bessere, gerechtere, liebevollere und menschlichere Welt. Mit mehr Jesus-Bewusstsein könnten wir lernen, wer wir sind und was wir werden könnten. Angenommen, wir würden heute erstmals von Jesus hören: Seine Botschaft von einer friedlicheren und geschwisterlichen Welt und von einem liebenden und gütigen Gott wäre heute so revolutionär wie vor 2000 Jahren. Diese Botschaft würde aber genauso viel Zustimmung und zugleich Widerstand erfahren wie damals. Auch von Kirchen. Der Widerstand selbst gegen kleine Reformen, die Papst Franziskus seiner verbürgerlichten und verbürokratisierten Kirche verpassen möchte, ist ein deutlicher Hinweis auf diesen Tatbestand. Der Papst sagt jedoch eindeutig: »Ein Christ, der in diesen Zeiten kein Revolutionär ist, ist kein Christ.« Ob er diesen hehren Worten auch Taten folgen lässt?

Das heikelste Kapitel einer anstehenden Kirchenreform ist wohl die katholische Sexualmoral. Siehe das Kapitel II.8: Jesus und die Sexualität.

Nach der Wahl dieses Papstes kamen zwei Kardinäle miteinander ins Gespräch. Der eine fragte den anderen: »Ob dieser Papst wohl den Zölibat abschaffen wird?« – »Das werden wir«, meinte der andere, »wohl nicht mehr erleben, aber sehr wahrscheinlich unsere Kinder.«

Ich wollte bis zu meinem 22. Lebensjahr katholischer Priester werden und lebte vier Semester im Freiburger Priesterseminar. Dann lernte ich ausgerechnet über eine katholische Jugendgruppe ein hübsches und gescheites Mädchen von zarten 16 Jahren kennen und ließ mich im Priesterseminar beurlauben. Bigi hatte von Gott alle Voraussetzungen mitbekommen, um mich vor dem Zölibat zu retten. Die 16-Jährige hat den Kampf gegen die geballte Macht der katholischen Kirche spielend gewonnen – mit einem Lächeln, das Stahl zum Schmelzen bringt. Schon damals wurde mir klar, dass Gott, falls es ihn gibt, sehr viel Humor haben muss. Meine Bigi war und ist für mich der überzeugendste Gottesbeweis, den es auf dieser Erde geben kann, Gottes kostbare Helferin. Wir sind jetzt bald 50 Jahre verheiratet. Und seither machen wir ständig Hochzeitsreisen. Wir kennen Höhen und Tiefen. Aber wir fühlen uns immer gesegnet und beschützt. Im Priesterseminar bin ich offiziell noch immer in Urlaub.

Heute empfinde ich den Zwangszölibat wie eine Verletzung der Menschenrechte. »Die Würde des Menschen ist unantastbar« steht im Grundgesetz der Bundesrepublik Deutschland, und in der Menschenrechtserklärung der UNO heißt es: »Jeder Erwachsene hat das Recht, zu heiraten und eine Familie zu gründen, wenn er möchte.« Auch der Vatikan gehört der UNO an. Kein Papst und kein Bischof haben das Recht, dieses Menschenrecht zu verbieten.

Jesu ganze Botschaft lässt sich in diesem einen Hinweis zusammenfassen: Ihr könnt so leben, dass ihr den Tod nicht fürchten müsst. Es ist jedoch seltsam, dass viele Christen das Paradies ganz schön finden, aber kaum einer so schnell dort hinwill. Ich auch nicht. Den Tod werden wir ohne Jesu Botschaft wohl nie ganz verstehen. Ein befreundeter Jesuitenpater sagte bei der Beerdigung meines Vaters: »Die Wahrheit christlichen Glaubens zeigt sich am offenen Grab.« In diesem Geist Jesu, in dieser Gesinnung sollen wir verstehen, dass der Tod seine Macht und seinen Schrecken verloren hat. Der Kampf ums Überleben, der Kampf um Größe und Macht und Stärke ist vorbei, weil überflüssig. Es scheint so, dass Menschen mit Nahtoderfahrungen die Zusage Jesu, dass wir mehr sind als unser Körper, besser verstehen als Menschen ohne diese Erfahrung. Der Religionspädagoge Albert Biesinger sagte nach einer Nahtoderfahrung während eines elftägigen Komazustands: »Ich habe keine Angst mehr vor dem Tod. Ich bin sehr entspannt und will dieses große Glück wieder erleben. Das hatte ich vorher nicht.« Ich bin mir, liebe Leserin und lieber Leser, wohl bewusst, dass ich mit dem Thema Nahtoderfahrung ein Tabu berühre, aber diese Enttabuisierung hat manche Überraschung für uns bereit.

Der Architekt Stefan von Jankovich nach einem Nahtoderlebnis bei einem Verkehrsunfall: »Mein schönstes Erlebnis war mein Tod.« Und die prominente Sterbeforscherin Elisabeth Kübler-Ross, die Tausende von Sterbenden in den Armen hielt, sagte in einem Fernsehinterview zu mir: »Der Tod ist ein wunderbares Erlebnis.«

Der Heidelberger Professor für Physik und Medizintechnik Markolf H. Niemz hat sich mit dem Grenzbereich zwischen Naturwissenschaft, Philosophie und Theologie beschäftigt und fragt, was beim Sterben mit uns geschieht:

»Ich behaupte, dass die Nahtoderfahrungen den wichtigsten Schlüssel liefern, mit welchem wir die tiefe Kluft zwischen dem theologischen und naturwissenschaftlichen Weltbild überwinden können. Viele Religionen stellen die Bedeutung von Liebe in den Vordergrund, der Erwerb von Wissen ist zweitrangig. Bei den Naturwissenschaften ist es genau umgekehrt: Mit ihnen soll neues Wissen erworben werden, doch die Bedeutung von Liebe spielt keine Rolle. Nahtoderfahrene weisen uns den Goldenen Mittelweg, dass nämlich sowohl Wissen als auch Liebe wichtig sind. Liebendes Wissen und wissende Liebe: Das ist die gemeinsame Basis aller Religionen und Weisheitslehren. Alles andere ist schmückendes Beiwerk.

Die Nahtodberichte bilden ein nicht zu unterschätzendes Bindeglied, indem sie die aufklärende Funktion eines Vermittlers zwischen der Theologie und der Naturwissenschaft übernehmen. Dieser Grenzbereich zwischen Leben und Tod müsste meines Erachtens in seiner Bedeutung viel höher bewertet werden, als es heute in unserer Gesellschaft der Fall ist. Dabei liegt es doch nahe, Sterbeerlebnisse heranzuziehen, wenn wir etwas ›aus erster Hand‹ über ein Leben nach dem Tod in Erfahrung bringen wollen; denn Nahtoderfahrene sind dem Tod wesentlich näher gekommen, als es die traditionelle Theologie oder die moderne Naturwissenschaft jemals vermag.«

Ob Christen, Juden, Muslime, Hindus, Buddhisten oder Nichtgläubige: Alle berichten von ähnlichen Nahtoderlebnissen – unabhängig von der religiösen Überzeugung. Ein deutlicher Hinweis darauf, dass die Unterschiede zwischen den Religionen gar nicht so groß sein können. Der Dialog zwischen den Religionen und der Dialog zwischen Naturwissenschaften und Religionen können uns in den nächsten Jahrzehnten zu einem ganzheitlicheren und toleranteren Denken führen. Beinahe alle Nahtoderfahrenen berichten von überwältigenden Gefühlen von Frieden, Liebe und Freude. Die weltweit wachsende Gemeinschaft der Nahtoderfahrenen hat das Potenzial, die Welt zum Positiven zu verändern. Dieses Wissen ist auch ein Hinweis darauf, dass es entweder keinen Gott gibt oder einen Gott für uns alle!

Es ist wohl ein gewaltiger Unterschied, ob ich dem geistigen Universum Gottes theoretisch vertraue oder ob ich bereits an der Schwelle des Todes reale und konkrete Erfahrungen damit habe. Und es ist zweierlei, an ein Übersinnliches zu glauben oder es zu erleben, vom Heiligen eine Idee zu haben oder aber es als Wirklichkeit zu erfahren. Eugen Drewermann hierzu: »Es gibt nur Gott, unser aller Vater, unser aller Leben. Diese Zuversicht hat uns Jesus geschenkt, und sie erfüllt uns auf rauschhafte Freude.« So fühlten sich Jesu Jünger am ersten Pfingsttag in Jerusalem, nachdem sie ihre Angst überwunden hatten. Mit seinem Vertrauen auf Gott, seinen Vater und unseren Vater, und auf ewiges Leben bei ihm wollte Jesus, dass wir den Tod nicht länger so fürchten, dass das Leben zu einem endlosen Sterben entwertet werde. Spätestens jetzt, am Beginn des Zeitalters der Nahtoderfahrungen, sollte es für viele von uns nicht länger ein Geheimnis bleiben, dass Gott es gut mit uns meint.

Bei einem Traum am See Genezareth wurde mir klar: Die Werterevolution Jesu ist die eigentliche Weltrevolution. Sie liegt nicht hinter uns, sondern im Wesentlichen noch vor uns. Doch jede Revolution fördert auch die Konterrevolution. Das lehrt die Geschichte. So ist es kein Wunder, dass der Mann aus Nazareth für seine frohe Botschaft sein Leben aufs Spiel setzen musste. Auch wenn Jesus heute lebte, würde schnell deutlich, dass sein Traum vom Reich Gottes wenig mit den real existierenden Kirchen zu tun hätte. Was Gandhi gesagt hat, hätte auch Jesus sagen können: »Satan hat den größten Erfolg, wenn er mit dem Namen Gottes auf den Lippen erscheint.«

14. Die Kirche kann vergehen – Jesus wird bleiben

Wenn es schon so viele Jesus-Bücher gibt und wenn täglich neue erscheinen, warum dann noch dieses Buch? Solange nicht geklärt ist, was Jesus wirklich gesagt hat, müssen wir weitersuchen. Fast alle Jesus-Bücher sagen viel über ihre Verfasser und über ihre Zeit. Das gilt natürlich auch für mich. In den Sechzigern des letzten Jahrhunderts studierte ich vier Semester herkömmliche katholische Theologie. Bibelkritik war noch kaum ein Thema. Ende der Sechziger und Anfang der Siebziger – als ich Fernsehjournalist wurde – prägten mich die Jesus-Bilder und die politische Theologie von Johann Baptist Metz, in den Siebzigern begeisterte mich die eher liberale Theologie von Hans Küng. In den Achtzigern war ich dann fasziniert von den tiefenpsychologischen Erkenntnissen des therapeutischen Theologen Eugen Drewermann und der Theologin und Tiefenpsychologin Hanna Wolff, ebenso von der

»aufklärerischen« Theologie von Karl Herbst. Diese Theologen haben für mich jeweils eine neue Spur zu Jesus gelegt, zu immer neuen Begegnungen mit ihm.

Erst 2010 kamen mir das aramäische Jesus-Evangelium und die Bücher über den »aramäischen« Jesus von Günther Schwarz in die Hände und ins Bewusstsein. Jetzt, mit 77 Jahren, sehe ich an Jesus vieles, nicht alles, anders als zuvor: klarer und eindeutiger, weniger widersprüchlich. Mein heutiges Jesus-Bild geht also über das in meinen früheren Jesus-Büchern hinaus bzw. es weicht in Teilen davon ab. Der griechische Philosoph Heraklit hat recht mit seiner These: »ta panta rhei« (»alles fließt«).

Ist dieses Jesus-Bild jetzt endlich »richtig«? Das kann ich so wenig wissen wie früher. Es ist jedenfalls das Bild, das sich mir nach langer Suche nach Wahrheit und Klarheit, nach Gott und nach mir selbst *jetzt* zeigt. Ich bin davon überzeugt, dass dieser junge Mann aus Nazareth angemessene Antworten auf die elementaren Existenzprobleme der heutigen Menschheit geben kann. Ich hoffe, dass ich noch lange weitersuchen kann und der Wahrheit immer näherkomme. Der Sohn von Günther Schwarz sagte mir vor Kurzem, dass sein Vater und er schon vor 30 Jahren versucht haben, mir nach einem Vortrag in München über die Bergpredigt ein Buch über den aramäischen Jesus zu geben. Vergeblich. Ich war wohl noch nicht reif dafür.

Staunend sehen wir die ungeheure, 2000 Jahre alte geistige Wirkkraft des jungen Mannes aus Nazareth. Wir können davon ausgehen, dass diese Kraft auch im dritten Jahrtausend nichts von ihrer Faszination verlieren wird – selbst wenn das offizielle Christentum weiterhin dahinschmelzen sollte wie der Schnee in der Frühjahrssonne. Kirchliche Institutionen können vergehen – Jesus wird bleiben.

Laut Statistik sind in Deutschland in beiden Konfessionen noch 48 Millionen Mitglieder eingeschrieben, mehr oder weniger Taufschein-Christen, denn nur zehn Prozent von ihnen sind in ihren Pfarrgemeinden engagiert. Diese zehn Prozent Kirchenfrommen machen den schrumpfenden Kern der Restkirchen aus.

Nur noch ein Drittel der Westdeutschen ist davon überzeugt, dass Kirchen wichtig sind. Diese schrumpfen mehr und mehr zu einem Folkloreverein, eine Art Operettenstaat im Staat. Die Frage, wie man so von Gott reden könne, dass die Menschen wieder »Feuer fangen«, ist gegenüber dem dominierenden Verwaltungsapparat der Kirchen zweitrangig geworden. Da wird Asche verwaltet, aber kein Feuer weitergegeben. Und für diese Restkirchen sind Gesetz und Gehorsam noch immer wichtiger als Jesu Programm von Freiheit und Frieden, Liebe und Gerechtigkeit. Die Kirchen sind dabei, ihre Seele zu verlieren. Sie werden im Geiste Jesu wieder an die Ränder zu den Verzweifelten, zu den Zweifelnden, zu den Armen gehen und eine Sprache finden müssen, die dort auch verstanden wird. Und sie werden lernen müssen, die Welt mit den Augen dieser Ausgegrenzten zu sehen. Die christlichen Kirchen leiden an fehlender Transparenz, an Personal, an Glaubwürdigkeit, und es laufen ihnen die Leute davon. Missbrauchsskandale und selbstherrliche Bischöfe belasten sie zusätzlich. Und dann noch dieses Ärgernis: In der offiziellen Bibel lese ich zum Beispiel im Lukas-Evangelium in Kapitel 19, Vers 27, dass Jesus dies gesagt haben soll: »Doch meine Feinde, die nicht wollten, dass ich ihr König werde, bringt sie her, und macht sie vor meinen Augen nieder!« Solange dem Pazifisten Jesus solche gotteslästerlichen Sätze in den Mund gelegt werden, ist Kirchenflucht nicht nur verständlich, sondern angebracht, ja sogar notwendig. Wann endlich mustert eine kritische Theologie solchen unglaublichen, verbrecherischen Unsinn aus dem Neuen Testament aus?

Der Kirchenhistoriker Hubert Wolf schreibt in seinem Buch »Krypta«: Als Europa im 19. Jahrhundert »freier, gleicher und brüderlicher wurde, entwickelte sich die katholische Kirche in entgegengesetzter Richtung. Sie zementierte ihre Hierarchie, stärkte den römischen Zentralismus und führte beim Ersten Vatikanischen Konzil 1871 das Unfehlbarkeitsdogma ein.« Die Kirche wurde totalitärer. Und vor allem: Sie wurde geschichtsvergessen. 1000 Jahre hatte es kein Zölibat gegeben. Hunderte Jahre war die Kirche faktisch ohne Papst, Äbtissinnen hatten bischöfliche Vollmachten. So fürchtet die Kirche historische Wahrheiten, welche sie zu Reformen zwingen könnte. So wurde die kirchliche Soziallehre seit bald 100 Jahren in vielen Ländern umgesetzt – nur nicht in den Kirchen. Noch schlimmer ist, dass die kirchlichen Heiligen Schriften voller Widersprüche sind und ihr Glaubensbekenntnis noch kaum von jemandem überzeugt mitgebetet werden kann.

Ganz anders die Attraktivität Jesu. Jörg Zink in seinem letzten Jesus-Buch: »Jede Zeit hatte ihren Jesus. Aber seltsam: Dabei verbrauchte er sich nicht.« Das gilt für den Jesus, der Frauen zur Emanzipation inspiriert, für den Friedens-Jesus der Bergpredigt, der intelligente Feindesliebe empfiehlt, oder für den Hippie-Jesus der kalifornischen Jesus-People, der sie happy machte.

1985, so berichtet der bekannte österreichische Theologe Adolf Holl, langjähriger Sekretär des Wiener Kardinals Franz König, setzten sich im katholischen Seminar Sankt Meinrad in Indiana, USA, 30 Bibelwissenschaftler aus aller Welt zusammen und warfen rote, rosafarbene, graue und schwarze Kügelchen in eine Wahlurne. Abgestimmt wurde über jeden Satz der Bergpredigt, wie er in der Bibel nach griechischer Übersetzung steht. Die Bibelfachleute wollten eine objektive Antwort auf die Frage: Was hat Jesus in seinem Grundsatzprogramm, der Bergpredigt also, tatsächlich gesagt? Das Ergebnis war für fromme Bibelgläubige niederschmetternd.

Das meiste dessen, was in allen Neuen Testamenten der Welt als Originalton Jesu steht, stammt gar nicht von Jesus, sondern von denen, die Jahrzehnte und Jahrhunderte nach ihm »seine« Worte aufgeschrieben oder später in fast alle Sprachen der Welt übersetzt haben. Die Prozedur mit den farbigen Kugeln beschreibt Adolf Holl so:

Rot bedeutet: Höchstwahrscheinlich Originalton Jesu
Rosa: Vielleicht Originalton Jesu
Grau: Eher nicht Originalton Jesu
Schwarz: Kein Originalton Jesu

Was die Wissenschaftler über die Bergpredigt herausgefunden haben, war auch für mich, der bislang in seinen Bergpredigtbüchern die klassisch griechischen Texte benutzte, ein Schock. Von den acht Seligpreisungen blieben nur drei aus dem Munde Jesu übrig. Selbst das Vaterunser, Milliarden Mal als *das* Gebet Jesu von seinen Anhängern nachgebetet (»Lasset uns beten, wie uns Jesus zu beten gelehrt hat«, sagen die Priester in der ganzen Welt heute noch), erhielt nicht nur rote Kugeln.

Die Bibelforscher beschlossen nach diesen für sie gar nicht überraschenden Erkenntnissen, sich künftig zweimal im Jahr wiederzutreffen und alle Jesus-Worte durchzutesten. Schließlich geht es um das geistige Eigentum des einzigartigen Mannes aus Nazareth. Das Ergebnis: Die Jungfrauengeburt Jesu, seine Vorhersage das baldigen Endes der Welt, die Vorhersage seines Leidens und Sterbens, seine Auferstehung oder der Zölibat waren allesamt eher symbolisch und weniger konkret zu verstehen. Es handelt sich dabei mehr um Glaubensinhalte als um historische Fakten. Die Summe dieser Bibelforschungen ist für fromme Gemüter geradezu skandalös: Nur zehn Prozent der etwa 500 Worte Jesu im Neuen Testament gelten als authentisch. Das meiste von dem, was jahrhundertelang geglaubt wurde, stammt aus späteren Federn. Selbst der Kernpunkt christlichen Glaubens, die österliche Auferstehung, ist demnach eher Glaubensinhalt als historische Wahrheit oder tatsächlicher Vorgang.

Adolf Holl: »Über die Frage, wie aus etwa vier oder fünf Dutzend Sprüchen eines gescheiterten Wanderpredigers das Christentum entstehen konnte, zerbrach sich das ›Jesus-Seminar‹ nicht weiter den Kopf.«

Das aber tat wie sonst kaum einer der Theologe Günther Schwarz. Auch er traute der Bibel, so wie wir sie übersetzt aus dem Griechischen in unseren Bücherregalen stehen haben, nicht. Es gab dort auch für ihn zu viele Widersprüche, Sinnloses und Zweifelhaftes. Deshalb hat er sich, geboren 1928, gestorben 2009, über 40 Jahre intensiv mit Jesu Muttersprache, dem Aramäischen, beschäftigt und wollte unbedingt wissen, was Jesus wirklich gesagt und gemeint hat. Alle Bibeln, die wir bis heute zu Hause stehen haben, sind aus dem Griechischen übersetzt und entstanden erst 40 bis 70 Jahre nach Jesu Tod. Dabei gab es natürlich Übersetzungsfehler, Hörfehler, Schreibfehler, aber auch bewusste Fälschungen, dogmatische Korrekturen und »Verbesserungen«, die jedoch nur zu erkennen sind, wenn man Jesu Worte aus dem Griechischen ins Aramäische rückübersetzt. Und siehe da: Vieles wurde falsch übersetzt oder sogar gefälscht – bewusst oder unbewusst. Man stelle sich einen Augenblick vor, wenn wir heute miteinander Gespräche führen, Jahrzehnte später müssten diese Gespräche aus der bloßen Erinnerung in einer fremden Sprache aufgeschrieben werden: Was käme dabei wohl heraus?

Korrigierbare Fehler sollten aus den Evangelien verschwinden, soweit das heute noch möglich ist. Vielleicht ist das die wichtigste Aufgabe für verantwortungsvolle Kirchenführer und ernsthafte Theologen im Sinne Jesu und einer glaubwürdigen Kirche, die sich auf Jesus beruft. Dass dies tatsächlich möglich ist, hat Günther Schwarz in über einem Dutzend Bücher und über 100 wissenschaftlichen Aufsätzen bewiesen. Auch bei schlechtestem Willen: Es ist einfach unmöglich und unverantwortlich, dass die Kirchen diese notwendigen Korrekturen an den biblischen Büchern und an unserem Jesus-Bild nicht vornehmen.

Nehmen wir ein Beispiel aus dem Lukas-Evangelium. Hier gibt Jesus nach der griechischen Einheitsübersetzung folgende zweifelhafte Empfehlungen:

> »*Wenn jemand zu mir kommt und nicht Vater und Mutter, Frau und Kinder, Brüder und Schwestern, ja sogar sein Leben gering achtet, dann kann er nicht mein Jünger sein.*«
> (Lk 14,26)

Was soll dieser menschenfeindliche Unsinn, der jeder gesunden praktischen Lebenserfahrung widerspricht? Ist es verwunderlich, dass die meisten Christen und Nichtchristen mit solchen Empfehlungen nichts anfangen können, darüber den Kopf schütteln und zur Tagesordnung übergehen? Es wäre schlimm, würde jemand diesen furchterregenden Quatsch ernst nehmen. Wenn Jesus das wirklich so gesagt hätte, dann wäre es höchste Zeit, dass wir ihn vergessen. Aber es steht nun mal genau so in der »Frohbotschaft« Jesu. Was also tun? Genauer hinschauen.

Nach der Rückübersetzung von Günther Schwarz hat Jesus dieses gesagt:

»Wenn jemand zu mir kommt
Und nicht zurückstellt sein eigenes Selbst,
ist es unmöglich, dass er mein Jünger sei.«
(RÜ)

Günther Schwarz zum herkömmlichen Text: »Diesem Wortlaut kann niemand entnehmen, was Jesus wirklich gesagt und gemeint hat. Doch sobald der Text in Sinnzeilen zerlegt wird, fällt die unjesuanische Vielwörterei (die von einem anderen stammt) wie von selbst von ihm ab ... Ich versichere: Die Wahl der aramäischen Äquivalente und deren Wiedergabe in Deutsch war in keinem Fall unsicher ... So hat Jesus formuliert: so knapp und so klar. Diesem Urteil liegen Rückübersetzungen großer Teile der Jesus-Überlieferungen zugrunde und ein sorgsames Achten auf seinen Sprachgebrauch. Nachzutragen ist noch: Diese Methode, die Rückübersetzung aus dem Griechischen ins Aramäische, findet nicht in einem Vakuum statt. Eine kompetente Hilfe bietet die syrische Evangelien-Übersetzung. Sie ist ja doch die erste Rückübersetzung aus dem Griechischen ins Ostaramäische: noch heute die Sprache syrisch-orthodoxer Christen.«

Jesus hatte seinen Jüngern geboten: »Geht! Meldet die Frohbotschaft allen Menschen in der ganzen Welt« (Mt 28,20 RÜ). Diese Botschaft mussten sie auswendig lernen und von ihren Schülern auswendig lernen lassen. Das aber heißt für uns heute: Wir müssen uns bemühen, Jesu Worten so nahe wie möglich zu kommen. Damit dies möglich werde, gab Jesus allen seinen Worten eine poetische Form. Wo immer die Rückübersetzung (RÜ) in einer solchen poetischen Form gelingt, dürfen wir sicher sein, sein Wort zu lesen und zu hören – frei von falschen Tönen, aber auch ohne Anspruch auf Unfehlbarkeit, wie Schwarz betont.

15. Das Übersetzungsproblem ist die größte Herausforderung im Neuen Testament

Wie lange wird es noch dauern, bis die absolute Vorrangstellung des Griechischen gegenüber dem Aramäischen in den Bibelwissenschaften aufgegeben wird? Es wäre eine große Chance, denkende Menschen für die Religion zurückzugewinnen, eine ökumenische Aufgabe und eine ökumenische Chance! Voraussetzung dafür ist freilich, dass die verschiedenen Glaubensgemeinschaften zugeben müssen, dass auch sie nicht im Besitz der absoluten Wahrheit sind und künftig anderes lehren müssen. Jesus hat doch beim Abschiedsmahl nicht gesagt: »Tut dies zu meinem Gedächtnis, getrennt nach Konfessionen.« Die Spaltung der christlichen Kirchen, die sich alle auf denselben Jesus berufen, ist und bleibt ein fundamentales Ärgernis. Nur ein ernsthafteres Bemühen um den wirklichen, aramäisch sprechenden Jesus wird die Spaltung überwinden können.

Das heutige Neue Testament – zum Beispiel in der gebräuchlichen deutschen Einheitsübersetzung der katholischen und evangelischen Kirchen – liest sich noch immer so, als hätte es den Aramäisch sprechenden Jesus nicht gegeben. Weil durch das Übertragen vom Aramäischen ins Griechische nachweislich weggelassen und gefälscht wurde, konnte aus Jesu aramäisch verkündeter Frohbotschaft Jahrzehnte später eine griechisch niedergeschriebene Drohbotschaft mit ewiger Verdammnis, Hölle, Sündenvergebung durch Priester oder auch dem Zölibat werden. Auch das römische Papsttum und eine Vielzahl von Geboten und Verboten, die mit Jesu ursprünglicher Lehre nicht nur nichts zu tun haben, sondern oft ins Gegenteil gedrechselt sind, gehen auf diesen Übersetzungsfehler zurück. Kardinal Gerhard Ludwig Müller, bis 2012 Bischof von Regensburg, dann von Papst Benedikt

XVI. zum obersten Glaubenshüter im Vatikan berufen, sagte 2014: »Der katholische Glaube ist keine Wohlfühl-Religion.«

Ist der christliche Glaube also eine Unwohlfühl-Religion? So viel steht fest: Schlimmer kann man Jesus gar nicht missdeuten – das ist die alte Drohbotschaft, etwas zeitgemäßer verpackt. Kardinal Müller ist – ähnlich wie andere religiöse Fundamentalisten – das Opfer einer ganz vulgären Buchstabengläubigkeit, vor der Jesus ständig gewarnt hat. Der Mann aus Nazareth hat zu erfülltem Leben aufgerufen, die Kinder Gottes glückselig gepriesen, Gescheiterte, Verzweifelte und Benachteiligte aufgerichtet, Liebenden erklärt, dass sie ganz in der Spur Gottes leben, und schließlich gesagt: »Ich will, dass sie das Leben in Fülle haben« (Joh 10,10). Wie soll eine Religion lebendig sein, wenn ihr oberster Schriftgelehrter sie völlig falsch versteht und damit den wirklichen Jesus beleidigt? Wie sollen Menschen sich in einer Kirche wohlfühlen, deren Repräsentanten bekennen, dass man sich in ihr gar nicht wohlfühlen soll? Das ist die alte Masche: Religion wird zu einer Ideologie von Leid und Opfer, von Verzagtheit und Verzicht, von Selbstlosigkeit und Selbstentfremdung verhackstückt. Jesus aber warb nicht für Verzicht auf Glück, sondern für dessen Fülle. Eugen Drewermann dazu: Jesus wollte für uns ein Glück »in einem nie geahnten Reichtum. Es zu ergreifen mit allen Sinnen, mit allen Fasern, das heißt es, Jesus selber zu schmecken, wie Brot und wie Wasser, und ihn auf der Haut zu spüren wie Sonne und Licht und eine Geborgenheit bei ihm zu erleben wie ein Schaf bei einem Hirten, der seine Herde nie verlässt.« Die Aussagen von Kardinal Müller sind ein Skandal. Es ist einer jener vielen Sätze, die den Leuten seit Jahrhunderten eine höllische Angst einjagen und sie gerade nicht zu einem jesuanischen Vertrauen ins Leben und schon gar nicht in ein ewiges Leben in Frieden und Freude einladen.

Wenn das Christentum keine Wohlfühl-Religion ist, dann sollten wir es so schnell wie möglich vergessen. Was wollte Jesus denn mehr, als dass sich Menschen wohlfühlen, gut fühlen, gesund und heil werden! Was aber Gerhard Ludwig Müller gesagt hat, ist eine Bankrotterklärung des eigenen Glaubens durch den obersten Glaubenshüter im Vatikan. Wen wundert es da noch, dass Menschen massenhaft eine solche Kirche mit solchem Bodenpersonal verlassen?

Der deutsche Kurienkardinal Walter Kasper kommt Jesus näher als sein Kollege Müller, wenn er sagt: »Wir müssen positiv ansetzen und das Evangelium in seiner Schönheit wiederentdecken und verkünden. Die Wahrheit überzeugt durch Schönheit. Hartherzigkeit bringt die Kirche nicht weiter. Man kann die Gebote niemandem auferlegen. Aber man kann sie mit guten Gründen allen als Weg zum Glück anbieten.« Man muss nicht Katholik oder Christ sein, um dem zustimmen zu können. So könnte das Christentum oder vielleicht besser das Jesustum wieder eine Option oder ein Kompass auch für Menschen unserer Zeit werden. Die Rückübersetzung ins Aramäische ist dabei sehr hilfreich, weil sie zu Jesu geistigem Eigentum führt. Religion, so wie Jesus sie uns nahebringen wollte, ist das Zwiegespräch einer Liebe zwischen Mensch und Gott, also genau eine Wohlfühl-Religion.

Das Übersetzungsproblem ist das große Problem für das Verstehen des Neuen Testaments. Auch die heutigen Theologiestudenten lernen – wie ich es tat – Lateinisch, Griechisch und Hebräisch, aber nicht die Sprache Jesu. Kaum ein Theologie-Professor ist des Aramäischen mächtig. Hinzu kamen über die Jahrhunderte Abschreibfehler, dogmatische Änderungen, subjektive Ergänzungen, Fehldeutungen, Irrtümer und Auslassungen.

Schon Konfuzius wusste: »Wenn die Begriffe nicht stimmen, dann ist das, was gesagt wird, nicht das Gemeinte. Wenn das, was gesagt wird, nicht das Gemeinte ist, dann sind auch die Taten nicht in Ordnung. Wenn die Taten nicht in Ordnung sind, dann verderben die Sitten. Wenn die Sitten verderben, dann wird die Justiz überfordert. Wenn die Justiz überfordert wird, dann weiß das Volk nicht, wohin es sich wenden soll. Deshalb achte man darauf, dass die Begriffe stimmen. Das ist das Wichtigste von allem.«

Übertragen Sie mal bitte diese Erkenntnis auf die Bibel. Dann wissen Sie, warum das Ergebnis in unseren heutigen Kirchen so ist, wie es ist!

Das könnte ähnlich auch für den Koran gelten: Zur Zeit der Entstehung des Koran war das Arabische noch keine Schriftsprache. Die Urheber des Arabischen waren wahrscheinlich Christen und Juden. Sie werden im Koran ja auch als »Schriftbesitzer« bezeichnet. Das Wort »Koran« ist nicht arabisch, sondern syroaramäisch. Der deutschsprachige Koranforscher und Syrologe Christoph Luxenberg macht unter diesem Pseudonym für einen zeitgemäßen Koran ähnliche Vorschläge wie Günther Schwarz für das zeitgemäße Neue Testament. In ganz Westasien war zwischen der Zeit Jesu und der Zeit Mohammeds das Syro-Aramäische die Lingua franca, die vorherrschende Schriftsprache. In diesem Umfeld entstand auch der Koran. In seinem aufsehenerregenden Buch »Die syro-aramäische Lesart des Koran« schlägt Luxenberg eine Rückübersetzung des Koran vom Arabischen ins Aramäische vor. Die berühmt-berüchtigten 72 Jungfrauen, die im Paradies angeblich auf Märtyrer warten, sind dann synonym mit »saftigen, weißen Weintrauben« oder schlicht mit dem Paradies, folgert Luxenberg. Das Aramäische kann tatsächlich helfen, manches unverstandene Rätsel beider Heiliger Schriften mit Herz und Verstand zu lösen.

Ein weiterer Streitfall ist das Kopftuch-Gebot. Das Kopftuch, so weist Luxenberg nach, ist gar keine spezifisch islamische Praxis. Das entsprechende Wort »Chumur« aus der Sure 24, Vers 31 heißt im Aramäischen eher »Gürtel«. Danach soll dieser um die Lenden geschlagen werden. Mit diesem Wissen hätte man sich weltweit manches Theater ersparen können. Der Rückbezug auf die gemeinsamen aramäischen Wurzeln der heiligen Bücher in allen drei monotheistischen Religionen kann für den künftigen Dialog zwischen Juden, Muslimen und Christen hilfreich sein. Viele »dunkle Stellen« lassen sich auf diese Weise erhellen.

16. Warum sind die Kirchen so saft- und kraftlos?

Jesu Sprache und seine Begriffe waren für Günther Schwarz das Wichtigste. Er fragte sich: Ist das Christentum heute deshalb so saft- und kraftlos, so zerstritten, widersprüchlich und unglaubwürdig, weil die meisten Christen gar nicht wissen, was Jesus wirklich gesagt und gemeint hat, und ihn deshalb gar nicht richtig kennen können? Carl Gustav Jung, der Schweizer Tiefenpsychologe, Pfarrersohn und einer der bedeutendsten Geister des letzten Jahrhunderts, meinte: »Ich bin überzeugt, dass nicht das Christentum, sondern dessen bisherige Auffassung und Interpretation in Anbetracht der heutigen Weltumstände antiquiert sind. Das christliche Symbol ist ein lebendiges Wesen, das die Keime zur weiteren Entfaltung in sich trägt. Es kann sich weiterentwickeln, und es liegt nur daran, ob wir uns dazu entschließen können, über die christlichen Voraussetzungen nachzudenken. Dazu braucht es eine andere Einstellung zum Individuum, das heißt zum Mikrokosmos unseres Selbst, als man bisher hatte.«

Wie aber soll sich das Christentum weiterentwickeln und erst recht weiterwirken, wenn die Worte und Werte und die Begriffe nicht stimmen? Und wie sehen dann die Taten aus?

Der Papstfreund Kardinal Walter Kasper schreibt: »Papst Franziskus geht den Dingen auf den Grund. Er setzt radikal an, das heißt: bei der Wurzel (radix), beim Evangelium.« Was aber nützt das, wenn dieser Grund löchrig und wacklig ist und an vielen Stellen hohl und einsturzgefährdet?

Wenn wir Fehler in der Bibel erkennen können, dann müssen sie korrigiert werden. Das sind wir dem geistigen Eigentum Jesu schuldig. Günther Schwarz ist überzeugt davon, dass durch die Übersetzung ins Griechische der wirkliche, der »aramäische« Jesus entstellt und verfälscht wurde. Er hat uns mit seiner Kritik an den alten griechischen Texten einen kirchenpolitischen Sprengsatz ohnegleichen hinterlassen. Ich will mit diesem Buch helfen, diesen Sprengsatz zu zünden, damit durch schöpferische Störung und Zerstörung im Geiste Jesu Neues entstehen kann. Günther Schwarz hatte seine wissenschaftlichen und exegetischen Erkenntnisse allen deutschen evangelischen und katholischen Bischöfen geschickt und erhielt gar keine oder nur abwehrende oder verdrängende Antworten. Diese peinliche Sprachlosigkeit halte ich für einen Skandal, mit dem ich mich als Jesus-Freund nicht abfinden will.

Überängstliche Kirchenleitungen befürchten wohl den Wahrheitsschock, dass auch die Bibel Fehler enthalte. Dabei hat Schwarz aufgezeigt, dass die bisher unverständlichen Worte Jesu erst durch eine genaue Rückführung ins Aramäische und in die Poesiesprache Jesu und der Propheten für jedermann verständlich werden können. Nach meinen bisherigen Jesus-Büchern, in denen auch ich mich ausschließlich am »griechischen« Jesus orientierte, den es aber im Original gar nicht gab, will ich mich in diesem Buch endlich am »aramäischen« Jesus orientieren, den ich dank der mühevollen Lebensarbeit von Günther Schwarz spät, aber nicht zu spät, entdecken und kennenlernen durfte. Und ich spüre – inspiriert durch entsprechende Träume – den Auftrag, dieses Buch über den »neuen Jesus« zu schreiben.

Günther Schwarz über die vielen Widersprüchlichkeiten und Unverständlichkeiten im griechischen Neuen Testament: »Wo immer ein Jesus-Wort *dunkel* [so nennen Theologen, was sie nicht verstehen, F. A.] zu sein scheint, da liegt keineswegs ein verborgener Sinn zugrunde. Sondern: Da hat allemal ein frühchristlicher Übersetzer seine aramäische Vorlage nicht so verstanden, wie Jesus sie verstanden wissen wollte. Und dies aus einem durchaus verständlichen Grund: weil seine Sprachkenntnisse nicht ausreichten, um seine Vorlage richtig zu übersetzen.«

Vor 1900 Jahren gab es weder Wörterbücher noch Computer. Wie soll dabei – Jahrzehnte nach Jesu Tod – originalgetreu übersetzt worden sein? Heute haben wir eher die Möglichkeiten, uns objektiv Jesu geistigem Gedankengut zu nähern. Was für Schwarz

Lebensauftrag war, bedeutete für Jesus: »Wenn ihr bei meinen Worten beharren würdet, so würdet ihr wahrhaftig meine Schüler; und ihr würdet die Wahrheit erkennen, und die Wahrheit würde euch frei machen« (Joh 8,31, RÜ).

Solange wir aber den eigentlichen Sinn vieler Jesus-Worte in der gängigen Bibelübersetzung nicht kennen, ist es auch objektiv unmöglich, Jesus wirklich zu verstehen. Durch die Arbeiten von Günther Schwarz haben Kirchen und Theologen nun eine neue Chance, Jesus besser kennenzulernen. Vers für Vers, Satz für Satz, Wort für Wort, Buchstabe für Buchstabe hat Schwarz den Urjesus freigelegt.

17. Sollen Christen Schwerter kaufen?

Das Christentum, zu dem über zwei Milliarden Menschen zählen, ist geprägt von den fast in allen Sprachen publizierten vier Evangelien nach Matthäus, Markus, Lukas und Johannes. Angeblich sind hier die zuverlässigsten Informationen über Jesu Lehre, Leben und Wirken zusammengetragen. Doch genau das bezweifelt Günther Schwarz und schreibt nach gründlichem Studium der Muttersprache Jesu: »Zuverlässig ist an den Evangelien so gut wie gar nichts.«

Diese pauschale Aussage scheint mir übertrieben und zu undifferenziert. Aber für viele Erkenntnisse bin ich Schwarz dankbar. Mein Wunsch ist es, dass es vielen Menschen so gehen möge. Der Jesus-Freund Schwarz schreibt »ohne Rücksicht auf Meinungen, die in fast 2000 Jahren herausgebildet wurden«.

Ein konkretes Beispiel: Im 22. Kapitel (Vers 36) des »griechischen« Lukas-Evangeliums sagt Jesus kurz vor seiner Verurteilung zu seinen Jüngern: »Jetzt aber soll der, der einen Geldbeutel hat, ihn mitnehmen, und ebenso die Tasche: Wer aber kein Geld hat, soll seinen Mantel verkaufen und sich dafür ein Schwert kaufen.«

Der Friedensfreund Jesus soll seinen Anhängern empfohlen

haben, sich ein Schwert zu kaufen? Ist das der Jesus, der die Friedensstifter seligpreist? Was soll dieser Unsinn? Diese Fragen stelle ich mir seit Jahrzehnten. So etwas Widersprüchliches zu seiner ganzen Lehre kann der Pazifist Jesus niemals gesagt haben.

Was aber haben Theologen in Jahrzehnten und Jahrhunderten nicht alles an sprachlichen und gedanklichen Winkelzügen versucht, um diese »dunkle Stelle« zu interpretieren, anstatt sich zu fragen, was der Aramäisch und nicht Griechisch sprechende Jesus denn wirklich gesagt haben könnte. Mithilfe dieses »Schwert-Appells« haben Theologen und Kirchenobere »gerechte Kriege« und »Kreuzzüge« gerechtfertigt und rechtfertigen heute noch »humanitäre Interventionen« oder »Militär als letztes Mittel« bis hin zur dreisten Lüge des US-amerikanischen Außenministers Colin Powell 2003 über die angeblichen Atombomben und Giftgaswaffen des Saddam Hussein.

Günther Schwarz klärte auch mich auf: Im Aramäischen gibt es für Schwert und Messer nur ein und dasselbe Wort: *sepha*. Dieses Wort ist wie so viele aramäische Wörter mehrdeutig. Arme Wanderprediger wie Jesu Jünger brauchten natürlich unterwegs Messer, sonst wären sie wohl verhungert. Daran erinnerte sie Jesus. Seine Jünger und Messer passen gut zusammen. Aber Jesu Jünger und Schwerter passen überhaupt nicht zusammen.

Rückübersetzt ins Aramäische und dann ins Deutsche, hat Jesus sich nach Lukas 22,35-38 so ausgedrückt:

»Von nun an:
Wer einen Geldbeutel hat –
Er soll ihn mitnehmen!
Und wer einen Reisesack hat –
Er soll ihn mitnehmen!
Und wer nichts Essbares hat –
Er soll seinen Mantel verkaufen
Und soll Essbares kaufen!
Sie antworteten: Meister! Sieh hier: Zwei Messer.«

Wie rational ist dieser Zusammenhang? Diese »dunkle Stelle« wird sofort ganz hell, wenn man sie richtig übersetzt. Wie soll der Friedensfreund Jesus geduldet haben, dass seine treuesten Anhänger heimlich Schwerter, also Kriegswaffen, in ihrem Gewand versteckt bei sich führen? Günter Schwarz' Erklärung ist leicht verständlich: »Messer hingegen waren für eine Gruppe von Wanderern, die sie ja waren, unentbehrlich.« Das ist eine schlechte Nachricht für alle, die Jesus zugunsten ihrer Gewaltfantasien bis heute politisch missbrauchen. Und es ist eine gute Nachricht für alle, die an einer stimmigeren Übersetzung dessen, was Jesus wirklich gesagt hat, interessiert sind. Ein Grund zur Freude.

Sicher ein harmlos scheinendes Beispiel. Aber welche Verirrungen und Verwirrungen solche sinnverkehrten Übersetzungen auslösen können, wurde mir 1983 deutlich, als ich mein Buch »Frieden ist möglich – Die Politik der Bergpredigt« publiziert hatte. Es war eine kleine Streitschrift im Geiste des Bergpredigers gegen den atomaren Wettrüstungswahn. Damals widersprachen mir in mehreren Gegenbüchern auch Theologie-Professoren, ja hauptsächlich Theologie-Professoren, mit dem Hinweis auf den eben zitierten angeblichen Schwert-Appell Jesu. »Jesus war doch gar kein Pazifist – er forderte doch seine Jünger auf, Schwerter zu kaufen«, hörte ich allen Ernstes aus Professoren-Mund. Dieser Irrsinn hat seit Jahrhunderten Methode! Von Schwertkäufen und anderen Waffenkäufen kann bei Jesus natürlich keine Rede sein! Auch wenn es in dreieinhalb Milliarden Bibeln bis heute steht.

Wir Christen werfen Muslimen gerne vor, dass sie mit ihrer »Schwert-Religion« einer Theologie der Gewalt Vorschub leisten und islamistische Terroristen geistig unterstützen. Aber auch im Neuen Testament ist das Schwert bis heute noch ein Teil des Glaubens. Diese Lehre wird gepredigt, gedruckt und im Religionsunterricht verbreitet. Nicht nur muslimische und jüdische Fundamentalisten, sondern auch christliche können sich Religion ohne Machtanspruch nicht vorstellen. Noch immer wird in allen Religionen die geistige Grundlage für Gewalt gelehrt. Damit muss endlich Schluss sein.

Das Morden im Namen Gottes hat auch eine lange europäische Tradition. Ich meine nicht nur die früheren Kreuzzüge und den 30-jährigen Krieg. Meine ersten leibhaftigen Terroristen sah ich als junger Fernsehreporter 1971 in Belfast/Nordirland. Am Orange Day, am 12. Juli, standen sich Jahr für Jahr fundamentalistische Katholiken und gewaltbereite Protestanten hasserfüllt gegenüber. Ihre verzerrten Gesichter und selbst das Schwingen ihrer Gewehre erinnern mich noch heute an die entsprechenden Gesichter der islamistischen »Gotteskrieger« des Jahres 2015. Wir erleben die Wiederkehr eines auch im Christentum bekannten, religiös verbrämten und religiös kontaminierten Terrorismus. Der Kommandant der katholischen Aufständischen im Irland von 1916, James Connolly: »Es gibt keine Erlösung ohne Blutvergießen.« Die religiös verquaste Sprache klingt noch heute seltsam vertraut und katholisch dekoriert. Erst 100 Jahre später kommt es zu einer Säkularisierung der Irischen Republik.

Die nicht alleinige, aber tiefere Ursache des aktuellen, religiös motivierten Terrors ist eine erstarrte Theologie. Der liberale türkische Islamwissenschaftler Ednan Aslan: »Der sunnitische Islam hat vier Rechtsschulen. Drei sagen, wer als Muslim nicht betet, muss getötet werden. Eine sagt: Auspeitschen genügt.« Viele Leser werden jetzt einwenden: Aber das gilt doch nicht für Muslime in Europa! Doch diese Gewalt wird noch in vielen Moscheen gepredigt, und darauf kommt es an. Gewaltverherrlichung vergiftet Religion und macht sie zum Opium für das Volk. So wird Religion schizophren und fördert ein gespaltenes Bewusstsein. Es fehlt eine starke, aufklärerische Gegentheologie.

Noch ein Beispiel für die angebliche Kriegstreiberei Jesu: In der griechischen Übersetzung steht bei Matthäus 10,34 dieses angebliche Jesus-Wort: »Ich bin nicht gekommen, Frieden zu bringen, sondern das Schwert.« Diese Aussage konnte Günther Schwarz so rückübersetzen, dass es zum wirklichen Jesus passt: »Ich bin nicht gekommen, um Kompromisse zu schließen! Sondern ich bin gekommen, um Streitgespräche zu führen.« Durch falsche Übersetzungen »Heiliger Schriften« können auch die göttlichsten und humansten Ideen pervertiert werden.

Der jüdische Theologe und Jesus-Freund Pinchas Lapide:

»Nicht was über Jesus und nach ihm gesagt worden ist,
soll gelten,
sondern, was er selbst gesagt, getan und gewollt hat –
unvermischt und unverwandelt –
das allein soll den Ausschlag geben.«

18. Jesu aramäisches Vaterunser

Ein weiteres Beispiel: Das wohl bekannteste Gebet der Menschheit ist das Vaterunser, das Jesus seine Jünger als Mustergebet gelehrt hat. Bei Matthäus 6,9-13 lautet das Vaterunser in der offiziellen, gemeinsamen evangelisch-katholischen Einheitsübersetzung so:

»Unser Vater im Himmel, dein Name werde geheiligt,
dein Reich komme, dein Wille geschehe im Himmel,
so auf der Erde.
Gib uns heute das Brot, das wir brauchen.
Und erlass uns unsere Schulden,
wie auch wir sie unseren Schuldnern erlassen haben.
Und führe uns nicht in Versuchung, sondern rette
uns vor dem Bösen.«

Im griechischen Lukas-Evangelium (11, 2-4) ist das Vaterunser kürzer:

»Vater, dein Name werde geheiligt. Dein Reich komme.
Gib uns täglich das Brot, das wir brauchen.
Und erlass uns unsere Schulden.
Denn auch wir erlassen jedem, was er uns schuldig ist.
Und führe uns nicht in Versuchung.«

Also zweimal ein ganz seltsames Bild von einem Gott, der uns »nicht in Versuchung« führen soll. Ist der Gott Jesu ein Sadist, den wir bitten müssen, uns nicht in Versuchung zu führen?

Welches Vaterunser hat Jesus nun wirklich vorgebetet, das von Matthäus oder das von Lukas oder noch ein anderes? Und wie hat Jesus gebetet?

Jesus hat uns in seinem Vaterunser gelehrt, dass sein Vater immer Sprechstunde hat.

Das Vaterunser in der Muttersprache Jesu hat Günther Schwarz so ins Deutsche übertragen:

»Abba!
Deine Gegenwart – lass geheiligt werden!
Deine Herrschaft – lass sich ausbreiten!
Dein Wille – lass geschehen!
Lass geben uns unsere Nahrung!
Lass vergeben uns unsere Sünden!
Lass retten uns aus unsrer Versuchung!«

Grafisch hat Günther Schwarz sein Vaterunser in Jesu Muttersprache so dargestellt:

Das Vaterunser
in Jesu Muttersprache
in vereinfachter Lautschrift
sowie normaler Leserichtung

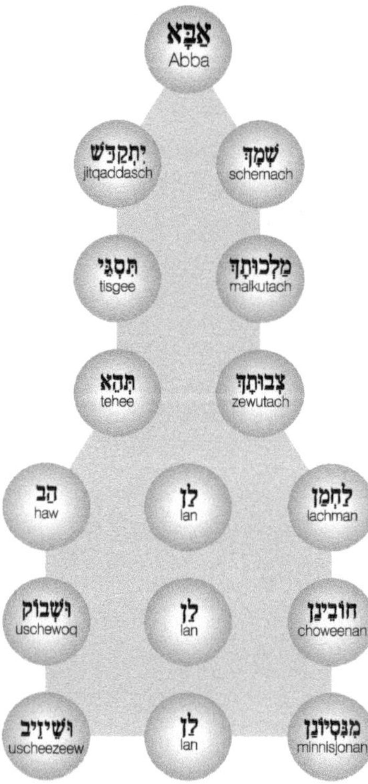

Das Vaterunser
in Jesu Muttersprache
in deutscher Übersetzung

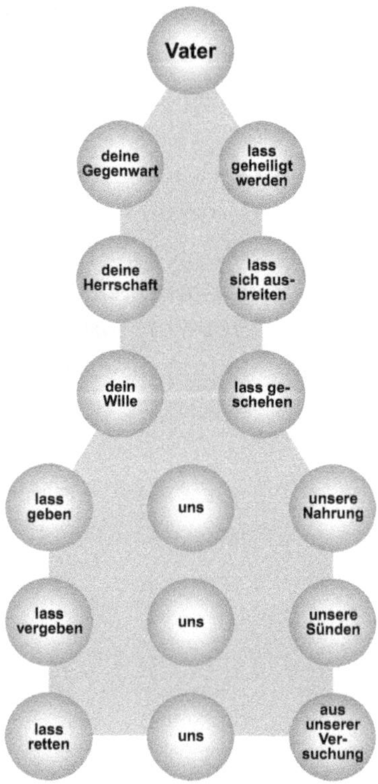

aus: Günther Schwarz / Jörn Schwarz, Das Jesus-Evangelium

Günther Schwarz interpretiert seine Übersetzung des Vaterunsers aus dem Aramäischen überzeugt und überzeugend: »So wiederhergestellt und grafisch dargestellt zeigt sich, dass das Vaterunser geradezu architektonisch konstruiert ist – mit voranstehendem ›Abba‹, dem Vater als krönendem Haupt, gefolgt von zwei Dreizeilern mit Stabreimen, Binnenreimen und Endreimen. In sieben Zeilen mit 16 Wörtern ist ein Mehr an Poesie kaum möglich. Ihre Summe für puren Zufall zu halten geht nicht an. Und was am erstaunlichsten ist: Im Vaterunser bietet Jesus in komprimierter Form den gesamten Inhalt seiner Verkündigung und Lehre. Die herkömmliche Übersetzung des Vaterunsers unterscheidet sich an mehreren Stellen vom wiederhergestellten Wortlaut. Dabei handelt es sich einerseits um Fehlübersetzungen und andererseits um Hinzufügungen der Abschreiber und Bearbeiter. Beides sind die Folgen der handschriftlichen Überlieferung.

Wie die weitere Untersuchung der gesamten Jesus-Überlieferung gezeigt hat, ist die oben wiederhergestellte poetische Form des Vaterunsers kein Einzelfall, denn: *Ursprünglich waren alle überlieferten Jesus-Worte poetisch geformt.*

Doch diese Tatsache wurde offensichtlich von den Übersetzern nicht erkannt: weder von denen, die aus Jesu aramäischer Muttersprache ins Griechische, noch von denen, die aus dem Griechischen in andere Sprachen übersetzten.«

Warum aber wollte Jesus seine Worte und Gleichnisse poetisch und in Versform formulieren? Schwarz: »Er wollte, dass seine Schüler alle poetischen Teile seiner Verkündigung und Lehre auswendig lernten – für die Zeit nach seinem Sterben, d. h. für ihre eigene Verkündigung und Lehre. Jesus tat damit nichts anderes als das, was schon die Propheten, Psalm-Dichter und Weisheitslehrer des Alten Testaments getan hatten, was sich vielfach bewährt hatte und was die jüdischen Schriftgelehrten vor ihm, zu seiner Zeit und nach ihm taten. Hätte Jesus seine Worte *nicht* poetisch formuliert und hätte er seine Schüler *nicht* verpflichtet, sie auswendig zu lernen, dann hätte er sinnwidrig gehandelt.«

Die Psalmen aus dem Alten Testament wurden und werden bis

heute von Juden und Christen in Versform gebetet und von Mönchen in Versform gesungen. Die Mönche achten bei der Übersetzung auf philologische und exegetische Verlässlichkeit. Genau das hat auch Günther Schwarz getan.

Prophetische Rede war im Orient immer poetische Rede. Nun aber und endlich: Wie hat Jesus gebetet? Beten, meint Eugen Drewermann, ist »der subjektivste Ausdruck der Gefühle und Gedanken eines Menschen, seine Gebetshaltung gewährt wie nichts sonst Einblick in die Ansichten und Anliegen, die für ihn wichtig waren, und sie enthüllt daher unmittelbar sein (Jesu) Innerstes und Innigstes.« An Jesu Vaterunser, das er seine Jünger und uns gelehrt hat, kann man sein Selbstverständnis und sein Gottesverständnis erkennen.

Nicht nur im Vaterunser, sondern grundsätzlich und immer hat Jesus Gott mit »Abba« (»Vater«) angeredet. Für fromme Juden war es vor 2000 Jahren ungeheuerlich, dass ihr strenger und allmächtiger Gott oft sogar noch in der griechischen Übersetzung von dem Juden Jesus mit dem liebevollen Wort »Papi« oder »Vater« angeredet wurde. Exakt dieser Ausdruck von Zärtlichkeit hat die religiösen Repräsentanten des Judentums gegen Jesus aufgebracht. Eine derartige Vertraulichkeit und zugleich dieser Respekt, der in »Abba« mitschwingt, ist für Jesus der gewagteste und zugleich einfachste Ausdruck, dem liebevollen Gott gegenüber Vertrauen zu entfalten. Er traut Gott nur Gutes zu wie ein kleines Kind seinem Papi. Und genau damit hat der junge Mann aus Nazareth die Menschen aus ihrer Daseinsangst erlöst. Im Deutschen sind die Begriffe »Gott« und »Gut« sinnvollerweise miteinander verwandt.

Jesu Vaterunser ist in Form, Kürze, Schlichtheit und Präzision unverwechselbar: konzentriert auf das Wesentliche. Seine Gegenwart soll geheiligt werden. Sein Wille soll geschehen. Sein Königtum soll sich ausbreiten. Wir sollen verzeihen und versöhnen. Gott ist sein Vater und unser Vater. Alle Menschen sind Schwestern und Brüder, Kinder Gottes. Wollen und Wille Gottes ist das Wohl der Menschen. Kinder können nur wachsen in einem Raum der Liebe und niemals im Rahmen von Zensur.

Kein Blabla, keine frommen Sprüche, kein Wort zu viel, kein Wort zu wenig! Originalton Jesu eben! Dieses Vaterunser ist eine »Perle semitischer Dichtkunst«, so Schwarz. Die Gotteskindschaft aller Menschen gilt auch im Islam und im Judentum. Deshalb sagt der 90-jährige ehemalige israelische Staatspräsident Schimon Peres: »Unserer Religion gemäß sind wir Demokraten, weil jeder Mensch nach Gottes Ebenbild geboren wurde. Kein Politiker kann das ändern. Für mich war Moses der erste Demokrat.«

Dass Jesus Gott immer als »Vater« anspricht, macht auch deutlich, dass er sich selbst nie als Gott verstand, wie die christlichen Kirchen lehren, sondern als Sohn, verwandt mit Gott, so wie ein Sohn niemals sein Vater sein kann, aber verwandt mit ihm ist. Bei Johannes 5,26 sagt Jesus in der aramäischen Rückübersetzung:

»Wie Abba hat sein Leben in seinem Selbst, so hat er mir gegeben Leben in *Meinem* Selbst.«

Drittes Beispiel für die Unterschiede zwischen dem »griechischen« und dem »aramäischen« Jesus:

Für die Jesus-Lehre hat die Bergpredigt zentrale Bedeutung. Sie ist die »Magna Charta« des Nazareners, sein Grundsatzprogramm. Aber auch sie enthält nach den Forschungen von Günther Schwarz widersprüchliche, sinnlose und unvernünftige Aussagen, die auch ich bisher in meinen Bergpredigtbüchern kommentarlos zitiert habe.

Die Erkenntnisse von Günther Schwarz über die »aramäische« Berglehre Jesu lauten zusammengefasst:

- Die Worte der Berglehre waren ausnahmslos poetisch geformt.
- Die Worte der Berglehre offenbaren erst im »Originalton«, also auf Aramäisch, ihre ursprüngliche Bedeutung.
- Zwei Drittel aller Worte der bisherigen Bergpredigt-Übersetzungen sind falsch übersetzt.

Schwarz' Buch zu diesem Thema heißt folgerichtig auch: »Die Bergpredigt – eine Fälschung?«. Der Autor war der festen Überzeugung, dass sich die poetische Sprachgewalt Jesu aus dem Griechischen ins Deutsche übersetzt kaum andeutungsweise wiedergeben lässt. Jesus – auch seine Bergrede – würde uns erst richtig verständlich, wenn *alle* seine Worte wieder poetisch geformt sind, wie sie es im Aramäischen einmal waren. Wenn aber die poetische Form zerstört ist, dann ist häufig auch der beabsichtigte Sinn nicht mehr zu erkennen. Damit sich meine Leserinnen und Leser selbst ein Bild machen können, will ich deshalb in diesem Jesus-Buch 49 Worte des »aramäischen« Jesus mit den Übersetzungen, die uns aus der »Einheitsübersetzung der Heiligen Schrift« vertraut sind, gegenüberstellen.

Das Christentum kann für die Welt insofern relevant sein, als es die Erinnerung an den wirklichen Jesus als den letztlich Maßgebenden aktiviert. Er ist deshalb *der* maßgebende Mensch, weil er wie kein anderer *der* Botschafter Gottes ist.

Bleiben wir noch einen Moment bei der Berglehre Jesu. Für mein Buch »Jesus der erste neue Mann« stehe ich in den Achtzigern nördlich des Sees Genezareth am »Berg der Seligpreisungen«. Hier speist das Wasser des Jordans den See, der etwa ein Drittel so groß ist wie der Bodensee. Ich stelle mir vor, wie Jesus im Frühjahr des Jahres 28 hier steht – vor sich einige Fischer am See, um sich die Berge Galiläas, im Osten die Golan-Höhen und neben sich Felder von roten Anemonen, die auf allen Bergen in Obergaliläa an den glühenden Hängen wachsen – und dann seinen Zuhörern – Fischern, Handwerkern, Bauern, Hausfrauen, aber auch jüdischen Schriftgelehrten – die bekannten Seligpreisungen der Bergpredigt zuruft:

»Wohl euch, ihr Armen!
Denn euch kann Abba reich machen.
Wohl euch, ihr Trauernden!
Denn euch kann Abba trösten.
Wohl euch, ihr Hungernden!
Denn euch kann Abba satt machen.
Wohl ihnen, die sich Erbarmenden!
Denn ihrer kann Abba sich erbarmen.
Wohl ihnen, den Herzensreinen!

Denn ihnen kann Abba sich zeigen.
Wohl ihnen, den Heilsstiftenden!
Denn sie kann Abba ›meine Kinder‹ nennen.
Wohl euch, wenn sie euch schmähen!
Denn ebenso taten ihre Väter den Propheten.
Wehe euch, wenn sie euch loben!
Denn ebenso taten ihre Väter den Lügenpropheten.
Wenn sie euch hassen und schmähen
Und euch in den schlechten Ruf bringen –
Freut euch und frohlockt an jenen Tagen!
Denn siehe: Groß ist euer Lohn in den Himmeln.
Er, Abba, erbarmt sich auch über die Bösen.«
(Mt 5,3-12 RÜ)

Das sind Freudenrufe!

Im Namen dieser »Seligpreisungen« und im Namen dieses Abba Jesu wird die größte Menschenrechtsbewegung der Geschichte ausgelöst werden. In diesem Vater-Gott erkannten und erkennen Millionen und Milliarden Menschen ihre universellen Ideale, die Gleichheit aller vor dem einen Gott, die Utopie einer Weltfamilie. Jesus trat nicht nur wie andere vor ihm als Bote Gottes, als sein Prophet, auf, sondern als einzigartiger Sohn Gottes, der außergewöhnlichste Mensch aller Zeiten (Matthäus 17,5/Markus 9,7/Lukas 9,35 RÜ).

Diese Jesus-Vision findet in der »Feindesliebe« des Bergpredigers ihren Höhepunkt. Der »aramäische« Jesus argumentiert so:

»Erbarmt euch derer, die euch anfeinden!
Tut Gutes denen, die euch hassen!
Segnet die, die euch verfluchen!
Betet für die, die euch Böses antun!«
(Lk 6,27-28 und Mt 5,44 RÜ)

Den überlieferten Wortlaut des ersten Verses »Liebet eure Feinde!« wollte Günther Schwarz so nicht stehen lassen. Feindesliebe hält er für naiv und utopisch. Das aber sei Jesus nicht gewesen. Feindesliebe sei, so Schwarz, »nicht nur unmöglich, sondern schier unsinnig«. Darüber kann man streiten. Doch seine Übersetzung aus dem Aramäischen »Erbarmt euch derer, die euch anfeinden« überzeugt.

Auch ich weiß, dass diese jesuanischen Ideale noch im 21. Jahrhundert weitgehend Visionen sind. Ihre befreiende Wirkung wird überwiegend in der Zukunft, in einer besseren Welt, liegen. Macht- und geldgierige Menschen, auch Kirchenobere, haben idealistische Heilsbringer entweder umbringen lassen oder ihre Botschaften verfälscht und oft ins Gegenteil gekehrt. Das musste auch Jesus erfahren – die Kirchengeschichte ist zum Teil eine Kriminalgeschichte. Der den damaligen Obrigkeiten gefährliche Jesus musste per Kreuzigung beseitigt werden.

Dass diese Ideale für Menschen aber erreichbar sind und zu Frieden und Versöhnung, zu größerer Gerechtigkeit und demokratischem Fortschritt, zu Rechtsstaat und Beachtung der Menschenrechte führen können, haben zu unserer Zeit Menschen wie Nelson Mandela oder Mahatma Gandhi mit beinahe unglaublichen Erfolgen und grandiosen Fortschritten für das allgemeine menschliche Wohl bewiesen. Mit ihrer Politik der »Feindesliebe« und Versöhnung haben Gandhi und Mandela Millionen Menschen von Kolonialismus und Apartheid befreit. Beide Freiheitshelden haben ihre Feinde nicht mit Waffen besiegt, sondern mit dem Programm des Bergpredigers. Mandela und Gandhi oder auch Martin Luther King strahlten im Geiste Jesu eine entwaffnende Menschlichkeit aus. Selbst Mandelas brutaler Gefängnis-Kommandant streckte während dessen 27-jähriger Haftzeit vor der Magie seines Gefangenen die Waffen. Nelson Mandela wusste:

»Du bist ein Kind Gottes.
Wenn du dich dabei klein machst,
hilfst du der Welt nicht.
Wir sind geboren,

die Herrlichkeit Gottes zu offenbaren,
die in uns ist.
Sie ist nicht nur in einigen von uns,
sie ist in uns allen.
So wie wir befreit sind von unserer eigenen Angst,
so befreit unser Dasein, wie von selbst, andere.«

Das entscheidende Geheimnis in Jesu Gottesbild: Bisher hatten fast alle Menschen Angst vor Gott, Jesus lehrt Vertrauen zu ihm. Jahwe, Israels Gott im Alten Testament, ist kriegerisch, blutrünstig, rachsüchtig, eifersüchtig und oft grausam, aber auch zärtlich und liebevoll, ein ambivalenter Gott. Jahwes Beiname Zebaoth bedeutet »Herr der Heere«. Jesus aber hatte kein ambivalentes, sondern ein eindeutiges Gottesbild. Aus einem Strafe- und Rachegott entsteht ein klares, liebevolles, ja ein mütterliches Vaterbild. Für Jesu theologische Gegner eine Ungeheuerlichkeit. Abba ist das A und O eines neuen, revolutionären Gottesbildes, dem auch ein neues Menschenbild entspringen konnte. Von diesem liebenden Abba kommen wir alle her, und zu ihm kehren wir nach diesem Leben wieder zurück, so wie es Jesus in einem seiner bekanntesten und bewegendsten Gleichnisse beschrieben hat: in der Geschichte von der Rückkehr des »verlorenen Sohnes« zum Vater. Der Nazarener wusste, dass er von seinem Vater eine einzigartige Offenbarung und Vollmacht empfangen hatte und diese in völliger Hingabe uns Menschen weitergeben soll. Jesus – ein Dienender! Dienend gegenüber Gott und gegenüber den Menschen.

Mit der Liebe zu Gott ist es nach Jesus wie mit der Liebe zwischen Menschen. Im Nachhinein war alles Fügung und Führung, wenn sich zwei gefunden haben. Sich Liebende spüren, dass sie ihre Liebe nicht »gemacht« haben, sondern dass diese mithilfe der Liebe Gottes gewachsen ist und dass sie deshalb das Wichtigste in ihrem Leben wurde. Liebende können sich nicht gegenseitig erfinden, sie können sich nur finden. Ist die Liebe zu Gott oder zu Menschen also reiner Zufall oder Schicksal? Sie ist sicher nicht zu »verdienen«, aber ohne Liebesarbeit und ohne Offenheit für das

Geschenk der Liebe wird es auch keine Liebe geben können. Die Liebe ist ein Findungsprozess. Jesus ist da ganz eindeutig: »Wer sucht, der findet«, »Wer anklopft, dem wird aufgetan«, »Wer bittet, dem wird gegeben«. Tut was! Macht euch auf den Weg!

19. Jesus: Gott oder Geld?

Viele altertümliche Religionen und Kulte verbanden Gott mit teils barbarischen Bildern und Vorstellungen. Mit Abba aber zeigt uns Jesus einen Vater, der *alle* Menschen als seine Kinder betrachtet. Ihnen gilt seine ganze Liebe. Jesus beschreibt Gott als ein Geistwesen, dem nur geistig angemessen gedient werden kann. Gott ist ein geistiges Sein, das seine Existenz aus sich selbst herleitet und dessen Dasein alles Seiende seinen Ursprung verdankt, nicht ein dreieiniger und allmächtiger Gott. Das schreckliche Wort aus dem Alten Testament »timor Domini initium sapientiae« (Die Gottesfurcht ist der Anfang der Weisheit), das über dem Eingang meines katholischen Internats, an dem ich 1959 Abitur machte, stand und steht, ist für Jesus ein Unwort. In seinem Geist hätte dort zu stehen: »Caritas est initium sapientiae« (Die Liebe ist der Anfang der Weisheit). Oder: Gott, Geld, Gewissen und Verantwortung gehören für Jesus zusammen.

Jesus während seines berühmten Gesprächs mit der samaritanischen, also nicht jüdischen, Frau am Jakobsbrunnen:

»Gott ist ein Geistwesen!
Und jene, die ihm dienen –
Geistig sollen sie ihm dienen!«
(Joh 4,24, RÜ)

Die Frau hatte Jesus gefragt, warum die Juden behaupten, der Tempel zu Jerusalem sei der Ort, wo man Gott dienen müsse. Jesus eindeutig: Gott wohnt nicht in von Menschen gebauten Tempeln, und er will Liebe und keine Tieropfer (Apostelgeschichte 17,24 und Hebräer-Brief 2,11). Was das konkret und praktisch heißt, macht Jesus zum Beispiel mit diesem Wort deutlich: »Es ist unmöglich, dass ein Sklave zwei Herren dient. Entweder er hasst den ersten und liebt den zweiten, oder er vertraut dem ersten und verachtet den zweiten. Ihr könnt nicht dienen Gott und dem Mammon« (Mt 6, 24 RÜ). Gott oder Geld?

Diese Frage stellte sich der deutschen katholischen Kirche auch bei der Debatte um den Lebensstil des ehemaligen Bischofs von Limburg. Hier geht es auch darum, wie ernst es die Kirche mit dem bescheidenen Lebensstil meint, den Papst Franziskus vorlebt und vorgibt. Gott schaut auf unsere Haltung, nicht auf unser Haben bei der Bank. Im ersten Jahr seiner Amtszeit legte der Papst seinen Klerikern immer wieder ans Herz: Seid Diener! Kümmert euch um die am Rande, zum Beispiel um Flüchtlinge. Er lenkt die Aufmerksamkeit auf die Herzensangelegenheit des Christentums: auf die Opfer in unserer Welt. Seid barmherzige Samariter. Aufgabe von Priestern und Bischöfen, sagt der Papst, ist es nicht, auf die Einhaltung der Lehre zu achten, sondern die Menschen auf dem Weg zu Gott zu begleiten. Der verstorbene Kabarettist Dieter Hildebrandt sagte es so: »Große Leute nehmen kleine Leute wahr.«

Wie hilfreich ist doch Jesu Frage nach »Gott oder Mammon« in den aktuellen Zeiten des Raubtier-Kapitalismus und der von geldgierigen Zockern und größenwahnsinnigen Bankern verursachten Wirtschaftskrise, die dazu geführt hat, dass Länder wie Griechenland bis zu 60 Prozent Jugendarbeitslose haben und dort eine ganze Generation keine Zukunftsperspektive bekommt! Ende 2013 lag die Jugendarbeitslosigkeit in Griechenland bei 59,2 Prozent, in Spanien bei 54,3 Prozent, in Kroatien bei 49,2 Prozent, in Italien bei 41,6 Prozent und in Frankreich bei 25,6 Prozent. Es ist Europas Tragödie und Schande, dass wir in Windeseile Hunderte Milliarden Euro auftreiben konnten, um Banken, die sich verzockt hatten, zu retten. Aber zur Bekämpfung der massenhaften Jugendarbeitslosigkeit bringen wir kaum Geld auf. Hier tickt eine politische Zeitbombe für unser demokratisches System.

Dabei könnte doch die konsequente Weiterentwicklung von nachhaltigen Technologien Arbeitsplätze schaffen: Damit würde nicht allein das aktuelle Problem der Arbeitslosigkeit bekämpft, sondern auch zukünftige Gefahren. Der Berliner Zukunftsforscher Rolf Kreibich meint hierzu: »Eine selbstbewusste und zukunftsorientierte Jugend ist die beste Garantie, dass in den nächsten Jahrzehnten negative Zukunftsentwicklungen und Katastrophen verhindert und zukunftsträchtige Zukünfte durch nachhaltige Entwicklungen verwirklicht werden können.«

Die Raffgier unserer Gesellschaften ist vor dem Hintergrund menschlichen Entwicklungspotenzials Ausdruck eines beschränkten Bewusstseins. In einem geordneten Staat gibt es weder Reichtum noch Armut, meinte der österreichische Sozialkritiker Silvio Gesell schon vor 100 Jahren, sondern Wohlstand für alle.

Beim Thema Geld konnte der gütige Jesus sehr zornig werden. In Johannes 2,13-16 wird eine der großen Geschichten der Bibel erzählt: die Tempelreinigung. Alle vier Evangelisten berichten davon. Sie war ihnen wichtig. Im Vorhof des Tempels in Jerusalem erblickt Jesus Händler, die Schafe, Tauben und Rinder als Opfertiere verkaufen, sowie Geldwechsler, die den Gläubigen ihr Geld aus der Tasche ziehen. Jesus macht aus Stricken eine Geißel und treibt die Händler und Geldwechsler mitsamt ihren Tieren aus dem Tempel. Er kippt ihre Tische um und ruft den Taubenhändlern zu: »Nehmt das weg hier. Ihr macht das Haus Abbas zu einem Kaufhaus« (RÜ). Und: »Er erlaubte es niemandem, eine Waffe durch den Tempelhof zu tragen« (Mk 11,16 RÜ). Heiliger Zorn überkommt ihn, als er sieht, welch primitives Gottesbild die Theologen seiner Zeit haben. Es geht ihm dabei nicht in erster Linie um die kleinen Geldwechsler, sondern um das ganze Finanzsystem, das schon damals wenige reich, aber viele arm gemacht hat. Kurz darauf wird er festgenommen. Beim Thema Geld hörte der Spaß schon immer auf. Mit der Vertreibung der Wechsler und Händler aus dem Tempel greift Jesus in die materielle Existenz der jüdischen Priesterhierarchie ein und hat damit sein eigenes Todesurteil gesprochen. Nach diesem Vorfall beschlossen sie, »Jesus umzubringen« (Mk 11,18). Seine Worte waren nicht nur liebevoll und gütig, sondern auch zornig und dornig.

Viele Theologen tun sich schwer mit diesem zornigen Jesus. Er passt ihnen nicht zum scheinbar sanften Jesus der Bergpredigt und schon gar nicht zum putzigen Weihnachtskrippen-Jesus. Aber Jesus kann eben auch sehr menschlich reagieren. Damit zieht er freilich die Wut der Finanzkapitalisten auf sich. Das war damals nicht anders als heute. Jesus setzt ein prophetisches Zeichen gegen ein gotteslästerliches System derer, die sich »dumm und dämlich« verdienen, auch in den Kirchen. Die politischen Instrumente, die man heute gegen dieses System bräuchte, liegen seit Jahren auf dem Tisch, sie werden hin- und herdiskutiert, aber noch kaum angewendet. Diese Instrumente heißen zum Beispiel Tobin-Steuer auf Transaktionen mit Devisen, Aktien, Wertpapieren und Derivaten oder auch eine stärkere politische Kontrolle des internationalen Finanzkapitalismus, also auch der Vatikan-Bank. Immerhin macht Papst Franziskus damit ernst.

Eine verantwortungsvolle Politik, die aus der aktuellen Finanzkrise auch Konsequenzen zieht, wird zwielichtige Finanzgeschäfte, die ausschließlich der Gewinnmaximierung dienen und nicht der ökonomischen Wertschöpfung, verbieten müssen.

Im Lukas-Evangelium ist Jesus sehr eindeutig: »Hütet euch vor aller Habgier! Denn Leben bedeutet nicht, sich Überfluss zu verschaffen« (Lk 12,15 RÜ).

Die Kapitalverbrecher unseres Planeten haben in den ersten zwei Jahren der derzeitigen Weltwirtschaftskrise Tausende Milliarden Dollar verzockt! Das Kapital ruiniert die Wirtschaft. Die Herren der Finanzwirtschaft und die Gurus an der Wallstreet nennen sich größenwahnsinnig »Masters of the Universe«. Die Entfesselung der Finanzmärkte war ein Pakt mit dem Teufel. In der Finanzkrise kamen geistige Werte einfach unter die Räder. Der Kapitalismus ist ein satanisches System. Satan und seine Leute – Jesus nannte sie in der Bergpredigt »die Gewalttätigen«. Nach »Spiegel«-Recherchen haben sich in den vergangenen 25 Jahren die Vermögen der 100 reichsten Schweizer nahezu verfünffacht. Im Kanton Zürich besitzen die zehn reichsten Einwohner so viel wie die ärmsten 500 000. Die vier reichsten US-amerikanischen Männer verfügen über mehr Geld als die eine Milliarde der Ärmsten in den südlichen Ländern. Wir brauchen dringend eine Lebensart der Gemeinwohl-Ökonomie und mehr Muße. Dann können sich *alle* Menschen auf ein gutes Leben freuen. Irgendwann in der Zukunft, davon war der Bergprediger überzeugt, wird das Satanische auf unserer Erde von den Liebenden, den Barmherzigen und den Gottesfreunden überwunden sein.

Der Umgang mit Geld sagt viel über uns. Er ist ein Spiegel unserer Seele und Werte. Innen wie außen! Der jüdische Wanderprediger forderte die existenzielle Entscheidung zwischen Gott oder Geld. Deshalb teilte die Jesus-Bewegung in der Urkirche ihr Eigentum, damit es keine Armen gibt. Es ist kein Zufall, dass in allen Religionen das Zinsnehmen und damit die Basis des Kapitalismus verboten sind. Nur so werden wir uns aus der »Kapitalismusfalle« (Ulrich Duchrow) von Gier und Geld befreien können. Vielsagend ist, dass auf jeder Dollarnote in den USA steht: »In God we trust.« So wird aus Gottvertrauen Geldvertrauen, Götzendienst und Ersatzreligion!

Es ist auch kein Zufall, dass sich alle Religionen – zumindest in ihren Heiligen Schriften – um eine größere Gerechtigkeit bemühen. Anfang 2014 erhielten alle 631 Bundestagsabgeordneten ein Päckchen mit »Gerechtigkeitsbibeln« einer christlichen Initiative. Darin sind alle Stellen bunt angestrichen, die sich mit Armut und Gerechtigkeit beschäftigen. Es sind über 3000 Passagen. Pfarrer Rolf Zwick aus Essen begründete die Aktion und forderte die Abgeordneten auf, in ihrer Politik für mehr Gerechtigkeit zu sorgen. Arme Abgeordnete! Denn bei diesem Thema reden zwar alle mit, aber jeder versteht etwas anderes darunter. Wer ist in einer reichen Gesellschaft reich und wer ist arm und was ist gerecht? Gerecht ist es sicher nicht, wenn etwa 20 Prozent der Bevölkerung 80 Prozent des Geldes und der Güter haben und lediglich die letzten 20 Prozent Güter den 80 Prozent der Bevölkerung gehören. Das war im Paris des 13. Jahrhunderts so, und das ist heute in der EU so. Und seit 20 Jahren geht die Schere zwischen Arm und Reich weiter auseinander zugunsten der Reichen. Jesus war auch hier sehr eindeutig: Güte und Gott oder Geld und Gold …

Unsere heutigen Krisen hängen mit der Macht des Geldes zusammen: Finanzkrise, Energiekrise, Klimakrise, Hungerkrise, Flüchtlingskrise, Ressourcenkrise, Artensterben. Die Zivilisation des Geldes hat uns ganz wesentlich in diese Krisen gestürzt. Im derzeitigen Zombie-Geldsystem profitieren nicht diejenigen, die arbeiten, sondern diejenigen, die ihr Geld arbeiten lassen.

Jesus proklamiert unnachgiebig den Vorrang des Lebens vor dem des Geldes. Gott und sein Reich der Gerechtigkeit oder der Götze Geld? Ohne Eigentum ist menschliches Zusammenleben nicht möglich. Aber die große Frage unserer Zeit heißt: Wie lässt sich eine neue Eigentumsordnung so gestalten, dass sie dem Gemeinwohl dient? Wir brauchen soziale, politische und gesellschaftliche Veränderungen hin zu einer Gemeinwohlwirtschaft. Wahrscheinlich gab es noch nie ein System, das so wenige Gewinner, aber so viele Verlierer produziert hat.

Der nationalen Industrialisierung im 19. und 20. Jahrhundert folgt jetzt im 21. Jahrhundert in einem fast unvorstellbaren Tempo die globalisierte Digitalisierung. So planen es zumindest die Denker und Lenker von Google und Apple im Silicon Valley. Auch sie nennen sich »Masters of the Universe« und machen sich bis jetzt nicht viele Gedanken über soziale Gerechtigkeit. Ihr Glaube ist das Geld. Sie fühlen sich schon jetzt als die neue Weltregierung – ohne jede demokratische Legitimation.

Gott und den Menschen dienen, nicht das Geld anbeten, wenn man glücklich werden will – das empfahl Jesus. Es macht wenig Sinn, der Reichste auf dem Friedhof sein zu wollen. Auf dem Sterbebett endet die Macht des Geldes, und es beginnt die Macht der Engel, die uns hinübergeleiten. Jesus bei Lukas 16,9 RÜ: »Würdet ihr euch Freunde verschaffen und nicht gottlosen Mammon – sie würden euch aufnehmen, wenn ihr sterbt, in die ewigen Ruhestätten.« »Freunde« ist hier ein anderes Wort für Engel. Tausende

Menschen mit Nahtoderfahrungen bestätigen, dass beim Übergang in die geistige Welt hilfreiche Engel auf uns warten und uns auf dem Weg ins Licht begleiten. (Siehe das Kapitel »Jesus und die Engel«.)

20. Sinn und Ziel unseres Lebens

Nach Jesus ist Gott unsere Heimat, unsere Herkunft und unser Ziel. In dieser Botschaft steckt Hoffnung und Sinn. Dieser Botschafter Gottes und seine Botschaft wirken ins Judentum hinein und in den Islam. Auch Gandhi meinte: »Ich sage den Hindus, dass ihr Leben unvollkommen sein wird, wenn sie nicht ehrfürchtig die Lehre Jesu studieren.« Freilich stellte auch Gandhi die Frage: die Lehre des geglaubten oder die Lehre des wirklichen Jesus? »Ich würde Christ«, hat Gandhi gesagt, »wenn die Christen erlöster aussehen würden.«

Jesus ist kein Mythos. Sein Geburtsort Bethlehem nahe Jerusalem ist genau zu bestimmen. Doch seine Heimat ist Nazareth in Galiläa. Der Nazarener ist im Jahr 6 oder 7 vor unserer Zeitrechnung, interessanterweise also vor Christus, geboren. Über Jesu Kindheit wissen wir wenig, was historisch gesichert ist, und danach über die Zeit bis zu seinem 35. Geburtstag gar nichts. Doch Günther Schwarz konnte in seinem Buch »Das Jesus-Evangelium« zwischen den Jahren 28 und 30 zehn Wanderungen und sieben Bootsfahrten Jesu geografisch und zeitlich rekonstruieren. Die Passionsgeschichte datiert demnach zwischen dem 1. und 7. April des Jahres 30.

Jesu Geburt im Stall und seine Herkunft von Leuten aus dem Mittelstand, seine Kompetenz als Heiler und Dämonen-Austreiber sind ebenfalls historisch verbürgt.

Das öffentliche Auftreten Johannes des Täufers, den Jesus kennenlernte, begann im Oktober des Jahres 27. Versteckte Hinweise in den Evangelien auf Jesu Teilnahme an den jüdischen Wallfahrtsfesten nach Jerusalem ermöglichten Günther Schwarz diese

Chronologie. Demnach muss Jesu Rückkehr in die geistige Welt zu seinem Vater im Mai des Jahres 30 gewesen sein – nach seiner Kreuzigung.

Kein Prophet Israels hätte je die Chance gehabt, als Prophet anerkannt zu werden, wenn er nicht die Inhalte seiner Reden in poetischer Form vorgetragen hätte. Dies war schon deshalb notwendig, damit die Schüler und Zuhörer eines Propheten sich das Gesagte besser einprägen konnten. Günther Schwarz: »Prophetische Rede war poetische Rede.« Und: »Jesus formulierte alle seine Worte im Galiläischen Dialekt des Westaramäischen.« Deshalb kann weder das Griechische noch das Hebräische, das viele Theologen-Generationen gelernt haben, zu einem echten Zugang und einem wirklichen Verstehen der Botschaft Jesu führen. Nicht zuletzt wegen der Kraft seiner dichterischen Sprache ist es dem jungen Juden Jesus nach langem Selbststudium der Bibel gelungen, dass ihm die Leute massenhaft zuhörten. Eindringlichkeit und Wucht seiner Sprachkraft werden freilich erst durch die Rückübersetzung seiner Worte aus dem Griechischen ins Aramäische deutlich.

Wenn der überlieferte Wortlaut der Evangelien fehlerhaft ist, dann müssen auch die Lehren der Kirchen fehlerhaft sein. Denn die Basis der kirchlichen Lehren sind die Evangelien.

Doch diese Frohbotschaft Jesu erreicht heute die meisten Menschen im »christlichen« Europa nicht mehr. Das liegt nicht nur, aber auch an einer falschen Übersetzung der 2000 Jahre alten Botschaft. Dabei ist der Sinn unseres Lebens im Geiste des »aramäischen« Jesus ganz eindeutig: über mehr Selbsterkenntnis zu besserer Gotteserkenntnis zu gelangen. Und: Güte, davon war Jesus überzeugt, steht unserer wahren Natur näher als Bosheit.

21. Kann der Papst unfehlbar sein?

Ein später noch näher erklärtes viertes Beispiel (siehe das Kapitel »Das Papsttum beruht auf einer Fälschung«), das deutlich macht, was falsche Übersetzungen anrichten können: Hat Jesus wirklich seinem Freund Petrus das Papstamt übertragen und damit für alle Zeit einen Menschen für unfehlbar erklärt?

Schon der gesunde Menschenverstand sagt uns, dass jeder Mensch irren kann und sich auch schon geirrt hat. Und wie oft in der Geschichte haben sich auch Propheten geirrt! Das Problem ist, dass die meisten Menschen – auch die meisten Christen – davon ausgehen, dass sich immer nur die Anderen irren. Wenn wir ehrlich sind, müssen wir uns immer und grundsätzlich eingestehen, dass wir irren können, vor allem in Glaubensfragen. Dieses Eingeständnis macht auch Günther Schwarz in seinen Büchern, Aufsätzen und Vorträgen immer wieder.

Niemand ist unfehlbar. Unsere Argumente sind dann richtig, wenn sie langfristig wissenschaftlich nicht widerlegt werden können. Sollten sie aber widerlegt werden, sollten wir uns mutig und demütig und selbstkritisch von ihnen verabschieden.

Jedes Kind lernt heute in der Schule, dass Galileo Galilei im Jahr 1616 gegen den herrschenden Glauben lehrte, dass die Erde um die Sonne kreist und nicht umgekehrt. Der damalige Papst Paul V. verlangte jedoch von Galilei einen Widerruf, was dieser auch befolgte, um dem Tod zu entgehen. Doch wir wissen schon lange, dass sich nicht Galilei geirrt hatte, sondern der Papst. Galilei: »Und sie dreht sich doch.«

1864 schrieb Papst Pius IX. den berühmt-berüchtigten »Syllabus errorum«, eine »Liste von Irrtümern«, in der er Demokratie, Religionsfreiheit und das freie Gewissen als »deliramentum«, als Wahnwitz, verurteilte. Im Zweiten Vatikanischen Konzil, 1965, wurde dann festgestellt, dass »die menschliche Person das Recht auf religiöse Freiheit« habe. Damit wurde die Freiheitsgeschichte der Moderne auch kirchlich bejaht. Es war eine kopernikanische Wende. Die katholische Kirche hatte sich radikal weiterentwickelt.

Sie brauchte zwar lange, um ihren Fehler einzusehen, aber sie bewegte sich doch, indem sie ihren Irrtum anerkannte.

Doch Günther Schwarz geht noch viel weiter. Er zeigt auf, dass Jesus gar kein unfehlbares Papsttum gegründet hat. Laut griechischem Neuen Testament hat Jesus zu Petrus gesagt, was jeder Besucher des Petersdoms in Rom in großen goldenen Buchstaben im Innern an der Kuppel lesen kann: »Du bist Petrus; und auf diesen Felsen will ich meine Kirche bauen. Kein Feind wird sie vernichten können, nicht einmal der Tod« (Mt 16,18). Jesus soll laut der offiziellen Einheitsübersetzung Petrus die »Schlüssel des Himmelreichs« übertragen haben: »Was du auf Erden binden wirst, das wird auch im Himmel gebunden sein, und was du auf Erden lösen wirst, das wird auch im Himmel gelöst sein« (Mt 16,19).

Demnach hat also Jesus Petrus eine besondere Autorität anvertraut. Er hat ihn und alle seine Nachfolger nach katholischer Lehre zum obersten unfehlbaren Kirchenführer für alle Zeit berufen.

Aus diesem Urauftrag wurde bis heute für jeden gläubigen Katholiken ganz offiziell diese machtvolle Ämterhäufung des Papstes: Bischof von Rom, Stellvertreter Jesu Christi, Nachfolger des Apostels Petrus, oberster Bischof der Gesamtkirche, Bischof der katholischen Kirche, Souverän des Vatikanstaates. Hinzu kommen noch diese Ehrentitel: Erzbischof und Metropolit der römischen Kirchenprovinz, Primas von Italien, Patriarch des Abendlandes. Passt eine solche Ämterhäufung zum derzeitigen eher bescheidenen Papst Franziskus überhaupt? Und noch viel wichtiger: Passt eine solche unmenschliche Ämterhäufung zu Jesus – kann dieser Mann aus Nazareth, ein großer Menschenkenner, das wirklich gewollt haben?

Jesus hat vor zwei Gefahren für das Seelenheil von Menschen ständig gewarnt: vor den Gefahren der Macht und den Gefahren des Geldes. Das bedeutet: Eine Kirche, die nicht dient, dient zu nichts. Es gilt freilich auch, dass kein Papst die Kirche retten wird.

Entscheidend wird sein, dass sich die Kirche insgesamt für die in der Seele verborgenen Gründe und Abgründe interessieren muss, aus denen heraus Menschen handeln. Ohne eine Öffnung der Theologie für die Erkenntnisse der Tiefenpsychologie etwa der letzten 150 Jahre bleibt die klassische Theologie immer auf einer Stufe des Moralisierens und wird die Tiefenschichten der Seele nicht erreichen. Die Seelsorge verkümmerte zu einer Wissenschaft ohne Seele. Zu Recht verlangt Eugen Drewermann »eine Veränderung der gesamten Denkanlage der Theologie«. Die klassische Theologie wird eine Tiefentheologie werden müssen, indem sie das Königtum eines jeden Menschen erkennt, und sei er der Niedrigste von allen. Wann aber erkennt ein Mensch, dass er ein König im Sinne Jesu ist? Wenn er aus der Angst um seine eigene Nichtigkeit herausfindet, wenn er versteht, dass er durch seine Geburt von Gott geadelt ist. Diese Zusage Jesu, dass wir alle durch unseren gemeinsamen Vater geadelt sind, gilt für die Flüchtlinge in Lampedusa, für die Opfer des Bürgerkrieges in Syrien und für die Kinder eines ökonomisierten Schulsystems in Deutschland und für jedes abgetriebene Kind. Noch einmal Eugen Drewermann: »Wem es in der eigenen Seele nicht vibriert angesichts des massenhaften Elends hier auf Erden, ist weit weg von der Botschaft Jesu.« Da kann auch kein »moderner« Papst für Ordnung sorgen. Das Chaos der Seelenlosigkeit reicht viel tiefer. Wenn Kirchentagsteilnehmer vom »Franziskus-Effekt« schwärmen, muss man geradezu um eine Papstbesoffenheit fürchten und kann darin schon wieder Projektionen nach oben erkennen anstatt den Mut zur Kraft der Veränderung von unten.

Das größte äußere Pfund, das derzeit die katholische Kirche vorweisen kann, ist ihr populärer Papst Franziskus: gelernter Chemietechniker, leidenschaftlicher Fußballfan, passionierter Tango-Tänzer. Er soll auf seine Wahl so reagiert haben: »Ich nehme die Wahl an, obwohl ich ein Sünder bin.«

22. Jesus wollte keine Ämter-Protzerei

Ämter-Protzerei ist im Sinne des aramäischen Jesus Schall und Rauch. Das hat Günther Schwarz ganz eindeutig, akribisch und überzeugend nachgewiesen. Den Auftrag, »Fels« des Reiches Gottes und Türöffner zu Abba zu sein, hat Jesus bei der Verklärung auf dem Berg Tabor von Gott erhalten – und nicht Petrus von Jesus.

Das ergibt sich aus der Rückübersetzung der griechischen Vorlage ins Aramäische. Der geistige Fels, auf den Gott seinen geistigen Tempel bauen wollte, ist Jesus und nicht der Papst. Jesus hat diesen Auftrag seines Vaters durch eine Himmelsstimme auf dem Berg Tabor im Beisein von Petrus, Jakobus und Johannes vermittelt bekommen. Ich gehe davon aus, dass Papst Franziskus klug und bescheiden genug ist, um für solche Erkenntnisse offen zu sein. Der 500. Geburtstag der Reformation im Jahr 2017 wäre dafür der gegebene Anlass. Welch eine Chance für mehr Glaubwürdigkeit der christlichen Botschaft insgesamt! Beruht das Papsttum nun auf einer intelligenten Fälschung, oder ist diese geballte geistige Macht lediglich das Produkt einer ungeheuren Anmaßung? Ich komme auf diese Frage später noch zurück.

Auf jeden Fall sollte der gemeinsame Grundsatz aller christlichen Kirchen heißen: Dominus Jesus – Jesus ist der Herr, und nicht: Domina Ecclesia – die Kirche ist die Herrin. Was Günther Schwarz gefunden hat, ist nicht erdacht, sondern aus den Worten Jesu hergeleitet durch die exakte Rückübersetzung seiner Worte ins Aramäische.

Was also hat Jesus wirklich gewollt? Diese Frage hat mich umgetrieben, dieses Buch zu schreiben. Spätestens hier, liebe Leserin und lieber Leser, werden Sie sich fragen, was ich mich am Anfang der Lektüre der Bücher von Günther Schwarz auch gefragt habe: Wie ist es möglich, dass eine Macht wie das Papsttum 2000 Jahre bestehen kann? Und hat keiner der bisherigen 266 Päpste die Fälschung durchschaut oder durchschauen wollen, die doch so offensichtlich dem Geiste Jesu widerspricht?

Günther Schwarz: »Worum es mir geht, ist allein dies: herauszufinden, was wahr und richtig ist, ohne Rücksicht auf vorgegebene Lehrmeinungen, seien sie nun von meiner, der evangelisch-lutherischen Kirche, oder seien sie von der katholischen Kirche vorgegeben. Denn die Suche nach der Wahrheit erträgt und verträgt derlei Vorgaben nicht. Und im Übrigen wäre niemandem mit dem Ergebnis gedient, das mit solchen Vorgaben gewonnen wäre.«

Dieser Theologe kann nachweisen, dass ein Textbearbeiter zwei Abschnitte des Matthäus-Evangeliums im Sinne eines autoritären Papsttums gefälscht hat – »sei es, weil er es wollte, sei es, weil er es sollte«.

Der Benediktinerpater Maurus Schellhorn schrieb 1958 das Buch »Der heilige Petrus und seine Nachfolger«, und darin heißt es: »Tatsächlich müssten Amt und Würde des Stellvertreters Christi und das oberste Hirtenamt, das dem Bischof von Rom von den Katholiken zugeschrieben wird, als eine ungeheure Anmaßung betrachtet werden, wenn dieser sich nicht auf Petrus als einen ersten Vorgänger berufen könnte.«

Daraus ergibt sich nach Günther Schwarz eine »peinliche Frage« und eine »mindestens ebenso peinliche Antwort«. Nachdem durch die Untersuchungen von Schwarz überzeugend sichergestellt ist, dass sich die Berufung des Petrus auf eine Fälschung stützt, muss ein für alle Mal zugegeben werden, dass das Papsttum »eine ungeheure Anmaßung« ist.

Der Streit um das autoritäre Papsttum ist nicht neu – auch nicht innerhalb der katholischen Kirche. Schon 1870 sagte der katholische Bischof von Kroatien, Joseph Georg Stroßmayer, auf dem Ersten Vatikanischen Konzil: »Die Kirche hat zu Lebzeiten der Apostel niemals auch nur einen Gedanken daran gehabt, dass es einen Papst geben könnte. Will man aber das Gegenteil behaupten, dann freilich verlieren die Heiligen Schriften ganz und gar ihre Gültigkeit.« Der Bischof fährt fort: »Jesus Christus hat allen seinen Aposteln die gleiche Macht verliehen wie dem Petrus. Die Apostel haben in Petrus niemals den Stellvertreter Jesu Christi und den unfehlbaren Lehrer der Kirche gesehen. Petrus hat niemals daran gedacht, er sei ein Papst; er ist niemals als solcher aufgetreten. Die Konzilien der ersten vier Jahrhunderte haben zu keiner Zeit dem Bischof von Rom eine Vormachtstellung eingeräumt.«

Bischof Stroßmayer machte in dieser Konzilsrede seine Kollegen darauf aufmerksam, dass ihm mindestens zehn Fälle bekannt seien, in denen frühere Päpste Irrlehren verbreitet hätten. Wolle er *alle* Widersprüche der Päpste aufzählen, käme er »wahrlich an kein Ende«. Deshalb sei es unverantwortlich, die Unfehlbarkeit des Papstes zu beschließen.

Doch der leidenschaftliche und jeden gesunden Menschenverstand überzeugende Appell dieses mutigen Bischofs war umsonst. Das Erste Vatikanische Konzil erklärte am 16. Juli 1870 das Lehramt des Papstes für »unfehlbar«.

Bischof Stroßmayer fehlte 1870 noch der Textbeweis für seine Behauptungen. Deshalb konnte er ignoriert werden. Doch inzwischen liegt der akribische Beweis vor, dass der gesamte Bau der katholischen Hierarchie auf einer gezielten Fälschung beruht. Von dieser Behauptung bin ich nach der Lektüre der Schriften von Günther Schwarz so lange überzeugt, solange sie nicht widerlegt ist.

An dieser Stelle ein persönlicher Hinweis: Sollten Sie, liebe Leserin und lieber Leser, schon jetzt über dieses Buches mehr verärgert als neugierig sein, dann legen Sie es einfach weg. Allerdings: In den letzten drei Jahren habe auch ich mich bei der Lektüre von Günther Schwarz manchmal geärgert und gewundert, habe aber dann doch mit Gewinn weitergelesen und bin heute dankbar für meine Ausdauer.

II.
48 fundamentale Jesus-Worte

1. Der Geist macht lebendig!

Urvertrauen in Jesu Lehre und in seinen Abba, also Gottvertrauen, können wir nur dann aufbauen, wenn wir sicher sein können, dass wir dem, was Jesus wirklich gesagt hat, so nahe wie möglich sind. Nur dann finden wir Antworten auf die zentralen Fragen unserer Existenz: Wer bin ich? Woher komme ich? Wohin gehe ich? Warum bin ich hier? Was erwarte ich? Wie finde ich das Glück? Wird alles gut? Wie werde ich im Tod Gott begegnen?

In den real existierenden Kirchen von heute sind freilich die Dogmen, Lehrsätze, Vorschriften, Befehle von oben, Richtlinien, Erlasse und Konstitutionen oft wichtiger als das Evangelium. Das kirchliche Gesetzbuch, also der Codex Juris Canonici, ist viel umfangreicher als die vier Evangelien zusammengenommen. Das Evangelium Jesu ist gesetzlich eingeschnürt und verdrängt. Jesus hat wohl gewusst, warum er seinen Anhängern diese Warnung vor den Kirchenjuristen aller Zeit mitgegeben hat:

»Wehe euch, ihr Schriftgelehrten, die ihr die Menschen belastet mit schweren Lasten! Denn ihr! – Ihr rührt sie nicht an mit einem eurer Finger« (Lk 11,46 RÜ).

Als Journalist arbeite ich nach dem Grundsatz, dass unsere Fragen in den meisten Fällen wichtiger sind als unsere Antworten. »Wieso, weshalb, warum, wer nicht fragt, bleibt dumm«, heißt es in einer Kindersendung im Fernsehen, die bei Kindern nicht zufällig sehr beliebt ist. Und jede Talkrunde im Fernsehen beweist: Wer die besten Fragen stellt, kommt den Lösungen eines Problems am nächsten. Nach aller Philosophie ist das Fragen die Kunst der

Wahrheitsfindung. Welche Antworten finde ich bei Jesus auf meine zentralen Lebensfragen?

Lassen Sie uns Antworten suchen bei 48 Urworten, die Jesus in seiner Muttersprache, also auf Aramäisch, gesprochen hat. Hans Küng schreibt in seinem letzten Jesus-Buch: »Wer im Neuen Testament den dogmatisierten Christus sucht, lese Ratzinger, wer den Jesus der Geschichte und der urchristlichen Verkündigung, lese Küng. Dieser Jesus ist es, der Menschen damals wie heute betroffen macht, zur Stellungnahme herausfordert und nicht einfach distanziert zur Kenntnis genommen werden kann.« Wer aber die Urworte des »aramäischen« Jesus kennenlernen will, muss sich mit nüchterner Leidenschaft an Jesu Muttersprache halten. Für Juden ist die Thora »der Weg, die Wahrheit und das Leben«, für Muslime der Koran, aber für Christen ist es Jesus von Nazareth, nicht das Kirchenrecht. Die historische Existenz Jesu kann heute von keinem ernsthaften Wissenschaftler mehr bestritten werden.

Jesus war weder Priester noch Theologe – wir hätten ihn wahrscheinlich längst vergessen, wenn er eines von beiden gewesen wäre –, aber leidenschaftlicher Gottsucher, ein Fragender. Deshalb konnte er Menschen in den Innenraum ihrer Seele führen. Und deshalb kann er auch heute Antwort geben auf unsere existenziellen Fragen. Jesus inmitten eines Hochamts im Petersdom in Rom? Undenkbar. Er war kein Mann des gesellschaftlichen oder kirchlichen Establishments, sondern ein »nicht studierter Dörfler« – wie ihn Hans Küng nennt.

Nach Jesu Urteil beginnt mit seiner Taufe ein neues Zeitalter: Das Zeitalter, in dem Gott ein guter Vater ist und *alle* Menschen seine Kinder. Bei seiner Taufe hört Jesus Gottes Stimme zu ihm sagen: »Mein Sohn bist du, mein Einzigartiger. An dir habe ich Gefallen« (Mk 1,11). Von jetzt an fühlte er sich vom Geist ergriffen und von Gott bevollmächtigt.

Auch Jesu Taufe ist kein Mythos, sondern eine Tatsache: »Es geschah« (Mk 1,9). Wer sich bewusst taufen lässt, kann sich nicht für Gott halten. Seine Taufe beweist, dass er ein bescheidener Gottsucher war. Kirchenfromme Christen wollen diese Tatsache bis heute nicht gelten lassen. Was im Neuen Testament »Menschensohn« heißt – so nannte er sich selbst –, heißt in Jesu aramäischer Umgangssprache »Barnascha«, »einfacher Mensch« oder einfach »Mensch«. Das passt zu Jesus. Er verbat sich ganz entschieden eine Vergottung seiner Person. Als ihn im Markus-Evangelium (Mk 10,17-18 RÜ) der »reiche Jüngling« mit »Guter Meister« anredet, fährt er sofort dazwischen: »Warum nennst du *mich* gut? Keiner ist gut außer dem *Einen* – Gott.« Immer wollte Jesus auf Gott hinweisen, aber niemals mit Gott verwechselt werden. Er wollte ihn vermitteln, aber nicht vertreten. Er wollte, dass wir seinem Vater vertrauen und mit ihm versöhnt werden als »Kinder Gottes«.

Was nicht zu Jesus passt, ist Personenkult. Jesus war kein Mann des gesellschaftlichen oder kirchlichen Establishments, sondern eben ein »nicht studierter Dörfler«. Er war ein »öffentlicher Geschichtenerzähler« (Hans Küng), wie man sie heute noch im Hyde Park in London, auf Kabuls Hauptplatz oder auf Straßen in Indien erleben kann. Doch bevor er als Wanderprediger auftrat, führte ihn »ein Geistwesen hinaus in die Wüste Judäa. Dort fastete er vierzig Tage und Nächte. Danach zeigt sich ihm der Satan« (Mk 1, 13 RÜ) und führte ihn in Versuchung, indem er ihm empfahl, gewissermaßen als Politiker aufzutreten und weltliche Macht anzustreben. Nachdem Jesus den Satan bezwungen hatte, waren plötzlich Gottesboten bei ihm, um ihn zu stärken, schreibt Markus. Er folgte nicht der politischen Versuchung nach Macht und Ämtern, sondern seinem Gewissen.

2. Die entscheidende Sekunde der Weltgeschichte

Jesu Versuchungsgeschichte und Taufe sind die Quellen, um ihn zu verstehen. Er hatte alle Anlagen zu einem charismatischen Politiker, zu einer politischen Heilsfigur. Aber in seiner Versuchungsgeschichte überwindet er diese Projektionen. So wurde er der erste wirklich neue Mann der Weltgeschichte. Er setzte auf das Reich Gottes und nicht auf Macht und Geld und äußere Karriere, die ihm der »Versucher« in der Wüste angeboten hatte. Das Reich Gottes beschreibt er nicht mit Begriffen aus der Politik, sondern mit Naturgleichnissen: die wachsende Saat, der fruchtbare Baum oder der Leben spendende Weinstock – das sind alles ökologische Bilder. Und Frauen waren für ihn selbstverständlich Menschen mit gleichen Rechten wie Männer. Vor Gott sind wir als seine Kinder alle gleich. Deshalb waren viele Frauen »verrückt« nach diesem Mann. Er ging sogar in die Schule von Frauen, damals völlig außergewöhnlich. Maria Magdalena wurde seine Vertraute und Freundin.

Sein Freund Johannes der Täufer hatte noch gelehrt: »Kehrt um und tut Buße.« Jesus aber: »Kehrt um und vertraut.« Jesus trennt sich schließlich von Johannes und geht seinen eigenen Weg. Was er bei seiner Taufe »gesehen« und »gehört« hatte, war die wichtigste Erfahrung seines Lebens: Wir sind Geliebte Gottes, von ihm angenommen und versöhnt.

»Geliebter« hatte er seinen Abba sagen hören. Geliebte spüren eine unheimliche Kraft. Geliebte können die Welt aus den Angeln heben. Jesus war wie neu geboren – und mit ihm ein neues menschenfreundliches Gottesbild und ein neues gottesfreundliches Menschbild. Aus dem strengen Richter-Gott des Alten Testaments war ein liebender Vater geworden – mit mütterlichen Eigenschaften. Für mich ist das bisher *die* entscheidende Sekunde der Weltgeschichte, die sich später auf dem Berg Tabor bei seiner »Verklärung« wiederholte.

Auf meinen Wegen zwischen Nazareth und dem See Genezareth staune ich im November 2014 über den Berg Tabor. Er ist der schönste und geschichtsträchtigste aller schönen Berge dieses gesegneten Landstrichs: Als wenn ihn Gott mit Künstlerhand modelliert hätte, steigt er wie ein abgerundeter Höcker aus der Ebene auf, bemerkenswert und einzigartig, von allen Richtungen zu erkennen. Ich stehe zur Mittagszeit auf dem Berg. Eine Stunde zuvor hatte es noch in Strömen geregnet. Auch jetzt sind die galiläischen Berge ringsum grau und wolkenverhangen. Nur über Nazareth, der Stadt Jesu, sieben Kilometer vom Tabor entfernt, strahlt die Sonne und taucht die Stadt in ein beinahe überirdisches Licht. Die Wolken haben ein winziges Fenster offen gelassen: Sonne über dem Heimatort Jesu! Licht über Nazareth! Inmitten grauer Dunkelheit.

Der »Berg der Verklärung« erhielt seinen Namen, weil sich Jesus mit Petrus, Johannes und Jakobus hierher zurückzog und vor ihren Augen »verklärt« wurde. Wie bei seiner Taufe hörte er auch hier die – wohl innere – Stimme seines Vaters, der ihm seine Liebe versicherte und ihm die »Schlüssel des Himmelreichs« übertrug – so wie es angeblich später Jesus gegenüber Petrus getan haben soll, was Günter Schwarz als Fälschung erkannt hat. (Siehe die Kapitel II, 37 und 38)

Neues Gottesbild! Neues Menschbild! Neues Weltbild! Dabei muss es Jesus bei seiner Taufe am Jordan und bei seiner »Verklärung« auf dem Berg Tabor so ähnlich ergangen sein wie einem Neugeborenen. Es fühlt sich an der Brust seiner Mutter und auf dem Arm seines Vaters geliebt und angenommen. Wortlos. Neugeborene können es nicht verstehen, aber sie spüren es: Ich bin geliebt.

Wir wissen heute, wie wichtig der Hautkontakt mit den Eltern in den ersten Augenblicken nach der Geburt für das ganze Leben eines Menschen ist, für das Entstehen von Vertrauen als Basis einer glücklichen Entwicklung. Auf Michelangelos berühmtem Bild von der Erschaffung des Menschen durch Gott in der Sixtinischen Kapelle bleibt zwischen der ausgestreckten Hand Gottes und der Hand Adams ein kleiner Abstand. Das Einmalige und Einzigartige bei Jesus: Dieser kleine Abstand zu Gott ist weg. Er hat – wohl erstmals in seinem Tauferlebnis – den »Finger« Gottes berührt. Die beiden hatten »Hautkontakt«. Und Gottes Liebesenergie floss durch Jesus. Dabei ist so Unbeschreibliches bei ihm passiert wie bei einem Neugeborenen, wenn es nach seiner Geburt erstmals Hautkontakt zu seinen Eltern hat. Wir können es nur ahnen durch seine Worte und Taten, mit denen er diese Gotteserfahrung weitergab. Sie wirkt auch heute bei uns, falls wir »Hautkontakt« mit

Gott suchen. Jesus empfiehlt, dem guten Schöpfer-Gott unbedingt zu vertrauen: Sein Wirken kann jeder sehen, wenn er die Augen aufmacht, und seine Stimme kann jeder und jede im eigenen Gewissen und eigenen Herzen hören.

Es ist die fundamentale Lehre Jesu: Bei Gott ist unser freies Gewissen und unser freier Wille heilig.

Das Wort »neu« ist bezeichnend für Jesus wie kaum ein anderes: »Most füllt man in neue Schläuche« (Mt 9,17 RÜ). Noch das letzte Buch im Neuen Testament, die Offenbarung, sagt von ihm: »Ich mache alles neu« (Offb 21,5). Jesu neues Gottesbild kann einen neuen Menschen prägen. Jesus wird so zum Pfadfinder zu Gott, zur Brücke in die geistige Welt. So wie sich die menschlichen Fähigkeiten stufenweise entwickeln, so entwickelt sich auch das Menschen- und Gottesbild der Menschen stufenweise und dynamisch. Allein im Gleichnis vom Sämann spricht Jesus vier menschliche Entwicklungsstufen an.

3. Die geistige Grundlage unseres Lebens

»Jeder, der meine Worte hört
Und sie befolgt –
Mit dem wird es sein, wie mit einem vernünftigen Mann,
der sein Haus auf Felsen baute:
Die Winde wehten, und der Regen fiel,
und die Fluten kamen und stießen an das Haus.
Und es stürzte nicht ein, weil es gegründet war – auf Fels.
Jeder, der meine Worte hört
Und sie nicht befolgt –
Mit ihm wird es sein, wie mit einem törichten Mann,
der sein Haus auf Sand baute:
Die Winde wehten und der Regen fiel,
und die Fluten kamen und stießen an das Haus.
Und es stürzte ein, weil es gegründet war – auf Sand.«
(Mt 7,24-27 RÜ)

In der Rückübersetzung kann ich bei diesem Jesus-Wort keinen wesentlichen inhaltlichen Unterschied zur griechischen Einheitsübersetzung erkennen. Aber bitte vergleichen Sie selbst den obigen Text mit dem in Ihrer Hausbibel. Die aramäische Poesie beeindruckt doch sehr. Und die fehlt eben in unseren bisherigen Übersetzungen.

Was Jesus hier sagt, beansprucht Geltung und Wirkung für alle Menschen – auch über unseren Tod hinaus. Wer so redet, muss sich von göttlicher Vollmacht getragen wissen.

Das Felsen-Bild macht symbolisch deutlich, dass es sich bei Jesus-Worten um einen grundsoliden Lebensgrund handelt. Fels steht für Gewissheit. Was Jesus in diesem Gleichnis von Haus, Fels, Regen, Sand und Wind sagt, ist eine Geschichte voller Symbole. Günther Schwarz dazu: »Das *Haus* steht für das selbst zu verantwortende Leben, Sein und Geschick des Menschen, die er so, wie sie sind, selbst baut; je nachdem, welche Freiheit er dazu hat. Der *Fels* ist ein Symbol für Dauerhaftigkeit, Festigkeit, Standhaftigkeit und Zuverlässigkeit. Er diente Jeschu als Bild für einen sicheren Lebensgrund in den Unsicherheiten dieser Welt. Im Gegensatz zu ihrer je eigenen Symbolik deuten *Winde, Regen und Fluten* hier auf widerstrebende Kräfte hin; und zwar auf geistige Kräfte (Winde) und auf materielle Kräfte (Regen und Fluten). Der *Sand* ist ein Sinnbild für Haltlosigkeit, Nachgiebigkeit, Flatterhaftigkeit und Unzuverlässigkeit. Er diente Jeschu als Bild für einen unsicheren Lebensgrund in den Unsicherheiten dieser Welt. Diese Symboldeutungen (und andere, die noch folgen werden) sind Symbolwörterbüchern entnommen, also keineswegs willkürlich ausgedacht.«

Wie Jesu Worte und Geschichten auf seine Zuhörer am See Genezareth und am Berg der Seligpreisungen gewirkt haben, steht in der Einheitsübersetzung am Schluss der Bergpredigt:

»Da waren sie alle entsetzt.
Einige fragten: Was für eine Sache ist dies?
Eine neue Lehre?

Andere sagten: Er hat Vollmacht!
Er befiehlt den Dämonen!
Und sie gehorchen ihm!«
(Mt 7,28-29 RÜ)

Was bedeutet es konkret und praktisch, dass Jesu Botschaft von Gott die geistige Grundlage meines Lebens ist?

Ich suche eine Antwort in sieben Erkenntnissen:

Erstens: Ich erkenne nur eine wirkliche Abhängigkeit an: die von Gott. Im Laufe meines Lebens habe ich gelernt, mich von irdischen Autoritäten zu emanzipieren: zum Beispiel von einem katholisch-konservativ geprägten Elternhaus, von beruflichen Obrigkeiten, von einer dogmatisch-verkrusteten katholischen Kirche und von politischen Autoritäten. Dabei war Jesus mein spiritueller Führer und Anreger.

Zweitens: Allmählich, im Laufe meines Lebens, bin ich ein freierer Mensch geworden. Dabei habe ich Fehler gemacht, aber versucht, daraus zu lernen. Gottes Liebe ist immer stärker als meine Schuld. Der Lernprozess dauert wohl bis zur letzten Sekunde meines Hierseins auf dieser Erde.

Drittens: Gott will mich. Und Jesus zeigt den Weg zu ihm. Ich achte auf die Zeichen der Zeit und integriere sie in meinen Lebens- und Berufsweg. Dabei entdecke ich unbeschwerte Freiheit und inneren Reichtum, wahren Luxus. Kein Gedicht, kein Bild, kein Mensch berührt meine Seele so intensiv wie die Botschaft Jesu über seinen Abba. Der ehemalige Feuilletonchef der »Zeit«, Fritz J. Raddatz, der mit 83 Jahren seinen Abschied als Literaturkritiker so begründete: Seine »Gierfreude am Schönen der Kunst« sei zu Asche geworden, die Worte seien ihm nunmehr »klingende Schelle«, die Töne der Gegenwart »nichts als Geräusche«, die meisten Gedichte »Geplinker«, die einst von ihm gepriesenen Romane lediglich »preiswerter Schotter«. Die übliche Klage eines alternden Intellektuellen, häufig verbunden mit dem Gejammer darüber, dass zu seiner Zeit alles besser, intensiver und leidenschaftlicher war. Kunst, Intellekt, Reichtum oder äußere Schönheit wird Religion und Gottvertrauen wohl niemals ersetzen können. Der wahre Grund seines Abschieds vom Kulturjournalismus, so Raddatz, sei die »Liebesleere« seines Herzens. Dagegen der heilige Augustinus: »Unruhig ist unser Herz, bis es ruht in dir, o Herr.« Dieses Wort beflügelt mich seit meiner Jugend. Bin ich mit meinem Gottvertrauen naiv? Vielleicht! Aber ich bin glücklich im Vertrauen auf Gott, der will, dass ich glücklich bin.

Viertens: Jesu Zusage steht: Wer sich zu mir bekennt, zu dem werde ich mich im Himmel bekennen. Daraus wächst Vertrauen. Ich vertraue auf einen Neuanfang in der geistigen Welt nach meinem jetzigen Erdenleben. Ich vertraue dem, der die Voraussetzungen für unsere Welt, den Kosmos, alles Leben und damit auch mich schuf. Vertrauen heißt: Niemals resignieren – niemals kapitulieren! Arthur Schopenhauer war beseelt von diesem Urvertrauen in Gott: »Ich glaube, dass, wenn der Tod unsere Augen schließt, wir in einem Licht stehen, von welchem unser Sonnenlicht nur der Schatten ist.«

Fünftens: Trotz Restzweifel und Restängsten – ich vertraue darauf, dass mir der Tod nichts anhaben kann. So wie ich mich immer gefreut habe auf mein Zuhause und meine Familie im Schwarzwald, so freue ich mich auf mein Zuhause bei Gott. Dort hat uns Jesus zugesagt, »eine Wohnung zu bereiten«.

Sechstens: Gott hilft mir, meine Unsicherheiten zu ertragen. Wir alle können nie tiefer fallen als in Gottes Hände. Jesus schenkte auch mir durch seinen Pfadfinderweg ein Urvertrauen ins Leben und zu seinem Abba.

Siebtens: Der Sinn unseres Hierseins ist nicht Opfer oder Verzicht oder Askese, sondern die »Fülle des Lebens« (Jesus im Johannes-Evangelium). Diese müssen wir freilich gestalten in Verantwortung vor den nächsten Generationen. Die »Fülle des Lebens« bezieht sich nach Jesus aber auch auf unser Ziel in der geistigen Welt. Dies ist erreichbar durch stetiges geistiges Wachstum in der materiellen Welt. Die permanente geistige Weiterentwicklung von Leben zu Leben, von Wiedergeburt zu Wiedergeburt, das ist der Sinn unseres Hierseins. Leben führt immer zum Tod und bedarf der Erneuerung durch Wiedergeburt. Diese unsere Erde ist ein Schulungsplanet, auf dem wir ernten, was wir säen. Geburt und Tod sind nicht, was sie uns zu sein scheinen, also Anfang und Ende unserer Existenz, sondern sie sind nur Übergänge. Dazu Günther Schwarz: »Wird ein Geist eingekörpert, so stirbt er in der Feinstoffwelt, wird ein Geist entkörpert, so stirbt er in der Grobstoffwelt ... Sobald klar verstanden wird, wie die beiden Welten beschaffen sind, wie sich der Geist zu ihnen verhält, ist das Problem des Weiterlebens gelöst.« Schöpfung bewahren: Das ist für jeden, der an Reinkarnation glaubt, auch ein recht egoistisches Anliegen. Wir engagieren uns auch für unser eigenes nächstes Leben auf diesem Planeten.

Seinen Gegnern galt Jesus als »Schlemmer und Trinker, als Fresser und Säufer« (Mt 11,19). Der Mann aus Nazareth hat kein Fest ausgelassen. Im Gegensatz zu Johannes war er kein Asket, sondern den Freuden des Lebens zugetan.

Nach Jesus besteht der Sinn unseres Lebens darin, glücklich zu sein und glücklich zu werden und anderen Menschen zum Glück zu verhelfen. Das ist Liebe! Jemand glücklich zu machen, das ist das größte Glück. Das ist die ganze Botschaft Jesu. Der industrielle Fortschritt der letzten 200 Jahre ist gewaltig – aber hat er uns glücklicher gemacht? Allzu gern verdrängen wir seine Schattenseiten: die Möglichkeit, uns atomar, chemisch und bakteriologisch selbst zu vernichten, die ökologischen Krisen, den Klimawandel, die Jugendmassenarbeitslosigkeit in Südeuropa und in armen Ländern, die Ressourcenknappheit und die Ressourcenausbeutung, die wachsende Ungerechtigkeit zwischen Arm und Reich auch in den reichen Ländern. Mit Technik allein sind diese Probleme unlösbar, dazu bedarf es einer neuen Ethik, eines neuen Gleichgewichts zwischen Ethik und Technik, einer ökologischen Ethik. Ohne neue Fragen nach Gott und Geist und Sinn und Seele und Bewusstheit und nach den Erkenntnissen der Nahtoderfahrungen von inzwischen Millionen Menschen werden wir kaum Wege aus den globalen Krisen finden.

»Religiös ist«, sagte mir der Dalai Lama in einer Fernsehsendung, »wer mitarbeitet an der Bewahrung der Schöpfung.« Dazu hat Gott auch dich und mich gerufen. In diesem Bewusstsein werde ich leben und glücklich sein, so wie es Papst Johannes Paul II. wenige Stunden vor seinem Tod beim Abschied von über einer Million junger Leute auf dem Petersplatz angedeutet hat: »Seid nicht traurig. Ich freue mich.« An der Überwindung der Restzweifel und Restängste arbeite ich noch. Es bleibt spannend bis zum Schluss. Das ist kein allgemeines menschliches Flachdenken, sondern ein Blick auf das größere Ganze eines guten Gottes.

Als der Regen kam, das Hochwasser und heftiger Wind, da war mein »Haus« auf festen Grund gebaut. Welch eine Zusage am Schluss der Bergpredigt – auch für Sie, liebe Leserin und lieber Leser! Freilich: Es liegt an uns, ob wir unser »Haus« auf »Fels« oder auf »Sand« bauen. An wem denn sonst?

Alles, was uns Jesus an Vertrauen in seinen »Abba« gelehrt hat, kommt in einem Gebet zum Ausdruck, das ich in einer kleinen Krankenhauskapelle in Baden-Baden gefunden habe:

»Lebendiger Gott, lass mich glauben,
und darauf vertrauen,
dass Du um mich weißt,
dass Du meine Nöte kennst.
Ich komme mit meinen Ängsten und Fragen zu Dir.
Auf Dich will ich meine Hoffnung setzen,
mein Leben in Deine Hand geben.
Lass mich die Geborgenheit Deiner Liebe erfahren.
Höre mich, mein Gott.
Und erbarme Dich.
Amen.«

Manchmal antwortet uns Gott auf so ein Gebet. Seltsam nur: Wenn wir zu Gott sprechen, dann nennen es Theologen beten. Wenn aber Menschen sagen, dass Gott zu ihnen spricht, dann sagen viele Theologen, das sei pathologisch.

4. Die Sonne des Vaters scheint für alle

»Er, Abba, lässt seine Sonne aufgehen über Gute und Böse.
Er, Abba, lässt seinen Regen fallen über Gerechte
und über Ungerechte.«
(Mt 5,45 RÜ)

Mit diesem Wort wollte Jesus das falsche Gottesbild seiner Zeitgenossen und unserer Zeit wie einen tödlichen Tumor aus unserem Hirn entfernen. Die Sonne ist das Sinnbild für die Güte Gottes und für die Macht himmlischer Kräfte. Sie schickt uns, so wissen es die heutigen Astrophysiker, 15 000-mal mehr Energie auf unsere Erde, als zurzeit alle sieben Milliarden Menschen verbrauchen. Das macht sie wie Gott mit seiner Liebe kostenlos, sich überfließend verschenkend und schöpfungsgerecht ökologisch. Die Sonne schickt uns keine Rechnung. Ihr Zusammenspiel mit unserer Erde ist kein Zufall, sondern ein grandioses Wunder. Ohne Sonne kein Leben. Die Sonne hat nicht zufällig einen »Sicherheitsabstand« zur Erde von 150 Millionen Kilometern.

Wäre unser Planet weiter von der Sonne entfernt, wäre es hier für das Leben zu kalt. Vielleicht so kalt wie auf dem Mars, wo 170 Grad minus herrschen und Leben verunmöglichen, schon deshalb weil alles Wasser gefriert. Wäre unsere Erde näher an der Sonne und der Abstand zur Sonne etwa so groß wie der zwischen Venus und Sonne, wäre es hier viel zu heiß, etwa 400 Grad plus, und alles Wasser würde verdampfen und verdunsten. Wenn die Sonne nur drei Wochen nicht auf unsere Erde schiene, dann wäre hier alles Leben tot. Nach drei Wochen ohne Sonne: kein Baum, keine Pflanze, kein Tier und kein Mensch mehr. Der gläubige Albert Einstein: »Schau ganz tief in die Natur, und dann verstehst du alles besser.«

Der solare Reichtum unseres Planeten ist die Vorausetzung dafür, dass in Zukunft kein Kind mehr verhungern muss: Costa Rica – ausgerechnet ein Land der sogenannten »Dritten Welt« – ist seit 2015 das erste Land, das seinen Strom zu 100 Prozent aus erneuerbaren Quellen produziert. Deutschland will bis 2050 so weit sein. Wir haben dank der Entwicklung der solaren Technologien jetzt erstmals die Chance, den »Hunger ins Museum der Geschichte zu stellen«, sagt der Friedensnobelpreisträger und Banker der Armen, Muhamad Yunus aus Bangladesch. Dort verkauft er zurzeit pro Tag 8000 Photovoltaik-Anlagen an die Armen über Mini-Kredite.

Aber was machen die EU und die Bundesregierung zur selben Zeit? Die erneuerbaren Energien und damit die Energiewende werden ausgebremst und damit der Klimawandel beschleunigt. Seit dem Jahr 2000, als der Deutsche Bundestag das Erneuerbare-Energien-Gesetz verabschiedet hat, war der Anteil des Ökostroms pro Jahr um etwa zwei Prozent gewachsen. Jetzt aber soll er nach den Plänen der Regierung Merkel/Gabriel weniger schnell wachsen. Dabei wusste schon der begnadete Zukunftsforscher Robert Jungk, dass das »Sonnenzeitalter ... ein neues Verhältnis zur Mitwelt, eine andere Form des Wirtschaftens, eine bisher nicht praktizierte Balance von Macht und Mitbestimmung sowie die Wiederentdeckung eines höheren Sinns zur Folge« haben wird.

Unsere Erde ist reich – das meint Jesus mit seinem Bild von Sonne und Regen, die uns sein Vater kostenlos und für alle Zeit zur Verfügung stellt. Reich heißt ganz konkret und praktisch: Es reicht für alle! Sogar in Fülle, wenn wir eine etwas intelligentere Energiepolitik lernen. Die in Deutschland, Österreich, Schweden und Dänemark, aber auch in China, den USA, Indien und Japan in den letzten Jahren eingeleitete Energiewende zeigt, dass der hundertprozentige Umstieg auf erneuerbare Energie in etwa drei Jahrzehnten klappen kann.

Der Einstieg ins Solarzeitalter ist kein Untergang, vor dem wir Angst haben müssten, sondern ein Übergang in ein Zeitalter mit vielen Chancen für alle. Dabei hilft es wenig, auf einen rettenden Helden zu warten, gefragt sind wir alle, weil wir alle Energie verbrauchen. Wir sollten handeln nach dem Motto der Hopi-Indianer: »Wir sind die, auf die wir immer gewartet haben.« Auch Mahatma Gandhis Programm kann hilfreich sein: »Sei selbst der Wandel, den du in der Welt sehen willst.« Europa ist sehr alt – die

»Dritte Welt« ist sehr jung: 90 Prozent aller jungen Menschen im Alter zwischen 10 bis 24 Jahren leben in Entwicklungsländern mit viel Sonne. Das Solarzeitalter ist ihre große Chance.

Dafür brauchen wir freilich eine völlig andere Vorstellung von Wachstum. In einer materiell endlichen Welt kann es entgegen dem bisherigen Wachstumsglauben der neoliberalen Ökonomen kein unendliches Wachstum geben. Wer unendliches Wachstum in einer endlichen Welt predigt, ist entweder ein Idiot oder ein Ökonom. Jeder Tag anhaltendes exponentielles Wachstum bringt uns näher an die Grenzen dieses Wachstums. Unendliches Wachstum kann es nur geben im geistigen, kulturellen, seelischen, spirituellen und religiösen Bereich. Hier liegen unsere Entwicklungs- und Expansionschancen. Materielles Wachstum wird von fast allen Regierungen der Welt als Lösung für unsere Probleme gepredigt, dabei ist es das Problem vieler Probleme.

Die Welt ist an den Grenzen des materiellen Wachstums angekommen. Die Restressourcen gehen zur Neige, die Ökosysteme verlieren an Leistungsfähigkeit. Und bald wird auch die Weltbevölkerung abnehmen. So findet das bisherige Wachstum, an das wir alle wie an eine Religion geglaubt haben, sein natürliches Ende. Doch die meisten Politiker und Ökonomen klammern sich noch immer an das alte Wachstumsdogma des 20. Jahrhunderts, anstatt sich auf ein intelligentes Schrumpfen einzustellen. Der renommierte Demografie-Experte Reiner Klingholz in seinem Buch »Sklaven des Wachstums«: »Wir haben nur eine Zukunft, wenn wir das Schrumpfen lieben lernen.« Es könnte die Geschichte einer Befreiung werden. Statt länger von materiellem Wachstum zu träumen, sollten wir lernen, uns zu entwickeln.

Knapp sind dabei nicht die erneuerbaren Energien, knapp ist die Zeit, die wir für den hundertprozentigen Umstieg auf erneuerbare Energien noch haben. Schon Charles Darwin wusste: »Es ist nicht die stärkste Spezies, die überlebt, auch nicht die intelligenteste, sondern die, die am besten auf Veränderung reagiert.«

Unsere Erde, so Jesus in seinem wunderbaren, auch ökologischen Bild von Sonne und Regen, verdankt ihren Reichtum den himmlischen Kräften der Sonne und des Regens. Diesen Reichtum der »Sonne für alle« nutzen ist die Voraussetzung für eine gerechtere und bessere Welt. Dieser unvorstellbare Reichtum stellt uns in jeder Sekunde die Energie von 100 Millionen Atomkraftwerken zur Verfügung – gefahrlos, weil in einem Sicherheitsabstand von 150 Millionen Kilometern entfernt – im Gegensatz zu den von Menschen gebauten Atomkraftwerken, die alles Leben auf dieser Erde bedrohen.

Die Welt ist voller Energie: spirituell und physisch. Und Gott ist – davon war Jesus zutiefst überzeugt – ein liebender und verlässlicher Vater. Wir können uns auf die »Energie von ganz, ganz oben« fest verlassen. Die Sonne, so wissen die Astrophysiker, scheint noch etwa vier Milliarden Jahre – so lange scheint sie bisher schon. Wir erleben gerade die Halbzeit der Evolution auf unserem Planeten.

Mit dem Reichtum der Sonne, diesem göttlichen Symbol, können wir erstmals einen Reichtum der Weltgesellschaft schaffen. Afrika und die Sonne – welch eine Vision einer geschwisterlichen Welt ohne Hunger, ganz im Geiste Jesu! Mit seinem Bild von der Sonne mitten in der Bergpredigt zeigt Jesus das ethische Fundament für ein neues Solarzeitalter. Es gibt keine RWE-Sonne oder E.on-Sonne, sondern unser *aller* Sonne, die Voraussetzung für alles Leben, die unendliche Energiequelle. Das heißt ganz konkret und praktisch: In den nächsten Jahrzehnten können in Deutschland aus 20 Millionen Gebäuden 20 Millionen kleine Solarkraftwerke werden. Es wird keinen Weltfrieden geben ohne Frieden mit der Natur. Doch heute führen wir durch das Verbrennen von Kohle, Gas und Öl einen Dritten Weltkrieg gegen die Natur und damit gegen uns selbst. An *einem* Tag verbrennen wir weltweit, was die Natur in einer Million Tagen angesammelt hat. Diese äußere Energiekrise ist das Abbild unserer inneren Energiekrise.

Durch die Automobilität wurden in den letzten 120 Jahren weltweit 50 Millionen Menschen getötet, das sind ebenso viele getötete Menschen wie im Zweiten Weltkrieg. Der US-amerikanische Filmemacher Michael Moore hat das Auto eine »Massenvernichtungswaffe« genannt. Allein in Deutschland werden Jahr für Jahr über 400 000 Menschen durch Automobilität verletzt – von ihnen sitzen Tausende ein Leben lang im Rollstuhl. Wenn wir unsere Mobilität intelligenter und humaner organisieren wollen, dann sollten wir den öffentlichen Verkehr so ausbauen, dass weniger Menschen als bisher auf das Auto angewiesen sind.

Die Entdeckung der inneren, psychischen Sonnenenergie wird ebensolche revolutionären Folgen haben wie in Zukunft die Nutzung des Sonnenlichts zur Strom- und Wärmegewinnung und zum Antrieb unserer Fahrzeuge. »Innen wie außen« – das wussten schon die Mystiker des Mittelalters und alle Weisheitslehrer zu allen Zeiten. In dieser Tradition macht uns der ökologische Jesus mitten in seiner Bergpredigt auf die ethische Basis einer künftigen solaren Energiegewinnung aufmerksam:

»*Er, Abba, lässt aufgehen seine Sonne,*
über Gute und über Böse.
Er, Abba, lässt fallen seinen Regen,
auf Gerechte und auf Ungerechte.«
(Mt 5,45 RÜ)

Auch der Symbolbegriff »Regen« war Jesu Zuhörern im tropisch-warmen Galiläa wohl vertraut: Er steht für den Segen Gottes und die Befruchtungskraft himmlischer Mächte. Jesus wollte mit diesen zutiefst ökologischen Bildern von Sonne und Regen seiner bäuerlich-handwerklichen Umgebung deutlich machen, dass Gottes Liebe und Fürsorge, der Segen von ganz oben, *allen* Menschen gilt: Guten und Bösen, Gerechten und Ungerechten, Juden und Nichtjuden, Frommen und Zweifelnden. Noch vor 200 Jahren waren 90 Prozent der Menschen in der Landwirtschaft beschäftigt. Wir alle kommen von der Landwirtschaft. In seiner bäuerlich geprägten Umgebung hat Jesus mit seinen Gleichnissen und Geschichten den kollektiven Kleinbauern in uns angesprochen: Bilder vom Sämann und vom Acker, von den Lilien des Feldes und den Vögeln des Himmels.

In meinem Buch »Der ökologische Jesus – Vertrauen in die Schöpfung« habe ich aufgezeigt, dass die Lösung des heute *alle* Menschen betreffenden Klima- und Energieproblems am Himmel steht: Gott: Die Sonne hinter der Sonne. Die Urkraft allen Seins. Gott ist Energie. Die Urkraft, die alles ins Leben dachte und am Leben hält. Gott ist. Dies zu erkennen und zu erspüren, sind wir hier.

Der Sonnengesang des heiligen Franziskus von Assisi (»Bruder Sonne«, »Schwester Wasser«, »Mutter Erde«) ist eines der schönsten und nachhaltigsten Gebete der Menschheit. Er entdeckte darin die ganze Schöpfung neu und sah in ihr seine wahre Familie, eine große geschwisterliche Verwandtschaft. Für Franziskus' Wanderleben war die Sonne der »hilfreichste Bruder«. Der Heilige aus Assisi wusste, dass Menschen zusammen mit Pflanzen und Tieren, mit Wasser und Luft eine Schöpfungseinheit bilden und eine Schicksalsgemeinschaft, in der alles vernetzt und verbunden ist und voneinander abhängt. In seiner Öko-Enzyklika »Laudato si« hat Papst Franziskus diese Bilder des ökologischen Jesus endlich wieder ins Leben zurückgerufen.

Die Sonne hat schon immer auch Künstler fasziniert und inspiriert. Der Maler Vincent van Gogh war in die Sonne verliebt. Seine Bilder explodierten geradezu durch die Intensität des Sonnenlichts. Van Gogh konnte sogar schwärmen: »Gott ist die Sonne.« Umgekehrt formuliert es der englische Maler Joseph Mallord William Turner: »Die Sonne ist Gott.«

Dieselbe Auskunft erhielt C. G. Jung, als er 1925 einen Ältesten vom Stamm der Pueblo-Indianer in New Mexiko besuchte. Der Indianer deutete auf die untergehende Sonne und fragte den Psychoanalytiker aus der Schweiz: »Ist nicht der, der dort geht, unser Vater?« Jung fragte nach, vielleicht könne die Sonne auch ein Feuerball sein, von einem unsichtbaren Gott geschaffen? Die Antwort des Indianers: »Die Sonne ist Gott. Jeder kann es sehen.« Die Sonne ist das Maß aller Dinge. Alles dreht sich um die Sonne.

Während ich dieses Buch schreibe, entdecken Astrophysiker im Weltraum eine »zweite Erde«. Dieser Planet ist unserer Erde so ähnlich, dass ihn Wissenschaftler unseren »kosmischen Cousin« getauft haben. Seine »Sonne« scheint rötlich, an seinem Firmament sind weitere vier Planeten des Sternensystems zu erkennen. Die Fachzeitschrift »Science« berichtet, die »neue Erde« sei zehn Prozent größer als unser Planet. Was für uns die Sonne ist, ist für die »zweite Erde« der Stern »Kepler 186f«. Um ihn kreist sie in einem idealen Abstand. Es ist nicht zu heiß und nicht zu kalt für flüssiges Wasser. Gute Voraussetzung für Leben.

Wissenschaftler wie der prominente englische Astrophysiker Stephen Hawking sehen die Zukunft der Menschheit nicht auf unserem Planeten, sondern im Weltall auf einem Stern wie den fünf Planeten, die um »Kepler 186f« kreisen. Die NASA benannte ihr Weltraumteleskop nach dem deutschen Astronomen Johannes Kepler. Nach einem Atomkrieg oder nach dem Klimawandel könnte die Menschheit also dorthin auswandern. Das sei die Lösung unserer Probleme, meinen Stephan Hawking und Co. Wirklich?

»Kepler 186f« kreist 490 Lichtjahre von der Erde entfernt in der Milchstraße im Sternenbild »Schwan«. Aber: Wie lange bräuchten wir, um dorthin zu kommen? Ein bemannter Flug zum Mars dauert bei einer Entfernung zur Erde von 225 Millionen Kilometern etwa 250 Tage. »Kepler 186f« ist gerade mal 4,6 Billionen Kilometer von uns entfernt. Das heißt: Bei einer durchschnittlichen Geschwindigkeit wie zum Mars wären wir zur »zweiten Erde« etwa 14 Millionen Jahre unterwegs. Gute Reise, Menschheit! Es ist wohl realistischer, durch nachhaltiges Wirtschaften dafür zu sorgen, dass wir auf unserem alten Heimatplaneten weiterleben können.

Ich schreibe diese Zeilen am 16. Februar 2014. Es ist, sagen die Meteorologen, der heißeste 16. Februar seit 1860. Der Klimawandel ist einfach nicht mehr zu leugnen. Am selben Tag kommt aus China die Nachricht, dass die 15-Millionen-Metropole Peking faktisch unbewohnbar ist. Die Feinstaubgrenzwerte übersteigen das von der Weltgesundheitsorganisation vorgegebene Maß um das 46-Fache. Die Ursache: China produziert über 70 Prozent seines Stroms noch immer aus Kohlekraftwerken. Die atemberaubende Luftverschmutzung ist das sichtbarste Zeichen dafür, dass die Wirtschaft des bevölkerungsstärksten Landes der Welt in einer tiefen Krise steckt. Die Zeichen mehren sich!

Nur einen Tag später lese ich, dass in Kalifornien die schlimmste Dürre seit über 100 Jahren herrscht und in England die verheerendste Hochwasserkatastrophe seit Menschengedenken.

Diese Probleme sind, sagt die deutsche Bundeskanzlerin zu Recht, die »Überlebensfrage der Menschheit«. Und dazu soll uns Jesus nichts zu sagen haben? Was für primitive und enge Vorstellung seiner Lehre und seines Lebens! Ein authentischer Glaube schließt – ganz im Geiste Jesu – den Wunsch ein, diese Welt zu verbessern. Wozu sonst ist Jesus auf diese Welt gekommen, und wozu sonst ging er seinen Weg konsequent bis zum Ende?

5. Jesus und die Tiere

»Werden nicht verkauft zwei Sperlinge für ein As?
Und doch wird von ihnen kein einziger vergessen von Abba.«
(Lk 12,6/Mt 10,29 RÜ)

Ein As war eine gängige römische Kupfermünze. Wenig Geld für ein kleines Tier. Jesus hat dieses Wort wahrscheinlich in der Nähe des Tempels in Jerusalem gesprochen, wo Sperlinge als die kleinsten Opfertiere an die armen Leute verkauft wurden.

Er zeigt Mitleid mit einem scheinbar so unbedeutenden Tier wie einem Sperling. Und er sagt zugleich, dass Gott auch die Tiere liebt. Die Güte Gottes ist für Jesus unermesslich, wenn dieser sich auch der Tiere erbarmt und keines vergisst. In seinem Geburtsort Nazareth gehörten zu seiner Zeit Schafe und Ziegen, Esel und Kamele zum alltäglichen Bild.

Nach Jesus fordert Gott, und so meint es auch die moderne Tierethik, dass wir Tiere als unsere neuen Mitbürger anerkennen. Wenn moderne Gesellschaften sich auf dem Weg zu weniger Gewalt definieren, dann brauchen wir wirklich eine neue Tierethik.

Seit etwa vier Jahrzehnten wird mehr und deutlicher auch ein Ende der Gewalt gegenüber Tieren gefordert. Ein wichtiger Schritt auf dem Weg zu einer Gesellschaft mit insgesamt immer weniger Gewalt.

Im Vorderen Orient war Tierliebe vor 2 000 Jahren ganz ungewöhnlich. Jesus wusste zwischen Tierliebe und Tiersentimentalität zu unterscheiden. Das beweist er mit folgender Fragestellung an seine theologischen Gegner:

»Wer unter euch,
dem ein Schaf in die Grube fiel,
wird es nicht herausziehen
am Sabbattag?
Um wie viel mehr wert aber ist ein Mensch
als ein Schaf?!
Darum muss es erlaubt sein,
am Sabbat zu heilen.«
(Mt 12,11-12 RÜ)

Solche Bilder kann nur aufzeigen, wer beim Leid der Tiere nicht weg-, sondern genau hinschaut. Die Natur braucht 30 000 Jahre, um eine neue Spezies zu schaffen. Wir aber rotten heute jeden Tag 150 Tier- und Pflanzenarten aus. Was wird aus uns Menschen ohne den faszinierenden Reichtum der Tier- und Pflanzenwelt? Wie arm machen wir uns selbst ohne die zauberhafte Vielfalt allen Lebens? Welche seelische und geistige Armut wartet auf die uns folgenden Generationen ohne eine neue Tierethik, wie sie uns der ökologische Jesus in vielen Bildern aufzeigte?

Die US-amerikanische Sozialpsychologin und vegane Aktivistin Melanie Joy beschäftigt sich seit vielen Jahren mit der Frage, warum Menschen heute noch Fleisch essen. Ihre provokante These: Wir leben im Karnismus, also in einem gewalttätigen ideologischen System, in dem es unumgänglich scheint, Tiere zu töten. Diese Überzeugung erlaube es den Fleisch essenden Menschen, ihr Mitgefühl für die getöteten Tiere zu verdrängen. Sie vertritt sogar den Standpunkt, dass die Diskriminierung von Frauen und die von Tieren gesellschaftlich miteinander verknüpft sind. Joy hierzu: »Früher wurden Frauen als Besitz angesehen, wie es Tiere bis heute werden. Und die berechtigten Interessen von Frauen wurden lange ebenso ignoriert wie die der Tiere. Fleisch zu essen gilt als viril, als männlich schlechthin.« In Deutschland essen bis heute Männer viel mehr Fleisch als Frauen. Melanie Joy auf die Frage, ob ich ein schlechter Mensch bin, wenn ich Fleisch esse: »Nein, ich selbst habe mein halbes Leben lang Fleisch gegessen. Mein Anliegen ist es, den einzelnen Fleischesser zu de-stigmatisieren und stattdessen das System dahinter in den Mittelpunkt zu stellen. Ich nenne es Karnismus. Karnismus ist ein Glaubenssystem, eine Ideologie. Ohne Gewalt, ohne das Töten gibt es kein Fleisch.«

Wie aber gehen wir heute noch in unserer selbstverständlich gewordenen Massentierhaltung mit Tieren um?

Nehmen wir die Lebensgeschichte eines Kälbchens, wie sie Eugen Drewermann einmal beschrieben hat: Es wird als Jungtier von seiner Mutter getrennt und in der Mastanstalt auf kleinstem Raum nahezu bewegungsunfähig mit Medikamenten vollgepumpt. Das Tier erhält aber kein Wasser, damit es durstig auf Milchpudding bleibt und damit schneller zunimmt. Häufig stellen sich Atembeschwerden und Kreislaufstörungen ein. Wenn es im städtischen Schlachthof angeliefert wird, hat es nie eine Weide betreten, nie mit seinesgleichen gespielt und getollt, nie den Himmel oder die Sonne gesehen. Sein Leben war eine einzige Qual. So ähnlich wie diesem exemplarischen Kälbchen geht es in Deutschland 63 Prozent aller Rinder, 66 Prozent aller Mastschweine, 83 Prozent aller Legehennen und 99 Prozent aller Masthühner. Das Gros der 58 Millionen Schweine, die in Deutschland jedes Jahr gemästet werden, lebt nicht, sondern vegetiert. Ein Drittel davon landet als Abfall im Container.

Unsere Gleichgültigkeit gegenüber dem Leid der Tiere in der industrialisierten Massentierhaltung schreit zum Himmel. Was wir diesen Tieren antun, ist legalisiertes Verbrechen. Es wird auf uns Menschen zurückfallen. Ich kann mir gut vorstellen, dass unsere Enkel eines Tages niederknien und die Tiere um Verzeihung bitten. Wie wir mit Tieren umgehen, ist ein Alarmsignal für den Zustand unserer Gesellschaft. Nach Jesus können wir nur ernten, was wir säen.

Es ist verboten, dem Dackel Ihres Nachbarn die Ohren abzuschneiden oder dessen Katze zu vergiften. Aber es ist in Deutschland erlaubt, jedes Jahr 40 Millionen männlicher Küken zu schreddern oder zu vergasen. Sie legen keine Eier und taugen nicht für die Mast, weil sie nicht genügend Fleisch ansetzen – also weg mit ihnen.

Die Frage ist nicht, ob Tiere sprechen oder denken können. Die Frage heißt, ob sie leiden können. Kein vernünftiger Mensch kann diese Frage heute noch verneinen.

Artgerechte Tierhaltung im Geiste Jesu und seines auch die Tiere liebenden Abba müsste in Deutschland und in der EU mindestens heißen: Stroh statt Spaltböden aus Beton, Tageslicht statt künstlicher Beleuchtung, im Stall Bewegung und Auslauf statt lebenslanger Isolation oder Käfighaltung, langsame Mast statt Hormone und Antibiotika, Verzicht auf Tier- und Knochenmehl, schonende Transporte ins nächste Schlachthaus statt tierquälerische Fahrten durch halb Europa oder gar nach Nordafrika zum Schlachten. Das wären erste konkrete Schritte zu einer neuen, pragmatischen und realisierbaren Tierethik.

Das Leid der Tiere ist die eine Seite. Es geht aber auch um ein ethisches Bewusstsein vom Zusammenhang allen Lebens. Tiere sind wie wir fühlende und empfindsame Lebewesen, ob Hund oder Huhn, ob Fisch oder Vogel.

Es gibt im Neuen Testament keinen einzigen Hinweis darauf, dass Jesus Tiere liebte, schrieb mir vor einigen Jahren eine Theologin. Ich habe sie dann gefragt, welche Bibel sie eigentlich lese. In den uns bekannten Jesus-Geschichten kommen neben dem zitierten Sperling mindestens 18 weitere Tierarten vor. Jesus liebte Tiere. Wie sonst hätte er dieses Bild gebrauchen können: »Der gute Hirte – wenn er sieht, dass ein Wolf kommt, so bleibt er bei der Herde. Der schlechte Hirte – wenn er sieht, dass ein Wolf kommt, so verlässt er die Herde« (Joh 10,11 RÜ). Wäre Jesus nicht auch ein aufmerksamer Beobachter von Natur und Mitwelt, Tieren und Pflanzen gewesen, er hätte nicht in eindrucksvollen Bildern von Hirten und Schaf, vom Sämann und Acker, von den Lilien des Feldes und den Vögeln des Himmels sprechen können. Sein Hinweis an seine Freunde: »Seid vorsichtig wie Schlangen! Seid aufrichtig wie Tauben! Geht jetzt! Seht! Ich sende euch – wie Lämmer unter die Wölfe« (Mt 10,16 RÜ). Diese Worte zeugen von Humor, tiefenpsychologischer Menschenkenntnis und genauer Naturbeobachtung.

»Was du nicht willst, das man dir tut, das füg auch keinem anderen zu.« Diese goldene Regel der Bergpredigt als deutsches Sprichwort gibt uns die wichtigsten Hinweise für ein ethisches und vernünftiges Verhältnis zu Tieren. Jesus und andere Meister der Ethik haben uns gelehrt, dass die Liebe grenzenlos ist. Sie umfasst *alles* Leben.

Eugen Drewermann: »Womöglich ist der Himmel so lange kein Himmel, als nicht auch die Tiere daran teilhaben; und es kommt allem Anschein nach darauf an, selbst den Kern christlicher Hoffnung zu erweitern und aus der tradierten Anthropozentrik des biblischen Weltbildes herauszulösen. Denn erst auf dem Hintergrund einer Religion, die das Los der Tiere als eigenes Thema entdeckt, wird es einen Maßstab sittlichen Handelns geben, der im Raum des Politischen Geltung beanspruchen kann.« Gott sei Dank hat die Aktion »Kirche und Tiere« der evangelischen Landeskirche Hessen schon 1986 unmissverständlich festgestellt: »Massentierhaltung ist Sünde.« Die Reduktion des Fleischkonsums oder Vegetarismus ist die logische Konsequenz dieser biblischen Einsicht, würde Jesus heute sagen und hinzufügen: Tiere haben – wie Menschen – eine Seele.

Wir reden so gern von artgerechter Tierhaltung. Aber was ist artgerecht? Die deutsch-türkische Tierethikerin und Journalistin Hilal Sezgin gibt diese Antwort: »Artgerecht ist nur die Freiheit.« Und sie fragt: »Warum ist Gewalt gegen Tiere erlaubt, wenn sie gegen Menschen verboten ist?« Das ist eine Frage, die unsere Gesellschaft nur allzu gerne verdrängt.

Auch bei diesem emotionalen Thema gibt es eine positive Entwicklung: Sonntagsbraten, Leberwurst und Rindergulasch. Für etwa sieben Millionen Deutsche kommt das nicht mehr auf den Tisch. Sie ernähren sich fleischlos; von ihnen gibt es doppelt so viele Frauen wie Männer. Der Vegetarier-Bund schätzt, dass jeden Tag 2000 Menschen in Deutschland hinzukommen. Die wesentlichen Gründe für diese Entwicklung sind: die Liebe zu Tieren, aber auch Lebensmittelskandale, Antibiotika-Missbrauch, Hormonrückstände, Massentierhaltung, Klimaschutz.

Im Geiste Jesu müssen nicht alle Tierschützer Christen, aber alle Christen Tierschützer sein.

6. Jesus und sein mütterlicher Vater

»Wenn sogar ihr wisst, euren Kindern gute Gaben zu geben –
Um wie viel mehr weiß Abba seinen Kindern gute Gaben geben zu lassen!«
(Mt 7,11/Lk 11,13 RÜ)

Im Alten Testament steht Gott oft für einen allmächtigen, manchmal auch zornigen, ja sogar tötenden Patriarchen. Jesu Abba ist ein mütterlich liebender Vater, der »gute Gaben« für seine »Kinder« bereithält. Zur Zeit Jesu verlief das jüdische Leben in festen Bahnen, die alle Lebensbereiche durchdrangen: das private und das öffentliche Leben, den Alltag, das soziale Gefüge, die Festfolgen des Jahres, die besonders strengen Regeln des Sabbats und den Gottesdienst. Diese Lebensordnung hieß »das Gesetz«. Für streng orthodoxe Juden gilt dieses Gesetz bis heute. Alles kommt darauf an, dass die Menschen diese Gesetzesordnung einhalten.

Ganz anders Jesus: Autoritäten und Gesetze sind allenfalls zweitrangig. Wichtiger ist das Gewissen, das Göttliche in uns und die spirituelle Freiheit, die über das Gesetz hinausreicht. Unsere Willensfreiheit und unsere Gewissensfreiheit sind bei Jesu Gott heilig. Als Zeichen dieser Freiheit zeigt uns Jesus ein neues, zumindest ein verändertes Gottesbild. Unüberbietbar schildert er uns die Gottesliebe in seinem Gleichnis vom verlorenen Sohn, das auch als Gleichnis von der Liebe Gottes zu uns Menschen gelesen werden kann. Der geniale Geschichtenerzähler aus Nazareth schuf Weltliteratur. Eines Tages erzählt Jesus diese Geschichte, die wir bei Lukas 15,11-32 finden. In der Rückübersetzung (RÜ) vom Griechischen ins Aramäische und dann ins Deutsche lautet sie so:

Ein Mann hatte zwei Söhne.
Der jüngere von ihnen sagte zu ihm:
»Vater! – Gib mir mein Erbteil.«
Da teilte er unter ihnen seinen ganzen Besitz.
Nach nicht vielen Tagen
raffte der jüngere Sohn alles zusammen,
ging davon in ein fernes Land
und brachte dort sein ganzes Erbteil durch.
Als er alles, was er besaß, durchgebracht hatte,
entstand eine Hungersnot in jenem Land.
Da verdingte er sich an einen Bewohner jenes Landes,
der ihn auf seine Felder schickte, Schweine zu hüten.
Nun fing er an, Mangel zu leiden,
so dass er sehnlich begehrte, seinen Bauch zu füllen
mit den Johannisbrotschoten, die die Schweine fraßen,
aber niemand gab sie ihm.
Als er zur Einsicht gekommen war, da überlegte er:
»Wie viele Tagelöhner im Haus meines Vaters
haben jetzt Brot im Überfluss!
Ich aber komme hier um vor Hunger.
Ich will zu meinem Vater gehen und zu ihm sagen:
›Vater! – Ich habe gesündigt vor Gott und vor dir.
Ich bin nicht wert, dein Sohn genannt zu werden.
Mach mich zu einem deiner Tagelöhner!‹«
Dann stand er auf und ging zu seinem Vater.
Als er aber noch weit entfernt war,

sah ihn sein Vater, erbarmte sich seiner,
lief, fiel ihm um den Hals und küsste ihn.
Da sagte sein jüngerer Sohn zu ihm:
»Vater! – Ich habe gesündigt vor Gott und vor dir.
Ich bin nicht wert, dein Sohn genannt zu werden.
Mach mich zu einem deiner Tagelöhner!«
Aber sein Vater befahl seinen Dienern: »Schnell!
Holt das Festgewand, und zieht es ihm an!
Steckt ihm seinen Siegelring an die Hand!
Zieht ihm Sandalen an die Füße!
Holt das gemästete Kalb, und schlachtet es!
Lasst uns essen und fröhlich sein! Denn dieser mein Sohn:
Er war ›tot‹. Seht! – Er wurde ›wiederbelebt‹.
Er war verloren. Seht! – Er wurde ›wiedergefunden‹.«

Diese große Geschichte von der Liebe Gottes zu *allen* Menschen ist wohl das Herzstück des Evangeliums. *Alle* Menschen sind Berufene: die Gerechten und die Ungerechten, die Guten und die Bösen, die Dankbaren und die Undankbaren, die Eifersüchtigen und die Reumütigen, die Anerkannten und die Außenseiter, Sünder und Fromme. Gott lädt *alle* ein zu seinem großen Fest der Liebe. Die Einladung für alle gilt bedingungslos. Vergiss, was war, du bist willkommen. Alles ist gut! Alles wird gut! Vergiss alle Angst, und komm zum Fest, zu dem der Vater lädt. Das und nichts anderes ist Jesu Botschaft. Du bist genauso, wie Gott dich haben will. Aber: Du musst dich auf den Weg machen, völlig egal, ob als Schweinehirt oder als Banker, als Armer oder Reicher, als Dirne oder Hausfrau: Hauptsache, du suchst den Heimweg zum Abba. Ihr könnt lernen, auf das zu vertrauen, was ihr nicht seht. Und dieses Unsichtbare ist die Güte und Barmherzigkeit Gottes. Liebe ist, auch wenn du sie nicht siehst.

In diesem Gleichnis stellte Jesus – mit dem Lebensweg des jüngeren Sohnes – den Werdegang aller Menschen dar: zuerst ihre Abwendung von Gott und ihr Leben in der Gottferne, dann ihre Rückkehr zu Gott und ihren Einlass in die Gottesherrschaft. Dazu muss man wissen, dass das Schwein den Juden als unreines Tier galt, das nicht gezüchtet, nicht geopfert und nicht gegessen werden durfte. Schweine zu hüten war eine besonders erniedrigende Tätigkeit. Das Anziehen des Festgewandes bedeutet die Versöhnung zwischen Sohn und Vater, ebenso das Anstecken des Siegelrings. Jetzt darf der Sohn wieder im Auftrag des Vaters Verträge schließen. Der Sohn ist voll rehabilitiert.

So menschlich hatte noch nie jemand über Gott gesprochen, meinten Jesu überraschte und zweifelnde Zuhörer. Und dann erzählt er ihnen noch diese Geschichte von Abba als dem guten Hirten:

»Als Steuerpächter Jesus zuhörten,
nörgelten einige Pharisäer:
Dieser! – Er gibt sich mit Sündern ab!
Und er isst mit ihnen!
Da erzählte Jesus:
Welcher Mann unter euch,
der hundert Schafe hat
und eines von ihnen verliert,
wird nicht die neunundneunzig zurücklassen
und hingehen und das verlorene suchen,
bis er es gefunden hat?!
Und wenn er es gefunden hat –
wird er nicht seinen Freunden zurufen
und sagen: ›Freut euch mit mir!
Ich habe mein verlorenes Schaf wiedergefunden‹?!
Ich! – Ich sage euch:
Ebenso wird Gott sich freuen
über einen Sünder, der bereut hat,
mehr als über neunundneunzig Gerechte,
die keine Reue nötig haben.«
(Mt 18, 12.13/ Lk 15, 1-7 RÜ)

Starker Tobak für alle Selbstgerechten und Frommen – aber so ist Jesu neues Gottesbild! Die Summe seiner Gebote ist Liebe. Aus reiner Gesinnung! Aus gutem Gewissen! Aus festem Vertrauen! Bedingungslos!

Nicht in 613 jüdischen Vorschriften oder in Geboten und Verboten, sondern in der Person Jesu und seinen Geschichten zeigt sich die real existierende Liebe Gottes zu uns Menschen, wie sie ist: als eine Liebe, die rettet und nicht richtet. Dieses Vertrauen in die ewige und bedingungslose Liebe Gottes will Jesus allen Menschen schicken und schenken. Bei ihm geht es immer um Rettung durch Vertrauen und um die Überwindung der Angst. Es war für gesetzesfromme Juden ein Skandal, dass er am Sabbat in der Synagoge Kranke heilte. Dadurch hat er den Sabbat geheiligt. Doch die »Schriftgelehrten« aller Zeiten wollen Gesetzlichkeit um des Gesetzes willen. Jesus aber wollte die Krankheit einer ganzen Religion heilen: ihre Unmenschlichkeit.

7. Jesus und die Wiedergeburt

Eine ganz besondere Art von bedingungsloser Liebe haben viele Menschen bei Nahtoderfahrungen erlebt. Diese bedingungslose Liebe ist die »Realität aller Realitäten, die unbegreiflich herrliche Wahrheit aller Wahrheiten, die im Kern von allem, was existiert oder je existieren wird, lebt und atmet«, so hat sie der US-Neurologe Eben Alexander während eines siebentägigen Komas in einer Nahtoderfahrung erlebt. Drei nonverbale, aber fundamentale Erkenntnisse hat er uns aus der geistigen Welt mitgebracht:

- Erstens: Du wirst geliebt und geschätzt.
- Zweitens: Du hast nichts zu befürchten.
- Drittens: Du kannst nichts falsch machen.

Seine gesamte Botschaft fasst dieser nicht kirchlich orientierte, aber international renommierte Neurochirurg in diesem Satz zusammen: »Du bist geliebt.« Wer diese bedingungslose Liebe nicht kennt, so fügt Jesus hinzu, wird nie wissen können, wer wir sind, was wir sind und warum wir sind. Nach seiner Rückkehr aus seinem siebentägigen Zustand der Bewusstlosigkeit im Koma ist Eben Alexander davon überzeugt, dass seine neue Erkenntnis nicht nur die »wichtigste emotionale Wahrheit im Leben« ist, sondern auch die »wichtigste wissenschaftliche Wahrheit«. Ganz einfach, so der Neurochirurg: Der Mensch ist mehr als sein physischer Körper. Nach seiner »Rückkehr« wusste er, dass er sich nie wieder allein fühlen würde. Wie viel Einsamkeit und Trostlosigkeit gäbe es auf unserer Welt weniger, wenn wir uns öfter an diese Zusage Jesu erinnern würden: Euer Vater im Himmel ist immer bei euch, er wohnt in eurem Herzen, er beachtet und er behütet euch. Die gemeinsame Botschaft aller Nahtoderfahrenen: Wir dürfen sterben, wir müssen nicht sterben – wir leben weiter.

Wenn Sterben ganz anders ist, als wir bisher dachten, so wird auch unser Leben anders werden. So heißt denn auch der Grabspruch des großen dänischen Philosophen Sören Kierkegaard:

»Noch eine kleine Weile,
so ist's gewonnen,
so ist der ganze Streit
in nichts zerronnen.
In Rosensälen darf ich
ohn Unterbrechen
in aller Ewigkeit
mit Jesus sprechen.«

Unser Leben ist vergleichbar mit einer Schule. Wir sind hier, um zu lernen. Entweder wir wollen lernen, oder wir müssen leiden. Wer nicht lernen will, muss leiden. Da ist Gott unnachsichtig, denn er will uns alle zurückhaben. Er will – wie der gute Hirte – seine ganze Herde. Nicht eines seiner Schafe soll verloren gehen. Und wenn sich ein Schaf verirrt, dann geht der Hirte hinterher, bis er es gefunden und gerettet hat. Gott holt uns letztlich alle wieder. Wenn nicht in diesem Leben, dann in einem späteren. Weil er unser Vater ist und uns alle liebt. Manchmal freilich hat man den

Eindruck, dass nicht eins von 100 Schafen sich verirrt hat, sondern 99. Gott wird wohl nie arbeitslos! Wiedergeburt bedeutet: Wir haben mehrere Chancen. Der gute Hirte wird es immer wieder versuchen mit uns und uns immer wieder suchen. Er weiß Mittel und Wege, und er kennt viele Arzneien.

»Seit aber offenbar wurden Gottes Freundlichkeit
und Erbarmen,
lässt er uns wiederbeleben durch die Wiedergeburt
und durch die Erneuerung des prophetischen Geistes.
Mit ihm ließ er uns ausrüsten,
durch Jesus, den Gesalbten, unseren Wiederbeleber,
damit wir, durch seine Güte freigesprochen,
in der Gottnähe leben können.«
(Tit 3,4-7 RÜ)

Auch im griechischen Urtext der Einheitsübersetzung steht an dieser Stelle das Wort »Wiedergeburt«.

Wiedergeburt heißt, dass es keinen Tod gibt, sondern Verwandlung, Reinkarnation und Erneuerung. Es gibt keinen Tod: Jesu ganz großes Thema! Damit ist die Wiedergeburt eine große Entwicklungschance, die wir Menschen haben, vielleicht sogar die größte. Die Lehre von der Wiedergeburt kann ein neues Geborgenheitsgefühl in unserem Innern heranwachsen lassen und die Angst vor dem Tod überwinden helfen. Dank der Erkenntnis der Reinkarnation können wir lernen, dass wir selbst die allererste und eigentliche Ursache unseres eigenen Schicksals sind. Wiedergeburt bedeutet, dass wir selbst für unser Leben verantwortlich sind. Es kann uns nach Jesu Meinung nicht ein Priester oder Theologe unsere Fehler vergeben, an unseren Fehlern müssen wir schon selbst arbeiten. Kirchliche Sakramente sind magische Hilfsinstrumente, die uns kaum helfen. Sakramente können uns unsere Last nicht abnehmen, sie entmündigen uns eher. Sie können – so habe ich es selbst durch die Beichte erfahren – vielleicht lindern, aber nicht wirklich heilen. Daran müssen wir schon selbst arbeiten. Die

Reinkarnation nimmt uns in die Pflicht. Diese Chance haben wir mehrfach. Jesus bei seinem berühmten Nachtgespräch mit Nikodemus wörtlich in der Rückübersetzung:

»Amen, amen! Ich sage dir:
Wenn jemand nicht
wiederholt geboren wird,
so kann er nicht wieder eingelassen werden
in das Königtum Gottes.«
(Joh 3,3 RÜ)

Zweifelnd fragt der alte und weise Nikodemus zurück: »Wie kann wiederholt geboren werden ein alter Mann? Kann er zurückkehren in den Leib seiner Mutter und abermals geboren werden?« Und Jesus bekräftigt:

»Wundere dich nicht, dass ich dir sagte:
Es ist nötig, dass du wiederholt geboren wirst!
Du, du bist ein Meister Israels!
Und Du? Du weißt das nicht?
Ich! Ich sage dir:
Ich rede von dem, was ich weiß;
Und ich bezeuge das, was ich gesehen habe.«
(Joh 3,9-11 RÜ)

Jesu Meisterworte in ursprünglicher Frische. Dieses Wissen gibt Jesus nicht nur Nikodemus weiter, sondern das sagt er auch seinen Jüngern. Die Kirchen werden an ihren Sakramenten (die katholische Kirche lehrt sieben, die evangelische Kirche zwei) noch so lange festhalten, wie sie Jesu Lehre von der Wiedergeburt tabuisieren.

Jesus hatte es nicht nötig, an Gott zu glauben, denn er kannte ihn. So hatte er es auch nicht nötig, an die Wiedergeburt zu glauben, denn er wusste um sie. Er hatte es auch nicht nötig, bei Schriftgelehrten zu studieren, denn er stand in ständigem Kontakt mit seinem Abba.

8. Jesus und die Sexualität

»Du sollst dich nicht vor der Geschlechtlichkeit fürchten!
Du sollst aber auch nicht darauf brennen!
Sooft du dich vor ihr fürchten wirst,
wird sie dich beherrschen;
sooft du aber darauf brennen wirst,
wird sie dich verschlingen.«
(Phil 62 RÜ)

Dieses Jesuswort wurde bezeichnenderweise nicht ins offizielle Neue Testament aufgenommen.

Ein beliebter Joke unter jungen Leuten heißt: »Was sind die *drei* schönsten Dinge des Lebens? Essen und Trinken.« Zum Erhalt des Lebens und zur Freude an ihm hat uns Gott auf Sexualität hin geschaffen. In seinem ersten Lehrschreiben »Evangelii gaudium« hat Papst Franziskus allein in der Einleitung 48 Mal das Wort »Freude« verwendet, eine Frohe Botschaft, wie Jesus sie verkündete. Mit dem hier zitierten Wort über Sexualität erinnert uns Jesus daran, dass wir im Gegensatz zu Tieren bewusste, freie und verantwortungsvolle Entscheidungen fällen können.

Er spricht gelassen über die Sexualität. Es ist moderne Sexualpsychologie, die er hier erklärt: Er wusste um die gefährliche Kraft des Geschlechtstriebs, besonders bei Männern, aber er empfahl eine geistige Ausgewogenheit: also weder fürchten noch brennen. Furcht vor Sexualität macht uns so abhängig, wie »Verbrennen« zur Sucht führt. Jesus empfiehlt einen maßvollen Mittelweg. Das gab er einem seiner Schüler, der sich wohl mit seinen sexuellen Nöten an ihn gewandt hatte, zu bedenken.

Nach dem Zeugnis der Evangelien hat Jesus – im Gegensatz zu den Vertretern der Kirchen von heute – nur wenig zu den Themen Ehe, Familie und Sexualität gesagt. Ganz zu schweigen von einer eigenständigen Sexualethik. Er hatte wichtigere Themen. Und wenn er das Thema Familienethik aufgriff, dann meist unter dem Aspekt der Benachteiligung der Frau. Aber was machen die Kirchenbeamten aus dieser Jesus-Botschaft, also mit dem Schönsten und Kostbarsten unseres Lebens, das wir letztlich Gott verdanken? Kein Sex vor der Ehe – kein Sex außerhalb der Ehe – und Pflicht in der Ehe! Hauptsache: Schlechtes Gewissen! So aber hat Jesus nie gedacht und nie gelehrt. Also: Kirche und Sex – der alte Aufreger. Ist das Evangelium ein Strafgesetzbuch? Es will nicht verbieten, sondern anbieten.

In der Einheitsübersetzung sagt Jesus bei Matthäus über den Ehebruch sehr rigoros: »Ihr habt gehört, dass gesagt worden ist: Du sollst nicht die Ehe brechen. Ich aber sage euch: Wer eine Frau auch nur lüstern ansieht, hat in seinem Herzen schon Ehebruch mit ihr begangen« (Mt 5,27-28).

Doch in der Rückübersetzung ins Aramäische sagt Jesus viel realistischer: »Ihr habt gelernt, dass Abba den Vorfahren geboten hat: Brich die Ehe nicht! Ich aber sage euch: Jeder, der seine Frau willkürlich verstößt, der bricht die Ehe.« Jesus war immer auf der Seite der Schwachen. Er verurteilt die Willkür der Männer gegenüber den Frauen. Das scheint ihm wichtiger, als von der »Unauflöslichkeit« der Ehe zu sprechen. Er lehnt es ab, Fragen des Herzens und Fragen der Liebe mithilfe von Gesetzen zu regeln. Eine Frau galt vor 2000 Jahren nicht als vollwertiger Mensch. In der Zeit Jesu konnte sich ein Ehemann seiner Ehefrau leicht entledigen. Er musste nur behaupten, etwas Abstoßendes an ihr entdeckt zu haben, und konnte ihr einen rechtsgültigen Entlassungsbrief übergeben. Dieses Recht galt aber nur für den Ehemann. Diesem Unrecht setzte Jesus seine eigene Ethik von der Gleichheit aller Menschen entgegen, sie war zwingend logisch. Bei Matthäus (19,9 RÜ) sagt er zu seinen Schülern: »Amen! Amen! Ich soll euch sagen: Jemand, der seine Ehefrau entlässt, außer wegen Ehebruchs – er bricht die Ehe.« Wahre Liebe kann es nicht geben ohne Gleichberechtigung. Jesus meint: Wenn zwei Menschen sich das Jawort geben, dann ist Gott mit ihnen. Aber auch: Gott ist treu, selbst wenn wir untreu sind.

Der Nazarener war nicht familienfixiert. Auch zu seiner eigenen Familie hatte er ein spannungsvolles Verhältnis. Seine gesamte Familie hatte ihn eine Zeit lang für »verrückt« erklärt. Alle seine

Schüler hat er mehr oder weniger von ihren Familien weggeführt. Wichtiger als Familien-»Bande« war es ihm, das »Reich Gottes« zu verkünden. Gewarnt hat er hauptsächlich vor moralischen Urteilen. Er wusste: Alle Urteile über andere verurteilen nur die eigene Seele. Urteilslosigkeit war das große Thema des Bergpredigers: »Würdet ihr nicht richten – Gott ließe euch nicht richten. Würdet ihr nicht verurteilen – Gott ließe euch nicht verurteilen« (Mt 7,1-2 RÜ). Urteilslosigkeit, so lehrt er, macht sanftmütig und führt zur Beruhigung des Herzens. Nur Gott wird eines Tages über uns urteilen.

Während ich diese Zeilen schreibe, beraten in Rom 191 unverheiratete Männer darüber, wie über eine Milliarde Katholiken auf der ganzen Welt ihr Ehe-, Familien- und Sexualleben zu gestalten haben. Darunter sind auch einige Laien und wenige Frauen, die aber nichts zu entscheiden haben. Die Bischofssynode leitet ihr Recht zu urteilen und zu verurteilen direkt aus dem Neuen Testament ab, wo Jesus aber im Gegenteil empfiehlt: »Verurteilt nicht.« Jesus lehrte Demut, Verständnis und Zuwendung. Doch die real existierende Kirche praktiziert Dogmatismus, Unfehlbarkeitsanmaßung und Ausgrenzung. Die Zölibatären sollten vielleicht einmal im Wohnzimmer in aller Ruhe darüber nachdenken, was sie berechtigt, anderen Menschen Ratschläge fürs Schlafzimmer zu erteilen. Jesus hat doch kein Gesetzbuch geschrieben, sondern Wege zum Leben aufgezeigt.

Aus psychoanalytischer Sicht stellt sich die Frage, warum im Namen der Religion noch immer geprügelt und missbraucht wird. Es ist bemerkenswert, was Religionen alles mit dem Unterleib von Kindern anstellen: Juden beschneiden Jungen, Muslime beschneiden Mädchen, und Christen tun sich noch immer schwer mit der Aufklärung ihrer vielen Missbrauchsfälle.

Der französische Jesuit Michel de Certeau hatte schon vor 50 Jahren Probleme mit der Sexualmoral seiner Kirche und stellte fest: »Das moralische (vor allem das sexuelle) Verhalten des Menschen richtet sich so wenig nach den Vorgaben der Bibel und der Päpste wie die Sternenbahnen; darum gibt es eigentlich nichts zu reglementieren.« Ob die katholische Kirche mit der Revision ihrer

Sexualethik so lange braucht, wie sie brauchte, um sich wegen der Sternenbahnen bei Galileo Galilei zu entschuldigen, nämlich exakt 359 Jahre?

Wie schwer tun sich die Kirchen mit diesem Thema bis heute?! Sie haben durch ihr verkrampftes, gestörtes und neurotisches Verhältnis zur Sexualität Milliarden von Sexualneurosen zu verantworten. Die heutigen Kirchen stehen mit ihrem oft voraufklärerischen Menschen- und Gottesbild in vielen Fragen neben ihrer Zeit und gegen ihre Zeit. Kirchliche Sexualmoral atmet bis heute weder den Geist Jesu, noch den Geist der Aufklärung, noch den Geist der Humanität, sondern den Geist des Machotums, der an das Altertum oder Mittelalter denken lässt. Die frühkirchlichen Lehren über die Frau, Sex und Ehe bedeuten ein schlimmes kirchliches Erbe für Jahrhunderte. Schon bei den Kirchenvätern war alles Männliche dominant und alles Weibliche verbannt. Ein Meister dieser sexuellen und erotischen Verdrängungskünste war der Kirchenvater Augustinus. Sex und Koitus verunglimpfte er als »gegen Gottes tieferen Willen« gerichtet.

Es war die Kirche, die durch ihre Verbotsmoral aus der sexuellen Lust ein Laster gemacht hat. Sie gab dem Eros Gift zu trinken. So erzeugt sie selbst das Laster, das sie zu bekämpfen vorgibt. Die amtierenden Bischöfe und Priester tun sich deshalb so schwer mit dem Umdenken, weil sie sich selbst Jahrzehnte lang der sexuellen Lust verweigern mussten. Sie haben sie als Laster geradezu verinnerlicht. So wird der Wahn zur Methode und zum Machtinstrument über die »Gläubigen«. Das Unverständnis zwischen Jesu Lehre über die Liebe und der Verbotsmoral, welche die Kirche daraus gemacht hat, erinnert mich an das Unverständnis zwischen John Lennon und seinen Lehrern: »Als ich zur Schule ging, wurde ich gefragt, was ich werden möchte, wenn ich groß bin. Ich antwortete: ›Glücklich.‹ Sie sagten mir, dass ich die Frage nicht verstanden hätte, und ich sagte ihnen, dass sie das Leben nicht verstanden hätten.«

Der frühere Frauenheld Augustinus sieht seine »Bekehrung« und »Rettung« primär darin, dass er vor dem »Begehren der Frau«

gerettet wurde. Diese widernatürliche und Jesus-fremde Haltung gegenüber allem Weiblichen hat die Kirche bald 2000 Jahre geprägt. So wurden aus Jesus-Anhängern oft infantile Männer, die besetzt und besessen waren von Sexualangst und Frauenphobie. Bis heute wird das Weibliche in den Kirchen permanent abgewertet. Diese Haltung wurzelt noch fest in der Tradition eines anderen Kirchenvaters und Bischofs, Johannes Chrysostomus. Für ihn war im 4. Jahrhundert klar, dass »kein Tier so wild ist wie die Frau«. Zugleich wusste dieser fromme Heilige aber auch: »Was ist wertvoller als alles? Die Liebe.« Na dann!

Dieser antifeminine Impuls war anderen infantilen Kirchenmännern höchst willkommen. Alles, was das alte frauenfeindliche und sexualfeindliche Patriarchat stützte, war diesen Herren genehm. Diese Haltung führte zu einer rohen und primitiven, auf jeden Fall unreifen und Jesus-feindlichen Sexualmoral, in der die Kirchen zum Teil heute noch gefangen sind. Doch Jesus redet nicht nur über die Gleichheit aller Menschen, er behandelt Frauen gleichwertig und nimmt Kinder ernst. Es geht ihm nie um Verbote, sondern um liebesfördernde Orientierung. Ein Kind ist für ihn die Frucht der Liebe.

Die Sehnsucht nach lebenslanger und bedingungsloser Treue, die mit reiner Liebe verschwistert ist, bleibt. Liebe bleibt immer mehr als ein Gefühl. Sie ist eine Entscheidung des Herzens und des Willens. In frauenfeindlicher Tradition werden auch die heutigen Kirchen überwiegend von Männern geführt, aber von Frauen getragen. Ohne die Frauen in den Kirchen gäbe es schon lange keine Volkskirchen mehr. Jesus hat aber kein männliches Christentum gepredigt, sondern ein menschliches – das schreibt das Präsidiumsmitglied des Deutschen Evangelischen Kirchentags Beatrice von Weizsäcker sinngemäß in ihrem wunderbaren Buch über »Das Christentum für Frauen«. Im Mai 2015 nennt der zweite Mann im Vatikan, der Premierminister des Papstes, Pietro Paolin, das deutliche Ja der katholischen Iren zur Homo-Ehe »eine Niederlage für die Menschheit«. Solche Formulierungen sind eine Niederlage für das Christentum. Die katholische Kirche ist noch immer sexbesessen und Jesus-vergessen. Wann endlich lernt sie, dass sie im Schlafzimmer ihrer Gläubigen nichts zu suchen hat? Die Verbindung von Zölibat mit dem Verbot der Homosexualität führt seit Jahrhunderten zu einem überproportionalen Anteil homosexueller Männer in der katholischen Hierarchie. Und dieser Zusammenhang wird noch immer verdrängt mit der logischen Folge einer peinlichen Sexbesessenheit.

Die meisten heutigen Christen haben sich von der sexuellen Bevormundung durch den Klerus längst befreit. Werte wie Gleichberechtigung und Verantwortung stehen nun im Mittelpunkt. Und die Freuden des Körpers sind nun nicht länger suspekt. Wir erleben eine Entdramatisierung der Sexualität. Also weniger Verbotsmoral und eine Stärkung des Gewissens. Unsere Zeit erlebt auch eine vermehrte Sensibilisierung für Gefühls- und Liebesverletzungen, für Treuebruch und Schuldhaftigkeit. Schon der oben erwähnte Michel de Certeau empfahl in der zweiten Hälfte des 20. Jahrhunderts seiner Kirche, sich nicht so wichtig zu nehmen, vor allem nicht in den Fragen der Sexualmoral: »Gott gab es vor der Kirche, und er scheint sie zu überleben.« Übrigens: Papst Franziskus hat schon mehrfach betont, dass er diesen französischen Jesuiten besonders schätze.

Die kirchliche Lehre über Beziehungen, Familie, Ehe und Sexualität zum Beispiel von den Päpsten Paul VI., Johannes Paul II. oder Benedikt XVI. war keine Seelsorge, sondern Seelendiktatur. Den meisten Katholiken, aber auch der Mehrheit der Moraltheologen oder Ärzten und Wissenschaftlern ist die Würde des Gewissens wichtiger als die Jesus-fremde römische Moral- und Sexualdiktatur.

Eine Umfrage des Vatikans zur Sexualmoral unter Katholiken im Jahr 2014 fasst der Bund der Deutschen Katholischen Jugend (BDKJ) so zusammen: »Die kirchliche Sexualmoral spielt für neun von zehn katholischen Jugendlichen keine Rolle.« Und: »Sex vor der Ehe und Verhütung gehören zu ihrem Beziehungsleben selbstverständlich dazu.« Laut BDKJ haben heute 96 Prozent der Menschen, die ohne kirchliche Heirat »sexuelle Gemeinschaft«

pflegen, damit kein Problem. Schon Jahre zuvor sagte eine junge Katholikin auf einem Katholikentag vor einer Fernsehkamera: »Morgens Hostie und abends Pille sind für mich kein Widerspruch.« Ein 20-Jähriger meinte bei der Umfrage des Vatikan: »Ich bin der Meinung, wenn Gott gewollt hätte, dass man keinen Sex hat, hätte er es sicher nicht so spannend gestaltet.«

Wenn Religion keine Freude vermittelt, ist sie nicht wahr. Der Mainzer Bischof Kardinal Lehmann meinte zu diesen Umfrageergebnissen, sie »verstärken, auch wenn sie nicht repräsentativ sind, den Eindruck einer unglücklichen, fatalen Situation«. »Eigentlich wissen wir schon lange darum«, sagte Lehmann außerdem, »vieles wurde verdrängt.« Doch Verdrängen hilft nicht, sondern macht krank. Die katholische Kirche muss erstaunt zur Kenntnis nehmen, dass sich die »unbefleckte Empfängnis« in weiten Teilen der Bevölkerung nicht durchgesetzt hat.

Nirgendwo ist die Kluft zwischen kirchlicher Lehre und dem wirklichen Leben so tief wie beim Thema Sexualität: ob es nun um Verhütung geht, die Pille oder um Homosexualität. In der Renaissance hat Papst Alexander VI., auch bekannt als der Borgia-Papst, seinen eigenen Sohn zum Kardinal geweiht. Auch im heutigen katholischen Klerus – das weiß man inzwischen – halten sich nicht alle an die katholischen Regeln. Schon der alte Kirchenvater Augustinus erinnert sich in seinen »Bekenntnissen« daran, dass er als junger Mann Gott gebeten hatte: »Gib mir Keuschheit und Enthaltsamkeit, doch nicht sogleich.«

Wie wäre es denn, wenn sich die Kirchen beim Durcharbeiten ihres Verdrängten einfach an der gelassenen Haltung ihres Meisters orientieren würden? Nur dann können sie sich von der Sklaverei ihrer eigenen Ideologie befreien. Es ist sicherlich kein Zufall, dass das oben zitierte, hilfreiche Jesus-Wort über die Sexualität nicht in die kanonischen Evangelien aufgenommen wurde. Wahrscheinlich war es den Evangelien-Schreibern zu riskant. Mit der Einstellung Jesu zu diesem zentralen menschlichen Thema müssten die Kirchen viel Macht über ihre »Gläubigen« aufgeben. »Du sollst dich nicht vor deiner Geschlechtlichkeit fürchten.« Aber was die Kirchen jahrhundertelang dazu lehrten, war zum Fürchten. Dabei kann nur eine Liebe, die *alle* Sinne fordert und fördert, auch zum Gottesdienst werden. Schließlich wurden uns diese Sinne vom Schöpfer geschenkt. Warum sollten wir sie dann nicht in seinem gottgewollten Sinn gebrauchen?

Zur Liebe gehört die Erotik, das Wechselspiel zwischen den Liebenden, die Kommunikation mit Blicken, Worten und Berührungen, den geliebten Menschen schmecken, berühren und fühlen zu dürfen – ja, den geliebten Menschen so intensiv wahrzunehmen, dass er oder sie sich neu kreiert. So wird die körperliche Liebe zu einem Akt der Schöpfung. So auch verwirklicht sich in jeder irdischen Liebe auch himmlische Liebe. Von ganzem Herzen und mit allen Sinnen lieben zu können, ist ein wahres Himmelsgeschenk. So wie Achtsamkeit und Respekt, Hingabe und Zuneigung die Voraussetzungen für ein wahres Gebet sind, so sind sie es auch für die Liebe. Zu einer lebendigen Liebesbeziehung gehört auch immer die Metaphysik. Spiritualität und Liebe gehören zusammen wie Eros und Freundschaft. In einer ganzheitlichen Liebe vereinigen sich nicht nur zwei Menschen, sondern auch Himmel und Erde.

Nach gültiger katholischer Lehre muss »jeder eheliche Akt von sich aus auf die Erzeugung menschlichen Lebens hin geordnet bleiben«. Also: Keine Pille! Keine Kondome! Kein vorehelicher Sex! Diese kirchliche Lehre widerspricht dem Leben und der menschlichen Natur. Deshalb atmet die jetzige sexuelle Emanzipationsbewegung der Christen den Geist Jesu. Wer göttlicher Autorität vertraut, kann sich von menschlichen Autokraten, auch von kirchlichen, befreien.

Der eigentliche Auftrag der Kirchen ist nicht das willkürliche Erstellen von Geboten und Verboten, sondern die Verkündigung von Jesu Frohbotschaft. Sie besagt, dass Gott die Menschen liebt. Und dass diese Liebe frei macht. Sex aus Liebe: Das theologisch zu begründen, erfordert nur einen offenen, unverkrampften Blick auf Jesu Gottes- und Menschenbild. Er hat ständig gegen Gebote und Verbote verstoßen. Er war auf unerlaubte Weise frei. Er lebte vor, was die Freiheit der Kinder Gottes sein kann. Er setzte an die

Stelle der alten Gesetze eine neue, offenere Lebensordnung. Auch der deutsche Kardinal Walter Kasper sagt: »Was ist dieses Evangelium? Kein Gesetzeskodex. Ohne den in den Herzen wirksamen Geist ist der Buchstabe tötendes Gesetz.«

Einer wieder ernst zu nehmenden Kirche sollte es auch beim Thema Sexualität nicht darum gehen, was die Kirche bisher dazu gelehrt hat, sondern darum, was Jesus dazu wirklich gesagt hat. Die Geschichte des Jesus von Nazareth ist die große Geschichte des Infragestellens scheinbarer Glaubensgewissheiten. Denkt selbst! heißt seine Aufforderung. Er war ein wirklicher Aufklärer. Freiheit von Verboten und die Emanzipation beider Partner – das waren für Jesus die Voraussetzungen befriedigender Sexualität.

Ich nenne Jesus den ersten neuen Mann, weil er beispielhaft das Weibliche in sich nicht verdrängt und unterdrückt, sondern entwickelt und integriert hat. Als Mann des rationalen Gefühls ist Jesus das leuchtende Beispiel für emanzipierte Frauen, erwachsene Männer und suchende Jugendliche. Deshalb waren Frauen vor 2000 Jahren »verrückt« nach diesem Mann. Jesus ist der Traum von einem Mann.

Doch in Banken, Autokonzernen und in der katholischen Kirche herrschen noch immer die alten patriarchalischen Strukturen – ganz gegen die Intention Jesu. Hier sind noch immer die klassischen Business-Pyramiden männlichen Elends zu besichtigen, bestehend aus Konkurrenz, Kommerz und Karriere. Das Leben ist kaum auszuhalten, wenn es um uns nur Konkurrenten und kaum Vertraute gibt. Ohne mehr Gleichgewicht zwischen den Geschlechtern kommt weder die Wirtschaft noch die Politik noch die Kirche je ins Gleichgewicht. Mann und Frau sind als Team geschaffen, so die glasklare Botschaft des Mannes aus Nazareth – wie hochaktuell doch dieser »erste neue Mann« sein kann.

Im Laufe der Jahrtausende haben Kirchenmänner Frauen zwar weitgehend von Kirchenämtern ferngehalten, aber nicht die Sexualität aus den Menschen. Die Bibel, so Beatrice von Weizsäcker, ist nicht nur voll von His-stories, sondern auch von Her-stories. Jesus hatte viele Jüngerinnen, weil er ein Mann mit weiblichen Intuitionen war. Maria Magdalena steht auf gleicher geistiger Höhe mit ihm. Deshalb verstand sie Jesus besser als die Männer um ihn. Der US-amerikanische Wissenschaftler Robert M. Price hat das Maria-Magdalena-Evangelium rekonstruiert und meint, dass sie es war, die Jesus die Reinkarnation gelehrt hat. Die aktuelle Frage heißt: Warum reicht die Würde einer Frau nicht aus, um ein Kirchenamt auszuüben?

9. Die guten Gaben des guten Vaters

Ein neugeborenes Kind macht sich keine Sorgen um seine Zukunft. Es hat vielmehr grenzenloses Vertrauen zu seinen Eltern. Sie sorgen für mich – ich werde nicht verhungern und nicht verdursten und nicht erfrieren! Und genau dieses kindgemäße, grenzenlose Vertrauen empfiehlt Jesus seinen Freunden und Freundinnen. Es wird mit grenzenloser Liebe des himmlischen Vaters belohnt. In den heutigen wirtschaftlichen Krisenzeiten sowie zunehmender, seelenzerstörender und herzverwirrender Angst um Job und Karriere, um Geld und Ansehen hat Jesu Lehre von der Sorglosigkeit eine befreiende Wirkung. Sie fasst das Verhältnis von Vertrauen gegen Liebe auf einzigartige Weise zusammen. In der in Versen gefassten Rückübersetzung liest sich seine Lehre von der Sorglosigkeit so:

»Seid nicht besorgt um euer Selbst,
was ihr essen werdet!
Und seid nicht besorgt um euren Körper,
was ihr anziehen werdet!
Ist nicht das Selbst mehr
Als die Nahrung?!
Und ist nicht der Körper mehr
Als die Kleidung?!
Warum seid ihr so besorgt wegen der Nahrung! –
Beobachtet die Raben,

die nicht säen
und nicht einsammeln!
Er, Abba, lässt sie ernähren!
Seid ihr nicht wertvoller als sie?!
Und warum seid ihr besorgt wegen der Kleidung? –
Betrachtet die Anemonen,
die nicht hecheln
und nicht spinnen
und nicht weben!
Ich sage euch:
Nicht einmal Salomo
War in Gewänder gekleidet
Wie eine von ihnen.
Wenn aber das Weidegras
– das heute lebt
Und morgen verdorrt wird
und in den Ofen geworfen wird –
Abba so bekleiden lässt,
um wie viel mehr wird er euch bekleiden lassen,
ihr Vertrauensschwachen!
Darum seid nicht besorgt, indem ihr denkt:
Was werden wir essen?
Was werden wir anziehen?
Denn er, Abba, weiß,
was ihr nötig habt.«
(Mt 6,25-28 /Lk 12,22-31 kombiniert, RÜ)

Das ist das schönste Lehrgedicht des Meisters aus Nazareth – passend zu unserer immer hektischer werdenden Zeit. Jesus trug es seinen Jüngern vor, kurz bevor er sie zur Mission zu ihren Stammesgenossen schickte. Wenn Abba schon für die Raben und für die Anemonen sorgen lässt, um wie viel mehr dann für diejenigen, welche im Namen Jesu die Gottesherrschaft ausrufen, Kranke heilen und Dämonen austreiben? Diese Sorglosigkeit war realistisch begründet in der galiläischen Gastfreundschaft und darin, dass die Jünger im Auftrag eines zu jener Zeit geachteten Meisters unterwegs waren. Wer den Rhythmus dieser Worte in der Rückübersetzung erkennt, versteht, warum die ursprünglichen Zuhörer Jesu so beeindruckt waren und meinten, dass so noch nie jemand zu ihnen gesprochen habe. Ganz anders als ihre gewohnten Gesetzeslehrer, die ihnen immer mehr Sorgen und Gesetze und Vorschriften auflegten. Doch Jesus sprach von der Sorglosigkeit! Einzigartig, dieser Originalton Jesu!

Heinrich Böll hat Jesu »Sorglosigkeit« in einer berühmten Geschichte so interpretiert: Ein reicher Mann sah, wie ein Fischer gemütlich neben seinem Boot lag und Pfeife rauchte. Er verstand nicht, wie man so etwas tun konnte, und fragte ihn: »Warum bist du nicht auf dem Meer zum Fischen?«

»Weil ich für heute genug gefangen habe«, sagte der Fischer.

»Warum fängst du nicht noch mehr?«

»Was soll ich denn damit machen?«

»Du könntest mehr verdienen«, sagte der Reiche, »und dir einen Motor für dein Boot kaufen, weiter aufs Meer hinaus fahren und noch mehr Fische fangen. Du könntest genug verdienen, um bessere Netze zu kaufen. Sie würden dir noch mehr Fische und viel mehr Geld einbringen. Bald hättest du genug Geld, um ein zweites Boot zu kaufen – vielleicht sogar eine ganze Flotte. Dann wärst du ein reicher Mann, genau wie ich.«

»Und was soll ich dann machen?«

»Dann könntest du das Leben genießen.«

»Und was glaubst du, was ich gerade mache?«

Woran mag Jesus noch gedacht haben, als er von diesen »guten Gaben« seines Vaters sprach? Wahrscheinlich auch an das, was uns heute in den Wohlstandsgesellschaften selbstverständlich geworden ist: Früchte, Getreide, Gemüse, Honig, Kartoffeln und Reis, Salz und Gewürze – und vor allem: Wasser und fruchtbare Erde! Ich finde es erstaunlich, dass es all dies auf der Erde gibt, was wir zum Leben brauchen. Das ist ein wahres Wunder!

Und noch etwas füge ich als Historiker hinzu: Eine andere Geschichte der Menschheit als die von Kaisern und Königen, von Fürsten und Feldherrn müsste nach dem Motto geschrieben werden, das der Agrarhistoriker Hansjörg Küster von der Universität Hannover in seinem Buch vorgeschlagen hat: »Am Anfang war das Korn.« Die größte Leistung der Menschheit beruht auf dem Ackerbau. Ohne Kulturpflanzen wäre die Geschichte anders verlaufen. Die vergessenen Helden unserer Zivilisation sind die Bauern. Von ihnen lernte Jesus seine Geschichten vom Sämann und vom Acker, vom Korn und vom Weizen, von den Lilien des Feldes und den Vögeln des Himmels. Der Beginn des Anbaus von Kulturpflanzen auf einem Feld oder in einem Garten verdient den Namen »Revolution«. Ab jetzt vor etwa 10 000 Jahren wurden Lebensmittel nicht nur gesammelt, sondern auch produziert. Die Infrastruktur unserer heutigen Lebensmittelversorgung ist eine zivilisatorische Großtat.

Kaum jemand macht sich beim Einkaufen bewusst, dass ein heutiger Supermarkt gegenüber früheren Jahrhunderten und Jahrtausenden der reinste Garten Eden ist. Deutschland hat über 400 Brotsorten und Frankreich 246 Käsearten. Ich höre zwei Einwände meiner Leser und Leserinnen: Aber in der »Dritten Welt« verhungern doch jeden Tag über 20 000 Menschen – wie kann Gott das zulassen? Eine völlig falsche Fragestellung, der ein falsches, fast schon primitives Gottesbild zugrunde liegt. In Wahrheit ermorden *wir* die Verhungernden. »Hunger ist Mord«, sagte Gandhi. Der Hunger in der »Dritten Welt« ist niemals Gottes Wille, sondern *unser* menschliches Versagen. Die UNO hat schon vor 15 Jahren errechnen lassen, dass wir auf unserer Erde mindestens 12 Milliarden Menschen ernähren können. Wenn wir es intelligenter und gerechter machen als heute, dann muss bald kein Kind mehr verhungern. Wir haben heute die Möglichkeit, den Hunger ins Museum der Geschichte zu stellen. *Das* ist der Wille Gottes, des guten Vaters all seiner Kinder.

Zweiter Einwand gegen unsere Einkaufsparadiese: Das Schlaraffenland ist doch längst verloren. Im Zeitalter der Lebensmittelskandale vergiften wir uns doch selbst und essen uns krank. Ernährungsbedingte Krankheiten gibt es tatsächlich. Und dennoch – trotz aller Unkenrufe der Küchenpessimisten – waren die Lebensmittel noch nie so sicher und so reichlich wie heute. Die Geschichten vom Mangel liegen – zumindest in den meisten Ländern – hinter uns. Im Gegenteil: Das Schlaraffenland liegt in der Gegenwart, in unseren Supermärkten, in Bioläden und auf Wochenmärkten. Noch nie hatten wir einen solchen Nahrungsüberfluss wie heute. In Mitteleuropa werden 40 Prozent aller Lebensmittel weggeworfen. Aber was ist mit Dioxin, Antibiotika, Gammelfleisch, Pestiziden und anderen giftigen Cocktails, die uns serviert werden?

Dazu der Kulturwissenschaftler Gunther Hirschfeld, der zur Geschichte der Esskultur an der Universität Regensburg forscht: »Wir nehmen als Gesellschaft bei Lebensmitteln eine Qualitätskrise wahr, die aber in Wahrheit eine Vertrauenskrise ist.« Auch in Europa werden wir als Gesellschaft erst seit etwa 150 Jahren satt. Wenn beinahe die Hälfte aller Lebensmittel weggeworfen wird, dann verfügen wir eher über zu viele Lebensmittel, und wir verklären die Vergangenheit. Hirschfeld sagt: »Alle Küchen der Vergangenheit sind den heutigen unterlegen.« Frühere Generationen litten ständig unter Lagerproblemen. Richtig: Gemüse und Obst waren regional und saisonal vorhanden. Aber nur für begrenzte Zeit und nicht überall. Millionen Menschen starben an Schimmelpilz. Fleisch und Fisch waren oft verdorben. Geschlossene Kühlketten gibt es erst seit einigen Jahrzehnten. Erst seit etwa 150 Jahren leben wir in Westeuropa in paradiesischen Zuständen – gemessen an früheren Zeiten. Hungersnöte waren bis zur Mitte des 19. Jahrhunderts auch in Europa an der Tagesordnung.

Ein guter Gott, die Evolution oder die Natur sorgen dafür, dass wir heute alles haben, was wir brauchen für ein gutes Leben: materiell und geistig. Ich danke Gott dafür, dass ich in dieser Zeit und in diesem Land leben darf und dass er mir die Voraussetzungen schenkte, dieses Buch schreiben zu können. Die Entwicklung und die Funktion des menschlichen Gehirns mit seinen rund 100 Milliarden Zellen, die wiederum durch 100 Billionen Synapsen miteinander verbunden sind und miteinander kommunizieren, ist vielleicht das größte Wunder in der Evolution, wohl das Wunder aller Wunder. 5,8 Millionen Kilometer lang sind die Nervenbahnen eines Gehirns. Damit kann man die Erde 145-mal umwickeln. Das menschliche Gehirn ist wohl das komplizierteste Objekt im Universum. Die moderne Neurobiologie weiß, dass diese 100 Milliarden Gehirnzellen selbst im hohen Alter hochdynamisch miteinander interagieren und sich noch erneuern können, wenn wir geistig und körperlich in Bewegung bleiben.

Der niederländische Neuropsychologe André Alemán schreibt in seinem Buch »Wenn das Gehirn älter wird«: »Die Kraft des älteren Gehirns … liegt in dem auf Lebenserfahrung gegründeten Verständnis für Emotionen und sozialen Situationen. Liebe und Empathie sind für einen guten Kontakt mit anderen ebenso von großer Bedeutung wie für die Bindung mit denjenigen, die einem am Herzen liegen. Auch wenn man sich vernünftig ernähren und sich mit 80 noch gesund fühlen würde, wäre man mit nur wenigen sozialen Kontakten und einer fehlenden Beziehung zu Familie und Freunden dennoch einsam. Ernährung, Bewegung, Herausforderungen, Offenheit für Neues, all das ist wichtig. Vor allem aber Begeisterung. Diese ist Dünger für das Hirn. Doch über allem steht die Liebe. Ein Loblied auf die Kraft der grauen Zellen.« Dieser Autor ist davon überzeugt, dass Spiritualität, Religion und Achtsamkeit nachweislich einen positiven Einfluss auf unsere geistige Gesundheit haben. Vielleicht sind wir gerade dabei, uns in ein neues Zeitalter der Achtsamkeit vorzutasten. Die moderne Neuropsychologie lehrt uns, dass wir und wie wir unser Gehirn positiv beeinflussen, indem wir Gutes in uns aufnehmen und dadurch glücklicher, ausgeglichener und gesünder leben können.

Jesu Verständnis von Liebe gründet in seiner Beziehung zu einem guten und für uns sorgenden Vater. Das werden wir umso eher verstehen, als wir lernen, dass zum guten Vater-Gott seine gute Schöpfung gehört. Zur guten Schöpfung, die alles für uns bereithält, was wir zum Leben und zum Glück brauchen, gehört auch ein gutes Klima. Angela Merkel wie auch Kofi Annan, der ehemalige UNO-Generalsekretär, sowie Papst Franziskus in seiner großartigen Öko-Enzyklika sind der Meinung, dass die Klimafrage »die Überlebensfrage der Menschheit« ist. Kein Mensch und kein Land wird den Folgen des Klimawandels entkommen können. Als »Kinder Gottes« haben wir auch Verantwortung für die heute noch nicht Geborenen: Deren Nahrung, Gesundheit, Wasser und Schutz werden durch »unseren« Klimawandel infrage gestellt bzw. gefährdet. Schon heute bedroht der Klimawandel das Wohlergehen von Hunderten Millionen Menschen. Klaus Töpfer geht davon aus, dass zurzeit in Afrika bereits 18 Millionen Klimaflüchtlinge umherirren. Nachdem ein guter Vater für eine gute Schöpfung gesorgt hat, sind wir heute mitverantwortlich für die Bewahrung der Schöpfung. »Könnt ihr es verantworten, ein schreckliches Erbe zu hinterlassen?«, würde uns Jesus heute fragen.

Ende 2014 befürchtet der UN-Sondergipfel zum Weltklima, dass schon bis zur Mitte unseres Jahrhunderts 200 Millionen Klimaflüchtlinge über unseren Planeten irren werden.

10. Das Neue bei Jesus

Die alte Opfer-, Schuld- und Bluttheologie, die in vielen frommen Seelen vorherrscht, ist Ausdruck rohen Männlichkeitswahns. Hanna Wolff hierzu: »Unter Verletzung aller Gefühls- und Wertfunktionen ist aus Gott ein unerträgliches Patriarchen-Ungeheuer geworden, das das Blut des eigenen Sohnes opfern muss.«

Jesu »Abba« ist jedoch der mütterlich liebende Vater. Der eine hat mit dem anderen nichts zu tun. Einen größeren Gegensatz gibt es religionsgeschichtlich nicht. Jesus in großer Klarheit und Entschiedenheit:

»*Und niemand füllt Most in alte Schläuche!*
Denn der Most würde die Schläuche zersprengen,
und er selbst lief aus.
Most füllt man in neue Schläuche!«
(Mt 9,17-18 RÜ)

Also: Neuer Most in neue Schläuche! Keine Vermischung! Keine Harmonisierung des alten mit dem neuen Gottesbild!

Das neue Gottesbild – ein Gott der Liebe. Lasst das Alte absterben – öffnet euch für das Neue. Nur Träumer und Menschen mit Visionen gehen in eine bessere Zukunft. Aufbruch heißt euer Auftrag. Dazu aber müsst ihr die Angst überwinden, vor allem die Angst vor neuen spirituellen Erkenntnissen.

Die immer wieder versuchte Harmonisierung zwischen dem Alten und dem Neuen Testament verhindert bis heute christliche Identität, hat Hanna Wolff in ihrem Buch »Neuer Wein – alte Schläuche« in erschreckender Weise deutlich gemacht. Richtig ist, dass auch im Alten Testament gelegentlich der Liebesgott durchscheint – eher bei Abraham als bei Moses. Aber zur Zeit Jesu hat der Richtergott dominiert. Solange wir noch nicht das befreiende Jesus-Bild und noch nicht *seinen* Gott der Liebe entdeckt haben, ist es kein Wunder, dass sich seit Jesus nicht viel geändert hat. Der »Herr der Heerscharen« ist ein Kriegsgott und das Gegenteil des gütigen Vaters, den Jesus erkannte! Die meisten Christen stehen auf der vorjesuanischen Bewusstseinsstufe dieses aggressiven Kriegs-Gottes.

Nur wenige Beispiele aus dem Alten Testament für diese oft bestrittene These: »Es war Mitternacht, als der Herr alle Erstgeborenen in Ägypten erschlug, vom Erstgeborenen des Pharao, der auf dem Thron saß, bis zum Erstgeborenen des Gefangenen im Kerker und jede Erstgeburt beim Vieh« (Exodus 12,29). Oder: Ebenfalls im Buch Exodus steht im Vers 31,15 der unglaubliche Satz: »Jeder, der am Sabbat arbeitet, soll mit dem Tod bestraft werden.« Oder ein Ausschnitt aus dem Buch Levitikus (20,10 und 13): »Ein Mann, der mit der Frau seines Nächsten die Ehe bricht, wird mit dem Tod bestraft, der Ehebrecher samt der Ehebrecherin ... Schläft einer mit einem Mann, wie man mit einer Frau schläft, dann haben sie eine Gräueltat begangen; beide werden mit dem Tod bestraft.« Oder ein Beispiel aus dem Buch Numeri (25,3 und 4): »Da entbrannte der Zorn des Herrn gegen Israel, und der Herr sprach zu Mose: Nimm alle Anführer des Volkes, und spieße sie für den Herrn im

Angesicht der Sonne auf Pfähle, damit sich der glühende Zorn des Herrn von Israel abwendet.«

Oder: »Nun bringt alle männlichen Kinder um und ebenso alle Frauen, die schon einen Mann erkannt und mit einem Mann geschlafen haben« (Numeri 31,17 und 18). Oder: »Wenn du erfährst: Niederträchtige Menschen sind aus deiner Mitte herausgetreten und haben ihre Mitbürger vom Herrn abgebracht, dann sollst du die Bürger dieser Stadt mit scharfem Schwert erschlagen, du sollst an der Stadt und an allem, was darin lebt, auch am Vieh, mit scharfem Schwert die Vernichtungsweihe vollstrecken« (Deuteronomium 13,11-17).

Im Alten Testament ist vom »Heiligen Krieg« die Rede (zum Beispiel bei Jeremia 51,28: »Bietet Völker zum Heiligen Krieg auf ...«) und vom »Krieg Gottes«.

Wie um Himmels willen soll eine solche »Gewalt-Theologie« je mit der Lehre Jesu harmonisiert werden, wie es bis heute noch in jeder Bibelausgabe versucht wird? Hanna Wolff hierzu: »Das Christentum ist bisher nie wirklich aus dem Schatten des Judentums herausgetreten. Das ist seine Schuld. Das ist seine Tragik, das ist sein Existenzproblem.« Und das ist der Grund, weshalb wir heute noch einmal neu mit Jesus anfangen müssen.

Wie sieht nun das neue Gottesbild Jesu und das dazu passende neue Welt- und Menschenbild aus? »Wer nur noch von Gott etwas erwartet«, der darf sich freuen. Gott wird den Notleidenden »ihre Last abnehmen«. Jesus spricht die Friedensstifter selig. Sie werden »Gottes Kinder« sein. Gott wird »barmherzig« sein. Die ein reines Herz haben, »werden Gott sehen«. All das sagt Jesus in der Bergpredigt.

Die Bewahrung der Schöpfung muss deshalb zusammen mit mehr Gerechtigkeit und dem Bemühen um Frieden zur Grundlage aller Politik und zum Auftrag jedes Einzelnen werden. Dabei müssen nicht alle Umweltschützer und Friedensfreunde gute Christen werden, es wäre schon ein großer Fortschritt, wenn alle Christen engagierte Umweltschützer und aktive Friedensfreunde wären.

Im Alten Testament beten die Menschen: Zerstöre meine Feinde. Zertritt sie in Staub. Jesus: Nein, erbarmt euch über die, die euch anfeinden! Denn Gott liebt alle Menschen wie eine Mutter ihre Kinder. Eine Mutter »kalkuliert« nicht über gut oder böse, wenn sie ein Kind bekommt, sie liebt es. »Werdet barmherzig, so wie euer Vater barmherzig ist«, heißt: Wachst, reift, öffnet euch, sucht, vertraut und liebt mit Herz und Verstand. Nie ist in der Religionsgeschichte ein schöneres Gottesbild gemalt worden als diese Geistesverwandtschaft der Menschen mit Gott. Wir sind Gottes Geliebte, wie Jesus sein Geliebter war.

»Alles kann, wer vertraut.« Und wer vertraut, dem wird vertraut. Das heißt: Wir sind Stellvertreter Gottes. Jeder ist sein eigener Papst, weil wir über unser Gewissen Gott verantwortlich sind. Dieser Gott Jesu beruft uns zu Großem.

Wir sollen die Schöpfung hegen und pflegen und an ihr weiterarbeiten wie Künstler an einem Kunstwerk. Wir sind nicht mehr Gottes Knechte, wie viele Christen noch heute befürchten: Wir sind dank Jesus Gottes Beauftragte.

Entgegen aller komplizierten Schul-Theologie beharrt Jesus auf seinem einfachen Gottesbild, das die »Ungebildeten« kennenlernen, nicht aber die »Gebildeten«: »Ich stimme dir zu, Abba, Herr der Himmel, dass du Ungebildeten offenbarst, was Gebildeten verborgen ist. Ja, Abba, denn so ist es dein Wille« (Mt 11,25-26 RÜ). Wissen ist gut, Vertrauen ist aber viel wichtiger. »Woher wissen Sie, dass Ihr Jesus-Bild echt ist? Woher wissen Sie, dass sein Gottesbild echt ist?«, werde ich oft gefragt. Keiner von uns hat heute die Chance, Jesus persönlich kennenzulernen. Und dennoch können wir ihn geistig kennenlernen. Es hat auch keiner von uns Bach oder Mozart persönlich kennengelernt, und dennoch können wir beim Hören von Bach oder Mozart empfinden und fühlen, ob uns dieser (auf diese Weise) gespielte Bach oder Mozart berührt. Echt ist, was uns innerlich berührt, bewegt und begeistert. Echt ist, was »unser noch nicht durch falsches Denken verdorbenes Herz erreicht« (Karl Herbst). Nach Jesus ist das Einfache echt, nicht das Zwiespältige. Wer es fühlt, weiß es. Und der »aramäische« Jesus erreicht mein Herz mehr als der »griechische«.

Wie gesagt kommt erst im Aramäischen die Bedeutungstiefe der Worte und Gleichnisse Jesu prägnant hervor. Die Muttersprache Jesu führt zu einem erweiterten Bewusstsein seiner Lehre bei denen, die sie verstehen wollen. Wer einen alten Text wirklich verstehen und anderen erklären will, muss die entsprechende alte Sprache gelernt haben, so wie es Günther Schwarz vorbildlich über Jahrzehnte getan hat. Diese Methode erfüllt nicht nur wissenschaftliche Ansprüche, sie ermöglicht uns einen neuen und besseren Zugang zum Glauben.

Eugen Drewermann: »Entweder wir finden einen anderen Zugang zu Gott, oder wir finden überhaupt keinen mehr.«

11. Jesu dynamisches Gottesbild

Jesus vertritt ein dynamisches Gottesbild im Gegensatz zum statischen Gottesbild des damaligen orthodoxen Judentums. Das Gottesbild des allmächtigen Patriarchats ist entwicklungsfeindlich, Jesu Gottesbild ist entwicklungsfreundlich. Nicht Gott, aber die Vorstellung von Gott hat sich ständig verändert und wird sich weiterentwickeln. Das ist spirituelles Wachstum! Wir leben von Entwicklungsstufen und von Reifewellen, von Bewusstseinsprozessen und von Wertepyramiden. Es geht bei neuen Bewusstseinsstufen nicht um eine Abwertung der alten. Auch jede frühere Epoche hat für viele Menschen geistige Lebensrettung bedeutet. Es geht aber darum, frühere Epochen durch neuartige Sichtweisen neu zu bewerten.

Leben ist Wandel und Wechsel. Der Kirchenvater Augustinus in seinem Selbsterforschungsbericht »Confessiones«: »Ein Mensch muss zuerst zu sich selbst zurückfinden, zu seinem Selbst, als wäre es eine Treppe, auf der er zu Gott aufsteigen kann.«

Oder der Benediktiner und Esoteriker Willigis Jäger: »Wir sind etwas von Anfang an. Vollende deine Geburt! Das ist die Aufgabe deines Lebens.« Oder die Politologin Hanna Arendt: »Weil jeder Mensch aufgrund seines Geborenseins ein Anfang und ein Neuankömmling in dieser Welt ist, können Menschen Initiative ergreifen, Anfänger werden und Neues in Bewegung setzen.«

Gottes Kommen kündigt sich dadurch an, dass wir fühlen: So kann es und so kann ich nicht bleiben. Kardinal John Henry Newman (Neuer Mann): »Leben heißt sich verändern. Vollkommen sein heißt sich oft verändern.« Oder Hans Urs von Balthasar: »Das Land der Wahrheit kann ich nur erforschen, wenn ich meinen Standpunkt ändere.« Ich erschrecke jedes Mal, wenn mir jemand in bester Absicht empfiehlt: »Bitte bleib, wie du bist.« Und das höre ich oft!

Der Nazarener beglückwünscht alle, die an alten Gottesbildern zweifeln. Viele verzweifeln ja auch darüber. Über Gott sagt Jesus: »Bei Gott ist alles möglich.« Der Mensch muss sich nicht mehr ducken und Angst haben vor einem allmächtigen Gott, sondern ist Gottes vertrauenswürdiger Mitarbeiter geworden. Wir sind Partner in Gottes schöpferischer Dynamik. In der Einheitsübersetzung sagt Jesus zu seinen Aposteln den ungeheuren Satz: »Wer an mich glaubt, wird die Werke, die ich vollbringe, auch vollbringen, und er wird noch größere vollbringen« (Joh 14,12).

Unser Gott ist ein dynamischer Gott: Er will und wird die Qualität, die Universalität und die Schönheit der Dinge weiter vorantreiben – mit uns. Er ist und bleibt damit ein Gott der Überraschungen.

12. Die Geldgier in unserer Zeit

»Es ist unmöglich, dass ein Mensch zwei Bogen spannt!
Es ist unmöglich, dass ein Sklave zwei Herren dient!
Es ist unmöglich, dass ihr Gott und dem Geld dient!«
(Thomas-Evangelium 47/Lk 16,13/Mt 6,24 kombiniert RÜ)

Jesus wusste um die dämonische Macht des Geldes. Geld kann Menschen versklaven und entmenschlichen. Jesus wusste, dass Geldgier oft in Kombination mit Machtgier auftritt.

Die christliche Soziallehre rechtfertigt Eigentum als »Frucht der Arbeit«. Eigentum, das nicht in Arbeit seinen Ursprung hat, stand immer unter dem Verdacht, gestohlen zu sein, wurde allenfalls als »Besitzergreifung herrenlosen Gutes« akzeptiert.

Josef Pulitzer, jener US-amerikanische Publizist, nach dem der Preis benannt ist, der als die höchste journalistische Auszeichnung gilt, sagte mit Blick auf das Geldsystem in den Vereinigten Staaten, das zur Ersatzreligion aufgestiegen ist: »Was demoralisiert unser öffentliches Leben? Natürlich die Korruption. Und was ruft die Korruption hervor? Natürlich die Geldgier. Und wer liefert der Geldgier die größten Versuchungen? Die großen Wirtschaftsunternehmen, Geld ist die große Macht. Männer verkaufen ihre Seele fürs Geld, Frauen ihren Körper, andere beten das Geld an.«

Mark Twain, der amerikanische Spötter, hatte schon vor 60 Jahren das amerikanische Glaubensbekenntnis so formuliert: »Was ist das Ziel des menschlichen Lebens? Reich zu werden. Wie? Unehrlich, wenn wir können; ehrlich, wenn wir müssen. Wer ist der einzige und wahre Gott? Geld ist Gott. Gold, Dollar und Aktien – Vater, Sohn und Heiliger Geist.«

Wahrscheinlich sind die Gottvergessenheit und die Ego-Versessenheit die größten Krankheiten unserer Zeit.

Die Geld- und Gewinngier wurde immer maßloser, als der Neoliberalismus an den Schaltstellen der Macht saß und die Globalisierung sich nach 1990 ausbreiten konnte. Doch den unternehmerischen Kannibalismus, durch den eine »Heuschrecke« die andere weltweit bedrohte und die Aasgeier einander auffressen wollten, und die Orgien der Spekulationssucht vermochte kein Politiker aufzuhalten, bevor nicht im Herbst 2008 auf den Schlachtfeldern des Kapitals und der Profitinteressen massenhaft Tote und Verwundete herumlagen. Alle wussten zwar, dass Geld die Welt regiert, aber kaum einer fragte: Wer regiert eigentlich das Geld? Und niemandem fiel auf, dass in dem Wort »re- Gier-t« die »Gier« steckt.

Das Ergebnis dieser Entwicklung hat die britische Wohltätigkeitsorganisation Oxfam ausgerechnet: Die reichsten 85 Menschen auf unserem Globus verfügen über so viel Geld wie die arme Hälfte der Weltbevölkerung, das sind etwa 3,5 Milliarden Menschen. Karl Marx hatte in diesem Punkt recht: Die Reichen werden immer reicher und die Armen immer ärmer, oder sie bleiben arm.

Zurzeit hält sich die neoliberale Ideologie noch immer. Die Politik ist zu machtlos und zu feige, um den Finanzkapitalismus wirklich einzudämmen und zu kontrollieren. Wir leben auch jetzt noch unter der Herrschaft der Spekulanten. Jeden Tag kreisen 5,3 Billionen Dollar (das sind 5300 Milliarden) um den Globus – ohne jede ökonomische Wertschöpfung, ohne jeden Sinn und Verstand, ausschließlich aus Gründen der Spekulation. Und um mit Währungen zu hantieren. Das geht in erster Linie zu Lasten der Schwellenländer wie Indien, Brasilien, Südafrika, Mexiko oder der Türkei und der armen Länder Afrikas. Es ist aber eine gefährliche Illusion zu glauben, dass davon die EU nicht betroffen sei. Die Eurozone ist so labil, dass sie den nächsten Crash, den diese Spekulanten-Herrschaft auslösen wird, wohl nicht überstehen kann.

Der real existierende Kapitalismus ist gegenwartsversessen und zukunftsvergessen.

Eine der großen Illusionen des Neoliberalismus heißt: Je weniger Staat, desto besser. Richtig ist: Wann und wo immer technologische Innovationen zu wirtschaftlichem Aufschwung und Wohlstand geführt haben, hat ein aktiver Staat die Hand im Spiel gehabt. Das war so bei der Entwicklung der Eisenbahn, bei der Elektrifizierung und beim Durchbruch des Internets. Stets war der Staat der Motor der Entwicklung. Auch künftige Innovationen wie nachhaltiges Wirtschaften und der komplette Umstieg auf erneuerbare Energien werden nicht von der Börse kommen, sondern aus staatlicher Forschung und entsprechender Ordnungspolitik. Das Kapital des Staates ist unerlässlich für eine gerechtere und ökologischere Welt.

Der Dalai Lama hat einmal die sieben Todsünden unserer Zeit so zusammengefasst: »Reichtum ohne Arbeit. Genuss ohne Gewissen. Wissen ohne Charakter. Geschäft ohne Moral. Wissenschaft ohne Menschlichkeit. Religion ohne Opfer. Politik ohne Prinzipien.«

Wird sich die Natur des Menschen niemals ändern? Sind wir zum Hassen oder zum Lieben auf dieser Erde? Kann die innere Befreiung von der Religion des Geldes jemals gelingen? Jesus hat vorgeschlagen: Sorgt dafür, dass Gott für euch wichtiger ist als das Geld. Werdet nicht abhängig vom Mammon! Die Weisheit des Meisters aus Nazareth »Was nützt dir alles Geld der Welt, wenn du Schaden an deiner Seele nimmst?« haben wir verdrängt. Doch verdrängen hilft nicht. Die Folgen müssen wir tragen. Aus christlicher und buddhistischer Sicht ist die Geldgier eine zentrale Ursache des Leidens. Notwendig ist der Übergang von einem Ego-Bewusstsein zu einem Öko-Bewusstsein.

Bob Dylan hat es so gesagt: »Was bedeutet schon Geld? Ein Mensch ist erfolgreich, wenn er zwischen Aufstehen und Schlafengehen das tut, was ihm gefällt.« Und Jesus gibt in der Bergpredigt dieses zu bedenken:

»Hört auf, euch Schätze zu sammeln auf der Erde,
wo Kleidermotte und Holzwurm zerfressen können
und wo Räuber und Einbrecher rauben können!
Fangt an, euch Schätze zu sammeln in den Himmeln,
wo Kleidermotte und Holzwurm nicht zerfressen können
und wo Räuber und Einbrecher nicht rauben können!
Wo dein Schatz ist, da wird auch dein Herz sein!«
(Mt 6,19-21 RÜ)

Vor beinahe 70 Jahren habe ich im Religionsunterreicht aus dem damaligen Katechismus auf die Frage »Wozu sind wir auf Erden?« diese Antwort auswendig gelernt: »Wir sind auf Erden, um Gottes heiligen Willen zu tun und dadurch in den Himmel zu kommen.« Wohin gehen wir? hat auch der frühromantische Dichter und Philosoph Novalis gefragt. Seine schlichte Antwort: »Immer nach Hause.«

In den letzten Jahren wurde hauptsächlich nach dem Motto gewirtschaftet: Bereichert euch! Der Gewinn der Wenigen ging auf Kosten der Vielen. Solidarisches Denken und Handeln wurde als Sozialismus denunziert und soziale Marktwirtschaft mit Ellbogen-Kapitalismus verwechselt. Großbanken waren »systemrelevant« und mussten mit Milliarden Euro gerettet werden, aber nicht die Umwelt oder die »Schlecker-Frauen«. Ein Wirtschaftssystem, das die Reichen immer reicher und die Armen immer ärmer macht, wurde als alternativlos erklärt. Wir werden jedoch lernen müssen, anders über Profit zu reden: Der Profit eines Konzerns ist häufig ein Defizit für die Erde und ihre Bewohner.

Die profane Botschaft unserer Zeit heißt: Fürchtet euch vor der nächsten Krise! Vor der Wirtschaftskrise! Vor der Eurokrise! Vor der Energiekrise! Vor der Umweltkrise! Vor der Demokratiekrise! Vor der Parteienkrise! Fürchtet euch vor den Abhörpraktiken der NSA! Doch die Botschaft des Auferstandenen heißt: »Fürchtet euch nicht! Habt Vertrauen!« Oder: »Wo dein Schatz ist, da wird auch dein Herz sein!« Was wird, wenn wir diese Worte verstehen und danach handeln?

13. Jesus und der Reiche

»Ein Reicher kam zu Jesus.
Er fragte ihn:
Guter Meister! –
Damit ich eingelassen werde in die Gottnähe –
Was muss ich tun?
Jesus antwortete:
Warum nennst du mich gut?
Keiner ist gut!
Außer dem Einen – Gott!
Die Gebote kennst du:
Morde nicht!
Brich die Ehe nicht!

Stiehl nicht!
Sage nicht aus als falscher Zeuge!
Ehre deinen Vater und deine Mutter!
Der Reiche erwiderte:
Diese –
Ich habe sie alle gehalten
Von meiner Kindheit an.
Da blickte Jesus ihn wohlwollend an.
Er sagte:
Eines fehlt dir:
Geh hin! –
Verkaufe alles, und verleih den Erlös an Arme!
Dann wirst du einen Schatz in den Himmeln haben.
Und dann nimm mein Joch auf dich und folge mir!
Ihm aber wurde Angst
wegen dieses Ausspruchs.
Und er ging bekümmert weg,
denn er war sehr reich.
Darauf sagte Jesus zu seinen Schülern:
Meine Schüler!
Wie schwierig ist es für jene,
die auf ihren Reichtum vertrauen,
eingelassen zu werden in das Königtum Gottes!
Seine Schüler wunderten sich
über diesen Ausspruch.
Sie fragten einander:
Wer kann dann wiederbelebt werden?
Jesus sah sie an.
Er antwortete:
Was für Menschen unmöglich ist,
für Gott ist es möglich.«
(Mk 10, 17-27 RÜ)

Bei Gott ist alles möglich – das ist die eigentliche Chance zur Lebenswende! Ohne den Himmel über uns verlieren wir den Boden unter uns. Meister, was muss ich tun, um in die »Gottnähe« zu gelangen? *Die* Lebensfrage! Der »reiche Jüngling« hat Angst davor, auf etwas anderes zu vertrauen als auf sein eigenes Tun und auf seine fromme »Leistung«.

Die Evangelien-Texte über Armut und Reichtum, über den Gegensatz von Gott und Mammon, gehören in den Zeiten des Kapitalismus und des Materialismus zu den beunruhigendsten und zu den beängstigendsten der gesamten Jesus-Botschaft. Die Geschichte der Begegnung Jesu mit dem »reichen Jüngling«, wie es in der Einheitsübersetzung heißt, endet mit einem grandiosen Misserfolg. Jesu Haltung ist eindeutig: Hütet euch vor dem Reichtum, er ist schlimmer als der Teufel! Ihr müsst euch also entscheiden, wem ihr dienen wollt: Gott oder dem Mammon. Der Reiche ist über diese Schroffheit genauso entsetzt wie Jesu Jünger. Auch sie konnten an dieser Stelle ihren Meister nicht verstehen. Auch hier sehen wir den Jesus, der etwas Neues fordert. Wichtiger als die Zehn Gebote des Alten Testaments ist die Liebe. Bei Jesus steht die Liebe immer über dem Gesetz. Der Sabbat ist für die Menschen da und nicht die Menschen für den Sabbat.

Der »Reiche« bekam »Angst«. Er »ging bekümmert hinweg, denn er war sehr reich«. Eine gut verständliche Situation.

Doch das Armutsmotiv ist in der Botschaft Jesu zentral. Deshalb trifft Papst Franziskus den richtigen jesuanischen Nerv, wenn er in einer Welt schreiender sozialer Ungerechtigkeit eine »arme Kirche für die Armen« fordert. Ist das nun eine soziale oder eine religiöse Forderung? Ökonomen halten dem Papst ja entgegen, dass er nichts von Ökonomie verstehe, wenn er sagt, »diese Wirtschaft tötet«, und dass es den Armen gar nichts nütze, wenn auch die Reichen »arm« würden. Das ist ein grandioses Missverständnis: Das Leitbild Jesu ist nicht die Armut, sondern deren Abschaffung. Eigentum ist keine Sünde.

In unserer Markus-Geschichte fällt zunächst einmal Jesu Schroffheit auf. Da kommt ein ehrlich Suchender zu ihm und stellt ihm ganz aufrichtig eine Frage, auf die er dringend eine Antwort sucht. Höflich sagt der reiche Jüngling »Guter Meister« zu ihm.

Doch Jesus fährt sofort dazwischen: »Warum nennst du mich gut? Keiner ist gut! Außer dem *Einen* – Gott!«

Gott allein ist gut, das ist die alles entscheidende Botschaft. Wer diese Antwort kennt, der hält den Schlüssel zum Eingangstor ins ewige Leben in Händen. Der hat seine Angst vor falschem moralischem Verhalten überwunden. Der braucht keine Gebote und Verbote mehr. Der muss nicht mehr weiterfragen: »Was muss ich tun?«

Der reiche Jüngling kennt die Gebote und spürt doch, dass ihre Beachtung allein nicht ausreicht. Er ahnt, dass etwas Entscheidendes in seinem Leben fehlt: Er hat kein Vertrauen in die Güte Gottes, die ansteckend ist. Die Armut des Geistes kann nur der gute Gott uns schenken. Das ist kein moralisches Verdienst. Nur die innere Gewissheit der Existenz eines gütigen Gottes kann unser Herz beruhigen und unser Leben ordnen.

An der Klarheit und Wahrheit dieser Jesus-Worte können wir uns nicht vorbeimogeln. Er verlangt nichts Unmögliches, aber das Entscheidende: dass wir uns nicht unter Zwang und unter Angst, sondern in Freiheit für Gott und sein Programm der Menschlichkeit entscheiden. Das ist mehr als soziale Hilfestellung. Das ist die Befreiung von der Fessel des äußeren Reichtums und Besitztums. Jesu erfolglose Begegnung mit dem reichen Jüngling zeigt, dass solch ein therapeutischer Prozess des freiwilligen »Verzichts« auf materielle Sicherungen lange, sehr lange, dauern kann. Jesus macht den jungen Reichen nicht auf die materielle Notlage der damaligen Bettler und Arbeitslosen aufmerksam. Er fordert auch nicht im Namen der Not das Ende des Privatbesitzes oder den Verzicht auf Eigentum. Aber er schlägt vor, die Angst vor dem Verlust des materiellen Besitzes zu überwinden und radikal auf Gottvertrauen zu setzen.

Jesu Aufruf zur »Sorglosigkeit« kann so umschrieben werden: Macht euch keine Sorgen, Gott sorgt für euch. Wenn er sogar für die Vögel des Himmels und für die Lilien des Feldes sorgt, dann erst recht für euch. Das ist kein Aufruf zur Leichtsinnigkeit, aber eine Empfehlung für ein Leben leichten Sinns.

Jesu Worte zur Sorglosigkeit im Vertrauen auf den für uns sorgenden Vater nimmt aus heutiger Sicht geradezu unverschämte Züge an. Er berief nicht Bettler, Sklaven oder Tagelöhner um sich, um sie mit seinen Visionen für ein besseres Leben vertraut zu machen, sondern am See Genezareth Vertreter der Mittelschicht wie die Fischer Petrus und Andreas, Jakobus und Johannes. Aber gerade ihnen mutete er zu, ihre Frauen und ihre Kinder seinetwegen zu verlassen. Es gibt Wichtigeres als eure ökonomischen Grundlagen, eure Familien und eure bürgerliche Existenz. Klammert euch nicht an das Geld dieser Welt. Erhebt nicht Geld zum Gott, sondern erhebt euch zu Gott und zur inneren Freiheit vom Geld.

Und wie soll das konkret und praktisch gehen? Nicht durch Studium, Karriere, Politik oder Beziehungen, sondern einzig durch Vertrauen in den uns liebenden Gott und seine Güte. Das scheint auch uns Heutigen so irreal wie dem reichen Jüngling vor 2000 Jahren. Alle geistigen Verdienste und sittlichen Anstrengungen helfen dabei nicht. Jesus: »Was für Menschen unmöglich ist, für Gott *ist* es möglich.« Nur Gott vermag aus unserer Armut wirklichen Reichtum zu schaffen.

14. Gott ist unser eigentlicher Reichtum

Alles, was nach Jesus vor Gott wirklich zählt, hat nichts mit unserem Einkommen zu tun, wohl aber mit unserem Zuvorkommen gegenüber unseren Mitmenschen. Alles, was wirklich mit Gott zu tun hat, ist kostenlos wie der Sonnenschein und die Luft, das Wasser und der Wald. Auch wirkliche Religion kostet nichts. So wenig wie das Schmusen zweier Kätzchen an der Straßenecke, der Sauerstoff unserer Bäume und Pflanzen, die klare Sternennacht am Augusthimmel in den Alpen, der Duft einer Rose im Garten oder das Lächeln einer schönen Frau, die zuvor angelächelt wurde.

Gott ist unser eigentlicher Reichtum – nur er kann uns retten vor unserer irdischen Armut und vor unserer grausigen Ungeschütztheit. »Nur Gott ist gut.« Das ist die jesuanische Einladung, unsere Unruhe und Angst über unsere Hilflosigkeit und Brüchigkeit zu überwinden und unser unruhiges Herz zur Ruhe kommen zu lassen, bis es ruht in Gott. Nur so erlangen wir »ewiges Leben«. Wer weiß, dass es so ist, der kann Konkurrenz und Neid, die Mauern der Angst und das ewige Streben nach Reichtum und Macht und Besitz überwinden. Allein diese geistige Demut vor Gott kann die Welt erlösen.

Wenn wir eine friedliche Welt wollen, dann müssen die Einkommen fairer verteilt sein als heute, dann dürfen wir nicht länger ökologische Grenzen überschreiten, und wir werden endlich lernen müssen, dass dem ökonomischen Wachstum Grenzen gesetzt sind.

Unser Leben kann langsamer, achtsamer, anders und so vielleicht auch besser werden. Es geht ganz aktuell um die Relativierung des Reichtums. Jesu »Mammon« heißt in der neoliberalen Ökonomie heute: ewiges wirtschaftliches Wachstum. Der »Luxus« der Zukunft wird jedoch anders aussehen. Die Aktualisierung der Jesus-Frage »Gott oder Mammon?« wird sich in diese Richtung entwickeln: ein Weniger an Quantität, aber ein Mehr an Qualität zum Beispiel bei der Produktion unserer Nahrung, im Gesundheitssystem, bei den Arbeitsplätzen oder beim Verhältnis von Arbeitszeit und Freizeit.

Für eine bessere Lebensqualität ein unverdächtiger Zeuge: Schon 1957 schrieb Ludwig Erhard, Vater des deutschen Wirtschaftswunders, in seinem Buch »Wohlstand für alle«: »Wir werden sogar mit Sicherheit dahin gelangen, dass zu Recht die Frage gestellt wird, ob es noch immer richtig und nützlich ist, mehr Güter, mehr materiellen Wohlstand zu erzeugen, oder ob es nicht sinnvoller ist, unter Verzichtleistung auf diesen ›Fortschritt‹ mehr Freizeit, mehr Besinnung, mehr Muße und mehr Erholung zu gewinnen.« Es geht also primär um Gewinn, nicht um Verzicht.

Jetzt, über ein halbes Jahrhundert nach dieser Erhardschen Erkenntnis, ist eine Zeit des beginnenden Wandels und des Abschieds von alten Gewissheiten und Gewohnheiten:

- Viele Menschen in den Industrieländern essen weniger Fleisch, weil es gesünder, nachhaltiger und preiswerter ist. Unser Fleischkonsum beeinflusst den Flächenverbrauch, begünstigt den Klimawandel und unterstützt die Massentierhaltung.
- Sie kaufen regional, saisonal und zu fairen Preisen.
- Sie fragen sich: Wie viel Leben steckt in unseren Lebensmitteln?
- Sie teilen mehr und tauschen öfter, vor allem Autos und teure Geräte.
- Sie verstehen, dass mehr Wachstum immer mehr Naturzerstörung und Stress bedeutet.
- Sie kaufen mehr langlebige Produkte und reparieren mehr. Weltweit entsteht gerade eine Kultur der Reparatur.
- Es gibt immer mehr Secondhandläden.
- Sie fragen bei Geldanlagen nach ethischen und nachhaltigen Kriterien.
- Sie wählen einen Arbeitsplatz, an dem sie sich ständig weiterentwickeln können.
- Hoteliers und Bürgermeister in den Alpen haben erkannt, dass sie nur mit ökologischem Tourismus eine Erhaltung ihrer Heimat organisieren können. Sie locken mit einer neuen Faszination von Langsamkeit und Stille.
- Wandern, Radfahren und Pilgern liegen für viele Menschen wieder im Trend.
- Sie lernen, dass mehr Konsum nicht mehr Wohlstand und Lebenszufriedenheit bedeutet.
- Regierungen wollen eine ökologische Steuerreform einführen. Das heißt den Faktor Arbeit entlasten, aber Energie und Ressourcenverbrauch steuerlich belasten.
- Es werden weltweit Konzepte entwickelt, um bis zum Jahr 2050 den Einsatz von Rohstoffen um den Faktor fünf bis zehn (Ernst Ulrich von Weizsäcker und Friedrich Schmidt-Bleek) zu verringern. Das geht in einer funktionierenden Marktwirtschaft am effektivsten über den Preis.

- Jeder Vorschlag, die Macht der Großbanken einzuschränken, geht in die richtige Richtung. Auch Kapital kann nicht unbeschränkt wachsen.
- Heute wird weltweit über ein bedingungsloses Grundeinkommen diskutiert. In vielleicht 10 bis 15 Jahren wird es möglich sein, dass viele Bürger die Arbeit, die sie leisten sollen, auf ihre Lebenszeit verteilen können und dafür ein Grundeinkommen statt bisheriger Sozialleistungen beziehen. Es wird so möglich, soziale und familiäre Aufgaben mit beruflichen Anforderungen zu kombinieren.
- Immer mehr Menschen träumen von der nächsten friedlichen Revolution: Die müsse die Anstachelung zur Gier überwinden und die Jesus-Mentalität des Teilens entwickeln. Also eine solidarische Ökonomie, in der nicht Geld und Profit an erster Stelle stehen, sondern die Würde des Menschen und das Gemeinwohl. Das heißt: Teilen von Bildung, Arbeit, Einkommen und Wohlstand.

Wir haben uns selbst in die »Wachstumsfalle« hineinmanövriert, so Christine Ax und Friedrich Hinterberger. Also können wir auch mit den richtigen Rezepten wieder Wege aus dieser Falle finden. Natürlich gibt es immer Widerstände gegen anstehende Veränderungen. Wenn aber alle einstimmig singen würden, wäre der Text ohne Bedeutung (Stanislaw Lec). Oder Albert Einstein: »Wenn eine Idee nicht zuerst absurd erscheint, taugt sie nichts.«

Dabei können die Anstöße, die Jesus vor 2000 Jahren gegeben hat, eine wesentliche Hilfe sein. Und ein wenig mehr gute Laune würde beim Finden und Ausprobieren dieser Rezepte richtig guttun. Vor allem diese Fragen wären sehr hilfreich: Leben wir, um zu arbeiten, oder arbeiten wir, um zu leben? Wirtschaften wir, um zu leben, oder leben wir, um zu wirtschaften?

Die Frage nach dem Sinn des Lebens wird für viele wichtiger werden als die nach mehr Wachstum. Spätestens mit der Finanz- und Wirtschaftskrise 2008 findet weltweit ein tief greifender

Transformationsprozess statt. Wie vor 2000 Jahren der »reiche Jüngling«, so sehen auch heute viele Menschen in der Transformation ihres Lebensstils eine Angelegenheit von Angst, Verzicht und Traurigkeit, aber andere sehen darin auch eine Chance. Wie immer: Die Zukunft bleibt offen, und Jesus lädt uns ein zur Umkehr.

Mit dem deutsch-französischen Philosophen und Aktivisten Stephane Hessel würde uns Jesus heute empfehlen: »Empört Euch!« und »Engagiert Euch!«. Hessel: »Neues schaffen heißt Widerstand leisten. Widerstand leisten heißt Neues schaffen.« Es reicht nicht, »die« Politiker, »die« Bosse, »die« Wirtschaft, »die« Kapitalisten, »die« Unternehmer für »die« Zustände verantwortlich zu machen. Wir alle sind Teil der Probleme. Die entscheidende Frage heißt: Wie werden wir Teil der Lösung? Verantwortlich, meint Jesus, ist jeder Einzelne – wie der »reiche Jüngling«. In den reichen Industrieländern leben wir fast alle als »reiche Jünglinge«.

Das heutige globalisierte Wirtschaftssystem, von dem wir Reichen profitieren, ist wesentlich verantwortlich für die Armut und den Hunger in den Dritte-Welt-Ländern: Über eine Milliarde Menschen müssen dort mit weniger als einem US-Dollar pro Tag auskommen. Alle fünf Sekunden stirbt ein Kind an Hunger. Eineinhalb Milliarden Menschen haben keinen Zugang zu sauberem Trinkwasser. Diese Ungleichheit bedroht den Frieden und fördert die Gewalt. Teilen heißt die Lösung, nicht töten. Die heutige globale Wirtschaft provoziert einen Tötungsmechanismus. So leben wir immer im Vorkriegszustand.

Der soziale Fortschritt ist auch global eine Schnecke. Die Internationale Arbeitsorganisation ILO der Vereinten Nationen hat beschlossen, »die Zwangs- und Pflichtarbeit in all ihren Formen möglichst bald zu beseitigen«. Das war 1930! Und heute? 2015 gibt es nach Schätzungen der ILO noch immer 21 Millionen Zwangsarbeiter, davon 880 000 innerhalb der EU. Sklaverei im 21. Jahrhundert! Der Lohn der Ausbeutung ist global brutal. Das Geschäft der Sklaverei wirft jedes Jahr 150 Milliarden Dollar ab. 100 Milliarden entfallen allein auf die sexuelle Ausbeutung. Sklaverei betrifft aber nicht nur Frauen. Millionen Männer schuften in Minen, Fabriken und auf dem Bau.

Sicher hat die Globalisierung geholfen, dass in Indien und China, in Brasilien und Mexiko Hunderte Millionen Menschen der Armutsfalle entfliehen konnten. Doch für etwa eine Milliarde Menschen gilt noch immer, dass das Wachstum steigt, während die Armut bleibt. Die Ausbreitung der Marktwirtschaft hat global das Wohlstandsniveau angehoben. Doch die klassisch-liberale Vorstellung, dass der Markt *alles* regelt, ist überholt. Die noch immer viel zu schwache UNO muss durch eine Weltsozialorganisation mit echten Machtbefugnissen ergänzt werden. So wie der Weltsicherheitsrat der UNO durch einen Welt-Umweltrat ergänzt werden muss. Wir brauchen auf Weltebene Organisationen, die nicht nur über Krieg und Frieden entscheiden, sondern die auch für die Rechte der Beschäftigten kämpfen und für die Umwelt.

Auch in den reichen Ländern werden die Reichen immer reicher, und die Armen bleiben arm – wie zur Zeit von Karl Marx vor über 150 Jahren. Um das zu verstehen, reicht es, mit offenen Augen durch eine europäische Großstadt zu laufen: immer mehr Luxusautos und zugleich immer mehr Bettler. Die oligarchische Verteilung des Reichtums führt dazu, dass in den USA 10 Prozent der Menschen über 70 Prozent des nationalen Reichtums verfügen – und das oberste eine Prozent über die Hälfte davon. Der französische Historiker Thomas Piketty zeigt in seinem Buch »Capital in the Twenty-First-Century«, dass der naive Glaube, Wachstum komme allen zugute, in die Irre führt: Etwa 60 Prozent des Zuwachses an Produktivität, der von den frühen Siebzigern bis heute erreicht wurde, kam keineswegs denen zugute, die ihn erwirtschaftet haben, sondern wurde von Investoren und ihren Managern kassiert. Das Heilsversprechen der Neoliberalen, mehr Leistung lohne sich für *alle*, ist in der Praxis längst widerlegt. Seit Jahrhunderten, so Piketty, herrsche die Tendenz, dass Kapital mehr Rendite abwirft als Arbeit. Viele meiner konservativen Leser mag es überraschen, dass auch der CDU-Politiker und Finanzminister Wolfgang Schäuble sagt: »Thomas Piketty hat recht.«

Das Kapital frisst die Zukunft. Schon im 19. Jahrhundert hatte Karl Marx die fundamentale Intuition, dass das Kapital sich unendlich kumuliert und konzentriert. Piketty weist in seinem Buch nach, dass sich dieser Prozess in unserer Zeit noch beschleunigt, je geringer das Wirtschaftswachstum ausfällt. Die Kapitalanhäufung führt zu immer größeren Ungleichheiten und Ungerechtigkeiten. Wir leben heute in Deutschland in einer Gesellschaft, in der hauptsächlich die Bildungschancen ungerecht verteilt sind. Das Schlimmste dabei ist, dass wir dies ohne jede Proteste hinnehmen. Die Gewerkschaften leisten zu wenig Widerstand. Und die SPD, angeblich die »Partei der kleinen Leute«, freut sich ganz einfach, dass sie in der großen Koalition mitregieren darf. Wenn heute einzig die Partei »Die Linke« eine Umverteilung von oben nach unten fordert, kontern die konservativen Parteien reflexartig, dass »so etwas« überhaupt nicht infrage käme. Wer aber die Armut ernsthaft verringern und deren Zunahme stoppen will, der muss den Reichtum antasten – entweder durch eine EU-weite Finanztransaktionssteuer, durch höhere Einkommens-, Kapital- und Gewinnsteuern oder durch eine progressive Vermögenssteuer. Auch auf EU-Ebene gehört ein sozialer Ausgleich zwischen den Mitgliedsstaaten zu deren Kernaufgaben, wenn dieses Hoffnungsprojekt EU Zukunft haben will. Schon vor 100 Jahren hat der österreichische Währungs- und Sozialreformer Silvio Gesell über ungerechte Verteilungsverhältnisse nachgedacht und kam zum Schluss: »Reichtum und Armut gehören nicht in einen geordneten Staat.« Wir müssen uns bewusst machen, dass wir die Gesetze der Ökonomie ändern können, aber nicht die Gesetze der Natur.

Auch die Medien haben sich damit abgefunden, dass Dax-Vorstände 1989 noch das 20-Fache eines durchschnittlichen Arbeitnehmers verdienten, heute aber das 200-Fache. Als 2003 die Gewerkschaften die Machtfrage stellten, nannte der »Spiegel« das »absurd«, die Süddeutsche »Irrsinn«, das Handelsblatt »Anmaßung«, und die »Zeit« sprach »von Machtspielen zur falschen Zeit«. Fazit: Die wichtigsten Medien haben den Weg in die Ungerechtigkeit freundlich begleitet und tun es weiterhin. Das Gros meiner Journalisten-Kollegen wird erst aufwachen, wenn sehr viele Bürger aufgewacht sind. Die EU hat in den letzten Jahren 700 Milliarden Euro zur Rettung der Banken mobilisiert, aber nur sechs Milliarden zur Bekämpfung der massenhaften Jugendarbeitslosigkeit in ganz Südeuropa und Frankreich. Die EU ist zwar eine Wirtschaftsgemeinschaft, aber noch keine soziale Gemeinschaft. Angela Merkel will das offenbar so. Sonst hätte sie beim Wahlkampf zum Europa-Parlament 2014 nicht den verräterischen Satz »Die EU ist keine Sozialunion« sagen können. Europa kann nur zusammenwachsen, wenn es sozial nicht so kalt bleibt, wie es heute noch ist.

Diese Entwicklung kann auch zu einer politischen Katastrophe führen. Denn der Demokratie liegt der Glaube zugrunde, dass soziale Ungleichheit hauptsächlich auf Leistung und Arbeit beruht, nicht aber auf Abstammung, Erbe und Kapital. Chancengleichheit und Leistungsgerechtigkeit sind leere Versprechen, die nur im Einzelfall zum Erfolg führen, aber nicht in der Regel. Doch diese Regel widerspricht der liberalen und neoliberalen Verheißung, dass jeder reich werden kann, wenn er sich nur ordentlich anstrengt. Die politische Katastrophe zeichnet sich bereits in immer niedrigeren Wahlbeteiligungen in allen Demokratien ab. Bei der Bundestagswahl 2013 lag die Wahlbeteiligung in Kölner Villenvierteln bei 90 Prozent, in den Hochhaussiedlungen der Stadt jedoch bei 40 Prozent. Ein Ergebnis, das jedem demokratisch orientierten Politiker schlaflose Nächte bereiten müsste.

1978 verdiente der typische amerikanische Arbeitnehmer 48 000 Dollar im Jahr, das oberste Prozent der Gesellschaft erhielt im Schnitt 390 000 Dollar. 2014 bekommt der Arbeiter nur noch 33 000 Dollar, die Topverdiener dagegen 1,1 Millionen. Die 400 reichsten Amerikaner besitzen so viel wie die 150 Millionen Bürger ganz unten zusammen. Und in Deutschland? Die Einkommensungleichheit ist hierzulande im internationalen Vergleich moderat. Aber: »In keinem Euro-Land ist der Reichtum so ungerecht verteilt wie hierzulande«, sagt Markus Grabka vom

Deutschen Institut für Wirtschaftsforschung. Muss dieser gewollte Zustand zwischen Arm und Reich wirklich so bleiben? Ist diese schreiende Ungerechtigkeit ein unabwendbares Schicksal? Wozu eigentlich wählen wir Politiker? Piketty schlägt eine progressive Vermögenssteuer und eine Einkommenssteuer von bis zu 80 Prozent für Spitzenverdiener vor. Das klingt schockierender, als es ist: In den ersten drei Jahrzehnten nach dem Zweiten Weltkrieg lag der höchste Steuersatz in vielen Industriestaaten nie unter 70 Prozent.

Vielen Politikern, Journalisten und Publizisten ist noch gar nicht bewusst, dass die Demokratie im Kapitalismus gerade ihr ökonomisches Fundament verliert. Im real existierenden Sozialismus der Achtziger des letzten Jahrhunderts war dieser Umstand der Anfang vom Ende des herrschenden Systems.

Sonne und Samen, Wind und Wälder, Regen und Reben, Boden und Blumen, Wasser und Wolken, Weizen und Wurzeln gehören *allen* Menschen. Wir haben das alles nicht selbst geschaffen. Es sind Geschenke wie die Tiere und die Pflanzen und die Kräfte, die das Gras und alles Grünzeug wachsen lassen.

Derzeit werden jedes Jahr weltweit 120 Milliarden Dollar für Entwicklungshilfe ausgegeben. Aber allein die USA wenden das Fünffache für Militär und Rüstung auf. Viermal mehr erhielt die Bundesrepublik Deutschland nach 1945 an Marshallplan-Hilfe. Es ist einfach nicht wahr, dass Entwicklung und humanitärer Fortschritt nicht möglich sind. Es fehlt ausschließlich – wie beim »reichen Jüngling« – an Willen und Wollen. Die deutsche Global-Marshall-Plan-Initiative fordert daher zu Recht für die armen Länder eine internationale Anstrengung wie nach 1945 für Deutschland. Globale Gerechtigkeit schaffen ist eine Frage des Respekts und der Achtung der Menschenwürde aller Mitbürger, schon deshalb, weil sie »Kinder Gottes« sind und sich alle demselben »Abba« verdanken. Ein Gott, der nur gut ist, will, dass seine »Kinder« gut zueinander sind. Das ist die Botschaft aus Nazareth – heute so aktuell wie vor 2000 Jahren. Zu Recht erinnert Papst Franziskus immer wieder daran.

Jesus ist schon in der Bergpredigt in Sachen Mildtätigkeit ohne Wenn und Aber:

»Amen, amen, ich sage euch:
Wenn ihr nicht eure Mildtätigkeit
sehr überströmen lässt,
so werden ihr nicht eingehen dürfen in die Himmelsherrschaft.«
(Mt 5,29 RÜ)

Allein in einer solchen Haltung der Weltgeschwisterlichkeit wird dieser Planet menschlicher werden können. Das ist der Lohn, den Jesus allen »reichen Jünglingen« in Aussicht gestellt hat: Alle Menschen als Geschwister erkennen, weil sie die gleichen Sehnsüchte haben, die gleichen Gebete Gott vortragen und die gleiche Liebe empfinden. Dieses Erkennen ist der wahre Reichtum, der unser Leben wertvoll und fruchtbar macht. Denen, die das verstehen und danach leben, hat Jesus »hundertfache Frucht« zugesagt.

»Jeder, der den Willen Abbas tut, der ist mein Bruder, meine Schwester und meine Mutter« (Mk 3,35 RÜ). Das ist das Geheimnis wahren Reichtums. Und für alle Zweifler, also, liebe Leser, für Menschen wie Sie und mich und für alle »Realisten«, die schon seit immer wissen, dass sich an den »Realitäten« dieser Welt leider, leider nie etwas ändern wird, fügt der große Realist aus Nazareth hinzu: »Was für Menschen unmöglich ist, für Gott *ist* es möglich.«

Hier bei Jesus finden wir das große Kontrastprogramm zum Mantra der herrschenden Verhältnisse. Und dieses Mantra heißt: »Ich kann ja doch nichts ändern.« – »Wer dann, wenn nicht du?«, fragt Jesus den »reichen Jüngling«.

Alle Menschen haben einen Traum von einem sinnvollen Leben. Je mehr Menschen es gelingt, diesen Traum zu leben, desto friedlicher und menschenfreundlicher und umweltfreundlicher und damit gottesfreundlicher wird unsere Welt.

Das schönste und wichtigste Zukunftswort der Welt heißt: *Wir.*

Es ist ein Aberglaube, dass alle Menschen von Natur aus Egoisten sind. Das sind wir auch. Aber die moderne Neuropsychologie lehrt uns, dass es auch eine Wirtschaft mit Mitgefühl gibt. In unserer Natur liegt auch eine altruistische Motivation. Diese können wir trainieren, wie wir Klavier spielen lernen können oder eine Fremdsprache. Der Wohlfahrtsstaat ist das Ergebnis altruistischer Bestrebungen..

15. Wie widersprüchlich lehrte Jesus?

In der Einheitsübersetzung des Neuen Testaments sagt Jesus bei Matthäus 6,24: »Ihr könnt nicht beiden dienen, Gott und dem Mammon.« Aber in derselben Einheitsübersetzung sagt derselbe Jesus bei Lukas 16,9 genau das Gegenteil: »Ich sage euch: Macht euch Freunde mithilfe des ungerechten Mammons, damit ihr in die ewigen Wohnungen aufgenommen werdet, wenn es mit euch zu Ende geht.«

Einer der vielen Widersprüche Jesu, wenn es nach der klassischen Übersetzung geht. Zweifellos: Das Lukas-Evangelium stellt hier die gesamte Jesus-Ethik auf den Kopf. Derselbe Mann, der eindringlich gesagt hat: »Ihr könnt nicht beiden dienen, Gott und dem Mammon«, soll zugleich empfohlen haben zu lügen und zu betrügen? Denn nichts anderes kann »ungerechter Mammon« bedeuten. Auch im Aramäischen ist »ungerechter Mammon« Geld, das unredlich erworben wurde. Dieses Geld trennt von Gott, weil sündhaft »verdient«.

Günther Schwarz kann leicht nachweisen, dass die griechische Vorlage den aramäischen Text Jesu falsch wiedergibt. Mit den »ewigen Wohnungen« sind jene »himmlischen Wohnungen« gemeint, von denen Jesus auch bei Johannes 14,2 spricht: »In meines Vaters Haus sind viele Wohnungen.« Auch wer die »Freunde« sind, die in die »Ewigen Wohnungen« aufnehmen, ist logisch: jenseitige Wesen, Engel!

Der Aramäisch-Experte Schwarz weist im Detail nach, dass der oder die Übersetzer ein einziges Wort falsch übertragen haben und deshalb Jesus einen völlig falschen Sinn unterstellten. Das aramäische Wort »Mimmamona« kann so übersetzt werden: »mit dem Mammon«, aber auch so: »und nicht Mammon«. Aber es bekommt jeweils einen anderen Sinn. Jesus kann aber nur dieses gesagt haben:

»Amen, ich sage euch:
Verschafft euch Freunde
und nicht ungerechten Mammon,
damit sie euch aufnehmen, wenn ihr sterbt,
in die ewigen Hütten.«
(Lk 16,9 RÜ)

Nur diese Übersetzung entspricht dem Geist Jesu. Für ihn und seine Jünger, an die dieses Amen-Wort gerichtet ist, sind Engel als Gottes Diener unsichtbare geistige Wesen, die aber in unsere materielle Welt hineinwirken. Über sie sagt Jesus bei Matthäus 18,10 (RÜ):

»Seht zu, dass ihr nicht
eines von diesen Kleinen verachtet.
Denn ich sage euch:
Ihre Engel in den Himmeln schauen allezeit
das Angesicht meines Vaters in den Himmeln.«

Jesus empfiehlt natürlich nicht, sich »ungerecht« zu bereichern, um sich Wege in die geistige Welt zu erschleichen, wie es absolut sinnwidrig und jesuswidrig über drei Milliarden Mal in der Einheitsübersetzung steht, sondern er rät, sich »Freunde« unter Schutzengeln zu suchen, die uns Wege in die »himmlischen Wohnungen« bereiten.

An vielen Dutzend Beispielen weist Günther Schwarz akribisch und verantwortungsvoll nach, dass Jesus beabsichtigt oder unbeabsichtigt falsch verstanden oder falsch übersetzt wurde.

16. Habt doch mehr Vertrauen!

»Die Zeit ist abgelaufen!
Die Gottesherrschaft ist da!
Bereut! – Und vertraut auf Gott!«
(Mk 1,15/Mt 4,17 RÜ)

»Jeder, der vertraut –
er kann gerettet werden.
Jemand, der nicht vertraut –
er kann nicht gerettet werden.«
(Mk 16,16 RÜ)

Wahrscheinlich hat Jesus diese seine Urbotschaft wiederholt und an verschiedenen Orten vorgetragen. Er sprach damit Außenstehende an, aber auch immer wieder seine engsten Mitarbeiter. Kaum ein Wort hat Jesus häufiger zu seinen Aposteln gesagt wie: »Habt doch mehr Vertrauen«! Ganze Passagen der Evangelien lesen sich so, als sei Jesus über das mangelnde Vertrauen der ihm Nahestehenden beinahe verzweifelt. Wäre das heute anders, wenn er unter uns wäre?

Eine Antwort auf diese zentrale Frage gibt die Schauspielerin Iris Berben. Sie erzählt dem evangelischen Monatsmagazin »Chrismon«, dass sie wegen strenger Nonnen das Vertrauen in Gott verloren und sich von Gott entfernt habe. Gott sei für sie als Kind »ein guter Gesprächspartner« gewesen. »Ich habe unheimlich gerne gebetet, bin in Kirchen gegangen, ich habe ihm meine Geheimnisse anvertraut.« Aber strenge Ordensschwestern »mit ihrem Hardcore-Katholizismus« haben sie »in einen absoluten Widerstand getrieben. Es wurden keine Fragen beantwortet, sondern es hieß: »Man muss Dinge nicht verstehen, sondern glauben.« So erinnnert sie sich an ihre Zeit im Internat der Sacré-Coeur-Schwestern in Hamburg. Genau vor diesem Aberglauben hat Jesus seine Jünger ständig gewarnt. Es gibt und gab Millionen Christen, denen es ging wie Iris Berben. Gottes Bodenpersonal hat ihnen das Vertrauen in Gott ausgetrieben.

Wer sich in seinem »Glauben« ein für alle Mal festgelegt hat, der verhindert seine eigene spirituelle Entwicklung. Wer aber vertraut, anstatt blind zu glauben, der ist frei, sich morgen für neue Einsichten zu öffnen. Er muss auch niemanden fanatisch bekämpfen oder fundamentalistisch ablehnen.

Am Vorabend meines 60. Geburtstags sitze ich am See Genezareth. Die ersten Sterne funkeln. Milder Abendwind steigt von der Erde auf. Der See wird unruhig. Ich höre auf das von Liebe erfüllte Wort Jesu, der flüstert: »Dein Schutzengel bin ich. Dein Freund. Hab Vertrauen zu mir.« Vertrauen: Das Schlüsselwort Jesu. Sein Erkennungswort. Das Zauberwort seiner Lehre. Hier am See spüre ich Jesu Liebe zu Tieren, zu Gräsern und zu Menschen, sein Vertrauen in ewiges Leben und seine und meine Gewissheit, dass das Gute letztlich siegen wird.

Die ganze Botschaft des Nazareners lässt sich so zusammenfassen: Freiheit und Offenheit des Lebens sind nur möglich im Vertrauen auf Gott. Gott will nicht richten, sondern aufrichten. Von nun an soll gelten: Güte statt Gewalt! Vergebung statt Vergeltung! Verstehen statt glauben! Macht der Liebe statt Allmacht des Hasses. Nicht Heroismus wird von uns Menschen verlangt, sondern ein gläubiges Vertrauen und ein vertrauender Glaube. Wir dürfen leben in vertrauender Dankbarkeit dessen, der – nach Jesus – »einen Schatz im Acker« gefunden hat. C. G. Jung wurde 1957 bei einem Fernsehinterview der BBC gefragt: »Glauben Sie an Gott?« Seine jesuanische Antwort: »I don't need to believe. I know. – Ich muss nicht glauben. Ich weiß.«

Nicht anders kann ich den berühmten Satz Immanuel Kants aus der »Kritik der praktischen Vernunft« verstehen: »Zwei Dinge erfüllen das Gemüt mit immer neuer und zunehmender Bewunderung und Ehrfurcht, je öfter und nachhaltiger sich das Nachdenken damit beschäftigt: Der gestirnte Himmel über mir und das moralische Gesetz in mir.«

Die Menschen gingen noch zu Johannes, um sich taufen zu lassen aus Angst vor Gott. Bis dahin dominierten Angst und Schuldgefühle. Doch Jesus sah bei seiner Taufe den Himmel »offen« und

»hörte« die Worte von oben: »Du bist mein Geliebter.« Das war die Geburtsstunde einer neuen Zeit, einer Zeit, in der Vertrauen zu wachsen beginnen konnte. Gott will nichts für sich, nichts zu seiner größeren Ehre. Gott – so erzählt uns Jesus in vielen Geschichten und Gleichnissen – will nichts anderes als das Wohl und das Glück des Menschen durch Reifung aus Erfahrung und Erkenntnis. Die Menschenfreundlichkeit des Menschen wird begründet mit der Menschfreundlichkeit Gottes. Jesus predigt nicht Gesetzesfreundlichkeit und Tempelfrömmigkeit, sondern Menschen- und Gottesfreundlichkeit. Dabei schreckt er auch vor gesetzeswidrigem Verhalten nicht zurück. Wichtiger als die gesetzliche Reinheit oder Institutionen, Traditionen oder Hierarchien ist ihm die Reinheit der Herzen. Die Reinheit der Herzen meint ein vertrauendes Herz.

Die Evangelien berichten von zwei Grundvoraussetzungen bei den Heilungen Jesu: »Willst du gesund werden?«, fragt er die Betroffenen. Und nach den Heilungen erklärt er, was die Bedingung war: »Dein Vertrauen hat dich geheilt«. Jesus hatte die Fähigkeit, das Selbstvertrauen und das Gottvertrauen von Menschen zu inspirieren. Davon lebte seine Heilkraft. Es gibt Menschen, die berichten, dass diese »Wunder« auch heute geschehen.

In den ersten drei Evangelien endet die Erzählung über eine Frau, die Jesus geheilt hat, mit der an sie gerichteten Ermunterung in der Einheitsübersetzung so:

»Meine Tochter,
dein Glaube hat dir geholfen, dich gesund gemacht,
geh hin in Frieden.«
(Mt 9,22/Mk 5,34/ Lk 8,48)

Hier wird das Wort »Glaube« so gebraucht wie im Credo. Doch dieses Wort ist – wie schon erwähnt – mehrdeutig. In Jesu Muttersprache gibt es jedoch nur ein Wort, das er gebraucht haben kann: »hemanuta«. Das aber heißt nicht »Glauben«, sondern »Vertrauen«. Dasselbe gilt von dem Verb »hemin«, das richtig übersetzt ebenfalls »vertrauen« heißt. Folglich hat Jesus zur geheilten Frau gesagt:

»Meine Tochter!
Dein Vertrauen hat dich genesen lassen.
Geh hin in Frieden!«
(RÜ)

Warum aber haben sowohl Martin Luther als auch alle anderen deutschsprachigen Übersetzer des Neuen Testaments immer mit »glauben« übersetzt, wo Jesus von »vertrauen« sprach? Sie haben theologisch anstatt logisch gedacht. Im theologischen Sprachgebrauch sind das Substantiv »Vertrauen« und das Verb »vertrauen« ungebräuchlich, vielleicht auch zu subjektiv, um als angemessen zu gelten. Deshalb wurden die griechischen Wörter *pistis* und *pisteuein* traditionsgemäß mit »Glauben« oder »glauben« übersetzt. Aber das entspricht nicht der Intention Jesu und ist sinnwidrig.

Jeder Vater und jede Mutter weiß: Wenn ein Kind ruft, erwartet es, dass Eltern ihm entgegenkommen. Darauf muss sich ein Kind verlassen und vertrauen können, nicht nur daran glauben. Kinder werden krank, wenn Vater oder Mutter das nicht tun. Zu demselben bedingungslosen Vertrauen gegenüber Gott hat uns Jesus eingeladen. Und Jesus hat uns zugesagt, dass sein Vater uns immer und grundsätzlich entgegenkommt. Vertrauen wir wirklich darauf?

In Wahrheit ist unser Leben mehr von Angst als von Vertrauen geprägt. Angst ist *die* Krankheit unserer Zeit. Wahrscheinlich hatten wir noch nie so viel Angst wie heute. Wir beten im Glaubensbekenntnis, dass wir an Gott glauben, aber wir vertrauen ihm nicht, wir verlieben uns und sind dann trotzdem untreu, und wir fangen an, aus Angst die Treue unseres Partners zu überprüfen; wer aber alles kontrollieren muss, der zeigt, dass ihm das Wichtigste für ein gutes Leben fehlt: Vertrauen. Wer die Treue seines Partners überprüft, zerstört die Liebe. Wir reden von Sicherheit und vertrauen auf Waffen zur »Abschreckung«. Wir sind reich und haben trotzdem Angst vor der Armut. Die Dynamik der Angst, die ständige Absicherungen braucht, verfehlt das Leben. Das Paradies ist, wo Vertrauen und Selbstvertrauen wachsen.

Es ist die Angst, die uns ins Atomzeitalter geführt hat. Vertrauen ist die *seelische* Kernenergie, die uns in ein neues, in ein solares Zeitalter führen kann. Jesus wollte keine kirchliche Institution mit Regeln und Riten. Institutionen kontrollieren, anstatt dass sie vertrauen.

Seine Hinweise sind ganz eindeutig:

»Würdet ihr beharrlich bitten, Abba würde euch geben.
Würdet ihr beharrlich suchen, Abba würde euch finden lassen.
Würdet ihr beharrlich anklopfen, Abba würde euch öffnen.«
(Mt 7,7 RÜ)

Und:

»Gibt es unter euch einen Vater,
den sein Sohn um ein Brot bittet,
und er gibt ihm einen Stein?
Gibt es unter euch einen Vater,
den sein Sohn um einen Fisch bittet,
und er gibt ihm eine Schlange?«
(Mt 7, 9-10 RÜ)

Und:

»Wenn aber ihr, die ihr böse seid,
euren Söhnen Gutes zu geben wisst,
um wie viel mehr er, Abba,
der denen Gutes tut, die ihn bitten.«
(Mt 7,11 RÜ)

Und schließlich die goldene Regel:

»Wie ihr wollt,
dass euch die Menschen tun,
so tut ihnen.«
(Mt 7,12 RÜ)

Er wollte unser Leben umkehren von Gewalt zu Güte und von Angst zu Vertrauen. Vertrauen zum Beispiel in die Sonne des Vaters, in die himmlische Energie von oben. Vertrauen auf die Erfahrung, dass jeden Morgen die Sonne wieder aufgeht. Gott oder die Atombombe? Wem vertrauen wir? Die Frage ist so religiös wie politisch. Wem vertrauen wir mehr: Der Atomkraft oder dem kostenlosen Geschenk der Sonnenenergie, die uns die gute Schöpfung des guten Vaters zur Verfügung stellt?

Atomenergie ist ein Anschlag auf die Schöpfung. »Du sollst den Kern nicht spalten«, würde Jesus heute wohl als politisches Gebot lehren.

Mahatma Gandhi war davon überzeugt, dass uns im Atomzeitalter nur noch eine spirituelle Politik retten kann: »Für mich gibt es keine Politik, die nicht zugleich Religion wäre. Politik dient der Religion. Politik ohne Religion ist eine Menschenfalle, denn sie tötet die Seele. Es ist meine feste Überzeugung, dass das heutige Europa nicht den Geist Gottes und des Christentums verwirklicht, sondern den Geist Satans. Und Satan hat den größten Erfolg, wenn er mit dem Namen Gottes auf den Lippen erscheint. Europa ist heute nur noch dem Namen nach christlich. In Wirklichkeit betet es den Mammon an. Jesus hat vergebens gelebt und ist vergebens gestorben, wenn er uns nicht gelehrt hätte, unser ganzes Leben nach dem Gesetz der Liebe einzurichten.«

17. Ich fand einen neuen Jesus

An meinem 60. Geburtstag bin ich mit unserer ganzen Familie in Galiläa. Am frühen Morgen sitze ich am Westufer des Sees Genezareth und stelle mir vor, wie der stille Wanderprediger vor bald 2000 Jahren hier seine Apostel aussuchte, wie er mit ihnen von Haus zu Haus zog, von Dorf zu Dorf wanderte: heilend, lehrend, schweigend, fordernd. Wie er hier am sonnendurchfluteten See den staunenden Menschen seinen Gott der Liebe und Güte erklärte. Das Fischerdorf Kafarnaum war das erste Zentrum der von ihm gegründeten Reformbewegung. Hier hatte er ein Haus. Ich gehe in Magdala und Kafarnaum Wege, die schon Jesus ging. Und ich begegne dem Mann wieder, der mir 20 Jahre zuvor aus einer tiefen Lebens- und Partnerschaftskrise geholfen hatte und meinem Leben einen neuen Sinn gab. Ich begegne dem großen Freund der verzeihenden Liebe, der geschwisterlichen Gerechtigkeit und eines nachhaltigen Friedens. Ich hatte am Beginn meiner zweiten Lebenshälfte einen neuen Jesus, den ersten »neuen Mann« der Weltgeschichte, gefunden, der keine Angst hatte vor den Mächtigen.

Draußen auf dem See sehe ich Fischer. Sie werfen ihre Netze aus, wie vor 2000 Jahren. Hier fuhr Jesus im Sturm über den See. Hier hatte er die eigentliche Weltrevolution ausgerufen. Keine weltliche Revolution, sondern den Beginn einer neuen Zeit mit mehr Menschlichkeit und weniger Angst.

Ich frage mich hier: Was ist der wahre Grund unserer Schizophrenien und Ungereimtheiten? Es ist die Angst. Jesus predigt in dieser Landschaft nicht eine noch höhere Moral oder mehr sittliche Anstrengung, um im Kampf und Krampf unseres Alltags bestehen zu können, sondern er will uns in ein neues Feld des Vertrauens zu uns selbst und zu seinem Vater führen. Entängstigt euer Verhältnis zu Gott, zu euch selbst und zu allen Herrschaften – will er uns sagen. Habt Vertrauen wie ein Kind zu seinen Eltern. Hört dabei auf euer Herz, dort lernt ihr die leise, aber unüberhörbare Sprache der Liebe. Hört einzig auf Gott! Und weil dieses neue »Programm« für die ganze Menschheit den Hass der alten Herrschaften provozierte, den Hass und Widerstand der Arrivierten und Etablierten, deshalb musste Jesus für sein »Programm der Liebe« bis zum Äußersten gehen – bis ans Kreuz. Andernfalls würden wir ihn wahrscheinlich schon vergessen haben. Jesus wusste, dass für ihn kein Weg vorbeiführt am Gang nach Jerusalem, wo seine eigentlichen Gegner saßen: die Hohepriester, die Schriftgelehrten und die Ältesten, die Vertreter von Religion und Politik, die ihre Herrschaft auf Macht und Angst, auf Willkür und auf die Einhaltung von 613 Gesetzen und Geboten gründeten.

Im ältesten Evangelium, bei Markus, steht ganz am Anfang,

dass Jesus von Nazareth nach Kafarnaum am See Genezareth umzieht. Das ist am Ende des Jahres 28. Er hatte gerade das Brüderpaar Simon und Andreas sowie Jakobus und Johannes aufgefordert, ihm zu folgen. Dieser Ruf traf die vier wie ein Blitz aus heiterem Himmel. Mitten in ihrer gewohnten Arbeit. Sie ließen alles liegen und stehen und folgten ihm. Ab jetzt waren sie Augen- und Ohrenzeugen seiner Worte und Taten, was ihr Leben völlig veränderte. Aber nicht nur ihr Leben, sondern das Leben unzähliger Menschen, die damals Jesus mit eigenen Augen gesehen und mit eigenen Ohren gehört haben.

Es muss für sie wie ein Paukenschlag für Jesu Programm gewirkt haben, als er Unerhörtes wie dieses behauptete:

»Die Zeit ist erfüllt und
das Königtum Gottes über euch – es ist da!«
(Mk 1,15 RÜ)

Das Reich Gottes soll da sein? Da hat er sich aber getäuscht, wenden viele Theologen und Kirchenvertreter an dieser Stelle gerne ein. Sie stimmen zwar meiner Hauptthese zu, dass Jesus einzigartig sei, aber er sei doch etwas naiv gewesen, was den Zeitpunkt der Gottesherrschaft betrifft. Er habe gedacht und gehofft, dass sich seine Ideen sofort in der menschlichen Wirklichkeit realisieren ließen. Mich überrascht diese theologische Naivität immer wieder und erinnert mich an diesen Joke: Ein Multimillionär darf Gott drei Fragen stellen. Seine erste Frage: »Lieber Gott, was sind für dich eine Million Jahre?« – »Das ist für mich wie eine Sekunde«, antwortet Gott. Zweite Frage: »Lieber Gott, was sind für dich eine Million Dollar?« Die Antwort: »Das ist für mich so viel wie ein Cent.« Dritte Frage: »Lieber Gott, kannst du mir mal einen Cent geben?« – »Ja, gerne«, antwortet Gott, »aber warte mal eine Sekunde!«

Jesus war Realist und hatte ein anderes Zeitverständnis als wir. Ihm war stets bewusst, dass das theologische und politische Establishment seiner Zeit ihn hasste und beseitigen wollte, und er wusste auch, dass die meisten Menschen seinem Programm mit Skepsis,

Zweifel und Misstrauen begegneten. Sie erhofften sich von ihm die politische Befreiung von der römischen Besatzung im damaligen Palästina. Dieses Missverständnis führte dazu, dass ihm dieselben Menschen innerhalb weniger Tage »Hosianna dem Sohne Davids« zujubelten und schon einige Tage später riefen: »Kreuzigt ihn!«

Jesus wusste sehr wohl, dass ihn der Hauptpunkt seines Programms, das Vertrauen zum liebenden Abba, ans Kreuz bringen würde. Er wusste und sagte, dass der Weg zum Vater »schmal« sei und die meisten Menschen seiner Zeit und unserer Zeit die alten ausgelatschten Trampelpfade bevorzugen würden. Er wusste auch, dass die Tugend der Geduld wesentlich ist für das Entstehen des Reiches Gottes. Zu dieser Tugend der Geduld gehören für ihn auch das Wissen und das Vertrauen in die Reinkarnation, von der er wie selbstverständlich sprach. Das heißt: Beim ersten Mal klappt es bei den meisten nicht. Günther Schwarz hat herausgefunden, dass allein in den überlieferten Jesus-Geschichten 18-mal von Reinkarnation die Rede ist. In der Rückübersetzung ins Aramäische des berühmten Nachtgesprächs Jesu mit Nikodemus von Günther Schwarz fragt Nikodemus Jesus: »Rabbi, wie kann ein Mensch eingehen in die Gottesherrschaft?« Und Jesus antwortet: »Amen, amen, ich sage dir: Wenn jemand nicht wiedergeboren wird, so kann er nicht wieder eingelassen werden in das Königtum Gottes« (Joh 3,13 RÜ).

Die Wiedergeburt ist also die Einlassbedingung in das Reich Gottes.

An Wiedergeburt führt weder im griechischen noch im aramäischen Text kein Weg vorbei. Ohne Wiedergeburt läuft gar nichts. Die Wiedergeburtslehre aber meint: Du bist selbst verantwortlich für das, was du tust. Reinkarnation nimmt uns in die Pflicht. Pastor Günther Schwarz fand nach 40-jährigem Studium des Aramäischen in Jesu Muttersprache im Alten Testament 125 Belege für die Reinkarnationslehre. Nach Schalom Ben-Chorin (sein Name heißt übersetzt: Frieden, Sohn der Freiheit!), jüdischer Reformer im 20. Jahrhundert und Vorkämpfer des christlich-jüdischen Dialogs, war der Glaube an die Wiedergeburt sogar jüdischer Volksglaube.

Auch wenn nur die wenigsten von uns Erinnerungen an ein früheres Leben haben, auf die Erfahrungen Jesu können wir vertrauen.

Nur Vertrauen heilt. Alle Diktatoren leben von der Angst ihrer Untertanen. Angst führt zu Menschenvergötterung. Erst wenn ich mich von der Angst vor Eltern und Vorgesetzten, Lehrern und Politikern, Freunden und Partnern emanzipiert habe, werde ich frei und offen für angstbefreiende göttliche Erfahrungen und Eigenerfahrungen. Die Wirkkraft des Vertrauens im Großen beginnt durch Vertrauenserfahrungen im Kleinen, mit Selbstvertrauen. Selbstvertrauen hängt wesentlich mit Selbstliebe und einem gesunden Egoismus zusammen. Unter den vielen absurden Vorstellungen über die Liebe ist diejenige, dass Liebe zwischen Mann und Frau selbstlos sei, wohl die absurdeste. Reife Liebe zeichnet sich auch dadurch aus, dass wir den zweiten Teil des viel zitierten Satzes »Liebe deinen Nächsten wie dich selbst!« nicht vergessen. Ich möchte nicht, dass meine Frau die Zeit, die wir gemeinsam verbringen, als Selbstaufopferung versteht, sondern als Lebenslust, Lebensqualität und Lebensfreude. Als gelebte Liebe.

18. Die Menschheit ist auf dem Weg zu mehr Menschlichkeit

Zu diesem Ergebnis kommt der US-amerikanische Evolutionspsychologe Steven Pinker in seinem Aufsehen erregenden Bestseller »Gewalt – eine neue Geschichte der Menschheit«. Es sei ein Mythos, die Geschichte als eine Abfolge zunehmender Gewalt zu beschreiben, so wie es die meisten Schulbücher heute noch tun. Frieden ist eine moderne Erfindung. Mord und Todschlag, Gewalt und Vergewaltigung, das Töten von Neugeborenen, die heute unvorstellbare Züchtigung von Kindern sowie das grausame Quälen von Tieren waren vor 2000 oder 3000 Jahren noch selbstverständlicher Alltag, bestens beschrieben in der hebräischen Bibel: Massenmord und Völkermord, Frauenmord und Mädchenmord, Königsmord und politischer Mord, Gattenmord und Gattinnenmord, Selbstmord und Brudermord waren an der Tagesordnung. Allein seit dem Mittelalter jedoch ging in Europa – so Pinkers Forschungen – die Mordrate um das 30-Fache zurück. Die Menschheit ist auf dem Weg zu weniger Gewalt. Exakt davon träumte der Nazarener. Trotz vieler Rückschläge: Einen Frieden, wie ihn Westeuropa seit 70 Jahren erlebt, hat es Jahrtausende nicht gegeben. Seit Jahrtausenden ist die Menschheit auf dem Weg zu mehr Menschlichkeit. Menschen sind lernfähig. Sie sind keine Raubtiere. Ideale sind keine Wahnvorstellungen. In der stummen Natur gilt zwar oft das Gesetz des Fressens und Gefressenwerdens, endloses Zerfleischen, Zerquetschen und Erstechen. Aber wir finden auch in der stummen Natur Spuren von Zuwendung, Hilfe, Mitgefühl und Verbundenheit – vor allem bei Säugetieren.

Und wie ist dieser Fortschritt zu mehr Menschlichkeit zu erklären: Staatliche Gewaltenteilung führt zur Minderung von Gewalt, mehr Handel zwischen den Staaten bedeutet weniger Kriege, in der Wissenschaft der Ökonomie wird allmählich das »Gesetz des sanften Handels« entdeckt, praktiziert und gelehrt, und der Einfluss der Frauen wächst weltweit. Von der Feminisierung der Gesellschaften geht eine friedenstiftende Wirkung aus. Männliche Monokulturen an der Spitze von Konzernen sind unzeitgemäß und gar nicht mehr gut fürs Image. Mehr Freundlichkeit und Ehrerbietung gegenüber Frauen und Kindern waren ganz große Ziele von Jesus, des ersten prominenten neuen Mannes der Weltgeschichte. Selbst beim von Männern dominierten Weltwirtschaftsforum 2014 in Davos war man sich einig: Unternehmen mit Frauen an der Spitze sind erfolgreicher. Hinzu kommt, dass durch die Erfindung und Verbreitung des Buchdrucks und der neuen elektronischen Kommunikationsmittel sich das Interesse an anderen Menschen, Sprachen und Kulturen rasch verbreitet hat. Mehr Mitgefühl für Sklaven, Kinder und Tiere waren die Folge. Wir wurden uns im Lauf der letzten 10 000 Jahre darin einig, dass wir verschieden sind und dennoch zusammenleben und kooperieren können. Das ist ein ungeheurer Fortschritt, der uns gelang und der wesentlich dafür ist, dass die Gewalt historisch zurückging und zurückgeht. Nicht nur familiär, auch lokal, regional, national wie auch global geben wir uns immer mehr Regeln und halten sie meist auch ein. Die Jahre 2014 und 2015 mit ihrer globalen Gewaltzunahme mögen eine Ausnahme von der Regel bleiben.

Statistisch gesehen sind wir heute eine reifere Gesellschaft als noch vor 100, vor 500 oder vor 5000 Jahren. Die Religionen, die Reformation, die Aufklärung, das Zeitalter der Wissenschaft haben ebenso dazu beigetragen wie heute die elektronischen Massenmedien. Fakt ist: Das Ozonloch schließt sich, in Deutschland sinkt die Zahl der Verkehrstoten, seit Einführung des Rauchverbots sterben deutlich weniger Menschen an Herzinfarkt, in vielen Flüssen kann man wieder baden, immer weniger Eltern schlagen ihre Kinder.

Aber warum werden diese objektiven Fortschritte so wenig gesehen und von uns Journalisten so wenig thematisiert? Es ist mit uns Menschen wohl so, wie es eine alte tibetische Weisheit sagt: »Ein Baum, der gefällt wird, macht viel Lärm. Einen wachsenden Wald aber hört man kaum.« Wir sollten auch lernen, den wachsenden Wald zu beobachten.

Der Rückgang der Gewalt ist wohl die bedeutendste, aber zugleich am wenigsten beachtete Entwicklung der Menschheitsgeschichte. Vielleicht ist die Geschichte doch zielgerichtet auf Freiheit, Frieden und Gerechtigkeit. Jesus mit seiner »Feindesliebe«, Buddha mit seiner Lehre von der Harmonie aller Lebewesen, Mahatma Gandhi mit seiner Wahrheitsphilosophie, Albert Schweitzer mit seiner »Ehrfurcht vor allem Leben« und Martin Luther King und Nelson Mandela mit ihrem Traum von der Gleichheit aller Rassen haben viel bewirkt. Eine bessere Welt und eine bessere Zukunft sind möglich. Das lehren viele herausragende Menschen, und das lehrt die Geschichte. Es gibt Gründe für einen realistischen, rationalen Optimismus. Anders als Affen können wir uns in Andere hineinversetzen und die Perspektive eines Anderen einnehmen.

Untersuchungen belegen, dass Kinder, die von ihren Eltern geschlagen werden, später häufiger zu Gewalttätern werden als Kinder, die gewaltfrei aufwachsen. In Deutschland ist die Prügelstrafe seit dem Jahr 2000 verboten. Die Entwicklung der Pädagogik verlief in den letzten Jahrhunderten nach dem Motto: Mehr Liebe, weniger Hiebe!

Auch deshalb sind wir weniger kriegerisch geworden. Und dieser Prozess hat sich in den letzten 200 Jahren noch beschleunigt. Die aktuellen Kriege beweisen: Noch sind wir Killer, aber nicht mehr in demselben Ausmaß wie früher. Vor diesem Hintergrund ist die friedliche Entwicklung Westeuropas nach 1945 beinahe ein Wunder. Die Lehren der Kriege haben die Menschheit sicherer gemacht – zumindest auf lange Sicht.

Gemeinhin ist die Lage der Welt besser, als sie eingeschätzt wird. Das ergeben eindeutig die Forschungen des schwedischen Wissenschaftlers Professor Hans Rosling. Er zeigt mit unendlich vielen, eindrucksvollen und unbestreitbaren Zahlen, dass weltweit das Lebensalter steigt, die Kindersterblichkeit sinkt, die Alphabetisierung voranschreitet, das Bevölkerungswachstum zurückgeht und dass sogar der Anteil der Ärmsten geringer wird. Als ich 1971 als junger Fernsehreporter zum ersten Mal in Bangladesch war, bekam dort eine Frau im Durchschnitt mehr als sechs Kinder, heute noch etwas mehr als zwei. Im indischen Kerala gehen die Bevölkerungszahlen als erstem Bundesland zurück. Hauptursache: Alle Mädchen gehen zur Schule. Diese zivilisatorischen Fortschritte scheinen eine in der Evolution vorgesehene Entwicklung zu sein, wie Gehirnforscher aufzeigen können. Es ist evident, dass heute jene Hirnbereiche aktiviert werden, die zu mehr Selbstverantwortung, eigenständigem Denken und zu einer von Gefühlen getragenen Motivation führen. Aus gehorsamen Bürgern und blind Gläubigen werden kritische, offene Menschen mit mehr Mut und Wut und selbstständigem Denken.

Mutige Menschen im Kirchenvolk der Diözese Limburg trieben 2013 ihren Protz-Bischof Franz-Peter Tebartz-van Elst ebenso davon, wie mutige Menschen auf dem Majdan-Platz in Kiew 2014 ihren Protz-Präsidenten Viktor Janukowitsch davongetrieben haben. Gewaltfreie Veränderungen sind möglich, wenn auch mit Rückschlägen verbunden. Unsere Werte und Normen waren

Jahrtausende von Angst geprägt, was von den herrschenden Religionen und einem dunklen Gottesbild noch unterstützt wurde. Das ändert sich jetzt weltweit. Dabei gestehe ich meinen Kritikern gerne zu: Auch mir gehen die Veränderungen viel zu langsam, aber ich kann sie nicht einfach übersehen, wie das nur allzu viele Journalisten tun. Meine Erfahrung: Wenn ich in meinen Fernsehsendungen positive Entwicklungen aufzeigte, musste ich nicht nur mit dem Widerstand von Kollegen rechnen, sondern auch mit beleidigten Reaktionen von ideologisch orientierten Zuschauern. Optimisten gelten oft als oberflächlich, Pessimisten als klug. Als wir im Juli 2015 den 80. Geburtstag des Dalai Lama feierten, lud er mich zu seinem 90. Geburtstag ein: »Und den feiern wir 2025 natürlich in Tibet!«

Ich bin fest davon überzeugt, dass selbst zwischen Israel und Palästina eines Tages Frieden möglich sein wird. Ebenso zwischen China und Tibet und zwischen den Bürgerkriegsparteien in der Ukraine.

Solange Angst und Misstrauen im Dauerzustand sind, gibt es keinen evolutionären Fortschritt. Wenn Menschen aber beginnen, nach den Ursachen der Angst zu fragen, und diese therapeutisch durcharbeiten, dann kann Vertrauen wachsen, Vertrauen in die eigene Kraft, Vertrauen in Entwicklung. Der Mut von Hunderttausenden Männern und Frauen vom Tahir-Platz in Kairo bis zum Majdan-Platz in Kiew war stärker als die einsatzbereiten Gewehre und Panzer der Macht- und Gewalthaber. Beim Umsturz in der Ukraine war der Allukrainische Rat der Kirchen, getragen von Katholiken, Orthodoxen und Protestanten, das durchdringende Organ für Gewaltfreiheit. Auf der ganzen Welt trauen sich heute mehr Menschen als früher, gegen den Strom zu schwimmen. Selbst im autoritär regierten China gab es 2014 über 96 000 Aufstände gegen die Herrschenden, wie die kommunistische Partei des Landes zugeben musste. Dieser neue Mut der Vielen kann zum Sturz von Gewaltherrschern führen, aber auch zu mehr Mitbestimmung von Stuttgart 21 bis zur Stilllegung von Atomkraftwerken. Viele Menschen verstehen heute, was Vaclav Havel 1989 sagte: »Die Macht der Mächtigen kommt von der Ohnmacht der Ohnmächtigen.«

In Japan wurden nach der Fukushima-Katastrophe im März 2011 alle 52 Atomkraftwerke vorübergehend stillgelegt. Im Sommer 2015 ist ein einziges AKW wieder am Netz, 51 bleiben abgeschaltet. 70% der Japaner sind heute gegen Atomenergie. Und Japans früherer Ministerpräsident Naoto Kan bekennt: »Ich schäme mich heute sehr dafür, dass ich den Märchen der Atomindustrie geglaubt habe.«

Kan, der zur Zeit der Fukushima-Katastrophe im Amt war, sagt jetzt, dass es nur technischer Zufall war, dass in Fukushima nicht viel mehr passierte: »Wir hätten um ein Haar 50 Millionen Menschen evakuieren müssen. Es gab zwei Gründe, dass es nicht dazu gekommen ist: Die Feuerwehr, die Polizei und auch die Mitarbeiter von Tepco in den Kraftwerken haben ihr Bestes gegeben und ihr Leben riskiert. Und es gab einige sehr glückliche Zufälle ... Ich glaube, Gott hat uns in diesem Moment beschützt. Das habe ich gespürt.«

Obwohl die Atomlobbyisten weltweit noch immer von einer »Renaissance der Atomkraft« träumen, erleben wir genau das Gegenteil: Die größte Menge Atomstrom wurde global 2006 erzeugt, die meisten AKWs wurden 2002 betrieben, und der höchste relative Anteil der Atomenergie an der weltweiten Stromerzeugung war bereits 1993 mit 17 Prozent erreicht. Wir können heute mit einer globalen Anti-Atomkraft-Bewegung rechnen.

Der Kampf gegen die todbringende Atomenergie ist ein Kampf für das Leben. Diese Erkenntnis hat in Deutschland seit Jahrzehnten Hunderttausende Menschen aus Protest auf die Straßen getrieben, und viele Millionen protestieren heute auf der ganzen Welt gegen AKWs, gegen Castor-Transporte, gegen Gentechnik, gegen Klimakiller, Rassismus und Kriege. Wahrscheinlich wäre Jesus heute bei den Gruppen, die seit 25 Jahren bei Sonne und Regen, bei Sturm und Schnee jeden Sonntag bei Gorleben Gottesdienste gestalten. Oder er wäre wohl auf einem Greenpeace-Schiff unterwegs, das die Unversehrtheit der Arktis vor dem Zugriff der großen Ölkonzerne retten will. Die Zahl derer, die selbst denken, auf ihr Gewissen achten und nach Sinn und Tiefe fragen, wächst ständig. Man kann auch sagen: Immer mehr Menschen öffnen sich vertrauensvoll für das unergründliche Geheimnis des Lebens und der Evolution, hinter der das Göttliche durchschimmert. Und dabei verlieren sie ihre Angst. Gleichzeitig wächst ihr Vertrauen und Zutrauen zu sich selbst, zu ihrem Selbst.

Nur deshalb hat die Atomkraft ihren Zenit überschritten. 2015 werden weltweit weniger als zehn Prozent des Stroms in AKWs erzeugt. Unter marktwirtschaftlichen Bedingungen kann heute nirgendwo auf der Welt ein Atomkraftwerk neu gebaut werden. China investiert schon seit Jahren das Mehrfache in erneuerbare Energien als in die Atomkraft und produziert heute wie Deutschland, Indien, Japan und Spanien mehr Strom aus erneuerbaren Quellen als durch atomare Spaltung. Selbst in noch atomfreundlichen Ländern wie England, Russland oder Finnland verzögert sich der geplante Neubau von Atomkraftanlagen ständig.

Auch stille Revolutionen können Fortschritte bringen. Diesen Revolutionen wohnt die Kraft des Sauerteigs inne, von der Jesus an anderer Stelle spricht. Gott hat Zeit, von Eile hat er nichts gesagt. Das Ziel des Gottesreichs ist klar, aber manchmal kommen wir nur über Umwege dorthin. Wegen der Entscheidungsfreiheit, die Gott allen Menschen zugesteht, bleibt nur geduldiges Warten und zugleich Arbeiten für die Zukunft. Jesu Sicht der Dinge ist vielen auch heute noch nicht klar. Er träumte von weniger Hölle auf Erden, aber von mehr Himmel. Das nannte er Gottesherrschaft. Seine Bitte im Vaterunser ist eindeutig: »Deine Herrschaft lass sich ausbreiten – dein Wille lass geschehen.« Die Welt wird wahrscheinlich noch lange kein Paradies sein, aber wir können schon mal dafür sorgen, dass sie nicht zur Hölle wird.

18. Januar 2015: In Manila, der Hauptstadt der Philippinen, findet die größte Menschenversammlung der Geschichte statt. Hier existieren Brutal-Kapitalismus und bittere Not nebeneinander. Franziskus, der Papst der Armen, vertritt vor sechs Millionen

Menschen glaubwürdig die katholische Soziallehre. Er meint es bitterernst, wenn er sagt und schreibt: »Dieses Wirtschaftssystem tötet.« Franziskus geißelt Kapitalismus und Reichtum für wenige, Korruption, Umweltzerstörung und Klimawandel. Die Armutsfrage ist für ihn zur Bekenntnisfrage geworden. Millionen Menschen bejubeln den Papst, weil er mit seinem Programm überzeugend in der Spur Jesu ist. Jesus lebt.

Millionen »Helden« einer besseren Welt arbeiten heute – ohne sich auf Jesus zu berufen, aber das wäre ihm völlig egal – bei Greenpeace und bei Pro Asyl, in Umweltgruppen und in der Friedensbewegung, bei Stuttgart 21 und Amnesty International, bei Attac und in Weltläden, für eine solare Energiewende und eine ökologische Verkehrswende, für eine biologische Landwirtschaft und eine nachhaltige Forstwirtschaft, für ökologisches Bauen und menschlichere Arbeitsplätze, bei Cap Anamur und den »Grünhelmen«, bei Andheri-Hilfe und »Ärzte ohne Grenzen«. Hinzu kommen Tausende Mitarbeiter in kirchlichen Institutionen wie »Adveniat« oder »Misereor«, aber auch in Kommunen wie Dortmund, München oder Delmenhorst, die ihren Einkauf umstellen. Sie sparen Energieverbrauch, kaufen fair und umweltgerecht statt billig. Noch ist die Marktmacht der Konsumenten gering, aber sie wächst. In dem Motto »Fair statt billig« steckt eine große Perspektive, denn Bund, Länder und Gemeinden kaufen jedes Jahr für knapp 400 Milliarden Euro ein, die Kirchen für 60 Milliarden. »Fair« und »Geist ist geil« statt »Geiz ist geil«. Die Welt ist im Wandel – rasant und radikal. Es gibt Trendforscher, die sogar prognostizieren, dass Spiritualität *der* Megatrend der Zukunft werden wird.

Lauter Graswurzel-Bewegungen. Aber genau so wächst Zukunft. Alles, was wächst, wächst von unten. Sie alle sind die wahren »barmherzigen Samariter« unserer Zeit. Dazu gehören auch einige Milliardäre: Warren Buffet, 35-facher Milliardär in den USA, hat angekündigt, 99 Prozent seines Vermögens für soziale Zwecke auszugeben. Er wolle eines Tages nicht »der Reichste auf dem Friedhof« sein. Er hat 15 Milliarden Dollar in Erneuerbare

Energien investiert und kündigt im August 2015 an, weitere 15 Milliarden investieren zu wollen. Oder der Schweizer Milliardär und Migros-Gründer Gottlieb Duttweiler, an dessen genossenschaftlich organisiertem Großkonzern inzwischen bereits jeder dritte Schweizer beteiligt ist. Er organisiert und denkt schon seit Jahrzehnten in den Kategorien sozialen Kapitals. Oder auch der deutsche Milliardär und Gründer einer Drogerie-Kette, Götz Werner. Er hat sich vom kleinen Drogisten bis zum Konzernchef emporgearbeitet, beschäftigt rund 30 000 Mitarbeiter in 1500 Filialen und kämpft für die Einführung eines bedingungslosen Grundeinkommens für alle Bürger. Erst dann könnten alle in Würde leben. Geld, so Werner, ist dafür da, um das Miteinander zu organisieren. Werners Vorbild ist der Anthroposoph Rudolf Steiner.

Deshalb liegen Veränderung und Fortschritt in unserer Zeit geradezu in der Luft. Einige Beispiele aus unseren Tagen: Im Januar 2014 gingen in Berlin 30 000 Menschen unter dem Motto »Wir haben es satt« für mehr ökologische Landwirtschaft auf die Straße. 90 000 Menschen forderten im »Generationen-Manifest« eine enkeltaugliche Politik. Auf der ganzen Welt entstehen Ökodörfer. Von England geht die »Transition-Town-Bewegung« um die Welt. Auf allen Kontinenten wachsen Projekte wie Urban-Gardening, Sharing-Economy, Energie-Genossenschaften und die Commons-Bewegung und Gruppen, die sich für Kirchenasyl engagieren. Sie übernehmen Weltverantwortung, indem sie sich für Welthandel, Weltfinanzen, eine gerechte Weltwirtschaftsordnung und für die Zukunft allen Lebens verantwortlich fühlen. Wir leben wohl erstmals in einer Zeit, in der globales Bewusstsein und globale Verantwortung wachsen. Für diese Aktivisten ist die Welt mehr als die Umwelt, sondern die Mitwelt, das Ganze der Schöpfung, das Ganze der Wirklichkeit. Das ist mehr als Caritas, das ist ganzheitliche Politik, die Ökologisierung unserer Weltverantwortung. Alle Menschen auf diesem kleinen Globus sind unsere Nachbarn, und zum Leben gehören auch Tiere und Pflanzen und die künftigen Generationen. Dabei kann Religion das Vertrauen nähren, dass diese Welt von göttlicher Liebesenergie durchdrungen ist. Diese

Energie entfacht das Mitgefühl für alle Lebewesen aller Zeiten. Wenn wir überleben wollen, werden wir lernen müssen, dass ohne Nachhaltigkeit kein Staat zu machen ist. Auch bei einigen Milliardären und Millionären rollt nicht nur der Rubel, gelegentlich fällt auch der Groschen.

Gemeinsam haben all diese neuen Ansätze, dass sie von unten entstehen, meist neben und manchmal auch gegen die noch herrschenden politischen Institutionen. Der Wandel ist überall zu besichtigen – auch wenn ihn die tonangebenden Medien viel zu lange ignorieren.

Die neuen Bewegungen ...

- verknüpfen ökologische und ökonomische, nachhaltige und soziale Aspekte.
- verabschieden sich vom klassischen Wachstumsdogma.
- arbeiten an einer Wirtschaft mit entschieden weniger Ressourcenverbrauch.
- praktizieren mehr demokratische Mitwirkung.
- schaffen regional, dezentral und solidarisch.
- wollen mehr Fairness zwischen Nord und Süd.
- beweisen jeden Tag und überall, dass es Alternativen zum noch herrschenden Kapitalismus gibt.
- zeigen, was Initiative ist: Millionen Frauen gründen Dorfbanken nach dem Raiffeisenprinzip und weisen auf einen sich neu formulierenden politischen Willen hin.

Viele können die Welt verändern, ohne dass wenige die Macht übernehmen. Der bisherige Mega-Trend der Ich-Welt kippt gerade. Überall bilden sich Formen der Vergemeinschaftung, der Genossenschaften und des Gemeinwohls.

Jeder Wähler ist mitverantwortlich, wenn die von ihm gewählte Regierung die heutigen Zustände in der Welt toleriert. Zumindest wir in den westlichen Demokratien haben die demokratischen Waffen für eine bessere Welt in der Hand: Wahlen, Generalstreiks, Massendemonstrationen, Bürgerinitiativen. Der Aufstand des Gewissens sollte so bald wie möglich organisiert werden. Der 80-jährige Schweizer Menschenrechtler Jean Ziegler im »Spiegel«: »Zum Aufstand gegen die herrschenden Verhältnisse fehlt nur noch ein Funke. Es ist unsere Mindestpflicht, den Erniedrigten zu helfen.« Eine bessere Welt ist möglich. Aber dafür ist Widerstand und Aufstand nötig. Der kubanische Poet José Marti sagt zu den Chancen dieses Aufstands: »Die Wahrheit, die einmal erwacht ist, kehrt nie wieder zum Schlaf zurück.« Bewegungen wie Attac und Occupy verändern das Bewusstsein von Millionen. Sie haben das brutale Konkurrenzdenken der neoliberalen Kaste erschüttert. Hunderttausende Kleinbauern, Hirten und Fischer von Indien über Afrika bis Brasilien haben sich zur weltweiten Bewegung »Via Campesina« zusammengeschlossen und bekämpfen den Landraub der Großkonzerne und Hedgefonds. Unsere Hoffnung? Ohne Greenpeace hätte es den deutschen Atomausstieg nicht gegeben. Ohne Kampf kein Fortschritt. Das ist exakt die Botschaft Jesu.

Dietrich Bonhoeffer: »Wer fromm ist, muss politisch sein.« Noch leben wir in einer kannibalischen Weltordnung. Aber weltweit erwacht eine planetarische Zivilgesellschaft, die gegen Ausbeutung, Marktradikalismus und Gewalt kämpft. Für Jean Ziegler ist es eine Frage des Anstands und der Moral, sich diesem Widerstand anzuschließen. Jesus war ein Widerständler.

Vielleicht hat der US-Zukunftsforscher Jeremy Rifkin recht, der in seinem Bestseller »Die Null-Grenzkosten-Gesellschaft« bereits das Ende des real existierenden Kapitalismus beschreibt: Der Kapitalismus endet nicht von heute auf morgen, aber dennoch unaufhaltsam, spätestens bis 2050. Es waren in der Geschichte stets drei Dinge, die zu einem wirtschaftlichen Paradigmenwechsel führten. Und genau das sehen wir jetzt: Der Transport wird automatisiert, Energie stellen wir selbst her, und die Kommunikation verläuft weltweit über das Internet. All das wird künftig überwiegend über Sozialunternehmen organisiert.

Ein neues Wirtschaftssystem betritt die Weltbühne. Das Leitmotiv dieses Trends: Teilen statt besitzen, von Carsharing bis zur Urlaubs-Wohnung. 2007 wurden in Westeuropa noch 14,8 Millionen Autos produziert, 2013 waren es noch 11,6 Millionen. In derselben Zeit hat sich die Zahl derer, die sich ein Auto teilen, verdreifacht. Den Autobauern sterben vor allem die jungen Käufer weg. Die Zeichen für diesen Wandel sind bereits unübersehbar: Share Economy, sinkende Produktionskosten bei Energie und Bildung, das Internet der Dinge, in Europa immer weniger neue Autos und weg vom Ich, Ich, Ich und hin zum Wir in einer globalen gemeinschaftlichen Ökonomie. WeQ wird wichtiger als IQ. Mein Auto? In dieser neuen Welt ist Sozialkapital so wichtig wie Finanzkapital, Basis einer Gemeinwohl-Wirtschaft. Wir leben in einer spannenden Übergangszeit. Die Orientierung an Wir-Qualitäten macht Vieles neu und erzeugt neue Wir-kungen. Nahezu kostenfreie Bildung für Milliarden Menschen über das Internet und nahezu kostenfreie Energie über Sonne und Wind werden in den nächsten Jahrzehnten die Welt verändern. Allein in Bangladesch haben bereits zwei Millionen Armutshaushalte Solaranlagen, finanziert über die genossenschaftlich orientierte Grameen-Bank des Friedensnobelpreisträgers Muhammad Yunus. All diese Entwicklungen sind praktizierte Bergpredigt. Wir-Qualitäten verändern alles.

Kurz: Wir werden achtsamer – vielleicht sogar gütiger zu allen Mitgeschöpfen. Auch heute würde Jesus sagen: »Das Reich Gottes ist da!« Das heißt: Sehr viel ist in Bewegung und die Richtung stimmt.

19. Die Reifeprüfung für die geistige Welt

»Meine Schüler! – O wie schwierig ist es,
eingelassen zu werden in die Himmelsherrschaft!
Amen! Amen! – Ich soll euch sagen:
Ein Kamel hat es leichter, durch das Öhr einer Nadel hindurchzugehen,
als es ein Großer haben wird, in die Himmelsherrschaft eingelassen zu werden.«
(Mk 10,24-25/Mt 19,24/ Lk 18,25 RÜ)

Damit hat Jesus nicht gemeint, dass ein »Reicher« – wie es in der Einheitsübersetzung heißt – nur wegen seines Reichtums nicht in die geistige Welt eingehen kann. In der aramäischen Rückübersetzung steht, dass es »ein Großer« besonders schwer habe. Ein »Großer« steht für hochnäsig, übermütig, aufgeblasen, eingebildet und wohl oft auch reich. Nichts wäre also törichter, als den Einlass in die Himmelsherrschaft auf die leichte Schulter zu nehmen. Weder der richtige Glaube noch die rechtmäßigen Sakramente sind nach Jesus die Vorrausetzungen für ein gelingendes Leben, sondern bewusstes Wollen, sinnvolles Tun und laufende Selbstkontrolle. Es geht dabei um die alles entscheidende Sache unseres Lebens.

Wenn Jesus »Amen, Amen!« sagt, betont er, dass er eine wichtige Botschaft seines Vaters weitergibt: In unsere Urheimat, in die jenseitig-geistige Himmelsherrschaft, dürfen wir erst zurückkehren, wenn wir reif dafür geworden sind. Vor einer Reifeprüfung müssen wir manchmal erst eine Klasse wiederholen, noch eine Reinkarnation durchleben. Das Himmelreich kennt Einlassbedingungen, die wir zu erfüllen haben, ob uns das passt oder nicht. Jesus benutzt dazu humorvoll ein aramäisches Wortspiel: Ein Großer oder sich so Fühlender ist ein *gamlan*, also ein Kamel. Auch Schriftgelehrte wurden mit Rabbi (mein Großer) angeredet. Jesus wollte also dieses andeuten: Eher wird ein Kamel durch ein Nadelöhr gehen, als dass ein Schriftgelehrter, ein Theologe also oder einfach eine »Obrigkeit«, in den Himmel kommt. Mit solchen Bildern verschaffte er sich natürlich keine Freunde unter den Schriftgelehrten und Gesetzestreuen. Aber er erfüllte seinen Auftrag.

Bei Lukas 13,24 wird Jesus noch deutlicher:

»Strengt euch an, eingelassen zu werden durch das schmale Tor!
Amen! Amen! – ich soll euch sagen:
Viele werden wünschen, eingelassen zu werden,
aber es ist unmöglich!«
(Mk 10,24-25/Mt 19,24/Lk 18,25 RÜ)

Wieder verbindet Jesus ein Bild mit einem »Amen«-Wort. Wichtig! Wer den Lorbeerkranz von unvergänglichem Wert will, muss sich anstrengen. Das »schmale Tor« zeigt, dass es um viel geht: um *den* Siegeskranz des Lebens. Diese Anstrengung lohnt sich. Es geht um alles.

Und Jesus wird noch deutlicher:

»Amen! Amen!« – Ich soll euch sagen:
Nicht jeder, der Mein Herr! gesagt hat,
darf eingelassen werden in die Himmelsherrschaft!
Nur der, der den Willen Abbas getan hat,
darf eingelassen werden in die Himmelsherrschaft!«
(Lk 13,24 RÜ)

Nicht Worte und Gebete entscheiden, sondern allein unsere Taten.

Und noch mal Jesus über unsere Reifeprüfung für die geistige Welt – ein Amen-Wort im Einzelgespräch mit Petrus unter vier Augen:

»Amen! Amen! – Ich soll dir sagen:
Wenn jemand nicht geprüft wurde,
darf er nicht eingelassen werden
in die Himmelsherrschaft.«
(Tertullian, Über die Taufe 20,2 RÜ)

Nach Matthäus 16,19 wird Jesus selbst über den Einlass ins Himmelreich entscheiden, nicht ein Beichtvater oder ein Papst. Bei seiner Verklärung auf dem Berg Tabor spricht eine Stimme vom Himmel, also Gott, zu Jesus im Beisein seiner Vertrauten Petrus, Johannes und Jakobus: »Ihm werde ich die Schlüssel der Himmelsherrschaft geben. Wem *er* zuschließen wird, dem soll zugeschlossen sein. Und wem er aufschließen wird, dem soll aufgeschlossen sein.« Es kommt dabei nicht auf starke Worte, sondern einzig auf unsere Taten an.

Dieses Wort Gottes an Jesus wird später umgedeutet werden zu einem Jesus-Wort an Petrus. Auf dieser Fälschung, die Günther Schwarz detailliert aufdeckt, beruht die ganze Macht des Papsttums – ein starkes Stück (siehe Kapitel 37 und 38).

20. Jesus und die Engel

»Amen! Amen! – Ich soll euch sagen:
Von nun an werdet ihr erleben –
offene Himmel – und Engel Gottes,
die hinauf- und herabsteigen
über mir.«
(Joh 1,51 RÜ)

Auch im Alten Testament, in der hebräischen Bibel, wird von Engeln berichtet. In der Genesis (28,12-17) hat Jakob einen Traum. »Er sah eine Treppe, die auf der Erde stand und bis zum Himmel reichte. Auf ihr stiegen Engel Gottes auf und nieder.«

Wahrscheinlich liefert diese Engel-Geschichte den Hintergrund für das Engel-Wort Jesu bei Johannes. Auch bei Jesus steigen Engel die Himmelsleiter hinauf und hinab, ein Symbol für den Verkehr zwischen Jenseits und Diesseits. Gottes Engel teilen seinen Dienern auf der Erde durch Inspirationen oder Träume seine Botschaften mit. So muss auch Jesus seine geistige Verbindung mit seinem Abba verstanden haben, vermittelt durch Engel, die ihn inspirierten. Seine »Amen«-Worte bezeugen, dass er die Botschaft seines Vaters verkündete. Ein Beispiel: Kurz vor seiner Festnahme in Jerusalem trat Jesus im Tempel auf und hatte wieder einmal ein Streitgespräch mit den Schriftgelehrten. Als diese fragten: »Wie kann der die Schrift verstehen, ohne dafür ausgebildet zu sein?«, bekommen sie diese Antwort: »Meine Lehre stammt nicht von mir, sondern sie stammt von Gott« (Joh 7,16 RÜ). Jesus macht immer wieder deutlich, dass es ihm nicht um ihn geht. Er handelt im Auftrag Gottes – auch über Engel.

Seine Selbstoffenbarung vor der Welt bekundete er auch zu einem anderen Zeitpunkt im Tempel zu Jerusalem. Er hatte am Sabbat einen Mann geheilt, der 38 Jahre krank gewesen war. Als er deshalb vor Gericht stand, sagte ihnen Jesus: »Mein Vater ist noch immer am Werk, und auch ich bin am Werk.« Daraufhin versuchten sie ihn zu töten, nicht nur, weil er am Sabbat verbotenerweise geheilt hatte, sondern auch, weil er Gott seinen Vater genannt hatte. Jesus berief sich immer darauf, dass er in Vollmacht seines Abba handelt. Engel halfen ihm dabei.

»Amen! Amen! Ich soll euch sagen:
Verschafft euch Freunde statt Geld.
Damit sie euch aufnehmen
in ihre jenseitigen Wohnungen!«
(Lk 16,9 RÜ)

Die Macht des Geldes endet spätestens für jeden auf dem Sterbebett. Es zeugt – wie schon gesagt – nicht von Intelligenz, danach zu streben, auf dem »Friedhof der Reichste« sein zu wollen. Nach Jesus ist Güte die einzig sichere Kapitalanlage. Günther Schwarz: »Wo die Macht des Geldes endet, da kommt die Macht der Engel zum Zuge, und zwar dadurch, dass sie den Sterbenden helfen, sich aus ihrer sterblichen Hülle zu lösen, und dadurch, dass sie sie – vorübergehend, bis ihnen die ihnen zukommenden Plätze in der geistigen Welt zugewiesen werden – aufnehmen in ihre jenseitigen Wohnungen, damit sie sich erholen können von ihrem Sterben beziehungsweise von ihrem gewaltsamen Tod.«

Jesus lebte in einer ganz anderen Zeit wie wir Heutigen und in einem völlig anderen Geisteszustand wie wir. Er lebte in ständiger Verbindung zu seinem Abba und zu Engeln. Er fühlte und handelte anders als wir. Auch unsere Rückwendung zu Gott verlangt eine bewusste Änderung des Fühlens, Denkens, Wollens und Handelns – weg von nur diesseitig-materieller Orientierung hin zu einer auch geistig-jenseitigen Haltung. Das Wort »geistig« bedeutet mehr als nur intelligent, sondern aufgeschlossen sein für das

Geistige, für die existenziellen Fragen nach dem Woher, Wohin und Warum. Und zur geistigen Welt gehören nach Jesu Lehre ganz eindeutig auch Engel als Geistwesen.

Wie aber bekommen wir Engel zu Freunden?

Die Bücher der bekanntesten Sterbeforscherin der Welt, Elisabeth Kübler-Ross, sind voll von Engel-Geschichten beim Sterben. Die Schweizer Ärztin hat mehrere Tausend Menschen beim Sterben begleitet. Für ihre wissenschaftliche Arbeit hat sie weltweit 22 Ehrendoktortitel in vielen Kulturen erhalten. Sie war nach meinem Wissen die wissenschaftlich höchst ausgezeichnete Frau der Welt. Immer wieder macht uns auch Jesus auf die Existenz von Geistwesen aufmerksam:

»Die tauglich geworden sind für jene Welt –
Sie können nicht mehr sterben,
weil sie wieder wie die Engel sind.«
(Lk 20,35-36 RÜ)

Aufgrund seines Wissens um die Engel, konnte Jesus sagen, dass wir eines Tages in der geistigen Welt »wie die Engel« sein werden. Wir werden geistig wiederbelebt – nicht körperlich auferstehen. Das Wort Auferstehung gibt es im Aramäischen nicht. Geistig wiederbelebt ist nach Jesus ein Mensch dann, wenn er durch bewusstes Handeln tauglich geworden ist, in Gottes Reich eingelassen zu werden (Mt 7,21).

Der Begriff »Auferstehung« meint, der Leichnam Jesu sei vom Tod erweckt worden. Was in der Sprache der Kirche »Auferstehung« heißt, bedeutet im Aramäischen »Wiederbelebung«, also die Rückkehr seines Feinstoffleibes in den grobstofflichen Leib. Nur das Wissen um den Zusammenhang unseres zeitlichen, grobstofflichen Hierseins und unseres ewigen Seins in der feinstofflichen, geistigen Welt Gottes löst alle Rätsel nach Schuld und Schicksal, nach dem Ursprung des Bösen sowie nach Sinn und Ziel des Lebens und Leidens. Unser zeitliches Dasein zurückzuführen auf ein ewiges Sein erfordert freilich ein radikales Umdenken.

Bemerkenswert an Jesu Engelworten ist die Souveränität, mit der er über diese geistigen Wesen spricht. So auch hier:

»Amen! Amen! – Ich soll euch sagen:
Jeder, der sich zu mir bekennen wird
Vor den Menschen –
zu ihm werde ich mich bekennen
vor den Engeln.
Jemand aber, der mich verleugnen wird
vor den Menschen –
ihn werde ich verleugnen
vor den Engeln.«
(Mt 10,32-33 und Lk 12,8-9 RÜ)

Wer ermächtigt ist, so zu sprechen, der muss Gott sehr nahestehen. Jesus war sich ganz gewiss, dass uns beim Übergang von diesem zum jenseitigen Leben helfende Wesen zur Seite stehen.

In unserer heutigen rationalistischen Zeit sind uns Engelwesen als Gottesboten fremd geworden. Das gilt mit Sicherheit für die meisten von uns. Auch ich habe über Engel lange nur gelächelt. Aber je mehr ich mich mit der Person Jesu beschäftigt habe, musste ich mich auch mit der Existenz von Engeln befassen. Schon ein kurzer Blick in das Jesus-Testament oder auch auf die Kunst des Mittelalters zeigt, dass für unsere Vorfahren die Existenz von Gottesboten und Gotteshelfern in der geistigen Welt eine Realität war. Jesus hat permanent von Engeln gesprochen. Wer Jesus ernst nimmt, kommt an Engeln nicht vorbei.

Es war ein Gottesbote, der zu Maria sagte:

»Fürchte dich nicht, Maria! Du hast Wohlgefallen bei Gott gefunden. Sieh! Du wirst schwanger werden. Du wirst einen Sohn gebären. Du sollst ihn ›Jesus‹ nennen! Maria antwortete: Ich bin eine Dienerin des Herrn. Mir geschehe nach deinem Wort! Plötzlich war der Gottesbote unsichtbar« (Lk 1,30-38 RÜ).

Oder bei Jesu Geburt ein Engel zu den Hirten: »Der Gottesbote sagte: Fürchtet euch nicht! – Ich verkündige euch eine große Freude, die jedermann zuteilwerden soll: Heute wurde der Wiederbeleber geboren am Ort Davids. Dies sei das Erkennungszeichen für euch: Ihr werdet einen Knaben finden, gewickelt in Windeln und liegend in einer Krippe. Plötzlich sahen die Hirten bei dem Gottesboten einen Chor von vielen Gottesboten. Die lobten Gott, indem sie sangen: Wenn Lob dem Gott in der Höhe, dann Heil den Menschen auf der Erde!« (Lk 2,10-14 RÜ).

Die Hirten glaubten dem Engel und fanden, was sie suchten. Vielleicht werden spätere Generationen über unsere einseitig materiell geprägte Zeit so urteilen: Ihr größtes Defizit war mangelndes Vertrauen in die Geistkraft.

Für Paulus ist Jesus der erste Engel in der geistigen Welt: »Er ist das Ebenbild Gottes und der Erstgeborene aller Geistwesen. Durch ihn ließ Gott alles entstehen, und durch ihn lässt er alles leben. Gott will, dass durch ihn die ganze Vollzahl zurückgeführt werde und dass *alles* durch ihn versöhnt werde, was auf der Erde ist und in den Himmeln« (Kol 1,15-17,19-20 RÜ). Jesus hatte es also nicht nötig, sich seinen Gott nach seiner Vorstellung zu schaffen, denn er kannte ihn wie niemand sonst. Anders seine indirekten Schüler bis heute, die einen selbst erdachten, fremden und dreieinigen – was auch immer das sein soll! – Gott verehren.

Auch für Paulus ist Jesus folglich nicht Gott, sondern sein Ebenbild, das er »im Ursprung« geschaffen hat. Es heißt also nicht »Am Anfang«, wie es in der griechischen Übersetzung bei Johannes steht. »Am Anfang«, das provoziert sofort die Frage: Was war vor dem Anfang? Im Aramäischen ist der Anfang gleich dem Ursprung. Also heißt es auch am Beginn des Alten Testaments: »Im Ursprung schuf Gott Himmel und Erde ...« Das aramäische Wort betrifft nicht den zeitlichen Anfang, sondern den zeitlosen Ursprung. Nach biblischem Zeugnis lebte Jesus, bevor er Mensch wurde, als Geistwesen einzigartig in unmittelbarer Nähe zu Gott. Nur darum konnte uns Jesus Gott so authentisch beschreiben. Wie denn sonst?

Auch bei den Engelworten wird deutlich: Erst ein von Übersetzungsfehlern und späteren Ausschmückungen befreites Evangelium öffnet uns dieses Schatzhaus neu. Leider greift bisher keines der mehr als 20 000 Jesus-Bücher auf den aramäischen Originalton Jesu zurück. Wir wollen es deshalb in diesem Buch weiterhin tun. Wie gut und hilfreich, dass Günther Schwarz die Worte Jesu mit großer Genauigkeit und Liebe zur Sache »wiederhergestellt« hat und neu zum Leuchten brachte.

21. Jesus und die Kinderschänder

»Hütet euch!
Ihr sollt keine Kinder schänden!
Amen! Amen! – Ich soll euch sagen:
Ihre Engel haben
zu jeder Zeit
zutritt zu Abba.«
(Mt 18,10 RÜ)

Dieses Wort wird Jesus zu Menschen gesprochen haben, denen zuzutrauen war, dass sie Kinder sexuell missbrauchen. Ein schreckliches, uraltes Thema – in den Kirchen und in der Gesellschaft aktuell bis heute. Untersuchungen ergaben, dass in Deutschland etwa jedes dritte Mädchen und jeder zehnte Junge sexuell missbraucht werden. Tatsache ist auch, dass hierzulande zwischen 200 000 und 300 000 Männer pädophile Neigungen haben.

Aber welch ein Unterschied in den obigen aramäischen Worten Jesu zu den Texten, die wir bisher bei den ersten drei Evangelisten zu diesem Thema in der griechischen Übersetzung gelesen haben. Bei Matthäus 18,6 heißt es in der griechischen Fassung: »Wer einen von diesen Kleinen, die an mich glauben, zum Bösen verführt, für den wäre es besser, wenn er mit einem Mühlstein um den Hals im tiefen Meer versenkt würde.« Fordert Jesus plötzlich zur Inquisition auf? War er für die Todesstrafe, so wie 2014 in Deutschland im »Fall Edathy« nach dem Galgen oder nach Kastration geschrien wurde? Das soll derselbe Jesus gesagt haben, der seinen Schülern empfohlen hatte: »Erbarmt euch derer, die euch anfeinden. Tut Gutes denen, die euch hassen«? Kann es sein, dass Jesus heute dies und morgen das Gegenteil davon gesagt hat? Dann wäre er tatsächlich schizophren, was ihm ja einige Psychiater unterstellen. Der Text zu diesem Thema, der heute noch in den offiziellen Bibeln steht, muss jeden Humanisten zutiefst empören.

Auch bei sexuellem Missbrauch und bei Pädophilie gilt Jesu Grundsatzprogramm: Hilfe statt Verurteilung. Zweifellos ist Kindesmissbrauch ein furchtbares Verbrechen, aber wird es durch Vorverurteilung – wie im Fall des früheren SPD-Bundestagsabgeordneten Edathy – verhindert? Viele der Vorverurteiler – wie zum Beispiel die Bild-Zeitung – finden gar nichts dabei, wenn permanent die Körper nackter, junger Frauen abgebildet werden – ausgestellt wie Frischfleisch! Doch die empörte Volksseele lüstert nach Rache und fordert auf T-Shirts und Autoaufklebern »Todesstrafe für Kinderschänder«. Ein Pädophiler ist also das Böse schlechthin und muss beseitigt werden! Das suggerieren sogar die falschen Übersetzungen von Jesus-Worten. So wirkt das kollektive Unbewusste über die Jahrhunderte. C. G. Jung nannte es das »Unverarbeitete vor uns in uns«.

Während sich halb Deutschland über Sebastian Edathy aufregt, klicken sie zur selben Zeit 60 Millionen Mal pornografische Seiten im Internet an – täglich. Genau vor dieser Doppelmoral hat Jesus gewarnt. Sein Programm heißt: Hilfe statt Hetze! Diese Hilfe bietet der Berliner Sexualpsychologe Christoph J. Ahlers in seiner Praxis für Paarberatung und Sexualtherapie an. Auf die Frage der Süddeutschen Zeitung: »Empören wir uns, weil wir merken, etwas davon ist in uns allen?«, sagt er: »Exakt das ist es. Es ist ein kollektiver Leugnungsversuch, die Eigenanteile auf eine klar definierbare gesellschaftliche Minderheit zu projizieren, nämlich auf die Pädophilen.« Der Sexualtherapeut sagt auch: »Ein Pädophiler ist nach seiner Therapie nicht unpädophil, aber er lernt, mit seiner Pädophilie so umzugehen, dass er weder andere noch sich gefährdet.«

Gegenwärtig sieht die Sache noch so aus: Die Minderheit der Pädophilen kann gar nicht schnell genug in die Hölle beziehungsweise ins »tiefe Meer« geschickt werden, damit die Mehrheit der heuchlerischen Spießer umso rascher in den Himmel gelangen kann. Das heuchlerische Getue soll die Angst vor der eigenen Sexualität und deren tiefen Abgründen verdecken und verdrängen. Das ist die nackte Wahrheit.

An diesem Beispiel wird der fundamentale Unterschied zwischen den bisherigen Jesus-Texten und dem wirklichen Sinn seiner Botschaft besonders deutlich. Jesus hat niemandem, auch nicht Kinderschändern, gewünscht, im Meer mit einem Mühlstein am Hals versenkt zu werden. Ein solcher sadistischer Wunsch widerspricht allem, was Jesus gelehrt hat. Allein diese Stelle zeigt die dringende Notwendigkeit, das Jesus-Evangelium in der Muttersprache Jesu wiederherzustellen. Zur Verdeutlichung:

»*Ich kam nicht auf die Erde, um Unheil zu bringen, sondern ich kam auf die Erde, um Heil zu bringen ... Ich kam nicht auf die Erde, um Menschen zu bestrafen, sondern ich kam auf die Erde, um Menschen wiederzubeleben ... Ich kam dazu auf die Erde, um für die Wahrheit Zeugnis abzulegen. Jeder, der aus der Wahrheit lebt, er gehorcht meiner Stimme.*« (Mt 10,34/Lk 12,51/Joh 18,37 RÜ)

Oder: »Ich kam auf die Erde, um das Verlorengegangene zu suchen.« (Lk 19,10 RÜ)

Jesus ist die Liebe in Person, dessen Wille es ist, dass kein Einziger verloren geht, auch nicht ein Kinderschänder. Jesus macht uns freilich auch hier darauf aufmerksam, dass wir *immer* die Folgen unseres Tuns tragen müssen: »Ihr könnt nur ernten, was ihr sät.« Und er argumentiert: Kinder haben zu allen Zeiten Zutritt zu Gott und werden dort eines Tages Anklage gegen ihre Schänder erheben. Wer Kinder schändet, muss mit schwerwiegenden Folgen rechnen, spätestens im Leben nach dem Sterben, nicht lange nach ihrem Tod. Das ist Jesu eindeutige Position.

Im Markus-Evangelium (9,42) oder auch bei Lukas (17,2) heißt die Rückübersetzung ganz einfach: »Jemand, der ein Kind schändet – er hat einen Mühlstein an seinem Hals.«

22. Wer war Jesus wirklich?

»Kein Mensch weiß,
wer ich bin,
und kein Mensch weiß,
wer Abba ist –
außer, Ich will es
ihm enthüllen!«
(Lk 10,22/Mt 11,27 RÜ)

Welch ein Anspruch! Vermutlich ein Wort Jesu an seine Schüler. Wegen solcher Worte mit Ewigkeitswert können wir Jesus auch in Zukunft nicht vergessen. Nie hat jemand so geredet. Wenn jemand heute so reden würde, käme er sofort in eine psychiatrische Klinik.

Auch aus Jesu Mund ist dieses Wort zumindest sonderbar. Denn viele kannten ihn ja: Seine Verwandten, seine Apostel, seine Gegner. Wie also kann jemand, der auch nur halbwegs bei Trost ist, sagen: »Kein Mensch weiß, wer ich bin«? Und: »Niemand kennt Gott außer mir.« Das hat die Vorstellungskraft der Menschen damals überstiegen, und es wäre heute nicht anders.

Nach Jesu Eigenverständnis konnte ihn tatsächlich niemand *wirklich* kennen. Denn alle erwarteten von ihm, dass er ein irdisches Reich errichte und die Befreiung von der römischen Besatzungsmacht einleite. Genau das wollte er nicht. Jesus vor Pilatus: »Ja, ich bin ein König, aber mein Reich ist nicht von dieser Welt.« Solche Aussagen haben die damaligen Menschen verrückt gemacht. Damit hat er sich geradezu selbst ans Kreuz geredet. Wie kann einer nur! Jesus aber kannte seinen Vater und wusste um dessen Botschaft und um seine eigene Mission. Er hatte auch mit diesem unerhörten Anspruch die Wahrheit gesagt. Das passt uns auch heute nicht richtig ins Programm. Aber wer sind wir, dass wir Jesu Botschaft und Anspruch deshalb relativieren dürften?!

Er erinnerte mit dem eben zitierten Satz an sein vorgeburtliches Leben in der geistigen Welt. Deshalb konnte *allein* er enthüllen, was der Sinn unseres Lebens ist, woher wir kommen und wohin wir gehen. Das konnte er nur, weil er tatsächlich einzigartig war.

In dieser Ich-Form hat Jesus übrigens nur selten von sich gesprochen. Er war kein Egozentriker. Wenn er von sich redete, gebrauchte er meist die bescheidene Umschreibung »Menschensohn«, also ganz einfach Mensch. Dass er hier dennoch »Ich« sagte, zeigt die Bedeutung dieses unerhörten Wortes.

Andere »Ich«-Worte mit ähnlich hohem Anspruch finden wir bei Matthäus 20,28 RÜ: »Ich kam nicht auf die Erde, um bedient zu werden, sondern ich kam auf die Erde, um zu bedienen.« Oder bei Lukas 19,10 RÜ: »Ich kam auf die Erde, um das Verlorengegangene zu suchen.« Oder bei Johannes 12, 47 RÜ: »Ich kam nicht auf die Erde, um Menschen zu bestrafen, sondern ich kam auf die Erde, um Menschen wiederzubeleben.« Oder ebenfalls bei Johannes 5,36 RÜ: »Die Taten, die ich tue, beweisen, dass Abba mich gesandt hat.« Oder bei Matthäus 20,28 RÜ: »Ich kam auf die Erde, um mein Selbst zu opfern.« Oder bei Johannes 18,37 RÜ: »Ich kam dazu auf die Erde, um für die Wahrheit Zeugnis abzulegen. Jeder, der aus der Wahrheit lebt – er gehorcht meiner Stimme.« Das Johannes-Evangelium erzählt die staunenswerte Geschichte einer Blindenheilung. Weil Jesus einen jungen Blinden am Sabbat geheilt hatte, behaupteten die Pharisäer, er sei gar nicht blind gewesen. Es kann nicht sein, was nicht sein darf. Aber der junge Mann und seine Eltern beharren darauf, dass er blind geboren war und Jesus ihn geheilt hat. Also verstoßen die Pharisäer den Geheilten aus der Synagoge. Daraufhin Jesus: »Ich kam auf die Erde, damit die Unwissenden wissend und die Wissenden unwissend werden« (Joh 9,39 RÜ). Er wollte, dass wir Blinden die Augen aufmachen und endlich *sehend* werden.

Auch bei all diesen Jesus-Worten geht es um alles und um *alle.* Mehr als sein Selbst kann niemand hingeben, und mehr als für alle geht auch nicht. Mit seinem Tod wollte uns Jesus loskaufen aus unserer irdischen Sklaverei, von einem falschen Gottesbild und einem falschen Menschenbild. Das ist die eigentliche Befreiung der

Menschheit. Sie steht noch immer aus. Zumindest stehen wir erst am Anfang des Erkennens.

Jesus musste und wollte uns loskaufen von der Sklaverei Satans, dem »Beherrscher dieser Welt« (Joh 12,31 RÜ). Satan wurde von Paulus als »Gott dieser Welt« tituliert. Eine ungeheure Zuspitzung. Tatsächlich beten auch wir Heutigen vieles an, zum Beispiel häufig das Geld, aber selten Gott. Das Satanische überwiegt häufig noch immer das Göttliche. Wir sehen es jeden Abend in den Fernsehnachrichten. In der Griechenland-Krise geht es fast immer nur ums Geld.

23. »Ich war vor Abraham«

Jesus sagte zu den Schriftgelehrten:
»Abraham wünschte mich zu sehen.
Und er sah mich und freute sich.«
Sie erwiderten:
Du bist noch nicht 50 Jahre alt
und Abraham hat dich gesehen?
Jesus entgegnete:
»Bevor Abraham war, war ich.«
(Joh 8,56-58 RÜ)

Das war nun wirklich zu viel. Wahnsinn! Gotteslästerung! Sie hielten ihn jetzt für komplett übergeschnappt. Und das ist verständlich. Da sagt ein junger Mann von Anfang dreißig, er sei älter als Abraham, der viele Hundert Jahre früher gelebt hat. Was soll man davon halten? Die empörte Rückfrage der Schriftgelehrten musste kommen. Aber damit provozierten sie ihn zu der tollkühnen Antwort: »Abraham sah mich und freute sich.« Was er ihnen zumutete, war ja tatsächlich haarsträubend.

Bei diesem aufgeregten Wortwechsel wird natürlich deutlich, dass seine Mitwelt seine Einzigartigkeit nicht verstand und auch nicht verstehen konnte. Seine Gegner hatten jetzt nur noch einen Wunsch: Sie wollten Steine nach ihm werfen.

Worin bestand und besteht das Königtum Jesu, seine Einzigartigkeit, wirklich? Die Antwort – poetisch geformt wie alle seine Worte – hat er selbst gegeben: In der Rückübersetzung eines seiner außerbiblischen Worte heißt es in der Epistola Apostolorum:

»Ich habe empfangen – von Abba –
alle Vollmacht:
damit ich ins Licht zurückführe,
die in der Finsternis sind!
Damit ich in die Wahrheit zurückführe,
die im Irrtum sind;
damit ich ins Leben zurückführe,
die im Tod sind.«
(RÜ)

Realistischerweise müssen wir davon ausgehen, dass diese Worte bis heute nur von wenigen Menschen verstanden und akzeptiert worden sind. Sonst müsste das Glaubensbekenntnis ganz anders lauten (siehe Kapitel III).

In seinem Buch »Antichrist« schrieb Friedrich Nietzsche 1888 den großartigen Satz: »In der ganzen Psychologie des Evangeliums fehlt der Begriff Schuld und Strafe.« Damit hatte der angebliche Gottesleugner mehr vom Evangelium verstanden als Generationen von Theologen und kirchlichen Würdenträgern. In diesem einen Satz findet sich die ganze Frohe Botschaft des Nazareners: Freut euch – die Sünde ist abgeschafft – Schuld, Angst und Strafe sind theologische Konstrukte, um eine angstmachende Distanz zwischen Mensch und Gott herzustellen. Wir sind Gottes Kinder und Gottes Geliebte.

24. Streitgespräche statt Harmonie

»Ich bin nicht gekommen,
um Kompromisse zu machen!

Sondern ich bin gekommen,
um Streitgespräche zu führen!«
(Lk 12,51 und Mt 10,34 RÜ)

Er wollte provozieren und er hat provoziert. Jesus war kein harmloser Harmonisierer. Wer auf Harmonie aus ist, kommt immer durch. Aber Jesus landete am Kreuz. Alles oder nichts! Das ist Jesus. Seine Schüler, zu denen er so sprach, waren schockiert. Für ihn hatten sie alles aufgegeben, Familie, Heimat und Beruf. Sie zogen in treuer Gefolgschaft mit ihm durchs Land. Und jetzt das. So war das Ende der Bewegung abzusehen. Sie mussten sich, je länger sie bei ihm waren, desto häufiger fragen: War alles umsonst? Wird er seine Streitlust überleben? Und wenn nicht, was wird dann aus uns? Könnte er nicht doch etwas vorsichtiger sein?

Wer sich mit den Obrigkeiten in Kirche und Staat anlegt, muss immer mit dem Schlimmsten rechnen. Es ist gut vorstellbar, dass seine Schüler ihn gebeten hatten, doch bitte etwas vorsichtiger zu sein, die Obrigkeiten nicht noch mehr zu reizen. Doch Jesus hatte seinen Auftrag, und den wollte er durchführen – um jeden Preis. Dieser Mann brannte für seine Ideen und für seine Botschaft. Er hat heftig gestritten und am Schluss dafür gelitten.

Eines Tages hatte er seinen Aposteln angekündigt, wieder nach Judäa zu gehen. Ihre ängstliche, aber verständliche Reaktion: »Rabbi, eben noch wollten dich die Juden steinigen, und du gehst wieder dorthin?« (Joh 11,8) Doch Jesus wollte keinem Streitgespräch ausweichen. Ach, wenn doch die Kirchen in ihrer Angepasstheit an die weltliche Obrigkeit etwas von dieser Streitlust Jesu gelernt hätten! Sie wären wesentlich glaubwürdiger. Aber die kirchlichen Obrigkeiten sind spätestens seit dem 4. nachchristlichen Jahrhundert eher das Schmieröl der herrschenden Verhältnisse gewesen als das, was Jesus seinen Nachfolgern empfohlen hat: Führt Streitgespräche, aber passt euch nicht an!

Die Apostelgeschichte zeigt, dass seine unmittelbaren Nachfolger diese Aufforderung noch verstanden und befolgt haben. Doch später

– zumindest seit Kaiser Konstantin und bis heute – war den Kirchenvertretern ein harmonisches Verhältnis zu den politischen Obrigkeiten meist wichtiger als die Bitten ihres Meisters. Man schaue sich nur die todtraurige Geschichte der beiden großen Kirchen während des Nationalsozialismus an. In einem Konzentrationslager der Nazis haben Vikare der nordelbischen evangelischen Kirche 1933 die Wachmannschaft gestellt. Es gab innerhalb der evangelischen Kirche im »Dritten Reich« die nationalsozialistische Gruppe »SA Jesu Christi«.

Die wirklichen Jesus-Freunde innerhalb der Kirchen waren leider die Ausnahme. Die offizielle Haltung der christlichen Kirchen gegenüber Krieg und Massenmord an den Juden war schlicht schändlich. Selbst in einer halbwegs freien Gesellschaft wie in der Bundesrepublik der Achtzigerjahre waren die Kirchen nur halbherzig auf der Seite der Friedensbewegung und nicht eindeutig gegen den verantwortungslosen Wahnsinn des atomaren Wettrüstens. Eine rühmliche Ausnahme spielte die evangelische Kirche am Ende der DDR-Zeit. Sie bot der Bürgerrechtsbewegung innerhalb der Kirche Schutz und Hilfe. Das war im Geiste Jesu und seiner Streitgespräch-Position.

Die gelassene Sicherheit, mit der Jesus seinen Freunden den Sinn seiner Streitgespräche erklärte, und diese geradezu suchte, zeigt, dass er sich der Konsequenzen seines Tuns bewusst war. Und diese seine Sicherheit, Eindeutigkeit und Klarheit im Umgang mit seinen Gegnern brachte diese immer mehr gegen ihn auf. Günther Schwarz: »Er tat, was er tun sollte und tun wollte; auch dann, wenn er sich dadurch in Gefahr brachte« (Joh 10,39 RÜ).

25. Was will Jesus?

»Ich kam auf die Erde,
um eine Fackel anzuzünden.
Und wie wünschte ich,
sie lodere schon.«
(Lk 12,49 RÜ)

Jesus spürte wohl, dass seine Botschaft auf großen Widerstand stößt. Deshalb dürfte er dieses Wort seinen vertrauten Schülern gesagt haben. Aber was soll es bedeuten?

Wie kam Jesus zu diesem Bild mit der Fackel? Der Jude Jesus kannte natürlich das Alte Testament. Dort finden wir bei Jesaja 62,1 dieses Bild: »Um Zions willen kann ich nicht schweigen und um Jerusalems willen nicht rasten, bis dass wie Lichtglanz sein Recht hervorbricht und sein Heil wie eine lodernde Fackel.«

Die lodernde Fackel ist hier identisch mit Heil. Und zwar zunächst für Jerusalem, dann für das ganze jüdische Volk und schließlich das Heil für die ganze Welt. Das passt zu Jesu Sendung. Er wollte also die Fackel des Heils anzünden, und er wünscht, dass diese Fackel so rasch wie möglich lodere. Seine Botschaft: Gott ist die Kraft, das Feuer, das unsere Liebe trägt. Seine Frohbotschaft ist so, wie es die französische Mystikerin Madeleine Delbrel beschrieben hat: »Das Licht des Evangeliums ist keine Erleuchtung, die uns äußerlich bleibt, sondern ein Feuer, das in uns eindringen möchte, um unser Inneres umzuschaffen. Wer ein einziges Wort des Herrn in sich einlässt und ihm erlaubt, sich in seinem Leben auszuwirken, weiß mehr vom Evangelium als einer, dessen ganze Anstrengung sich in abstrakter Betrachtung oder historischem Forschen erschöpft.« Jesus hat auch keine Professoren eingesetzt, sondern Nachfolger. Seine Zusage gilt: »Ich bin das Licht der Welt.« Das heißt: Ihr werdet nicht im Dunkeln tappen. Diese Botschaft gilt für alle Menschen, ob Ungläubige, Zweifelnde oder andere gute Christen.

In der Bibel werden oft Feuerbilder gebraucht. Im Thomas-Evangelium, in dem viele Jesus-Worte stehen, die nicht in die offiziellen Evangelien aufgenommen wurden, sagt Jesus: »Wer mir nah ist, ist dem Feuer nah!« (Spr 82). Und nach seinem Sterben heißt es von seinen Freunden in der Apostelgeschichte: »Sie sahen Feuer, wie zerrissen in einzelne Flammen, das fuhr über sie her! Und der Geist erfüllte sie alle« (Apg 2,3). Jesu Botschaft breitete und breitet sich aus wie Feuer. Jesus hatte seine Freunde aufgefordert: »Seid das Licht der Welt!« Nur wer selbst für eine Idee brennt, kann andere entzünden. Schon Moses begegnete 1000 Jahre vor Jesus dem Feuer im Dornbusch, wo er die Zehn Gebote erhielt.

Paulus schreibt im Epheser-Brief: »Ihr seid Finsternis gewesen, nun aber seid ihr ein Licht aus dem einen großen Licht, dem Christus. Lebt nun, wie Menschen leben, die aus dem Feuer sind« (Eph 5,8 RÜ).

In vielen Traumbildern heutiger Menschen tauchen Feuer und Fackel auf. Ein helles Feuer brennt im Traum, wenn jemand von einer neuen Idee entzündet ist. Wo Feuer ist, da geschieht etwas, da ist Leben. Umgekehrt: die Trostlosigkeit der Träume, in denen nur Nacht und Finsternis herrscht. Feuerträume sind immer große Träume. Mit dem Feuer der Leidenschaft ist nicht zu spaßen. Die Fackel der Leidenschaft ist immer Ideen-Ergriffenheit, inneres Erleben, seelische Energie. Das größte und leuchtendste Energiesymbol im Traum ist die Sonne.

Ich gehe davon aus, dass diese Fackel, die der Mann aus Nazareth entzündet hat, auch im dritten Jahrtausend nichts von seiner Faszination verlieren wird.

Jörg Zink meint: »Der Geist, das ist das Feuer aus Gott.« 50 Tage nach Ostern, am Pfingstfest, als die Apostel noch verängstigt in einem kleinen Saal in Jerusalem hinter verschlossenen Türen sich von der Schockstarre erholen, die Jesu Kreuzigung für sie ausgelöst hatte, da brach ein Sturm los, sie sahen Flammen über sich, und – so die Apostelgeschichte – der Geist Gottes erfüllte sie, und sie stammelten Worte, die dieser Geist ihnen eingab (Apg 1,2). Jetzt begann Jesu Lebensgeschichte zu wirken – symbolisch wie sich ausbreitendes Feuer. Die Angst war bei seinen Jüngern wie weggeblasen. Jesu Geist redet weiter durch sie, und er wird sich auch in Zukunft weiter verbreiten. Gewöhnliche Menschen – Fischer, Handwerker, Bauern – werden seine Zeugen. Bis heute. Aus jedem Feuer schlagen Funken. Vor allem aus den Worten in Jesu Muttersprache. Jesu Auftrag an uns heißt: Gebt die Fackel weiter! Seid Feuer, nicht Asche. In diesem Geist möge sich auch der »aramäische« Jesus verbreiten.

26. Er wollte kein politischer Messias sein

»Was würde es mir nützen,
jedermann zu gewinnen
und dadurch meinem Selbst zu schaden?«
(Mt 16,26/Mk 8,36/Lk 9,25 RÜ)

Fast seine gesamte Umgebung erwartete von Jesus, dass er ein politischer Messias werde. Seine Zeit schien reif für die Befreiung Israels vom brutalen Joch der römischen Besatzung. Aber hätte er dafür Dämonen austreiben und heilen müssen? Hätte er sich dafür gefangen nehmen und ans Kreuz schlagen lassen müssen? Politisch gesehen ist Jesus brutal und total gescheitert. Hätte er politisch wirken wollen, im Sinn der Erwartungen seiner meisten Anhänger, dann hätte er kluge Reden halten und das gesamte jüdische Volk für sich einnehmen müssen.

Aber daran dachte er nicht. Offensichtlich war Jesus davon überzeugt, dass er dann nicht seinem Auftrag entsprechend handeln würde und seinem Selbst, seiner inneren Bestimmung, dem Auftrag seines Vaters, schaden würde. In der Apostelgeschichte kurz vor seinem Abschied fragen ihn seine Jünger: »Herr, stellst du in dieser Zeit das Reich für Israel wieder her? Er sagte zu ihnen: Euch steht es nicht zu, Zeiten und Fristen zu erfahren, die der Vater in seiner Macht festgesetzt hat. Aber ihr werdet die Kraft des Heiligen Geistes empfangen, der auf euch herabkommen wird; und ihr werdet meine Zeugen sein in Jerusalem und in ganz Galiläa und Samarien und bis an die Grenzen der Erde« (Apg 1,6-8).

So schroff konnte Jesus sein, wenn seine Freunde ihm falsche Ziele unterstellten. Die obigen drei Zeilen, das 26. Jesus-Wort, das wir in seiner aramäischen Muttersprache hinterfragen, enthalten den Kern seines Selbstverständnisses. Seinen wirklichen Auftrag begründete er so: »Mein Königtum ist nicht von dieser Welt. Denn wenn mein Königtum von dieser Welt wäre, dann hätten meine Diener gekämpft, dass ich dir nicht ausgeliefert würde« (Joh 18,36). So sprach Jesus bei seinem Verhör zu Pilatus, der ihn gefragt hatte: »Bist du der König der Juden?« (Joh 18,33). Wenn also Jesus deutlich sagt: »Mein Königtum ist nicht von dieser Welt«, dann kann er nur meinen, dass er einen Auftrag von Gott, von der jenseitig-geistigen Welt, hat. Pilatus fragte nach: »Bist du also doch ein König?« Darauf Jesus: »Ich kam dazu auf die Erde, um für die Wahrheit Zeugnis abzulegen. Jeder, der aus der Wahrheit lebt – er gehorcht meiner Stimme« (Joh 18,37 RÜ). Er wollte Menschen von ihrer Gottferne zurückführen zur Gottnähe und aus spiritueller Unkenntnis zur Erkenntnis. Es ging ihm nicht um die irdische Welt, sondern um die Himmelsherrschaft. Um die Himmelsherrschaft für alle! Bis an die Grenzen der Erde!

27. Jesu Vollmacht – nicht Allmacht

»Amen, Amen! – Ich sage euch:
Abba gab mir die Vollmacht
in den Himmeln und auf der Erde –
damit ich ins Licht zurückführe,
die im Finstern sind,
damit ich in die Wahrheit zurückführe,
die im Irrtum sind,
damit ich ins Licht zurückführe,
die im Tod sind.«
(Mt 28,16-20 RÜ)

Aus dieser »Vollmacht«, die Jesus hier begründet, machen die Evangelien-Schreiber später in der griechischen Fassung eine »Allmacht«: »Mir ist alle Macht gegeben im Himmel und auf der Erde« (Mt 28,18). Danach hätte Jesus sich selbst als allmächtig beschrieben. Welch ein verhängnisvoller Irrtum derer, die glaubten, ihn ständig verbessern zu müssen. Die Allmacht, oder besser: das Allwissen, steht für ihn nur Abba allein zu. Günther Schwarz: »Der Unterschied zwischen den beiden Texten ist so gewaltig, dass man den des Matthäus eine Fälschung nennen muss.«

Die Kirchen verschleiern den wirklichen Jesus und seinen wahren Gott. Sie sind Jesus-Fälscher und »Gottesfälscher« (Peter Rosien). Jesu wirklichen Auftrag beschreibt das Johannes-Evangelium so: Er sei nicht gekommen, um zu »richten«, sondern um zu »retten«. Und als Retter erzählt er auch von seinem »Abba«. Gottes »Gericht« will uns nicht hinrichten, sondern aufrichten zur Wahrheit und Wahrhaftigkeit in Güte, die versteht. Eine solche Religion würde nach Eugen Drewermann zur »Seelenheilkunde gelebter Menschlichkeit«.

28. Jesus und die Wahrheit

»Wenn ihr bei meinen Worten beharren würdet,
so würdet ihr wahrhaftig meine Schüler;
und ihr würdet die Wahrheit erkennen,
und die Wahrheit würde euch frei machen.«
(Joh 8, 31-32 RÜ)

Das ist wohl eines der wichtigsten Jesus-Worte an seine Schüler. Hier hat Jesus zusammengefasst, was er unter Nachfolge versteht.

Erstens: Wahrheit erkennen, und zweitens: Wahrheit tun! Das ist bis heute nicht leicht. Schon die Erkenntnis ist schwierig, wenn nicht einmal die Texte stimmen, so wie sie uns vorliegen. Das Verstehen der Worte ist nur dann möglich, wenn sie so nahe wie irgend möglich an die ursprünglichen Worte herankommen. Noch einmal Günther Schwarz mit einem Zitat, das ebenfalls deutlich macht, wie akribisch und verantwortungsvoll er über 40 Jahre lang in seinen zehn Büchern und 150 wissenschaftlichen Aufsätzen gearbeitet hat, um dem »aramäischen« Jesus so nahe wie möglich zu kommen. Wie können wir erfahren welche Wahrheit die Wahrheit Jesu ist? Schwarz: »Wie aber, wenn das dem Wort Wahrheit selbst zu entnehmen ist? Und zwar dem Wort PQX, dem hebräischen Wort für Wahrheit. Es besteht von rechts nach links gelesen aus einem X, Zahlenwert 1, Symbolwert ›Ursprung‹; aus einem Q, Zahlenwert 40,

Symbolwert ›Zeit‹ und aus einem P, Zahlenwert 400, Symbolwert ›Ewigkeit‹. In Zusammenhang des obigen Jesuswortes bedeutet ›die Wahrheit erkennen‹ demnach: den ›Ursprung‹ seines Daseins aus Gott zu erkennen, den Sinn seines Daseins in der ›Zeit‹ zu erkennen und das Ziel seines Daseins in der ›Ewigkeit‹ zu erkennen. Wer dies als Wahrheit erkannt hat, der ist frei geworden von jener geistigen Kurzsichtigkeit, die nur das wahrzunehmen gestattet, was durch die Sinne erfassbar ist. Übrigens: Dass Jesu Schüler sowohl das Wort PQX als auch dessen Zahlen- und Symbolwerte kannten, ist sicher.«

29. Kommt zu mir, ihr Leidenden!

»Kommt zu mir, ihr alle,
die ihr Geplagte und Leidende seid!
Ich werde euch Ruhe verschaffen.
Nehmt auf euch mein Joch
Und lernt von mir,
der ich sanftmütig bin
und herzlich demütig –
so dass ihr Ruhe findet für euer Selbst!
Denn mein Joch ist sanft,
und meine Last ist leicht.«
(Mt 11,28-30 RÜ)

Jesus war und ist ein großer Mutmacher. Unruhe macht alle Bemühungen um Leidende zunichte. Geplagten und Leidenden begegnete er überall in seiner Mitwelt. Er half, wo er konnte: Er hörte zu, er heilte und er sprach Mut und Trost zu.

Im Gegensatz zu den Kirchen, die ihren Schäfchen am liebsten Lasten auferlegen, spricht Jesus von einem sanften Joch: »Sodass ihr Ruhe findet für euer Selbst!«

Ein Joch war im Altertum eine Hilfe beim Tragen von Lasten: eine hölzerne Stange auf den Schultern, an dessen beiden Enden die Lastenträger ihre Lasten anbanden, um sie erträglicher zu machen. Mit diesem Bild zielte Jesus wohl auf das Doppelgebot der Nächsten- und Gottesliebe. Dieses Gebot ist im Geiste Jesu ein Angebot, das es uns erleichtern soll, die Lasten des Lebens zu ertragen. In diesem Wort ist Jesu ganze Botschaft enthalten: Ein guter Gott meint es gut mit uns.

Diesen guten Gott hatte Jesus bei seiner Taufe erfahren: »Du bist mein Sohn, mein Geliebter.« Hier hat Jesus selbst erlebt, was ein »sanftes Joch« ist: Er hat danach keiner weltlichen Autorität, keinem Gesetzeslehrer, keinem Politiker, keinem Theologen, sondern nur noch seiner inneren Stimme, seinem Vater, seinem Gewissen vertraut.

Seine Taufe ist die Quelle unseres Jesus-Verständnisses und seines Gottes-Verständnisses. Beim Auftauchen aus dem Wasser spürte Jesus, wie der Geist Gottes, der Atem Gottes, sich in ihn hineinsenkte. Er hatte den Gott der Liebe und den Gott des Erbarmens »gesehen« und »gehört«. Eine neue Zeit war angebrochen. Die große neue Zeit des Gottvertrauens. Danach trennte sich Jesus von Johannes und ging seinen eigenen Weg. Sein großes Anliegen war, von nun an so von Gott zu sprechen, dass es heilend wirkt und nicht mehr verängstigend. Und genau so zeigte er Wege zur Menschlichkeit – und damit Wege zu Gott.

Nach seinem Tauferlebnis ist er nicht mehr derselbe. Jetzt lehrt er mit »Vollmacht«. Und geht konsequent seinen Weg – bis zum Kreuz und bis zur Verklärung danach. Durch die Liebeserklärung Gottes ist Jesus ein neuer Mensch geworden. Gott ist nun kein strenger Patriarch mehr und kein weit entferntes, unpersönliches »Es«, sondern »unser Vater«. Diese Kenntnis und das daraus fließende Urvertrauen ändern jedes Leben von Grund auf. Urvertrauen bewirkt Selbstbewusstsein. Bewusstsein für unser Selbst. Nur Menschen mit Urvertrauen werden lernen, selbstbewusst »Ich bin« zu sagen und ihr »Selbst«, sich selbst, zu finden. Nur Selbstbewusstsein führt zu Gelassenheit und Achtsamkeit. Meinen Freund, den Dalai Lama, habe ich mal gefragt, warum er trotz riesiger Probleme in Tibet so gelassen und so heiter sei und ihn gar nichts aus der Ruhe bringen könne. Seine Antwort: »Ich rege mich schon deshalb nicht auf, weil ich mich anschließend wieder abregen müsste. Und das ist mir einfach zu anstrengend.«

Für die jetzt notwendigen Veränderungen wird nach meinen persönlichen Umkehrerfahrungen ein rein rationaler Bewusstseinswandel nicht ausreichen. Erst durch meine eigene Therapiearbeit wurde mir bewusst, wie wichtig tiefenpsychologische, ja mystisch-religiöse Erfahrungen sind. Nur die Arbeit mit und an unserer Seele ermöglicht das Erwachen aus unserem religiösen Halbschlaf und macht hellwache Achtsamkeit möglich. Und erst dann wird der christlich-jüdische Anthropozentrismus überwunden werden können.

Auf dem Höhepunkt einer beruflichen Krise gehe ich 14 Tage in ein buddhistisches Kloster im Himalaya und höre im Traum eine Stimme, die mir sagt: »Ich nehme Anteil an deinem Problem.« Ich habe diese Stimme als Stimme Gottes empfunden. Solches Erleben stärkt mein Urvertrauen und führt zu Selbstvertrauen. Vertrauen in die eigene Kraft. Träume vermitteln viel seelische Kraft. Sie bieten eine große Chance für mehr Achtsamkeit in unserem Leben. Ich habe allerdings auch schmerzhaft lernen müssen, dass es ohne selbstkritische Schattenarbeit kein persönliches und spirituelles Wachstum geben kann. Mit Schattenarbeit meint C. G. Jung das Durcharbeiten dessen, was wir verdrängt, verleugnet und abgespalten haben. Ohne diese Schattenarbeit setzen wir uns kaum mit den problematischen Anteilen unserer eigenen Persönlichkeitsstruktur auseinander. Doch mit dem Aufspüren unseres Schattens leisten wir einen zentralen Beitrag zum körperlichen, seelischen und geistigen Wohlergehen unseres Selbst und damit auch der Gesellschaft.

Jesus wünscht, dass wir »Ruhe finden für unser Selbst«. Ein sehr zeitgemäßer Wunsch in unserer hektischen, stressorientierten Zeit. Beim Pilgern in Norwegen ist mir die Aktualität dieses Jesus-Wunsches neu ins Bewusstsein gekommen. Schon am zweiten Pilgertag lerne ich, anders mit der Zeit umzugehen. Die Uhr bleibt im Rucksack. Ich verliere zuerst die Uhr aus dem Auge und dann auch aus dem Sinn.

Albert Einstein hat gesagt: »Die Zeit ist das, was die Uhr anzeigt.« Aber ich lerne jetzt beim Pilgern auf dem norwegischen Olavsweg, dass die Zeit etwas ganz anderes ist als die Uhr. Ein Blick nach oben zeigt uns die Zeit. Beim Projekt »Stuttgart 21« investiert die Deutsche Bahn zehn Milliarden Euro, um einige Minuten Zeit auf der ICE-Strecke Stuttgart-München zu gewinnen oder einzusparen. Eine teure Einsparung. Zugleich nämlich lässt die Bahn Tausende Provinzbahnhöfe in einem beschämenden und verwahrlosten Zustand vergammeln, weil angeblich kein Geld da ist. Viele deutsche Bahnhöfe sind das schmutzigste Gebäude am ganzen Ort. Ich weiß, wovon ich rede, denn ich sitze etwa 100 Tage im Jahr im Zug und stehe an Bahnhöfen. Bahnhöfe sollten einladend sein, wenn die Leute vom Auto auf den Zug umsteigen sollen – was Politiker aller Parteien seit Jahrzehnten fordern, aber nicht umsetzen, obwohl es ihre Pflicht gegenüber dem Allgemeinwohl wäre. Wir machen viel falsch, weil wir uns zu wenig Ruhe und zu wenig Zeit zum Nachdenken gönnen.

Schon Goethe hat uns vor dem Zeitsparen gewarnt: »Wir wollen alle Tage sparen und brauchen alle Tage mehr.« Als der Meister mit der Pferdekutsche nach Italien pilgerte, nahm er sich viele Monate Zeit. Weihnachten gilt in Deutschland als die »besinnlichste Zeit des Jahres«. Aber seltsamerweise sind von Mitte bis Ende Dezember jedes Jahr die meisten Deutschen sehr gestresst. Zeit ist keine Minuten- oder gar Sekunden-Schinderei wie beim Leistungssport, sondern das Kostbarste, was wir haben. Zeit ist einfach Zeit. Entscheidend, so denke ich beim Pilgern, ist wohl das, was wir aus unserer Zeit, die uns geschenkt ist, machen. Jede und jeder hat jeden Tag 24 Stunden Zeit. Vor Gott und vor der Zeit sind wir alle gleich. Die Zeit ist eine sehr demokratische Einrichtung. »Ich habe keine Zeit«, ist deshalb eine der meist gebrauchten, aber lächerlichen Ausreden – speziell unserer Zeit.

30. Jesus und das Gewissen

»Jedem, der reden wird gegen mich –
ihm kann Gott vergeben lassen.
Jedem, der reden wird gegen sein Gewissen –
ihm kann Gott nicht vergeben lassen.
Jeden, der Gott vertrauen wird –
ihn kann er wiederbeleben lassen.
Jeden, der Gott nicht vertrauen wird –
ihn kann er nicht wiederbeleben lassen.«
(Mt 12,32 RÜ/Lk 12,10 RÜ/Mk 16,16 RÜ)

In allen drei genannten Stellen der offiziellen Einheitsübersetzung des Neuen Testaments kommt das Wort Gewissen nicht vor. Schlimmer noch: Dieses zentrale Jesus-Wort ist in keinem der vier Evangelien in der griechischen Übersetzung zu finden. Eine brutalere Fälschung der Jesus-Gesinnung ist kaum denkbar. Die Übersetzer müssen vor diesem Jesus-Gewissen eine Höllenangst gehabt haben. Doch das gesamte Jesus-Programm ist durchdrungen von Vergebung, Vertrauen, Wiedergeburt und Gewissen. Zweifellos: Die entscheidende moralische Instanz für jeden Menschen ist bei Jesus das Gewissen – nicht Gesetze und nicht Gebote und auch nicht politische, berufliche oder kirchliche Obrigkeiten.

Im Herbst 1414 reiste der böhmische Prediger Jan Hus zum Konzil nach Konstanz. Er war der Ketzerei angeklagt, weil er den kirchlichen Obrigkeiten in einer Zeit von gleich drei Päpsten vorgeworfen hatte, dass es ihnen nur noch um Geld und Macht gehe. Das Amt des Papstes war zur Farce verkommen. Hus hatte die von Papst, Kardinälen und Bischöfen geführte Kirche als hierarchische Institution abgelehnt. Die Kleriker seien allesamt Spielbälle der europäischen Monarchen. Nach seinem Verständnis sollte die Kirche eine solidarische Gemeinschaft wie die Urkirche sein. Jeder Christ, so hatte es Hus formuliert, sollte seinem Gewissen verpflichtet sein und habe ein Widerstandsrecht. Ein Befehl, der nicht dem »Gesetz Christi« entspreche, dürfe nicht ausgeführt werden. Über so etwas

Unerhörtes waren jedoch Könige, Kaiser und Päpste gleichermaßen alarmiert.

Der römische Papst sammelte damals Geld für einen Kreuzzug gegen Neapel. Hus aber verkündete, man dürfe dem Papst kein Geld geben, um Christen abzuschlachten. Zu Beginn des Konzils hatte der teilnehmende deutsche König Sigismund noch seine schützende Hand über Hus gehalten. Und Papst Johannes XXIII. verkündete, Hus werde nichts passieren. Sie ließen ihn jedoch schon drei Wochen nach Beginn des Konzils fallen, als sich die Mehrheit gegen Hus' Lehre aussprach. König Sigismund wollte Kaiser werden und Johannes XXIII. alleiniger Papst. Ihrer Karriere wegen war beiden die Mehrheit wichtiger als die Wahrheit. Hus wurde verurteilt und verbrannt. Seine Asche wurde in den Rhein gestreut.

Hus hatte die erkannte Wahrheit und das von Gott erleuchtete Gewissen über die kirchliche Lehre und über die päpstliche Autorität gestellt. Er steht für den Aufstand des Gewissens gegen die Macht.

Er wolle vor Gott nicht als Lügner dastehen, ruft er am 6. Juli 1415 im Münster zu Konstanz aus. Als ihm die Flammen seines Scheiterhaufens entgegenschlagen, stirbt er mit einem Jesus-Lied auf den Lippen. Hus war seinem Gewissen gefolgt. Es war ihm zugesagt, dass ihm nichts passieren würde. Ein Freund hatte ihn gewarnt: »Du wirst nicht zurückkehren.« Der Freund wusste, dass Hus seinem Gewissen folgen wird. Hus' Lehre war radikaler als die von Luther 100 Jahre später. Als er tot war, wurden seine Gedanken erst richtig lebendig. Aber die Grausamkeit von Konstanz vor 600 Jahren gebar viele Tausend neue Grausamkeiten im Namen Gottes. Dieser Justizmord war der Beginn der jahrhundertelangen Religionskriege in Europa.

31. Jesus: Ich bin wie eine sprudelnde Quelle

»Wenn jemand Durst hat –
er komme zu mir und trinke!
Wer trinken wird von dem Wasser,
das ich ihm geben werde –
er wird niemals mehr Durst haben.
Sondern dieses Wasser,
das ich ihm geben werde –
es wird ihm zu einer Quelle werden,
so dass das Wasser für immer sprudelt.«
(Joh 7,37 und 4,14 RÜ)

Jesus ist unterwegs von Judäa nach Galiläa und kommt dabei durch Samarien. Um die Mittagszeit ist er müde und setzt sich in dem Ort Sycha an einen Brunnen, der »Jakobsbrunnen« genannt wird. Da kommt eine samaritische, also nicht jüdische Frau, um Wasser zu schöpfen. Jesus bittet sie um Wasser. Sie fragt ihn überrascht: »Wie kannst du als Jude mich, eine Samariterin, um Wasser bitten?« Für Juden waren Samariter Ungläubige. Jesus nennt daraufhin das Wasser »eine Gabe Gottes«, und die Frau bittet ihn um Wasser. Was Jesus geantwortet hat, entnehmen wir dem Zitat oben.

Der zweifache Charakter des Wassers in seiner materiell-chemischen und in seiner geistig-spirituellen Dimension kommt hier sehr deutlich zum Ausdruck. Wasser gilt in allen Religionen als ein Gottesgeschenk. Gott wirkt durch das Wasser, mit dessen Hilfe er Leben erzeugt und Leben erhält. Wasser ist mehr als H_2O. Denen, die Jesus wirklich nachfolgen wollen, hat der Meister über die Jahrtausende zugerufen: »Wenn jemand Durst hat, er komme zu mir und trinke.« Jesus als Quelle aller Spiritualität. Er preist ein Wasser an, das den Durst für immer stillen soll. So ein Wasser gibt es doch gar nicht, hat die Frau zuerst gedacht. Doch was er dann sagt, klingt anders als die Sprüche der damaligen Wasserverkäufer, und das hat die Samariterin neugierig gemacht. In Jesu Worten zeigt sich eine tiefe Hochachtung vor dem Wasser.

Was bedeutet Wasser für uns? Neben guter Luft ist sauberes Wasser die Voraussetzung für unser Hiersein. Ohne Wasser kein Leben. Wasser ist elementar, eines der vier Elemente. Kein organisches Leben ist denkbar ohne Wasser. Wasser ist Lebensmittel, Mittel zum Leben. Wasser ist auch Ausdruck des Geistes. Deshalb erneuert sich der Mensch in der Taufe, symbolisch durch Taufwasser.

Wasser ist eine Meisterleistung der Natur und eine einzigartige Schöpferleistung unseres Planeten. Wasser ist Leben und Urgewalt und unser ständiger Begleiter – vom Mutterleib bis zur letzten Sekunde. Früher betrachteten Menschen aller Kulturen Wasser als etwas Besonderes, ja Heiliges. Das heißt: als etwas Heiles und Heilendes. Doch wir Heutigen werfen unsere Abfälle und unseren Überfluss achtlos in Bäche, Ströme und Seen. Allein die US-Bürger werfen jedes Jahr 40 Millionen Tonnen Giftmüll in das Lebensblut unserer Erde, in das Wasser.

In Deutschland leiten wir jeden Tag über 100 000 verschiedene Chemikalien ins Wasser. Unsere Ehrfurcht vor den Elementen ist verloren gegangen. Weltweit produzieren wir jedes Jahr 700 Milliarden Plastiktüten. Die Mehrzahl davon landet in den Meeren. Fische fressen sie als vermeintliches Futter und verenden elendig daran. Der Klima- und Ozeanforscher Mojib Latif: »Die Ozeane sterben.«

Nicht nur Jesus, viele Große in der Geschichte erinnern uns an einen achtsamen Umgang mit Wasser. »Wasser ist das Beste«, sagt der griechische Philosoph Pindar. Sein Landsmann Thales meinte: »Das Prinzip aller Dinge ist das Wasser; aus Wasser ist alles und ins Wasser kehrt alles zurück.« Franz von Assisi preist in seinem Sonnengesang »Schwester Wasser«. Pfarrer Kneipp brachte die Heilerfahrung seines ganzen Lebens auf die Formel »Aqua sanat – Wasser heilt«.

32. Der ökologische Jesus und das 21. Jahrhundert

»Ich spreche in Gleichnissen zu ihnen,
weil sie das, was sie (von ihren Schriftgelehrten) hören,
nicht verstehen.«
(Mt 13,13 RÜ)

Die Kirchenbeamten haben damals an ihren Schäfchen so vorbeigepredigt, wie es die meisten noch heute tun.

Deshalb hat Jesus seinen Schülern erklärt, warum er bei seinen Auftritten vor dem Volk so redet, wie er es tat: in Gleichnissen, Bildern und Geschichten. Seine Zuhörer bei öffentlichen Reden rund um den See Genezareth waren Handwerker, Hausfrauen, Hirten, Fischer und Bauern. Blumige Geschichten sind im Orient noch beliebter als im Westen. Er zeigte seinen Landsleuten, was aus ihnen selbst werden kann. Er zeigte ihnen eine Zukunft, auf die sie hoffen können, und ein Leben, das sich lohnt: Ihr könnt »Licht für die Welt« werden. Euer Ja sei ein Ja und euer Nein ein Nein. Alles, was ihr hier und jetzt tut, wird weiter wirken in der geistigen Welt. Habt keine Angst, ihr seid Geliebte Gottes! Wichtiger als die Verhältnisse zu ändern ist, dass ihr euch selbst ändert! Innerer Frieden ist Voraussetzung für den äußeren Frieden. Bisher habt ihr von den Kirchenbeamten gelernt, dass es wichtig ist, die Gesetze zu beachten. Ich aber sage euch, es ist wichtiger, dass ihr auf euer Herz und auf euer Gewissen achtet. Macht euch keine Sorgen um das Morgen, euer himmlischer Vater, der für jeden Spatz sorgt, sorgt erst recht für euch. Das Leben sorgt für euch. Vertraut dem liebenden Gott und nicht den autoritären Angstverwaltern in Kirche und Staat.

Ich sage euch nicht: Bleibt schön untertan eurer Obrigkeit, sondern ihr sollt Gott mehr gehorchen als den Menschen! Ihr gehört Gott allein! Und er gehört zu euch!

Wenn Mütter ihre Kinder zu ihm bringen und Männer sie wegscheuchen wollen, weil es Wichtigeres gibt als Kinder, dann weist Jesus die Männer zurecht und nicht die Mütter. »Nehmt Kinder als eure Vorbilder«, empfiehlt er den Erwachsenen: Wenn ihr nicht werdet, das heißt, nicht offen seid und wachst wie Kinder, dann habt ihr keine Chance, in die geistige Welt zu gelangen. Vertraut so auf Gottes Güte, wie ein Kind auf seinen Vater und seine Mutter vertraut.

Der Mann vom Dorf wandert mit seinen Anhängern oben in den Bergen und unten am See. Und er erzählt den Hirten die Geschichte vom guten Hirten, den Fischern die Geschichte vom reichen Fischfang und den Hausfrauen die Geschichte von der wiedergefundenen Drachme. Seht her – das kennt ihr doch alles! Er erzählt von Tieren und Pflanzen, die auch seine Zuhörer kennen. Oder von Abfall, Acker, Aas und Ähre, von Dornen und Disteln, von Essen, Erdbeben, Erde, Eseln, Engeln und vom ewigen Leben, von Gott und Gras, von Regen, Reben und vom Reifen, von Sonne, Sand und Sandkorn, von Seele und Segnen, vom Maulbeerbaum und Mücken, vom Vater und den Vögeln, vom Wachsen und Wandern, vom Wein und von den Weiden, von den Wolken, der Weisheit und vom Weizen, von Wundern und Wölfen, vom Wurm, von der Wurzel und von der Wüste. Dörfler verstehen diese Sprache sehr wohl – bis heute.

Das waren naturnahe Bilder, ökologische Geschichten und liebevolle Beschreibungen seines Vaters, die wir bis heute nicht vergessen können. Ich nenne Jesus auch deshalb ökologisch, weil er ein großer Naturpoet ist. In Jesu Leben und Lehre liegen die Wurzeln einer ökologischen Spiritualität, einer ökologischen Theologie und einer ökologischen Ethik, die uns noch retten und Hoffnung und Vertrauen vermitteln könnte im Angesicht der aktuellen ökologischen Krise. Die Natur ist die wahre Offenbarung seines schöpferischen Vaters.

Die US-amerikanische Theologin Pheme Perins schreibt über den ökologischen Jesus: »Die Naturgleichnisse Jesu sind keine romantische Poesie, sondern sollen uns zu einer Vision der Gegenwart Gottes erwecken, die auch in Situationen verlässlich ist, die sehr verlustreich erscheinen.« Der Theologe Matthew Fox fasst eine ökologische Theologie in diesem Satz zusammen: »Gott ist in allem und alles ist in Gott.« Panentheismus sagen dazu die Wissenschaftler. Der US-amerikanische Franziskanerpater Richard Rohr folgert: »Wenn Gott überall ist, dann ist er nirgends exklusiv.« Jesu Gottesbild ist keine abstrakte Theorie, sondern konkrete Lebensbeobachtung und sensible Gotteserfahrung, sie ist Vita-logie und Ökologie. Nach Jesus ist Fortschritt, was zum Besten allen Lebens dient.

Den Jesus, der hier unendliches Vertrauen in die gute Schöpfung seines guten Vaters hatte, den nenne ich den ökologischen Jesus. Und dieser ökologische Jesus könnte zur Leitfigur für ein 21. Jahrhundert im Zeichen der Umwelterhaltung (Bewahrung der Schöpfung) werden.

Man vergleiche diese damals allseits bekannten Bilder mit einer heutigen Sonntagspredigt und ihrem Bezug zu unserer Zeit. Jesus hat nicht ein einziges Semester Theologie studiert. Hätte er gelehrt, wie heutige Theologen lehren, wir hätten ihn längst vergessen. Mit den aufgezeigten Bildern aber erweist sich Jesus eher als Ökologe denn als Theologe. Der Nazarener zieht über zwei Jahre lang – zwischen dem Jahr 28 und 30 – als Geschichtenerzähler und Wanderprediger durch die Orte seiner Heimat in Obergaliläa und später mehrfach durch Peräa nach Jerusalem, am Jordan-Fluss entlang, durch Samaria. Er unternimmt viele Bootsfahrten auf dem See Genezareth von Kafarnaum aus, wo er sich als Handwerker wie die meisten seiner Berufskollegen ein Haus gebaut oder zumindest gekauft hatte. Er wandert nach Norden ins syrische Tyrus und nach Süden bis ans Tote Meer in Judäa und wieder von Kafarnaum nach Jerusalem. Lukas berichtet über diese Reisen: »Tagsüber lehrte Jesus auf dem Tempelhof. Abends verließ er Jerusalem (weil es für ihn dort zu gefährlich war), um in Betanien zu übernachten. Viele Menschen kamen schon frühmorgens zu ihm, um ihm zuzuhören« (Lk 21, 37-38). Auf seiner letzten großen Tour zieht es ihn bewusst nach Jerusalem, wo er sich nach den Berechnungen von Günther Schwarz am 7. April des Jahres 30 freiwillig kreuzigen lässt. Völlig realistisch betrachteten ihn seine Gegner als tödliche Gefahr. Sie wollten folgerichtig seinen Tod. Der erste Ostersonntag war demnach der 9. April im Jahr 30.

Und immer wieder – knapp zweieinhalb Jahre lang von Anfang 28 bis zum April des Jahres 30 – lehrt er in Gleichnissen, die er nach seinen öffentlichen Auftritten seinen Jüngern im Privatunterricht nochmals verdeutlicht und vertieft.

Zu seinen Schülern spricht Jesus eher in lehrhaften Worten, zum Volk eher in verständlichen Bildern, farbigen Geschichten und einprägsamen Gleichnissen.

Eines seiner schönsten Gleichnisse ist die Geschichte vom barmherzigen Samariter, mit dem er einen Schriftgelehrten bei einem Streitgespräch zum Schweigen bringt.

Da erzählt Jesus:

»Ein Mann, ein Reisender, ging hinab
von Jerusalem nach Jericho
und fiel Räubern in die Hände.
Sie beraubten ihn.
Sie zogen ihn aus.
Sie schlugen ihn.
Sie ließen ihn zurück
zwischen Sterben und Leben
und gingen weg von dort.
Zufällig kam ein Priester.
Er ging hinab auf dem Weg,
sah ihn und ging an ihm vorüber.
Ebenso auch ein Levit.
Er kam an jene Stelle,
sah ihn und ging vorüber.
Dann kam ein Samariter.
Er kam daher auf dem Weg,
sah ihn und erbarmte sich seiner.

Er näherte sich ihm.
Er gab ihm zu trinken.
Er verband seine Wunden.
Er setzte ihn auf seinen Esel,
brachte ihn in ein Rasthaus
und sorgte weiter für ihn.
Am Morgen des nächsten Tages
holte er zwei Denare hervor,
gab sie dem Rasthauswirt und sagte:
Sorge du nun für ihn!
Und was es dich mehr kostet,
bezahle ich, wenn ich zurückkomme.«
Da fragte Jesus den Schriftgelehrten:
»Was meinst du? –
Wer von den dreien
war dem ein Weggefährte,
der den Räubern in die Hände fiel?«
Er antwortete:
»Jener, der sich seiner erbarmte.«
Jesus erwiderte:
»Geh – Auch du!
Handle ebenso.«
(Lk 10,25-37 RÜ)

Wie ergreifend liest sich diese Geschichte der Weltliteratur, nachdem sie Günther Schwarz ins Aramäische und anschließend ins Deutsche rückübersetzt hat. Genauso hat Jesus gesprochen. Auf der ganzen Welt – über alle Religionsgrenzen hinweg – wird diese wundervolle Geschichte seit 2000 Jahren weitererzählt. Unter Hindus in Indien ist sie besonders weit verbreitet.

Gott also will aus allen Völkern *ein* Volk, *sein* Volk machen. Und aus allen Religionen *eine* Religion, *seine* Religion – und diese seine Religion heißt: Menschlichkeit.

Ähnlich dieses Gleichnis aus Matthäus 18,12-13 und Lukas 15, 1-7 RÜ:

»Als Steuerpächter zuhörten,
nörgelten einige Pharisäer:
Dieser! – Er gibt sich mit den Sündern ab!
Und er isst mit ihnen!
Da erzählte Jesus:
Welcher Mann unter euch,
der hundert Schafe hat
und eines von ihnen verliert,
wird nicht die neunundneunzig zurücklassen
und hingehen und das verlorene suchen,
bis er es gefunden hat?!
Und wenn er es gefunden hat –
wird er nicht seinen Freunden zurufen
und sagen: Freut euch mit mir!
Ich habe mein verlorenes Schaf wiedergefunden?!
Ich! – Ich sage euch:
Ebenso wird Gott sich freuen,
über einen Sünder, der bereut hat,
mehr als über neunundneunzig Gerechte,
die keine Reue nötig haben.«

Eindrücklich auch dieses Gleichnis (Lk 15,8-10 RÜ):

»Und welche Frau unter euch,
die zehn Drachmen hat
und eine von ihnen verliert,
wird nicht eine Lampe anzünden
und das Haus fegen und suchen,
bis sie sie gefunden hat?!
Und wenn sie sie gefunden hat –
wird sie nicht ihren Freundinnen zurufen
und sagen: Freut euch mit mir!
Ich habe meine verlorene Drachme wiedergefunden?!
Ich! – Ich sage euch:
Ebenso wird Gott sich freuen

über eine Sünderin, die bereut hat,
mehr als über neun Gerechte, die keine Reue nötig haben.«

Alltagsgeschichten! Das sind die Gleichnisse Jesu – jede und jeder kann sie verstehen. Geschichten für die einfachen Leute, keine komplizierte Theologie. Gott freut sich über uns Sünder wie die Frau über die wiedergefundene Drachme (Lk 15,8-10 RÜ), wie ein Vater über seinen zurückgekehrten Sohn (Lk 15,11-24 RÜ) oder wie ein Hirte über ein wiedergefundenes Schaf (Mt 18,12-13 RÜ).

Auch wenn wir Gott nicht suchen, er sucht immer uns. Die uralte Strafgerechtigkeit ist bei Jesus und seinen Geschichten schlicht abgeschafft. Leider steht auch Paulus, der Jesus nicht persönlich kannte, noch zum Teil im Bann des alten Straf-und Richtergottes. Gott aber, so lehrt uns Jesus in seinen Gleichnissen, ist wie ein guter Hirte, der sein verlorenes Schaf sucht, oder wie eine Frau, die Geld verloren hat – ein uns Suchender. Gott ist ausschließlich gut: ein bedingungslos Liebender. Er ist immer auf unserer Seite. Nicht die Macht, sondern die Liebe ist sein großes Programm und seine Leidenschaft. Deshalb kann uns der Mystiker des 14. Jahrhunderts, Meister Eckhart, ganz unbefangen empfehlen: »Schmiege dich ganz an ihn« oder »Seht, so liebkost Gott uns«. Und: »Gott ist im Grunde der Seele anwesend, mit seiner ganzen Gottheit.« Das heißt aber: Der physische Tod ist nicht das Ende und hat nicht das letzte Wort.

33. Erkenne dich selbst!

»Jemand, der mir folgen will –
er muss sein Selbst erkennen und mein Joch tragen.«
(Mt 16,24/Mk 8,34/Lk 9,23 RÜ)

Aber in der Einheitsübersetzung liest sich dieses Jesus-Wort so: »Wer mein Jünger sein will, der verleugne sich selbst, nehme sein Kreuz auf sich und folge mir nach.«

Selbsterkenntnis oder Selbstverleugnung? Was hat Jesus wohl empfohlen? In den Kirchen wird Selbstverleugnung gelehrt. Günther Schwarz dazu: »Schamrot könnte man darüber werden, dass man Jesus das in den Mund legt.« Wissen Sie, was Selbstverleugnung heißt? Nichts anderes als Gottverleugnung. Und so einen Unsinn soll Jesus gelehrt haben? Gott wollte uns genauso, wie wir sind. Warum sollten wir das verleugnen? Warum sollten wir suchen und bitten, wenn es nicht um Selbsterkenntnis ginge? Wenn wir mal so weit gekommen sind, dass wir an der Himmelstür »anklopfen« können, dann haben wir den Weg der Selbsterkenntnis hinter uns. Und hat Jesus nicht zuvor gesagt: Wer beharrlich anklopft, den kann Gott einlassen?

Die Einlassbedingung ist freilich nicht ein Sakrament wie die Taufe, sondern der Weg, den wir bis zum Ziel gehen. Und diesen Weg hat uns Jesus gezeigt: »Ich bin der Weg, die Wahrheit und das Leben.« Und was ist das Joch, das uns Jesus empfiehlt? Nichts anderes als sein doppeltes Liebesgebot. »Ein sanftes Joch!«

Was haben die Kirchen nicht alles aus diesem Wegweiser Jesus gemacht! Sie haben ihn verkitscht und verkirchlicht, vergöttlicht und verdrängt. Und sie haben ein hilfloses Kind auf den Schoß einer Himmelskönigin gesetzt. In vielen kirchlichen Texten wird Maria sogar »Braut Christi« genannt. Eine Mutter soll nicht nur »Jungfrau« sein, sondern auch noch die »Braut« ihres eigenen Sohnes.

Ihre Macht ist Kirchen oft wichtiger als Jesu eigentliche Botschaft. Das war damals so, und das ist heute so. Was würde Jesus dazu sagen, wenn er den heutigen Zustand und die Verkitschung, Verharmlosung und Verfälschung seiner Lehre kommentieren könnte?

Die Antwort auf diese Frage ist relativ einfach. Man muss sich nur genau anschauen, was Jesus vor 2000 Jahren den Theologen und Kirchenfrommen seiner Zeit, den Gesetzeslehrern und Pharisäern, entgegenschleuderte. Er geriet über ihre Selbstherrlichkeit und Selbstgerechtigkeit in Rage und hielt zornige Reden gegen sie – nachzulesen in Matthäus 23,1ff. RÜ. Diese Zornesreden gehören ganz wesentlich zu seinem männlichen Selbst, und sie sind starker Tobak für zartfromme Seelen:

»Wehe euch, ihr Pharisäer,
die ihr umherzieht über Land und Meer,
um Proselyten zu machen!
Denn ihr macht sie doppelt so schlimm,
wie ihr seid.
Wehe euch, ihr Pharisäer,
die ihr den Zehnten gebt in Rossminze
und Dill und Kreuzkrümmel!
Denn das Schwerwiegendere der Thora übergeht ihr:
das Recht und das Erbarmen.
Wehe euch, ihr Pharisäer,
die ihr von außen reinigt
den Becher und die Schüssel!
Denn von innen sind sie voll
von Schmutz und Rost.
Wehe euch, ihr Pharisäer,
die ihr von außen erscheint
als Gerechte!
Denn von innen seid ihr voller Ungerechtigkeit.
Wehe euch, ihr Pharisäer,
die ihr gekalkten Gräbern gleicht, die von außen leuchten!
Denn von innen sind sie voll
von Totengebeinen.
Wehe euch, ihr Schriftgelehrten,
die ihr die Menschen belastet
mit schweren Lasten!
Denn ihr! – Ihr rührt sie nicht an
Mit einem eurer Finger.
Wehe euch, ihr Schriftgelehrten,
die ihr verbergt den Schlüssel der Erkenntnis
des Königtums Gottes!
Denn ihr! – Ihr geht weder hinein,
noch lasst ihr hinein.
Ihr unwissenden Führer,
die ihr Mücken herausfiltert
und Kamele hinunterschluckt.

Ihr durchforscht die Schriften, weil ihr hofft,
dass ihr in die Gottnähe eingelassen werdet durch sie.
Aber zu mir kommen wollt ihr nicht,
dass ihr in die Gottnähe eingelassen werdet durch mich.
Wenn ich die Wahrheit sage,
warum vertraut ihr mir nicht?«

Und seinen Anhängern empfahl Jesus schließlich:

»Hütet euch vor Schriftgelehrten,
die in Prachtgewändern daherkommen
und den Beischlaf vollziehen mit Witwen
und zum Schein lange beten!«

Über Scheinheiligkeit und Heuchelei und über Veräußerlichung von Religion konnte Jesus unglaublich zornig werden. Für *diesen* Zorn Jesu haben sich Theologen, Bibelforscher und Kirchenvertreter immer wieder entschuldigt. Hanna Wolff schreibt über die Wehe-Rufe und Urteile Jesu über die Schriftgelehrten und Pharisäer in ihrem Buch »Jesus der Mann. Die Gestalt Jesu in tiefenpsychologischer Sicht«: »Zornige Reden sind es in der Tat. Dem Zorn kommt durchaus eine hohe ethische Qualität zu, im Gegensatz etwa zur Wut, die ein Ausbruch unkontrollierter Affekte ist ... Es sind männliche, mutige Reden von hohem ethischen Standard, die Bewunderung abnötigen, aber keiner Entschuldigung bedürfen.«

Wenn Jesus von seinen Nachfolgern Selbsterkenntnis fordert, dann gehören dazu Klarheit und Wahrheit über sein eigenes Selbst. Deshalb auch der Versuch, mit diesem Buch Jesu Muttersprache und Jesu Geisteswelt möglichst nahe zu kommen.

Jesu Umfeld war geprägt von einer kollektiven und individuellen Schatten-Welt. Unter dem tiefenpsychologischen Terminus »Schatten« versteht Hanna Wolff »alles Nichtgelebte, Versunkene, Vergessene, Niedergehaltene, Verdrängte, kurz die andere Seite seiner selbst«. Um die Auflösung dieser Schattenwelt ging es Jesus mit seiner Aufforderung zur Selbsterkenntnis ganz wesentlich.

Dasselbe meint das bekannte deutsche Sprichwort, wonach Selbsterkenntnis »der erste Weg zur Besserung« ist.

Im Thomas-Evangelium sagt Jesus: »Wenn ihr euer Selbst erkennt, so seid ihr reich. Wenn ihr euer Selbst nicht erkennt, so seid ihr arm« (Th 3 RÜ), und Matthäus lässt ihn zu seinen theologischen Gegnern sagen: »Wenn ihr erkannt hättet, was das bedeutet: Güte will ich und nicht Opfer! – so hättet ihr die Schuldlosen nicht verurteilt« (Mt 12,7 RÜ).

Der Gesetzeseifer der Frommen aller Zeiten übertönt jede Selbsterkenntnis. Man lebt in einer vordergründigen Selbstvergewisserung, so wie jener Pharisäer zu Jesu Zeiten, der in den Tempel ging und sich in die erste Reihe stellte, um zu beten: »Herr, ich danke dir, dass ich nicht so bin wie die Anderen, die Sünder.« So wird seit ewigen Zeiten die eigene Fehlbarkeit immer und grundsätzlich zum Problem der Anderen gemacht, durch Projektion. Pharisäer verkörpern zu aller Zeit die Musterfrommen. Sie verstecken sich bis heute hinter ihrer Gesetzesfrömmigkeit.

Die gesamte Menschheitsgeschichte lehrt, dass nichts mehr belastet als der kollektive Schatten. Und ihn musste und wollte Jesus durchbrechen. Das war sein Auftrag, das war seine Botschaft, das war sein Programm. Und dabei war er vorbildlich konsequent.

Und noch eines: Wenn Fliegen mit Kamelen in Wettstreit treten und Dill und Rossminze als Steuerabgabe ironisiert werden, dann ist Humor im Spiel, bei allem Zorn. Etwas von diesem Jesus-Humor wünscht man sich manchmal auch seinem heutigen Bodenpersonal. Wohl nicht zuletzt wegen dieses Humors hat Dorothee Sölle geschrieben: »Ich halte Jesus von Nazareth für den glücklichsten Menschen, der je gelebt hat.« Ob Jesu Gegner über seinen Humor lachen konnten? Es hätte eine Befreiung sein können. Doch sie wollten ihn lieber beseitigen.

Jesus schlug also vor, was schon Jahrhunderte zuvor am Tempel zu Delphi vorgeschlagen wurde: »Erkenne dich selbst.« Zur Selbsterkenntnis gehört wesentlich die Arbeit am Unbewussten. Die Bedeutung des Unbewussten – und zwar des persönlichen wie des kollektiven Unbewussten – ist für den Fortschritt der Menschheit fundamental. Wir können diesen Zusammenhang gar nicht hoch genug einschätzen. Dazu C. G. Jung in seinem Aufsatz »Vom Werden der Persönlichkeit«: »Was unbewusst ist, bleibt unverändert. Wenn wir daher eine Veränderung herbeiführen wollen, so müssen wir diese unbewusste Tatsache ins Bewusstsein heben, um sie einer Korrektur unterwerfen zu können.«

Die erfolgreichste Methode, uns Unbewusstes bewusst zu machen, ist die Beachtung unserer Träume. Sie kommen aus uns selbst. Sie gehören zu uns, und sie wollen uns über uns selbst und unsere Entwicklung informieren – ein kostenloses und regelmäßiges Therapieangebot, Nacht für Nacht für uns arbeitend, eine in uns eingebaute Hausapotheke. Schon die Ärzte des Altertums machten uns auf die Träume als Lebenshilfe aufmerksam und erst recht Sigmund Freud und sein zeitweiliger Schüler C. G. Jung. Der Schweizer Tiefenpsychologe meint: Der Traum als uns eingeborener Seelenarzt ermöglicht einen unvergleichlichen Zugang zu unserem Seelenleben. Der scheinbar irrationale Traum ermöglicht uns eine Kompensation unseres rationalen Bewusstseins, um damit die Einseitigkeiten unseres rationalistischen und materialistischen Weltbildes zu kompensieren. Jung war der Meinung, dass wir durch das Beachten unserer Träume die große Chance haben, »ganzheitliche Persönlichkeiten« zu werden in diesem Goetheschen Sinne: Höchstes Glück der Erdenkinder sei nur die Persönlichkeit! Träume sind alles andere als Schäume! Auch C. G. Jung wusste, was schon Jesus erkannt hatte: »Die menschliche Seele ist die einzige Supermacht, die ich anerkenne.«

Im Traum spricht unsere innere Stimme zu uns. Jung: »Wer Bestimmung hat, hört die Stimme des Innern. Er ist bestimmt.« Bestimmung haben heißt: Von einer Stimme angesprochen sein, um zur Persönlichkeit reifen zu können. Wer diese Stimme ein Leben lang »verpennt«, hat wohl den wirklichen Sinn seines Lebens verpasst. Die Folgen: aufgeblasene Persönlichkeiten, ferngesteuerte Massenmenschen, das Verlangen nach Sündenböcken, wenig Selbsterkenntnis. Der Traum kann das wirksamste Kontrollorgan beim Aufbau einer Persönlichkeit werden.

Ich habe in den letzten Jahrzehnten gelernt, dass das Unbewusste über Träume ein großer Freund und Ratgeber sein kann. Träume sind reines Produkt unseres Unbewussten, sie sind grundsätzlich nicht manipulierbar. In allen älteren Kulturen ist der »große Traum« eine göttliche Botschaft. In unserem Kulturkreis ist das Wissen um die Wahrheit und Wichtigkeit von Träumen leider verschüttet. Träume sind der Königsweg zum Unbewussten, erkannte Sigmund Freud, eine Chance zur Persönlichkeitsentwicklung. Träume zeigen uns nicht nur unsere verdrängten Krisen, sondern auch die Chancen unserer Krisen. In unseren Träumen webt die Seele an Lösungsmöglichkeiten für unsere Probleme. Jesus muss ein großer Träumer gewesen sein. Dadurch war er in Kontakt mit Engeln, die ihm ständig Kraft und Inspiration gaben, damit er seine schwere Aufgabe erfüllen konnte.

Er hat in den »40 Tagen in der Wüste« gleich nach seinem Gotteserlebnis während seiner Taufe diese Persönlichkeitsentwicklung erfahren. Vielleicht sollten wir uns in dieser hektisch und stressig gewordenen Zeit öfter »Wüstenzeiten« gönnen, berufliche Auszeiten, Pilgerzeiten, Ruhezeiten.

Die Geburt der eigenen Persönlichkeit hat heilende Wirkung auf unsere Selbsterkenntnis. »Die Stimme des Innern ist die Stimme eines volleren Lebens, eines weiteren, umfänglicheren Bewusstseins«, meint Jung. Und: »Das Einzige, was wirklich hilft, ist die Selbsterkenntnis und die dadurch bewirkte Änderung der geistigen und moralischen Einstellung.« So kämen wir auch der Jesus-Empfehlung näher, uns selbst besser zu erkennen. Jesus im apokryphen Thomas-Evangelium: »Selig bist du, wenn du weißt, was du tust.« Das Werden der Persönlichkeit ist gleichzusetzen mit mehr Selbsterkenntnis. Freilich: Die innere Stimme kann auch voller Fußangeln und heimlicher Fallgruben sein und uns Dinge einflüstern, die wir nur allzu gerne hören. Wer in eine Traumanalyse geht, beginnt immer eine gefährliche Reise: Er oder sie begegnet den eigenen Abgründen. Aber daran kommt niemand vorbei, der seelisch gesund werden möchte. So bleibt das Werden der Persönlichkeit auch immer ein Wagnis. Die Unterscheidung der

Geister bleibt uns nicht erspart. Aber: Der fortschreitende geistliche Entwicklungsprozess bedeutet Ausdehnung des Bewusstseins. Wer bewusster träumt, lebt auch bewusster.

Was in unserem Jahrhundert Selbsterkenntnis und Selbstverwirklichung über die Seele ist, das war für Jesus »Wiedergeburt aus dem Geist«. Religion ist für ihn Arbeit an sich selbst – im Vertrauen auf Gottes Hilfe und Liebe. Vieles von dem, was heute als Christentum bezeichnet wird, ist im Sinne Jesu eher Aberglauben, allenfalls frömmelnde Tradition und biedere Konvention. Doch für Jesus galt die Devise: Lieber Skandal als keine Wahrheit! Die Worte Selbstverwirklichung und Selbsterkenntnis schimmern wie ein elftes Gebot durch alles, was wir vom »aramäischen« Jesus wissen. Unser Jesus-Verständnis kann nie weiter reichen als unsere Selbsterkenntnis.

Mit seiner Aufforderung »Jemand, der mir folgen will – er muss sein Selbst erkennen und mein Joch tragen« wollte Jesus vor allem deutlich machen, dass dort, wo Macht herrscht, keine Liebe wohnt und dass dort, wo die Liebe wohnt, keine Macht herrschen kann, sondern Freiheit. C. G. Jung: »Die Religion der Liebe war der genaue psychologische Gegenzug zur römischen Machtteufelei.« Über Gebet und Meditation gelangen wir wohl auf kurzem Weg zu mehr Selbsterkenntnis und Bewusstwerdung. Wir können so direkt mit Gott kommunizieren. Das ist vielleicht die außergewöhnlichste Erfahrung, die wir Menschen machen können. Gleichzeitig ist es auch die natürlichste Erfahrung, weil Gott in uns ist. Und von dort her können wir im Geist Jesu auch erkennen, dass er uns bedingungslos liebt. Unser Bewusstsein ist eine Art geistige und energetische Nabelschnur zu Gott.

Letztlich müssen wir darauf vertrauen, dass unsere lebenslange berufliche Arbeit Früchte trägt, dass ich überlebe, wenn mich meine Frau mit einem leichten Gehirnschlag ins Krankenhaus fährt, dass unsere Kinder ihren eigenen Weg gehen. Und auch darauf vertrauen, dass uns Gott in unserer letzten Stunde gnädig ist. Und auch dies ist eine Frage des Vertrauens: dass es zwar das Sterben des Körpers gibt, aber keinen Tod. Wir können die »Auferstehung

Jesu«, seine »Wiederherstellung« oder seine »Verklärung« so innig glauben, dass die Angst vor dem Tod das Leben nicht erstickt. (Siehe dazu das Kapitel »Jesus überlebte die Kreuzigung«.)

Und wir können in diesem Sinn mit dem Schweizer Theologen und Psychologen Franz-Xaver Jans-Scheidegger Gott so zu uns sprechen lassen:

»O Mensch, kostbar und einmalig habe ICH dich geschaffen.
Schöpfe aus MEINER Mitte, lebendige Kraft,
damit das Geheimnis MEINER Liebe durch dich sichtbar wird.
Lass MEINE Berührung in dir Gestalt werden.
So kann das Licht des Anfangs in dir aufleuchten.
Öffne dich jetzt.
Du, mein Ebenbild.

Erleuchte MEIN Leben in deinem Leben.
Erlausche MEINEN Klang im Gesang deines Herzens.
Erspüre MEINEN Weg in deinem Gehen.
Ertaste MEINE Berührung in deiner Zärtlichkeit.
Erblicke MEIN Licht in den Konturen deiner Alltagsschatten.
Öffne MEINER Liebe ein Tor.
Du, MEIN Ebenbild.«

34. Was ist wichtig – was ist unwichtig?

»Jemand, der ehrlich ist in Unwichtigem –
er wird auch ehrlich sein in Wichtigem.
Jemand aber, der unehrlich ist in Unwichtigem –
er wird auch unehrlich sein in Wichtigem.«
(Lk 16,10 RÜ)

Mit diesem Wort fordert Jesus seine Schüler zu absoluter Ehrlichkeit und wiederum zur Selbsterkenntnis auf. Was aber ist wichtig und was unwichtig?

Eugen Drewermann meint, hier erinnere Jesus an den Sinn des deutschen Sprichworts: »Wer den Pfennig nicht ehrt, ist des Talers nicht wert.« Das kann man so sehen. Aber sicherlich wollte der Meister über den materiellen Gehalt seines Worts hinaus etwas Geistiges sagen: Wenn ihr schon bei materiellen Dingen auf Kleinigkeiten achtet, um wie viel mehr dann bei geistigen Werten? Nur wenig später (Lk 16,13) lässt Lukas Jesus sagen: »Kein Sklave kann zwei Herren dienen; er wird entweder den einen hassen und den anderen lieben, oder er wird zu dem einen halten und den anderen verachten. Ihr könnt nicht beiden dienen, Gott und dem Mammon.«

Mit diesem Wort wollte Jesus seinen Freunden einschärfen, dass es wichtig ist, absolut zuverlässig zu sein, bei Wichtigem und bei Unwichtigem. Diese Aufforderung müsste doch die wichtigen Personen der Kirchen veranlassen, dass das, was sie lehren und verkündigen, sorgfältig dem entsprechen muss, was ihr Meister gelehrt und verkündet hat. Sonst sind sie »unzuverlässig bei Wichtigem«.

In den Augen Jesu ist das wahre Gut zweifellos Gott. Das eigentliche Vermögen soll für Jesu Nachfolger der Lohn im Reich Gottes sein. Das irdische Vermögen ist uns nur anvertraut. Aber auch darüber, über das »Unwichtige«, ist einmal Rechenschaft abzulegen. Dann aber erst recht über das »Wichtige«. Das Eigentliche erwartet uns in der geistigen Welt.

Wiederum geht es Jesus um den zentralen Konflikt zwischen Geld und Geist. Entweder – oder. Entweder sorgen wir uns um unsere seelisch-geistige Entwicklung oder um die materiellen Banalitäten unseres Alltags, über die aber schon der Bergprediger gesagt hat: »Macht euch keine Sorgen – Gott weiß doch, was ihr braucht.«

Der frühere Chef der Deutschen Bank, Josef Ackermann, erklärte noch kurz vor Beginn der großen Wirtschaftskrise 2008, seine Bank müsse 25 Prozent Gewinn pro Jahr machen, sonst sei sie international nicht konkurrenzfähig. Mit exakt dieser Gier sind dann viele Banken pleitegegangen und mussten mit Hunderten Milliarden Steuergeldern »gerettet« werden auf Kosten der Armen, der Umwelt und der Bildung der jungen Generation. Das ist das wahre Ergebnis der Unersättlichkeit nach Gier, Geld und Geltung. Schon im Buch des Predigers im Alten Testament lesen wir: »Wer Geld liebt, wird des Geldes niemals satt.«

»Was ist das für eine Welt«, fragt Klaus Töpfer, »wo wir uns täglich zu immer mehr Konsum überreden lassen müssen, um die notwendigen Wachstumsraten der Wirtschaft zu erfüllen?« Die Marktradikalen haben uns jahrelang gepredigt, dass der Markt gerecht sei. Die Kräfte des Marktes würden alle immer reicher machen. Doch der Markt hat keine Seele – er ist sozial, ökologisch und gegenüber künftigen Generationen blind. Deshalb herrscht tatsächlich wirtschaftlich Krieg. Anarcho-Kapitalismus anstatt Ordnung! Die Krieger sehen inzwischen sehr müde und abgekämpft und trostlos aus. Manche machen jetzt Exerzitien im Kloster. Viele Schlachtfelder sind verwüstet und bankrott – vom Immobilienmarkt über die Banken und von der Autoindustrie bis zu ihren Händlern und Zulieferern. Der globalisierte Markt hat begonnen, seine Kinder und deren Kinder zu fressen. Er ist Ersatzreligion und Religionsersatz geworden. Schon das Unwichtige war zerronnen und erst recht das Wichtige.

Jesus schlägt uns vor, den Weg vom Götzendienst zum Gottesdienst zu suchen.

Die Sprachlosigkeit der Krisenverursacher und Krisenmanager macht deutlich: Sie haben keine Antwort, die vereinbar wäre mit ihrem Weltbild. Wichtiges und Unwichtiges können sie nicht mehr unterscheiden. Die jüngste Krise verdeutlicht den Offenbarungseid der noch immer herrschenden Ökonomie. 1936, nach der damaligen großen Weltwirtschaftskrise, erklärte als Erster und plausibel der führende britische Ökonom John Maynard Keynes, dass der freie Markt von sich aus keine soziale Balance schafft und der Staat deshalb eine aktive Ordnungsrolle in der sozialen Marktwirtschaft übernehmen müsse. Gegenüber den Erkenntnissen von Keynes erinnern heute führende Ökonomen an Physiker, die uns noch immer erklären, die Erde sei eine Scheibe.

Wir müssen uns in dieser ökologischen Krisensituation endlich darauf verständigen, dass auch die Natur, die Tier- und Pflanzenwelt, das Wasser und die Wälder, ein gutes Klima und schöne Landschaften für unser Leben und Überleben wichtig sind, also auch einen ökonomischen Wert haben. Statt Unwichtiges und Wichtiges gleichermaßen ernst zu nehmen, überbieten sich die klassischen Parteien von links bis rechts noch immer, mit geradezu religiöser Inbrunst ihrem alten Götzen zu huldigen: Wachstum, Wachstum, Wachstum! Wie kein Baum in den Himmel wächst, so gibt es kein ewiges Wachstum.

Im armen Bangladesch zeigt der Banker der Armen schon seit Jahrzehnten eine Alternative mit großem Erfolg: Friedensnobelpreisträger Muhamad Yunus vergibt Kleinkredite an Arme, vornehmlich an Frauen. Damit stellt sich die Wirtschaft nicht länger in den Dienst von Gewinnmaximierung, sondern fördert Nachhaltigkeit und sozialen Fortschritt. Dieses Kleinkreditsystem beweist, dass keine Milliarden nötig sind, um einer breiten Bevölkerungsschicht den Weg aus dem Elend zu ebnen. Ausgestattet mit einem kleinen Startkapital hat sich die wirtschaftliche und soziale Lage von Millionen Menschen verbessert. Diese Social-Business-Ökonomie ist wesentlich humaner und zugleich wirtschaftlich erfolgreicher als eine vornehmlich an Rendite und Gier orientierte. Sie bietet die Chance für ein neuartiges Wirtschaftswunder, das weltweit eine radikale Wende zu globaler Nachhaltigkeit und sozialer Balance herbeiführen kann.

Weil Muhamad Yunus auch ökologische Projekte mit seinen Mini-Krediten fördert, durfte ich ihm in Valencia den »Solar-Einstein-Award« überreichen. Dabei erzählte er mir, dass er zurzeit pro Tag als Banker etwa 8000 Photovoltaik-Anlagen an die Armen verkauft! Pro Tag! In Bangladesch! Der Muslim nimmt »Wichtiges« und »Unwichtiges« gleichermaßen ernst. Mit großem Erfolg. Ich bin mir sicher: Dieser Mann sammelt sich Schätze im Himmel, er hat dort ein dickes Konto. Hier verdient er als Chef einer Bank mit über 14 Millionen Kunden im Monat etwa 500 US-Dollar!

Foto: Solarworld

Der erfolgreichste Banker der Welt: Friedensnobelpreisträger Muhamad Yunus erhält von Franz Alt den »Solar-Einstein-Award«. Yunus verkauft in Bangladesch über Mini-Kredite täglich 8000 Photovoltaik-Anlagen an die Armen. Sein eigenes Einkommen: 500 US-Dollar im Monat.

35. Vom Scharfsinn und vom Frieden

»Wenn ihr scharfsinnig wäret unter euch –
ihr würdet friedlich leben miteinander.«
(Mk 9,50 RÜ)

Irgendwann einmal nannte ein Wissenschaftler uns Menschen Homo sapiens (»der weise Mensch«). Es kam sogar noch doller: Die heutige Wissenschaft nennt unsere Spezies sogar Homo sapiens sapiens – also doppelt weise. Wir können von Weisheit wohl gar nicht genug kriegen. Aber: Es gibt Kriege, Umweltzerstörung, Artensterben, Wüstenbildung, Klimawandel, Wassernotstand und nicht zuletzt Massenarbeitslosigkeit. Was haben diese von uns Menschen verursachten Probleme mit Weisheit bzw. »Sapientia« zu tun?

In Fremdwörterbüchern erfahren wir, dass der Homo sapiens ein mit Vernunft begabtes Wesen sein soll, das die Fähigkeit besitzt, Zusammenhänge zu erkennen. Wenn wir uns aber die heutige Welt und unsere Probleme ansehen, müsste dann der Homo sapiens nicht eher Homo Dummkopf heißen? Wir kennen die Lösung für alle genannten Probleme, aber wir setzen sie nicht um. Wir behandeln unsere Probleme immer noch isoliert, zum Beispiel die Energiewende. Alle Politiker aller Parteien schreiben in ihren Parteiprogrammen, dass die Energiewende die zentrale Herausforderung der Zukunft, ja sogar »die Überlebensfrage der Menscheit« (Angela Merkel) ist, aber trotzdem sollen auch jetzt noch neue Kohlekraftwerke gebaut werden. Blödsinniger und widersprüchlicher geht es kaum noch. Damit werden nämlich den erneuerbaren Energien für die nächsten 50 Jahre die Zugänge zum Energiemarkt versperrt. Homo sapiens?

Kohlekraft und die Weiternutzung aller alten Energieträger führen dazu, dass wir praktisch einen Dritten Weltkrieg gegen die Natur führen. Ist das etwa scharfsinnig? Können wir so das Klima retten und diesen Krieg gegen die Natur beenden?

Das obige Jesus-Wort bei Markus bekommt im griechischen Text des Neuen Testaments eine völlig falsche, ja widersinnige Bedeutung. In der Einheitsübersetzung steht: » Denn jeder wird mit Feuer gesalzen werden. Das Salz ist etwas Gutes. Wenn das Salz die Kraft verliert, womit wollt ihr ihm seine Würze wiedergeben? Habt Salz in euch, und haltet Frieden untereinander« (Mk 9,49-50).

Wie soll das eigentlich gehen: Mit Feuer gesalzen werden? Und was soll heißen: Habt Salz in euch? Eine peinliche Fehlübersetzung. Dazu Günther Schwarz: »Die Übersetzer hätten sie vermeiden können, wenn sie ein Talmud-Wörterbuch benutzt hätten, um herauszufinden, was mit dem Symbolbegriff ›gesalzen sein‹ (so muss es heißen) gemeint ist, nämlich ›scharfsinnig sein‹. Und weil wir nicht scharfsinnig genug sind, mangelt es an Frieden und anderen wichtigen Gütern. Erst in der Rückübersetzung ins Aramäische bekommt dieses Jesus-Wort seine wichtige und richtige Bedeutung.«

Wegen solcher Fehlübersetzungen kommt Günther Schwarz zum Schluss:

»Das Meiste von dem, was die Christenheit glaubt –
Jesus hat es nicht gelehrt.
Und das Meiste von dem, was Jesus gelehrt hat –
die Christenheit weiß es nicht.«

Wie gesagt: Dies ist seine wichtigste Erkenntnis nach über 40-jährigem Studium der Muttersprache Jesu. Wann endlich nehmen die Kirchen diesen aramäischen Urjesus zur Kenntnis? Aber dies ist ja nur ein kleines Beispiel. Die wirklich gravierenden Fehlübersetzungen und ihre fatalen Konsequenzen folgen erst noch in diesem Buch.

36. Menschen können keine Sünden vergeben!

»Amen! Amen! – Ich soll euch sagen:
Wenn ihr den Menschen ihre Sünden vergeben habt,
so kann Abba auch eure Sünden vergeben lassen.
Wenn ihr den Menschen ihre Sünden nicht vergeben habt,
so kann Abba eure Sünden nicht vergeben lassen.«
(Joh 20,23 RÜ)

Und was haben die Griechisch-Übersetzer aus dem aramäischen Text gemacht? Das ist nachzulesen in der Einheitsübersetzung: »Wem ihr die Sünden vergebt, dem sind sie vergeben; wem ihr die Vergebung verweigert, dem ist sie verweigert«, heißt es bei Johannes 20,23. Nur mit dieser Textfälschung ist die ganze Institution der Beichte und der klerikalen Sündenvergebung aufrechtzuerhalten. So gewinnt man Macht über seine »Gläubigen«. Diese Macht schüchtert ein und macht Angst. Und das ist wohl auch der Sinn der Fälschung.

Das wirkliche Jesus-Wort bedeutet: Am Tag des Rechtsspruchs über einen Verstorbenen werden die Richterengel Gottes jenes Wort ihrer Rechtsprechung zugrunde legen. Sie werden – Jesus zufolge – nicht lange nach seinem Tod über ihn Recht sprechen. Wer anderen Menschen vergeben hat, dem können Gottes Engel auch vergeben. Wer anderen nicht vergeben hat, kann auch in der geistigen Welt keine Vergebung erwarten.

Das heißt: Die »Macht«, Sünden zu vergeben, ist keine diesseitige, sondern eine jenseitige. Hier gilt göttliches und nicht kirchliches Recht. Im gesamten Neuen Testament in aramäischer Sprache ist nirgendwo davon die Rede, dass Menschen anderen ihre Sünden vergeben können.

37. Petrus der Fels oder Jesus der Fels?

Zwischen Anfang und Mitte Dezember des Jahres 29 – nach den Berechnungen von Günther Schwarz – nahm Jesus seine Jünger Petrus, Jakobus und dessen Bruder Johannes mit auf einen hohen Berg. Vor ihren Augen wurde Jesus verwandelt. »Sein Gesicht leuchtete wie die Sonne, und seine Kleider wurden blendend weiß wie das Licht«, heißt es im Matthäus-Evangelium. Eine Himmelstimme offenbarte ihnen die Einzigartigkeit Jesu:

»Dies ist er, mein Sohn, mein Einzigartiger,
Er, an dem mein Selbst Wohlgefallen hat,
gehorcht ihm! – Denn er ist der Fels.
Auf diesen Felsen
Werde ich meinen Tempel bauen.
Ihn können sie nicht überwältigen,
die Torhüter der Unterwelt.

Ihm werde ich die Schlüssel geben
zur Himmelsherrschaft.
Wem er zuschließen wird –
ihm soll zugeschlossen sein.
Und wem er aufschließen wird –
ihm soll aufgeschlossen sein.«
(Mt 17,1-6 RÜ)

Dieser Text ist für rationalistische Gemüter natürlich eine Zumutung. Umwandlung in Lichtglanz und Himmelsstimme – wo gibt's denn so etwas? Nur: Neben dem eben zitierten Text gibt es jedoch zwei weitere Textzeugen, die wir nicht einfach beiseiteschieben können, weil uns ihr Bericht nicht behagt. In der aramäischen Rückübersetzung sagt Johannes (1,14): »Wir sahen den Lichtglanz des einzigartigen Sohnes von Abba.« Und im ersten Petrus-Brief steht in der aramäischen Rückübersetzung: »Wir sind Zeugen seines Lichtglanzes geworden ... und diese Stimme haben wir vom Himmel hören können, als wir mit ihm auf dem heiligen Berg waren.« Nach den Erkenntnissen der chinesischen und tibetischen Medizin ist das, was hier »Lichtglanz« heißt, die Aura; seine drei Freunde haben also Jesus in seiner Aura gesehen.

Später in der Apostelgeschichte wird dieser Petrus, inspiriert vom Erlebnis mit Jesus auf dem Berg, ein Wort sagen, dessentwegen wir ihn immer ehren und achten sollten. Den Hohepriestern, die ihn ins Gefängnis warfen, hielt er mutig entgegen: »Man soll Gott mehr gehorchen als den Menschen.« Doch Papstgehorsam war in den Kirchen oft wichtiger als Gottesgehorsam.

Beim Abstieg vom Berg fragt Jesus seine drei vertrautesten Schüler: »Wisst ihr nun, wer ich bin?« (Mt 17,9; 16,15-17,20 RÜ).

»Simon antwortete:
Du bist der Sohn Gottes.
Jeschu erwiderte:
Wohl dir! – Simon, Sohn des Jonas.

Denn nicht Fleisch und Blut
hat dir das offenbart, sondern Abba in den Himmeln.
Dann befahl er seinen Schülern:
Ihr dürft die Schauung niemand mitteilen –
außer ich werde am Leben erhalten!«

Damit ist die Frage nach Jesu Selbstverständnis endgültig beantwortet. Er ist nicht Gott, aber Gottes einzigartiger Sohn. Und: Nicht Petrus ist der Fels, auf den Gott seine Kirche bauen will, sondern Jesus ist der »Fels«, auf dem Gott seine Gemeinde errichten möchte. Und schließlich: Den Schlüssel zum Einlass in die Himmelsherrschaft besitzt nicht Petrus, sondern allein Jesus.

In der aramäischen Muttersprache Jesu wird klar, dass das Papsttum in Rom seit 2000 Jahren auf einer raffinierten Übersetzungsfälschung beruht. Dazu liefert Günther Schwarz nach gründlichen Sprachrecherchen in seinem Buch »Hat Christus Stellvertreter?« den Nachweis, »dass im Aramäischen zwei Buchstaben genügen, um ›Er (Jeschu) ist der Fels‹ in ›Du (Petrus) bist der Fels‹ zu verändern«. Das Fels-Wort ist also ein Wort Gottes an Jesus und nicht ein Jesus-Wort an Petrus.

38. Das Papsttum beruht auf einer Fälschung

Es ist also Petrus selbst, der dem Petrus-Amt, wenn es als Papsttum verstanden wird, den Garaus gemacht hat. In der Apostelgeschichte sagt Petrus: »Man muss Gott mehr gehorchen als den Menschen.« Das heißt: Kein Papst, kein Bischof, kein Kleriker kann und darf sich jemals über andere Menschen stellen. Keine Person und keine Institution hat das Recht, von anderen Menschen Gehorsam zu verlangen. Sie sind nicht Gott. Nur Gott ist Gott. Menschen sind immer nur Menschen. Das heißt: Alles, was sie sagen, muss sich immer messen lassen an dem, was Gott in ihrem Herzen, in ihrem Gewissen und nicht in ihren Gesetzen zu ihnen spricht.

Jesus hat sich sogar wortwörtlich gegen ein autoritäres Papsttum ausgesprochen:

> *»Ihr sollt euch nicht Rabbi nennen lassen!*
> *Denn einer ist euer Meister (Jesus!)*
> *Und ihr sollt euch auch nicht Abba nennen lassen!*
> *Denn einer ist euer Vater (Gott!).«*
> (Mt 23,8-9 RÜ)

Diese beiden Weisungen, eingeleitet mit »Ihr sollt nicht«, erinnern an das »Du sollst nicht«, mit dem die Zehn Gebote eingeleitet werden. Diese vier Zeilen sollen also für alle Zeit Geltung haben – bis heute. Der Meister der Lehre ist Jesus selbst, und der Vater der Lehre ist Gott, Abba. Wenn diese Weisungen für seine Jünger gelten, dann natürlich auch für Petrus. Die Anrede Abba (gleich Papa, gleich Papst) kann also nur gegen die ausdrückliche Weisung Jesu gebraucht werden. Mit welchem Recht glauben Päpste und ihr Gefolge, sich bis heute über diese unmissverständliche Weisung Jesu hinwegsetzen zu können?

Dass in der katholischen Kirche bis heute oft das militärische Prinzip »Befehl und Gehorsam« gilt, anstatt das Liebesgebot Jesu, zeigt zum Beispiel der Konflikt der deutschen Ordensfrau Milgitha in Ruanda mit ihrem Bischof in Münster. Während des Genozids im ostafrikanischen Land 1994, bei dem über 800 000 Menschen abgeschlachtet wurden, rettete Schwester Milgitha 107 Kinder vor den Mörderbanden und versteckte sie in Höhlen und Erdlöchern. Die Journalistin Andrea Jeska schreibt über die mutige Ordensfrau in der »Zeit«: »Wenn man heute in Ruanda ihren Namen erwähnt, dann sprechen sie von ihr wie von einer Heiligen. An Menschen wie Milgitha machen die Überlebenden ihren Trost fest, dass es in Zeiten des Bösen auch Mitleid und Nächstenliebe gab.« Doch später wollte die Schwester über ihr Pensionsalter hinaus nach fast 40 Jahren ihren Dienst weiter in Ruanda tun. Aber ihre Ordensoberen und ihr Heimatbischof verlangten, dass sie ihre Mission verlassen sollte. Doch Milgitha wollte bei »ihren« Schützlingen« bleiben. Daraufhin schrieb ihr »Dienstherr«, Bischof Felix Genn in Münster, einen Brief an die inzwischen 79-Jährige mit diesen unglaublichen Sätzen: »Als Ihr höchster Oberer verlange ich von Ihnen zu Recht Gehorsam.« Sollte die Schwester nicht bis zum 15. Juli 2013 zurückkehren, »werde ich ein Säkularisierungsverfahren gegen Sie einleiten, an dessen Ende Ihr Ausschluss aus dem Orden und der Verlust von Pensionsansprüchen stehen wird«.

Schwester Milgitha lebt jedoch weiter in Ruanda und wurde inzwischen aus ihrem Orden verbannt. Sie fühle sich, so sagte sie der »Zeit«-Reporterin, »von ihrem Lebenswerk abgeschnitten, heimatlos«. Sie fügt aber stolz hinzu: »Mein Kloster ist die Straße. Mein Gelübde habe ich vor Gott abgelegt.« »Ungehorsam« wiegt bei einem Bischof auch heute noch schwerer als mutige Nächstenliebe.

So muss sich jeder Mensch auch heute fragen: »Ist es gerecht, in den Krieg zu ziehen?« Oder: »Muss ich Menschen mehr gehorchen als Gott?« Klar ist, dass das »Du sollst nicht töten« Gottes »Wort« und Gottes Wunsch und Gottes Wille ist.

Kein Mensch ist unfehlbar. Auch nicht in »Glaubens- und Sittenfragen«, wie es seit dem ersten Vatikanischen Konzil 1871 der Papst sein soll. Wo dies dennoch erklärt wird, ist aus dem Glauben eine bloße Ideologie der Machtausübung geworden. Die katholische Kirche wird geführt von einer »Heiligkeit« im Vatikan, von »Eminenzen« und »Exzellenzen«, von »Hochwürden«, von Domkapitularen, von Monsignori und Geistlichen Räten. Die meisten von ihnen wissen wohl auch, dass Jesus auf Titel und andere Äußerlichkeiten nicht nur keinen Wert gelegt hat, sondern diese Protzerei ständig angriff und sie mit dem Vertrauen auf Gott für unvereinbar hielt. Über den Narzissmus der Pharisäer und deren Sucht nach »den ersten Plätzen in der Synagoge«, über diesen Maskenball der Eitelkeiten und den Karneval der Heuchelei hat er sich lustig gemacht. Gewiss: Jeder Zug braucht einen Lokführer, aber kein Lokführer braucht den Weihrauch seiner Fahrgäste. Ein Lokführer tut seinen Dienst, aber dafür benötigt er keine Ehrentitel und auch kein höheres Einkommen als seine Fahrgäste. Jesus warnt ganz ernsthaft davor, dass die äußere Tünche wichtiger werde als die eigentlichen Inhalte von Hoffnung, Liebe und Vertrauen. Wer inwendig tot ist, sagt er im Lukas-Evangelium, ist wie ein übertünchtes Grab.

In keinem einzigen der Briefe des Neuen Testaments ist davon die Rede, dass Petrus der »Fels« sei, auf den Jesus seine »Kirche« bauen wollte. Ist es denkbar, dass keiner ihrer Verfasser davon etwas gewusst hatte, wenn Jesus tatsächlich Petrus zum »Felsen« seiner Gemeinde hätte machen wollen?

Im Gegenteil: Es gibt einen Brief, in dem das Felsen-Amt für Petrus kategorisch ausgeschlossen wird. Paulus schreibt in seinem Brief an die Galater (2,9):

»Jakobus (der Bruder Jesu),
Kephas (Fels=Petrus) und Johannes,
die als »Säulen« Ansehen genießen,
gaben mir und Barnabas die Hand
zum Zeichen der Gemeinschaft.«
(RÜ)

Jakobus, Petrus und Johannes werden hier also gleichberechtigt als »Säulen« bezeichnet. Eine »Säule« trägt zweifellos einen Teil eines Tempels, aber ein »Felsen« trägt den ganzen Tempel. Der »Fels« ist das Fundament, der die Säulen, den Bau und das Dach trägt. Und dieser »Fels« ist eindeutig Jesus und nicht Petrus.

In der Rückübersetzung (RÜ) ins Aramäische heißt das »Schlüssel«-Wort der Gottesstimme bei Matthäus 16,19:

»Ihm werde ich geben den Schlüssel
der Himmelsherrschaft.
Wem er zuschließen wird –
ihm soll zugeschlossen sein!
Und wem er aufschließen wird –
ihm soll aufgeschlossen sein!«

Es ist geradezu erschütternd, dass diese Fälschung als Basistext für das Papsttum durch die ganze abendländische Kirchengeschichte hindurch bis in unser 21. Jahrhundert gelten konnte – trotz der sinnwidrigen Verbindung von zwei gegensätzlichen Aussagen. Der Text wurde offensichtlich aus der Verklärungserzählung herausgebrochen und in das »Petrus-Bekenntnis« eingefügt.

Die Verklärungsszene auf dem Berg Tabor und die dortige Gottesstimme lassen keinen Zweifel daran, dass Jesus das Fundament des Tempels Gottes ist. Günther Schwarz weist das gleich an vier Stellen des Neuen Testaments nach. Wenn Petrus zu der Zeit, als Paulus seinen Brief an die Galater schrieb – also etwa zehn Jahre nach Jesu Kreuzigung –, als »Fels« gegolten hätte, wie hätte er ihn denn dann »Säule« nennen dürfen?

Wenn aber Petrus zur Zeit von Paulus noch nicht als »Fels« gegolten hat: Wie soll dann Jesus ihn schon zehn Jahre zuvor zum »Felsen« bestimmt haben?

Die Textstellen im Neuen Testament 1. Korinther 3,11, Epheser 2,20-21, sowie 2. Timotheus 2,19 und 1. Petrus 2,3-5 beweisen nach Günther Schwarz, dass deren Verfasser nichts von einer Sonderstellung des Petrus gewusst haben. Auch Paulus wusste nichts davon. Das aber heißt: Der römische Anspruch auf den Primat Petri muss aus nachapostolischer Zeit stammen – ihm fehlt die Legitimation Jesu und der apostolische Rechtsanspruch.

Jeder Christ und vor allem jeder Katholik und jede Katholikin mögen selbst entscheiden, welche Konsequenz diese Erkenntnis haben muss. Jesus hat jedem seiner Apostel die gleiche Vollmacht übertragen. Was aber ist mit dem berühmt-berüchtigten Text Jesu aus dem Matthäus-Evangelium, dem sich das »unfehlbare« Papsttum verdankt und der nach der Einheitsübersetzung folgendermaßen lautet: »Ich aber sage dir: Du bist Petrus und auf diesen Felsen will ich meine Kirche bauen, und die Mächte der Unterwelt werden sie nicht überwältigen. Ich werde dir die Schlüssel des Himmelreichs geben; was du auf Erden binden wirst, das wird auch im Himmel gebunden sein, und was du auf Erden lösen wirst, das wird auch im Himmel gelöst sein?« (Mt 16,18 und 19). Für Milliarden Menschen war und ist dieser Text zweifellos die gesamte Machtbasis des römischen Papsttums.

Inhaltlich wurde dabei das, was die Himmelsstimme auf dem Berg Tabor bei Jesu Verklärung im Beisein Petri über Jesus gesagt hat, einfach auf Petrus übertragen. Dazu Günther Schwarz: Der Fälscher hat das angebliche Jesus-Wort an Petrus »aus der Verklärungserzählung (Matthäus 17,1-9) herausgebrochen und ins Petrus-Bekenntnis (Matthäus 16,13 – 16,20) eingefügt ... Das aber war, wer wollte das bestreiten, eine intelligente Fälschung. Jedoch nur der Anfang. Die Hauptfälschung begann erst danach. Und zwar durch eine geschickte Umdeutung dessen, was die Himmelstimme von Jesus aussagt und ihm zugesagt hatte, auf etwas, das Jesus angeblich von Petrus aussagt und ihm zugesagt haben soll.«

Nach der Rückübersetzung hatte die Himmelsstimme gesagt:

»Er (Jesus) ist der Fels!
Auf diesen Felsen
werde ich (Gott) meinen Tempel bauen lassen.
Ihn (Jesus) können sie nicht überwältigen,
die Torhüter der Unterwelt.«

Richtig ist also: Er (Jesus) ist der Fels. Falsch ist: Du bist Petrus, der Fels! Der Fälscher hatte es schon deshalb leicht, weil er mit dem Namen Petrus (lateinisch: der Fels) einfach spielen konnte.

Nehmen wir an, ein Textfälscher wollte bewusst das richtige »Er ist der Fels« in »Du bist Petrus, der Fels« verändern, er brauchte nur ein »att« (»du«) hinzufügen. Solche Fälschungen verlangen also gar nicht viel Fantasie. Richtig übersetzt ist auch: »... werde ich (Gott) meinen Tempel bauen lassen«. Falsch ist: »... werde ich (Jesus) meine Gemeinde bauen« .

Hinzu kommt: Das Wort »Gemeinde bauen« kommt vom griechischen »ekklesia«, ein Wort, das es im Aramäischen in der Form gar nicht gibt. Folglich kann es auch nicht vom aramäisch sprechenden Jesus stammen. Es ist dem Fälscher zuzuschreiben. Es geht um den »geistigen Tempel Gottes« – aramäisch *hekla la-ha*.

Richtig übersetzt ist auch: »Ihn (Jesus) können sie nicht überwältigen«. Falsch übersetzt ist: »... werden sie (die Kirche) nicht überwältigen«.

Wem die exegetische Erklärung der gefälschten Textstelle über das Papsttum zu kompliziert oder zu unwahrscheinlich oder zu unverständlich ist, dem sei eine historische Erklärung nachgereicht: Etwa im Jahr 51 nach Christus fand in Jerusalem das erste Apostelkonzil statt. Wer aber hatte dieses Konzil einberufen, und wer hatte den Vorsitz? Das hätte sicherlich Petrus sein müssen, hätte ihn Jesus zu seinem Stellvertreter berufen gehabt. Doch davon ist nirgendwo in der Apostelgeschichte die Rede. Und wer sprach das entscheidende Schlusswort auf diesem Konzil? Nicht Petrus, sondern der leibliche Bruder Jesu, Jakobus. Und die Beschlüsse dieses Konzils wurden ebenfalls nicht im Namen Petri, sondern im Namen *aller* Apostel gefasst.

Aus der beschriebenen und von Günther Schwarz aufgedeckten Fälschung wurde jetzt schon über viele Jahrhunderte eine unchristliche Machtfülle erwirkt und allen Päpsten zugeschrieben. Wie lange noch? Eine derartige Machtfülle eines »Papstes« widerspricht ganz zweifellos der Lehre und dem Geist Jesu. Als Jesus seine Jünger in die Welt schickte, gab er ihnen *allen* – und nicht einem – die Verheißung des Heiligen Geistes. Und als Paulus im Brief an die Epheser (Eph 4,11) die Ämter der Kirche aufzählt, ist nicht von einem Papst die Rede, sondern von »Aposteln, Propheten, Evangelisten, Hirten und Lehrern«. Wie hätte Paulus, der große Heidenapostel, das wichtigste Amt der Kirche, das Petrus-Amt, vergessen können, wenn es denn wirklich wichtig und von Jesus selbst bestimmt gewesen wäre?

Auch in der gesamten Apostelgeschichte, die Lukas verfasste, ist an keiner einzigen Stelle auch nur die Andeutung eines Papst-Amtes zu finden. Wäre Petrus im Sinne Jesu das »Oberhaupt« seiner Kirche, dann wäre eine solche Unterlassung geradezu unverantwortlich.

Historisch gesichert ist, dass in den ersten vier Jahrhunderten nach Christus kein Papst auftaucht. Die Konzilien der ersten vier Jahrhunderte haben dem Bischof von Rom keine Vormachtstellung eingeräumt.

Und vor allem: Wie sollen wir das Schweigen Petri selber zum Papst-Amt erklären? Wäre Petrus gewesen, wofür ihn die heutige katholische Kirche hält, warum ist er dann nie wie ein Papst aufgetreten? Ein frühchristlicher Fälscher macht aus einem Gotteswort an Jesus ein Jesus-Wort an Petrus, um Petrus nach seinem Tod den Vorrang über seine Mit-Apostel zu verschaffen.

Was kann uns diese Erkenntnis für heute lehren? Vielleicht muss erst eine Frau Päpstin werden, damit das Papsttum reif wird für seine Abschaffung. Schon zu Jesu Zeiten waren die Frauen mutiger und offener für seine Botschaft als die Männer um ihn herum.

Die Geschichte, die Vernunft, der gesunde Menschenverstand, das Selbstverständnis der Apostel und Jesu Lehre sind eindeutig gegen ein unfehlbares Papsttum gerichtet.

Im Oktober 2015 lässt Papst Franziskus wieder einmal mit einer außergewöhnlichen Rede aufhorchen. Er fordert eine »Bekehrung des Papsttums«. Der Papst, so Franziskus, »steht nicht einsam über der Kirche, sondern in ihr, als Getaufter unter Getauften und als Bischof unter Bischöfen«. Er wolle eine »Kirche von unten«, eine »Kirche des Hörens«. »Das gläubige Gottesvolk, das Kollegium der Bischöfe, der Bischof von Rom: Der eine hört auf den anderen, und gemeinsam hören sie auf den heiligen Geist, den Geist der Wahrheit.« Der Papst selbst spricht nicht mehr vom Papst. Schluss mit den Befehlen von oben und Schluss mit der Diktatur der Unfehlbarkeit, der Herrschaft über andere. Eine historische Rede, eine katholische Revolution. Ein Papst stellt das klassische Papsttum in Frage. Und nur wenige Journalisten berichten darüber.

Auf dem Berg Tabor ist für Jesus also Entscheidendes passiert, aber er hat Petrus nicht zu seinem »Stellvertreter« berufen. Als Jesus wie bei seiner Taufe am Jordan die Himmelsstimme hörte, muss es für ihn ein Augenblick gewesen sein, bei dem er ganz bei sich selbst war: ein Augenblick tief empfundenen Glücks. Er muss hier das Wunder der inneren Verwandlung erlebt haben. Und er wusste danach, dass der Tod keine Macht mehr über ihn hat. Er wusste sich in der Einheit mit Gott. Mit seiner »Verklärung« und nach seiner Taufe hat er die wichtigste Erfahrung seines Lebens erlebt, wie später nach seiner Kreuzigung. Diese Erfahrung, die Einheit mit Gott, hat er uns weitergegeben. Das ist das größte Geschenk, das je ein Mensch anderen Menschen zukommen ließ: Auch wir sind erwählt von Gott, versöhnt mit Gott und angenommen von Gott. Bisher hatten die meisten Menschen Angst vor Gott. Jetzt können sie sich geliebt, verstanden und akzeptiert fühlen. Wir alle sind Kinder Gottes. Auf dem Tabor holte sich Jesus die Kraft für seinen weiteren Weg und für seine wahre Bestimmung.

Vielleicht war diese Gotteserfahrung und Selbsterfahrung die glücklichste Stunde in Jesu Leben. Aber zugleich begann auch hier sein Weg nach Golgatha. Die Glückserfahrung war wohl die Voraussetzung, um den Leidensweg durchstehen und durchhalten zu können. Der erfahrene Psychotherapeut Eugen Drewermann: »Man verträgt nur so viel Leid, wie man zuvor an Glück erfahren hat.«

39. Ermutigen statt entmutigen

»Amen! Amen! – Ich soll euch sagen:
Jedes entmutigende Wort,
das die Menschen sagen werden –
sie müssen darüber Rechenschaft ablegen
am Tag des Rechtsspruchs.«
(Mt 12,36 RÜ)

In der griechisch fundierten Einheitsübersetzung der letzten Zeile dieses Jesus-Wortes heißt es: »Und aufgrund deiner Worte wirst du verurteilt werden.« In den bisherigen Übersetzungen geht nichts ohne Verurteilung. Es ist noch immer das alte Gottes- und Menschenbild.

Bei neueren Umfragen sagen in Deutschland über 85 Prozent der Arbeitnehmer, sie seien an ihrem Arbeitsplatz unzufrieden. Nur 15 Prozent sind mit ihrer Arbeit zufrieden. Unzufriedene Mitarbeiter bringen natürlich keine zufriedenstellende Leistung. Das Ergebnis sind Frust und Unzufriedenheit auf allen Seiten. Psychische Krankheiten verbreiten sich immer mehr. Wegen dieses Frusts am Arbeitsplatz gehen der deutschen Volkswirtschaft jedes Jahr Werte von etwa 200 Milliarden Euro verloren. In Großstädten geht beinahe jede zweite Partnerschaft in die Brüche. Wie ist es um die Kommunikation bestellt, wenn Ehepaare durchschnittlich am Tag noch acht Minuten miteinander reden? Und wie ist es um die Kommunikation in Betrieben bestellt, wenn das Gros der Chefs und Manager ihre Mitarbeiter nicht mehr für deren Arbeit begeistern können? Es ist nahezu aberwitzig, dass zur gleichen Zeit 95 Prozent aller Vorgesetzten sich gut finden und meinen, sie würden ausreichend mit ihren Mitarbeitern kommunizieren.

In dieser Situation lesen wir Jesu wichtigen Hinweis (»Amen! Amen – Ich soll euch sagen!«), dass wir uns gegenseitig ermutigen und nicht entmutigen sollen.

Was gehört zum Ermutigen? Oder was sind die Kriterien erfolgreicher Kommunikation, die mehr ist als lediglich Information? Anselm Grün beschreibt sie so:

- Erstens: Achtsamkeit. Dazu gehört genaues Zuhören, in die Augen schauen und auf die Körpersprache achten, aber auch widersprechen, wenn nötig. Achtsamkeit bedeutet keineswegs, zu allem Ja und Amen sagen. Nicht nur den rationalen Intelligenzquotienten, sondern auch den emotionalen einschalten. Das ist die Voraussetzung für fruchtbare Aufmerksamkeit. Sozialkompetenz wird für einen erfolgreichen Betrieb immer wichtiger.
- Zweitens: Eindeutigkeit. Was damit gemeint ist, sagt Jesus so: »Das Ja sei ein Ja und das Nein ein Nein! Alles andere ist vom Satan« (Mt 5,37 RÜ). Zweideutigkeit sät immer Zwietracht und Missverständnis. Diese Achtsamkeit in der Eindeutigkeit hat etwas mit Liebe und Wahrhaftigkeit zu tun.

- Drittens: Wahrhaftigkeit ist die Grundvoraussetzung dafür, dass Kommunikation erfolgreich ist. Diese Erkenntnis gehört zum Urethos aller Religionen, Kulturen und Weisheitslehren. Du sollst nicht lügen. 90 Prozent der Befragten erwarten, dass ihre Chefs wahrhaftig zu ihnen sind.
- Viertens: Innere Kommunikation ist die Voraussetzung einer gelingenden äußeren Kommunikation. Also auf die eigene Seele achten und Gefühle nicht unterdrücken. Dabei tun sich Frauen wahrscheinlich leichter als Männer. Deshalb ist es wichtig, dass immer mehr Frauen in Führungspositionen in allen gesellschaftlichen Bereichen aufsteigen, auch in den Kirchen selbstverständlich. Eine Arbeit, die auch die Seele beflügelt, ist unverzichtbar für eine erfolgreiche Unternehmenskultur. Wie erreichen wir das? Durch Abwechslung, durch Sport, durch Ruhe- und Stille-Zeiten, durch Erholung für unsere Seele, auch durch Gebet und Meditation. In ersten Betrieben gibt es Meditationsräume. Der US-Management-Berater Lance Secretan spricht davon, dass ein erfolgreicher Betrieb ein »Heiligtum« sein müsse, in dem »Spontaneität, Dynamik, Sport, Humor, Befreiung von Versagens-Ängsten, Anreize, gegenseitiges Wohlwollen und kultivierte Umgangsformen« das Klima prägen. Das ist sicher idealtypisch gesprochen. Aber wie können wir uns solchen hehren Zielen wenigstens annähern?
- Fünftens: Lachen und Lebensfreude sind nicht nur Kommunikationshilfen, sondern auch heilsam. Freude an der Arbeit ist die Voraussetzung für das Gelingen der Arbeit. Lachen ist eine Quelle der Gesundheit. Humor verhilft zu kreativen Fähigkeiten – ebenso wie Träume. Eine wichtige Frage an Chefs: Wird in ihrer Firma viel gelacht? Wer Sinn für Humor hat, zeigt weniger Stress-Symptome, denkt positiver über sich und andere, hat mehr Selbstvertrauen und damit mehr Erfolg. Der Psychotherapeut Siegfried Brockert schreibt: »Etwas mit Humor nehmen heißt: so lange auf ein Problem schauen, bis wir die positiven Seiten daran sehen, mit ihm fertig zu werden – und sogar daran wachsen.« Wo es nichts mehr zu lachen gibt, lässt auch der Misserfolg nicht lange auf sich warten.

- Sechstens: Empathie ist die wichtigste Voraussetzung für gelingende Kommunikation. Die beste Definition für Empathie habe ich bei Unternehmenstrainer Fritz Schürmeyer gefunden: »Halte dem Anderen die Wahrheit wie einem Mantel hin, in den er hineinschlüpfen kann, schlage sie ihm nicht wie ein nasses Tuch um die Ohren.« Genau das meint Jesus mit dem oben zitierten Wort von der Ermutigung. Letztlich ist Kommunikation auch ein Gottesdienst. Die Chefs der alten Schule, in der Gehorsam von oben nach unten galt, haben ausgedient.
- Siebtens: Loben ist wichtiger als tadeln. Damit sind wir exakt in der Spur Jesu. Wenn ich einen Menschen lobe, erwecke ich in ihm das Gute, vielleicht sogar das Beste. Lob und Liebe erwecken Lust an der Arbeit. Wir können im Beruf nur erfolgreich sein, wenn wir unsere »Produkte« auch lieben. Wir werden aber unsere »Produkte« kaum lieben können, wenn wir dafür nie gelobt werden. Für das, was wir anderen sagen, sind wir rechenschaftspflichtig.

Zusammengefasst können wir sagen: Die Qualität unserer Beziehungen ist wichtiger als die Quantität unserer Bezüge. Was braucht ein Mensch am meisten? Dass seine Eltern ihn lieben, seine Lehrer ihn loben und seine Kollegen ihn mögen.

40. Welche Güter wollt ihr haben?

»Hütet euch vor jeder Habgier!
Denn Leben wird den Menschen nicht zuteil,
weil sie viele Güter haben.«
(Lk 12,15 RÜ)

Immer wieder diese störenden und verstörenden Hinweise Jesu auf die wahren Werte des Lebens, auf den eigentlichen Schatz im Himmel. Für Habgierige bestand und besteht zu aller Zeit der Sinn ihres Lebens darin, möglichst viele Schätze auf dieser Erde anzuhäufen, ohne Sinn und Verstand, ohne Ziel und Ende, ohne Rücksicht auf andere Menschen und ohne Rücksicht auf die Umwelt. Sie davor zu warnen, macht oft so viel Sinn, wie den Fuchs vom Hühnerstall abhalten zu wollen.

Die menschliche Geschichte ist auch eine Geschichte voller Erbstreitigkeiten. Das soll in den »besten Familien« vorkommen. Heute streitet man zwar nicht mehr so sehr um die »Goldenen Löffel« der Oma, aber noch immer um ihr »Kleinhäuschen« oder erst recht um Bauland, Wälder oder Firmen. Man beobachte nur mal den bei jeder Bundestagswahl ausgetragenen Streit um die Erbschaftssteuer. Auch die Kirchen haben den Zölibat oft damit begründet, dass damit »Erbstreitereien« vermieden würden. Selbstverständlich haben sie dann das Erbe von oft begüterten Klerikern selbst kassiert.

Oder man schaue sich die Versuche von Prominenten an, durch allerlei Tricks Steuern zu hinterziehen. Es geht dabei immer um die Begehrlichkeit nach Geld und Besitz – vor allem bei denen, die schon viel haben und besitzen. Habenwollen führt wie eine Sucht meist zu Habenmüssen. Ursache der Habgier ist oft auch die unbewusste Hoffnung, mit Geld ein seelisches Problem lösen zu können.

Was aber Jesus unter »Leben« versteht, ist exakt das Gegenteil dessen, was Materialisten und Kapitalisten darunter verstehen. Ihr Fühlen, Denken, Handeln und Wollen ist auf materielle Werte ausgerichtet. Aber spätestens gleich nach ihrem Sterben wird ihnen klargemacht und bewusst werden, dass sie am eigentlichen Leben vorbeigelebt haben. Dann werden sie umdenken und umlernen müssen. Zeit und Gelegenheit werden sie dazu reichlich haben. Erst wenn sie für das ewige Leben reif sind, werden sie auch dort eingelassen werden.

Das Gleichnis, das Jesus im Anschluss an das oben zitierte Wort erzählt, ist die Geschichte eines erfolgreichen Unternehmers, der wieder einmal eine große geschäftliche Chance sieht und gleich ordentlich zugreift, genauso wie es erfolgreiche Unternehmer eben auch heute tun. Risikofreudigkeit wird ja auch in allen Wirtschaftsteilen unserer Tageszeitungen als unternehmerische Tugend gelobt. Der Mann ist ein couragierter Investor und ein vorausschauender Manager heutigen Typs. Die Geschichte lautet in der Rückübersetzung im Lukas-Evangelium so:

»Einem Mann, einem Reichen,
gelang alles, was er tat.
Sein Land hatte gut getragen:
Getreide und viel Früchte.
Er überlegte und sagte zu sich selbst:
›Was kann ich tun?
Denn ich habe nichts, wo ich meine Erträge einlagere.
Ich muss meine Vorratsspeicher abbrechen
und größere aus ihnen bauen.
Dort werde ich meine Erträge einlagern
und dann zu mir selbst sagen:
Sieh! – Du hast liegen
Wohltaten für viele Jahre.
Ruh dich aus und iss!
Trink und sei vergnügt!‹
Da ließ Gott zu ihm sagen:
›Tor! – In dieser Nacht
wird man dein Selbst aus dir herausziehen.
Und was du dir verschafft hast –
wem wird es gehören?‹«
(Lk 12,16-20 RÜ)

Wenn es sich im Geiste Jesu nicht lohnt, der Reichste auf dem Friedhof sein zu wollen, was lohnt sich dann? Wie kommen Menschen zur inneren Ruhe? Und zu sich selbst? Vielleicht durch Träume oder wenn wir unser Leben mit unseren inneren Idealen in Einklang bringen? Oder wenn wir uns von Gott und anderen Menschen angenommen fühlen? Wenn wir aus Fehlern und Versäumnissen schmerzhaft lernen und sie zum Guten wenden? In einem solchen Lebensweg erleben wir unser Leben als ein Geführtwerden. In solchen Augenblicken und Erlebnissen fühlte ich mich ab etwa meinem 30. Lebensjahr geführt, dankbar, glücklich und entängstigt. Solche Erlebnisse kann man nicht »machen« oder »planen«: Sie sind Gnade und Geschenk des Geführtwerdens von einer Macht, die es gut mit uns meint.

41. Mensch, du bist wie ein fruchtbarer Acker

»Hört zu! –
Seht! – Ein Sämann ging aus,
um seine Saat zu säen.
Einiges fiel auf einen Weg.
Da kamen Vögel und fraßen es auf.
Einiges fiel auf steinigen Boden.
Da ging die Sonne auf und verbrannte es.
Einiges fiel auf Dornen.
Da sprossten die Dornen auf und erstickten es.
Einiges fiel auf guten Boden.
Da sprosste es auf, wuchs und brachte Ertrag.
Jeder, der Ohren hat –
er höre, um zu verstehen!«
(Mt 13, 3-9/Mk 4, 3-9/Lk 8,5-8 RÜ)

Jesus argumentiert nicht mit den biblischen Wundertaten eines allmächtigen Gottes, sondern er schlägt vor, die alltäglichen »Wunder« des Schöpfers genau zu betrachten. Es geht ihm um das große »Wunder« des kleinen Samens. Sein Feld ist die ganze Welt. Zunächst fällt auf: Dieser Sämann ist unverzagt. Er sät auch in hoffnungslosen Fällen. Jeder und jede soll eine Chance haben. Aber nicht jeder Boden ist gleich fruchtbar. Wir leben immer auch mit unseren Abgründen. Jesus bietet seine Gottesbotschaft allen an, nicht nur den Hörbereiten, sondern auch den Schwerhörigen.

Im Lukas-Evangelium wird erzählt, dass Jesus dieses Gleichnis vor »vielen Menschen aus allen Städten« vorträgt. In seinem Gefolge waren – und das war damals außergewöhnlich – auch Frauen: Maria Magdalena, Johanna, die Frau des Chuzas, »Susanna und viele andere. Sie alle unterstützten Jesus und die Jünger, mit dem, was sie besaßen.«

Etwa 70 Prozent der 1,25 Millionen Menschen in Palästina waren damals in der Landwirtschaft beschäftigt. Sie lebten von

Ackerbau, Viehzucht, Weinbau, Ölproduktion und dem Fischfang am See Genezareth. Palästina war ein Land des Weizens, der Gerste, des Weins und des Öls. Die damalige landwirtschaftliche Struktur ist vergleichbar mit derjenigen heutiger Entwicklungsländer in Afrika. 90 Prozent aller Einkünfte musste für die Ernährung ausgegeben werden. Heute geben wir in Deutschland etwa 12 Prozent unserer Einnahmen für Essen und Trinken aus.

In dieser landwirtschaftlich und vom Fischfang strukturierten Umgebung erzählt Jesus seine Gleichnisse zum besseren Verständnis seiner Lehre vom Reich Gottes – zum Beispiel die obige Geschichte vom unermüdlichen Sämann und vom Weg, vom Fels, von den Dornen und vom fruchtbaren Acker. So vielfältig ist das wirkliche Leben. Damit ihn seine vielen Zuhörer besser verstehen können, steigt er am See Genezareth in ein Boot und spricht von dort aus, während das »Volk« an Land bleibt und ihm zuhört. Er wird sie zunächst daran erinnert haben, dass die römischen Besatzer dieses jüdische Bauernvolk verachten, genauso wie die selbstgefälligen Frommen in Judäa und Galiläa. Ihr seid, so könnte er gesagt haben, in deren Augen der letzte Dreck.

Aber ich sage euch etwas ganz anderes: Ihr seid ein fruchtbarer Acker, auf dem Lebensmittel, Mittel zum Leben, wachsen. An diesen fruchtbaren Äckern könnt ihr sehen, wie wertvoll ihr wirklich seid. Denn ohne Lebensmittel auf diesen Äckern kein Leben! Jesus erinnerte seine Zuhörer daran, dass alles Leben auf diesem Planeten abhängt von einer 25 bis 30 Zentimeter dünnen fruchtbaren Erdschicht. Ohne fruchtbare Böden keine Zivilisation: kein Weizen und kein Wein, kein Brot und keine Butter, kein Mehl und kein Mahl, kein Rasen und keine Rose, keine Flora und keine Fauna und kein sauberes Wasser.

Albert Schweitzers »Ehrfurcht vor allem Leben« gilt auch gegenüber unserer Lebensbasis, dem Boden, der in geradezu unvorstellbarer Vielfalt und Fülle voller Leben ist. Wer weiß schon, dass eine Handvoll Boden mehr Lebewesen enthält als Menschen auf der ganzen Erde wohnen? Und wer ahnt, dass Böden doppelt so viel CO_2 speichern wie die globale Vegetation und die Atmosphäre zusammen?

Der Boden, von dem Jesus in seinen Geschichten immer wieder spricht, ist ein Tausendsassa: Er speichert Treibhausgase, ist ein Wasserreservoir, ernährt uns und bietet Lebensraum für Menschen, Pflanzen und Tiere, er baut Schadstoffe ab, produziert Biomasse, ist Lagerstätte für Rohstoffe und beinhaltet das Archiv der Natur- und Kulturgeschichte. Die Geschichte der Menschheit ist auch eine Geschichte ihrer Böden. Doch durch den Klimawandel und durch die chemisierte Landwirtschaft verlieren wir zurzeit täglich Millionen Tonnen fruchtbare Erde. Aber täglich werden wir eine Viertelmillion Menschen mehr. Nur ein neues Bodenbewusstsein und eine neue Bodenkultur werden bewirken, dass wir den Hunger überwinden. Der Verlust an fruchtbaren Böden war historisch oft der Beginn des Niedergangs einer ganzen Kultur, zum Beispiel beim Niedergang des Römischen Reichs. Der Erosion der Böden im gesamten Mittelmeerraum folgte jene der Zivilisation. Mit der zunehmenden Erderwärmung, dem rasanten Fortschreiten der Bodenverluste und dem immer brutaleren Artensterben bereiten wir die größte Zivilisationskatastrophe der Menschheit vor.

»Da ging die Sonne auf« – auch hier wieder der Hinweis auf das wunderbare Zusammenspiel von Sonne und Erde zum Wohl allen Lebens.

Als er wieder mit seinen Freunden allein ist, fragen sie ihn, was der Sinn dieser Geschichte sei. Da erklärt er ihnen: Der Samen ist das Wort Gottes. Auf den *Weg* fällt der Samen bei denen, die Gottes Wort hören, es sich aber vom Teufel wieder ausreden lassen. Auf den *Felsen* fällt das Wort Gottes, wenn es die Menschen freudig aufnehmen, aber es bei ihnen keine Wurzeln schlägt. Da fehlt die Erdentiefe. Sie setzen falsche Prioritäten. Unter die *Dornen* fällt der Samen des Gottesreichs bei denen, die das Wort zwar hören, sich aber dann doch von Geldsorgen ablenken lassen. Auch sie sind unreif für das Reich Gottes. Sie denken zu kurzfristig. Auf fruchtbaren Boden fällt der Samen allein bei denen, die das Wort Gottes hören und es von ganzem Herzen und ausdauernd befolgen. Dort kann es bis zu 100-fache Frucht bringen. Das gilt auch für das kleinste Samenkorn, das Senfkorn. Es bringt den größten Baum hervor. Das Kleine ganz groß – das ist Jesu Maßstab. Die Gottesherrschaft wirkt zunächst unscheinbar und vor allem – still. So wie der Samen unter der Erde. Und so will Gott in den Herzen der Menschen wirken: durch die Kraft der Liebe.

Jesus stand immer vor der Frage: Wie erreiche ich Menschen inmitten ihrer Angst? Schaut auf den Sämann! Er hat oft mit widrigen Bedingungen zu kämpfen, aber er sät voller Hoffnung. Auch wenn längst nicht jeder Samen aufgeht, die, welche in fruchtbarer Erde schließlich wachsen, können 100-fache Frucht bringen. Es lohnt immer zu säen. Seid nicht so kleingläubig. Gott, der Sämann, ist es auch nicht. Auch hier wieder ein Gleichnis gegen die weit verbreitete Mutlosigkeit und Müdigkeit. Es geht Jesus immer um die Samen des Menschlichen.

Mit solch wunderbaren Geschichten aus dem realen Leben seiner Zuhörer kämpft Jesus gegen jede Form der Depression und Verzweiflung an. Habt Mut, auf euer Herz zu hören und auf euer Gewissen zu achten. Auch wenn Steine im Acker liegen, viele Samen finden auf wundersame Weise ihren Weg zur Sonne. Und genauso wird es irgendwann mit uns gehen: Gott hat uns geschaffen, weil auch wir die Samen in uns tragen, um vielfache Frucht zu bringen. Gott wusste, was er tat, als er dich und mich schuf.

Gott hat uns geschaffen, weil er einen bestimmten Plan mit uns hat. Wir sind nicht ohne Absicht, ohne Plan und ohne Würde hier. Und Jesus hat einen langen Atem. Zudem hat der Mann die Voraussetzungen des palästinensischen Ackerbaus genau beobachtet. Er ist ein Realist, wissend um unsere Abgründe, Bodenlosigkeit und Felsenhaftigkeit, aber auch um unsere Fruchtbarkeit. Gott, dem »Sämann der Ewigkeit« (Eugen Drewermann) dürfen wir vertrauen. Aber nicht mit einer Sprache der Drohung, die nur weitere Angst macht, sondern mit einer Geschichte voller Zuversicht, stärker als die »Disteln« und »Dornen« des Lebens, sind die Herzen der Menschen zu erreichen. Der Same wächst, weil das Reich Gottes an der Stelle entstehen will, an der du stehst. Ihr könnt wachsen aus der Saat, die einer über euch geschaffen hat. Säen aber müssen wir.

42. Vom tatkräftigen Handeln: Was ist zu tun?

Die berühmte Samariter-Geschichte (siehe Kap. 33 im Buchteil II) ist sehr überraschend: Es gibt ein Vorbild, nämlich den helfenden Samariter, aber keine Kritik an den beiden untätig bleibenden Frommen. Jesu Gott verurteilt nicht, sondern ermutigt, er heilt und er hilft. Er sucht und holt das Verlorene zurück, wie es Jesus in seinen Geschichten vom verlorenen Schaf und von der verlorenen Drachme geschildert hat.

Göttliches Handeln, wie es Jesus verkündet, heißt verstehen und verständigen, begütigen und begleiten, ermutigen und ermuntern. Diese Verhaltensweisen sind nicht nur göttliche Tugenden, sondern auch die wahren Grundlagen der menschlichen Existenz. Vor allem Angst und Unsicherheit halten uns davon ab, so zu werden und zu wachsen, wie Gott uns gedacht hat. Wer also einem Menschen wirklich helfen will, darf ihn nicht verurteilen oder bestrafen, sondern soll helfen durch emotionale Wärme, durch Wertschätzung, Achtung und Akzeptanz – wie der barmherzige Samariter. Nur über solche Barmherzigkeit können wir in Verbindung kommen mit Gottes Herz, Geist, Gewissen und Gedanken.

In dieser Geschichte kommt vielleicht am deutlichsten zum Ausdruck, dass Jesus von der absoluten Einheit von Gottes- und Menschenliebe durchdrungen war. Diese Einheit zu finden, ist nicht frommes Reden, sondern richtiges Tun, will er dem Schriftgelehrten vermitteln, dem aber wohl das Einhalten der Sabbatruhe und der über 600 Gesetzesvorschriften wichtiger war. Eugen Drewermann: »Nur in der Einheit Gottes erhält ein Mensch die Möglichkeit, eine einheitliche, in sich geschlossene Persönlichkeit auszubilden, und nur im Gegenüber eines Gottes, der in sich eine einheitliche und geeinte Persönlichkeit aufweist, lässt sich zu Einheit und Einverständnis gelangen.«

Jesu Geschichten sind in dem Sinne heilig, in dem sie unser Leben zu heilen vermögen und uns eine Ahnung von Gott vermitteln, die wir ohne sie nie vermutet hätten. Es ist ein uraltes kirchliches Dogma: »Kein Heil außerhalb der Kirche.« Aber ganz anders bei Jesus in der Geschichte mit dem barmherzigen Samariter. Barmherzig ist jeder, der wie der Samaritaner Menschen in Not hilft – unabhängig von Konfession oder Rasse. Diese Barmherzigkeit wird auf Gottes Goldwaage gelegt, nicht die Religionszugehörigkeit. Hier wird besonders deutlich, dass es kein auserwähltes Volk gibt, wie viele Juden annahmen, und auch keine besonders auserwählten Menschen, wie noch immer viele Christen meinen, sondern dass *jeder* Mensch ein Kind Gottes ist. Die islamische Bergpredigt steht in Sure 5,28 des Koran: »Barmherzigkeit« ist das höchste Gebot des Islam.

Wer immer sich für andere engagiert: Bei Amnesty International für politische Gefangene, bei Tierschutzvereinen für gequälte Tiere, bei Pro Asyl für Flüchtlinge und Asylanten, beim World Life Fund for Nature für bedrohte Tier- und Pflanzenarten, in der Friedensbewegung für Abrüstung oder auch bei den vielen »Tafeln« für arme und hungrige hiesige Mitbürger: Er ist in der Spur Jesu, der uns empfohlen hat zu dienen, statt zu herrschen. (»Ich kam nicht auf die Erde, um bedient zu werden, sondern ich kam auf die Erde, um zu dienen«, Lk 22,17 RÜ). So Mensch nach dem Maßstab Jesu zu sein bedeutet, konkret und praktisch auf Gott zu vertrauen, in dessen Händen unser ganzes Leben liegt.

Jede und jeder, die sich für mehr Gerechtigkeit und Liebe, Freiheit und Menschrechte engagieren, sind im Sinne Jesu »Barmherzige Samariter«. Durch Jesu Haltung und Verhalten erweist sich die gesamte Grundstruktur unseres heutigen Lebens als falsch: die Strukturen der Gewalt und der Kriege, die Strukturen der Ungerechtigkeit zwischen Arm und Reich, die Strukturen des Bösen statt der Güte. Aber denen, die an der Überwindung dieser Strukturen arbeiten, verheißt Jesus das »Himmelreich«, wie er es in den Seligpreisungen der Bergpredigt lehrt.

Die Straße von Jerusalem nach Jericho ist 27 Kilometer lang. Sie führt durch steiniges Wüstengebiet und schroffe Felsen. Früher wurde diese Gegend von räuberischen Beduinenstämmen unsicher gemacht. Zum Schutz der Reisenden lag auf halbem Weg das einzige Rasthaus.

Dass in dieser Geschichte zuerst ein Priester und dann ein Levit, ein Tempeldiener, achtlos am Verletzten vorbeigehen, war zu erwarten. Aber danach kommt kein hilfreicher jüdischer Laie, wie die Zuhörer wohl vermuteten, sondern ein Andersgläubiger, ein Samaritaner, den Jesus seinen Zuhörern als Vorbild hinstellt. Das ist der eigentliche Clou dieses Gleichnisses. Und niemand hat den Samaritaner zu irgendetwas gezwungen. Alles tat er aus freier Entscheidung. Wie Jesus selbst. Dessen einziges Gebot heißt: Es ist verboten zu verbieten!

Die Frage des Schriftgelehrten, was muss ich tun, um Gott zu finden, ist die Frage jedes Gottsuchers. Im Kirchensprech lautet die typische Antwort: Das wollen wir, die Gottesexperten, dir, dem Nichtstudierten, gerne sagen. Dafür haben wir viele Regeln, Gebote und Gesetze erlassen. Halte dich daran, dann bist du auf dem sicheren Weg. So machen sich Theologen schon immer unentbehrlich. Eugen Drewermann: »Im Schatten der Angst vor Gott bleiben die Menschen unter der Herrschaft der Priester und Theologen stets abhängig und gehorsam wie unmündige Kinder, entfremdet bis hinein in das Heiligtum ihrer Seele.« Psychischer Infantilismus!

Bei Jesus aber lautet die Antwort ganz anders: Achte auf dein Herz und auf dein Gewissen und handle so wie der Samaritaner. Folge voller Mitgefühl und vertraue dem Impuls deines Herzens. Vertraue auf Gottes Güte.

Der Priester und der Levit wollen keinen Millimeter von ihrem Weg abweichen, aber der Samaritaner, der »Andersgläubige«, folgt spontan seinem inneren Impuls. Konkrete Hilfe für einen armen Kerl, das wäre doch allzu menschlich und zu wenig göttlich, so die Haltung der beiden Frommen. Doch Jesus will den Skandal und ruft einen Dritten auf die Bühne, einen Nichtjuden. Dieser hilft mit Herz und Hand, er unterscheidet nicht mehr zwischen Menschen- und Gottesliebe. Beides gehört für ihn untrennbar zusammen. Es gibt keine Gottesliebe auf Kosten der Menschenliebe. Gott ist das Göttliche in dir. Der »Ungläubige« tut alles, was er kann. Die zwei Denare sind etwa der Unterhalt für eine Woche. Die einfachen Gebote der Menschlichkeit: Das ist wahrer Gottesdienst.

Und die heutige katholische Kirche in Deutschland? Sie ist gesellschaftlich nahezu sprachunfähig geworden. Sie kreist zu sehr um sich selbst. Sie hält gelebte Sexualität für Sünde, hat aber überdurchschnittlich viele Priester in ihren Reihen, die homosexuell sind. Sie sagt, dass Frauen in der Kirche gefördert werden sollen, aber schließt sie weiterhin vom Priesteramt aus. Eine Kirche, die so unglaubwürdig ist, kann sich nicht länger auf Jesus berufen.

Die Frage »Wer ist denn mein Nächster? – Wer ist mein Weggefährte?« treibt mich seit meinen ersten Religionsstunden im Alter von sechs oder sieben Jahren um. Die Geschichte vom barmherzigen Samariter hat mich schon als Kind tief bewegt und beunruhigt. Später habe ich mir diese Frage auch in meiner Fernseharbeit gestellt und deshalb viele Filme in Dritte-Welt-Ländern gedreht oder drehen lassen. Unsere »Report«-Zuschauer haben sich anrühren lassen und für Dritte-Welt-Projekte mehrere Hundert Millionen Mark gespendet. Und weil mich diese Frage bis heute beschäftigt, engagiere ich mich in der Friedensbewegung und in der Umweltbewegung. Es ist die Frage nach dem Reich Gottes, die mir immer wieder klarmacht, dass das Private auch das Politische ist. Die Frage »Wer ist mein Nächster?« beantworten wir vielleicht dann am besten, wenn wir uns selber fragen: »Für wen bin ich der Nächste?«

43. Ganz im Geist Jesu: Panzer gegen Minen

Rupert Neudeck hat nach über 30-jähriger humanitärer Erfahrung in der ganzen Welt mit seinen Organisationen »Cap Anamur« und »Grünhelme« in seiner Streitschrift »Radikal leben« 2014 diese zentrale Jesus-Geschichte für unsere Zeit so übersetzt: »Ein Mann ging von Jerusalem nach Jericho, dann von Aleppo nach Tal Refaat, dann von Grozny nach Tiflis, dann von Manila nach Arcacon, von Bamako nach Timbuktu und fiel unter die Räuber. Sie zogen ihn aus, schlugen ihn wund und ließen ihn halbtot liegen. Zufällig zog ein UN-Beamter des Weges, sah ihn und ging vorüber: Nicht mein Mandat. Ebenso kam ein Blauhelm vorbei, erkannte, dass seine Richtlinien ihm nicht befahlen zu helfen, und ging vorüber. Ein Samariter aber hatte, als er ihn erblickte, Mitleid mit ihm. Er trat hinzu, versorgte seine Wunden, hob ihn auf sein Reittier und führte ihn in eine Herberge.

Am anderen Tag nahm er einige syrische Lira (oder Rubel oder Euro oder Dollar), gab sie dem Wirt und sprach: »Sorge für ihn, und so du etwas darüber hinaus verwendest, will ich bei meinem Wiederkommen bezahlen.«

Wer von den dreien war also dem, der unter die Räuber gefallen war, der nächste?

Antwort: »Der, der ihm geholfen hat.«

Wichtiger als »Großer Gott, wir loben dich« ist für Rupert Neudeck, seine Frau Christel und ihre Helfer das Motto: »Großer Gott, wir handeln!« Und das sah Anfang der Neunziger zum Beispiel so aus: Die Neudecks gingen dem Verteidigungsministerium so lange auf die Nerven, bis sie – ganz biblisch – »Schwerter zu Pflugscharen« schmieden konnten. Dafür brauchten sie Panzer, Stromaggregate, Panzerwerkstattwagen, Kettenfahrzeuge, LKW mit Minenräumgeräten, Tankwagen, Zugfahrzeuge, Funkgeräte, Gabelstabler, Jeeps, Minenräumschutzanzüge, 120 Zelte und Feldbetten und noch vieles mehr. Und sie bekamen alles.

So ausgerüstet konnten sie Zehntausende Minen zerstören, die sonst Erwachsene zerfetzt und Kinder getötet hätten. Millionen Fernsehzuschauer waren entsetzt, als ich ihnen in meiner letzten »Report«-Sendung am 19. Dezember 1991 verstümmelte und getötete Minenopfer aus Somalia zeigte. Durch die Hilfe der ARD-Zuschauer und des deutschen Verteidigungsministeriums konnte das Komitee »Cap Anamur« drei Jahre lang in Somalia, Angola und Indochina Panzer in Minenräumgeräte umwandeln. Auch diese Vision schien zunächst völlig verrückt. Aber sie wurde Wirklichkeit und hat Tausenden Menschen Leben und Gesundheit gerettet. Aus Waffen wurden Antiwaffen. Die Bergpredigt konkret und praktisch! Menschen gingen im Geiste Jesu von Jerusalem nach Jericho und haben Minen geräumt! Zwei Jahre zuvor war die Mauer in Berlin gefallen – es war die Zeit der großen Visionen.

44. Wenn du betest, sage »Vater«!

»Abba ist gütig und barmherzig
auch zu den Bösen und Unbarmherzigen.
Ihr sollt barmherzig werden auf der Erde,
wie Abba barmherzig ist in den Himmeln.«
(Lk 6,35-36 RÜ)

Seine wichtigsten Erfahrungen machte Jesus beim Beten. Das kann man für seine Erfahrung am Jordan bei der Taufe sagen, als er die Stimme seines Vaters »hörte« und den Himmel offen »sah«, wie auch bei der Verklärung auf dem Berg Tabor, als er die himmlische Stimme ihn wiederum anreden »hörte«, als auch bei seiner äußersten Krise im Garten Getsemani bei seiner Gefangennahme: »Abba! – Diesen Becher lass vorübergehen – wenn es möglich ist! Aber es geschehe dein Wille, nicht meiner!« (Mt 26,39 RÜ). Dass Jesus ein großer Beter war, zeigen die Evangelien durchgehend, wenn sie betonen, dass er ganze Nächte hindurch gebetet hat. Die entscheidenden Ereignisse seines Lebens verbringt er betend – in geistigem Kontakt mit seinem Vater. Dieser Vater-Gott ist das kostbarste Vermächtnis Jesu an die Menschheit. Das Vaterunser in Jesu aramäischer Muttersprache kann man auch heute noch in Deutschland hören. Hierzulande leben etwa 100 000 aramäische Christen aus Syrien, der Türkei, dem Iran und dem Irak.

Im März 2014 war ich in der aramäischen Gemeinde Leimen bei Heidelberg zum aramäischen Gottesdienst eingeladen. Der Gottesdienst dauerte über zwei Stunden. Etwa die Hälfte der Aramäer um Heidelberg/Mannheim versammelt sich Sonntag für Sonntag zu diesem Fest. Sie feiern ihren Gottesdienst in der katholischen Kirche in Leimen. Ich war sehr bewegt, dort das Vaterunser in Jesu Muttersprache zu hören. Nach dem Gottesdienst stellt mir der aramäische Priester seine Familie vor: Die aramäische Kirche kennt nämlich schon immer kein Zölibat.

Jesu Anrede »Abba« für Gott ist in der gesamten jüdischen Gebetsliteratur bis dahin einmalig. »Abba« – in dieser Lall-Form spricht ein Kind seinen »Papa« oder auch seine »Mama« an. Es sind die ersten Laute, die ein Kind mit seiner Umwelt verbinden. Eine Anrede voller Vertrauen und Geborgenheit und ein tiefer Kontrast zu dem, was die Menschen noch vor 2000 Jahren und zum Teil noch bis heute unter »Gott« oder »Allah« verstanden und verstehen. Dieses aramäische Fremdwort »Abba« war und ist so außergewöhnlich, dass es in allen Sprachen der Welt in allen Bibeln übernommen wurde. Das Wort »Abba« enthält geradezu das Herzstück des Gottesverständnisses Jesu.

Im Aramäischen freilich ist »mütterlich« und »barmherzig« dasselbe Wort. Solche Aussagen wie eben von Jesus zitiert waren bisher unerhört: Barmherzig sein wie Gott! Oder auch: Gott ist bedingungslose Barmherzigkeit. Damit hat Jesus das ganzheitlichste, reifste und heilste Gottesbild der Weltgeschichte verkündet. Doch dieses einzigartige Gottesbild ging verloren, weil es mit anderen Gottesbildern harmonisiert wurde. Immer wieder wurde von Theologengenerationen versucht, Angst und Liebe, Gericht und Gnade, Allmacht und Barmherzigkeit zu harmonisieren. An dieser Harmoniesucht kranken die heutigen Kirchen vor allem.

Damit wurde in Wirklichkeit Jesu heiles Gottesbild zu einem krankmachenden. Dieses Gottesbild enthält mit seinen Geboten und Verboten wesentliche Elemente einer längst vergangenen Bewusstseinsebene, die mit Jesus nichts mehr zu tun hat. So wird zum Beispiel bis heute in vielen Predigten behauptet, dass der Gott Abrahams, Isaaks und Jakobs auch der Abba Jesu sei. Wenn das stimmen würde, warum musste sich dann Jesus solche Mühe machen und seinen Weg bis ans Kreuz gehen, um seinem neuen Gottesbild eines grenzenlos liebenden und barmherzigen Vaters zum Durchbruch zu verhelfen?

Wenn Jesus ein lediglich harmonisierendes Gottesbild hätte bringen wollen, dann hätte er sich viel Mühe, Aufwand und auch Leid ersparen können.

Mithilfe der Tiefenpsychologie haben in unserer Zeit Hanna Wolff und Eugen Drewermann das krankmachende harmonisierende Gottesbild des Alten und Neuen Testaments überzeugend aufgedeckt. Jesus lässt weibliche Eigenschaften in seinem neuen Gottesbild dominieren. Das aber ist für das herrschende Patriarchat, das ausschließlich von männlichen Werten lebt, unerträglich. Deshalb musste dieser Mann beseitigt werden.

So vergleicht Jesus seinen Vater mit »einer Frau, die gebärt«:

»Eine Frau – wenn sie gebärt,
so hat sie starke Wehen,
weil der Tag ihres Gebärens da ist.
Wenn sie aber ein Kind geboren hat,
so denkt sie nicht mehr an ihre Schmerzen
aus Freude darüber, dass ein Mensch geboren wurde.«
(Joh 16,21 RÜ)

Im Aramäischen ist »weiblich« nicht nur identisch mit »barmherzig« und »gütig«, sondern auch mit »Muttermund«. »Ihr sollt barmherzig werden auf der Erde – wie Abba barmherzig ist in den Himmeln« – das ist nicht harmonisierend, sondern eindeutig und klar, eben jesuanisch.

Wenn Menschen einander helfen und teilen, barmherzig sind, dann haben sie Gott begriffen: Das ist die frohe Botschaft des Evangeliums. Wenn wir ausgestattet sind mit dem unverdienten Glück von Wohlstand und Gesundheit, aber nicht barmherzig leben, dann haben wir von Jesu Abba wenig verstanden. Jesu Forderung ist eindeutig: Ihr sollt gerecht leben und solidarisch handeln. In der Bergpredigt preist Jesus die Barmherzigen selig. Und im

Matthäus-Evangelium sagt der Gott Jesu: »Geht und lernt, was das bedeutet: Güte will ich und nicht Opfer« (Mt 9,13 RÜ).

Wenn wir diesen Jesus in der Europäischen Union endlich begreifen, dann werden wir reif für eine fundamental andere Flüchtlingspolitik. Wenn aber nicht, dann sollte die EU ihren Friedensnobelpreis rasch zurückgeben.

45. Unser täglich Brot, nicht unser täglich Fleisch

Jesus hat uns gelehrt, dass richtiges Beten nicht aus der Wirklichkeit herausführt, sondern in die Wirklichkeit hinein. Meditieren oder beten heißt, Jesu Worte so lange in uns wirken zu lassen, bis wir spüren, dass sie unser Leben verändern.

In der Einheitsübersetzung wird *sein* Gebet, das »Vaterunser« bei Matthäus 6,9-13 mitten in der Bergpredigt, so wiedergegeben: »Vater unser im Himmel, dein Name werde geheiligt, dein Reich komme, dein Wille geschehe wie im Himmel so auf der Erde. Gib uns heute das Brot, das wir brauchen. Und erlass uns unsere Schulden, wie auch wir sie unseren Schuldnern erlassen haben. Und führe uns nicht in Versuchung, sondern rette uns von dem Bösen«.

Das »Vater unser«, »Abba«, sollte eigentlich unübersetzt bleiben. Der Zusatz »im Himmel« ist unjesuanisch. In allen sechs Bitten, die an Abba gerichtet sind, ist das Verb ein Imperativ. Abba ist dabei immer ein indirekt Handelnder. Er handelt also nicht selbst, sondern er lässt handeln durch Jesus oder durch seine Engel. Folglich müssen die Imperative mit »lass« wiedergegeben werden.

Hier noch einmal das rückübersetzte Vaterunser:

»Abba!
Deine Gegenwart – lass geheiligt werden!
Deine Herrschaft – lass sich ausbreiten!

Deinen Willen – lass geschehen!
Lass geben uns unsere Nahrung!
Lass vergeben uns unsere Sünden!
Lass retten uns aus unserer Versuchung!«

In der zweiten Bitte liegt vielleicht das größte und am weitesten verbreitete Missverständnis gegenüber dem, was Jesus gemeint hat, ein politisches Missverständnis damals und heute: »Deine Herrschaft – lass sich ausbreiten! (»Dein Reich komme« in der Einheitsübersetzung«.) Sowohl Jesu Jünger als auch Millionen Christen danach haben Jesus hier politisch verstanden. Darüber ist Jesus beinahe verzweifelt. »Habt doch mehr Vertrauen«, flehte er seine Freunde ständig an. Er meint ohne jeden Zweifel: Vertrauen in die Himmelsherrschaft seines Abba. Das griechische Wort »basileia« mit »Reich« zu übersetzen bedeutet eine grundsätzliche Fehldeutung der gesamten Botschaft Jesu. Er meint ganz eindeutig die diesseitig-geistige Gottesherrschaft, nicht eine weltlich-politische. Und er meint nicht, dass dieses »Reich« irgendwann kommen sollte, sondern *jetzt*, ja, dass es schon da ist, wenn auch von Menschen unbemerkt. Gemeint ist also: Wir sollen am Aufbau einer Welt mithelfen, so wie du sie gewollt hast. Lass jeden von uns zum Frieden für seine Mitmenschen werden. Wir wollen und sollen dein Empfehlungsbrief sein.

Bei Lukas 17, 20-21 sagt Jesus zu den Pharisäern, die ihn fragen, wann die Gottesherrschaft, das Reich Gottes, komme:

»*Die Gottesherrschaft kommt nicht!*
Denn seht! Die Gottesherrschaft ist da!
Sie breitet sich aus über der Erde,
aber die Menschen bemerken sie nicht.«
(RÜ)

Und genau dafür schulte Jesus seine Jünger: Dass sich die Gottesherrschaft weiter ausbreite, und dafür schickte er sie »zu allen Völkern«:

»Geht hin und warnt jedermann!
Und tauft sie und lehrt sie!
Sodass sie alles bewahren, was ich gesagt habe.«
(Mt 28,19-20 RÜ)

Nach Jesu fester Überzeugung ist dies die einzige Möglichkeit, dass sich die diesseitig-geistige Gottesherrschaft ausbreite, durch engagierte Menschen. Gott will und Gott braucht uns. Er hat nur uns als Sprachrohr. Auch hier gilt: Am Anfang war das Wort. Dieses »Wort«, unsere Sprache, ist das, was Mensch und Tier wesentlich unterscheidet. Wie das von Menschen gesprochene Wort aus dem Denken des Sprechenden fließt, so ist Jesus, »das Wort« (Joh 1,1), aus dem Vater hervorgegangen. Geboren von einer jungen Frau (nicht von einer Jungfrau!) war Jesus das fleischgewordene »Wort«, der erstgeborene Sohn Gottes.

Es ist Abba überhaupt nicht egal, wie wir leben und ob wir leben und wie wir arbeiten und ob wir arbeiten. Gott will unbedingt unser Heil, unsere Heiligung. Das heißt: unsere Rückkehr in seine jenseitig-geistige Welt, in unsere Urheimat. Das wird möglich, indem wir hier das Ziel seines Willens erkennen und uns mit Gottes Willen und Wollen vereinigen. »Lass geben uns unsere Nahrung.« Das heißt: Auch daran müssen wir mitarbeiten, Nahrungsmittel erzeugen oder sie mit dem von uns erarbeiteten Verdienst kaufen. Gottes Anteil daran ist, dass er die Grundvoraussetzung für unsere Ernährung schuf: die Sonne, den Regen, die Luft und die Wachstumskräfte der Böden, die Tiere, die Pflanzen und die Bodenschätze. Gott hat nicht jedes einzelne Lebewesen erschaffen, aber er hat durch planvolle geistige Anstöße dafür gesorgt, dass sich das Leben in einem Milliarden Jahre dauernden Prozess des Wachsens, Werdens und Reifens selber entwickeln kann. Die Evolution hat geduldig an der Entwicklung und an der Vielfalt des Lebens gefeilt und gestylt.

Nur deshalb können wir uns ernähren und Lebensmittel kaufen. An den Nahrungsmitteln hat Gott Anteil, und auch wir haben Anteil. Dafür hat er die Voraussetzungen geschaffen, lange bevor es Menschen gab.

»Lass uns vergeben unsere Sünden«: In der Einheitsübersetzung beten wir: »Und erlass uns unsere Schulden, wie auch wir sie unseren Schuldnern erlassen haben.« Doch im Geiste Jesu geht es hier um mehr als um Geldschulden. Wenn es um Schulden gegenüber Gott geht, ist die Bitte um Vergebung der Sünden die richtige jesusgemäße Übersetzung. So wie wir sind, sind wir Sünder. Absichtlich oder unabsichtlich sündigen wir gegenüber Gott und gegenüber unseren Mitmenschen. Um davon entlastet zu werden, brauchen wir Vergebung. Um Vergebung zu erlangen, müssen wir selbst vergeben. Vergeben wir, wird uns vergeben. Vergeben wir nicht, kann auch uns nicht vergeben werden. Jesus macht hier auf das geistige Gesetz von Wirkung und Ursache aufmerksam, das auch andere Religionen kennen – zum Beispiel als »Karma«.

Dieses Gesetz gilt auch nach unserem Sterben: Gottes Engel können uns vergeben, wenn wir zuvor vergeben haben – aber auch nur dann. Haben wir nicht vergeben, dann können uns Gottes Engel auch nicht die Vergebung Gottes zusprechen.

»Lass uns retten aus unserer Versuchung«: Es geht Jesus in seinem »Hochgebet« auch immer um uns Menschen. Noch mal zur Erinnerung: Die vierte Vaterunser-Bitte handelt von *unserer* Nahrung, die fünfte von *unseren* Sünden, die sechste von *unserer* Versuchung. Jakobus 1,13: »Keiner, der in Versuchung gerät, soll sagen: Ich werde von Gott in Versuchung geführt. Denn Gott kann nicht in die Versuchung kommen, Böses zu tun, und er führt auch selbst niemand in Versuchung« (RÜ). Das schreibt der Bruder Jesu, Jakobus, und trotzdem beten Milliarden Christen seit 2000 Jahren das genaue Gegenteil. Aber die Bitte an Gott: »Und führe uns nicht in Versuchung«, zeugt – wie gesagt – von einem Gottesbild, das mit dem liebenden Abba Jesu nichts gemein hat, sondern eine gedankenlose Unterstellung ist. Jesu Gott ist weder ein Kontroll-Freak noch rachsüchtig noch eifersüchtig und schon gar nicht mörderisch.

Es gibt viele gute Gründe, im Sinne des »aramäischen« Jesus neu beten zu lernen. Vielleicht so wie es in unseren Tagen die große Theologin und Dichterin Dorothee Sölle vorgebetet hat:

»Erneuere auch unser Herz
und gib uns den Geist
der Klarheit und des Muts,
denn das Gesetz des Geistes
der uns lebendig macht in Christus
hat uns befreit
von dem Gesetz der Resignation.
Lehre uns die Kraft
der kleinen Leute zu spüren
und keine Angst mehr zu haben
wenn wir widersprechen.
Erneuere auch unser Herz
und lass uns wieder miteinander reden
lehre uns zu teilen statt zu resignieren:
das Wasser und die Luft,
die Energie und die Vorräte
zeig uns, dass die Erde dir gehört
und darum schön ist.«

Die Erde ist schön, weil Gott schön ist. Und Dostojewski meinte in »Der Idiot«: »Die Welt wird durch Schönheit gerettet.«

Lass uns geben unsere Nahrung: Jesus hat uns gelehrt, um das tägliche Brot zu bitten, nicht um das tägliche Fleisch. Bei Lukas sagt Jesus in seiner Rede über die Endzeit: »Hütet euch, dass euer Denken nicht verroht werde durch Fleischessen und Weinsaufen ... Hütet euch vor Habgier, denn Leben bedeutet nicht, sich Überfluss zu verschaffen« (Lk 21,34-35 RÜ). Auf den Galapagos-Inseln, auf denen ich einige Zeit verbringen konnte, habe ich sehen gelernt, dass die Vielfalt der Tiere um ihrer selbst willen da ist und nicht, um von uns getötet, massenweise portioniert und gegessen zu werden. Leo Tolstoi hatte völlig recht, als er meinte: »Solange es Schlachthöfe gibt, wird es Schlachtfelder geben.«

Ich möchte die Tiere und Pflanzen ins Gebet nehmen: Verbiete uns unser täglich Fleisch. Es ist gut und ausreichend, dass du uns unser täglich Brot gibst und alles, was wir zum Leben brauchen. Lass uns verstehen, dass Tiere und Pflanzen unsere älteren Geschwister sind, auf deren Schultern in der Evolution wir stehen. Lass uns erkennen den Wert und die Würde von Tieren. Danke, dass du uns alles gibst, was wir brauchen.

46. Die Bergpredigt – eine Fälschung?

Ich selbst habe vier Semester Theologie studiert, aber dabei nie etwas davon gehört, dass Jesus als Poet aufgetreten ist. Davon hatte auch Günther Schwarz während seines Studiums nichts vernommen. Später – nach Jahrzehnten des Studiums der aramäischen Sprache und der aramäischen Poesie Jesu – schreibt er: »Ich behaupte: Wenn man den Text der Bergpredigt, des Neuen Testaments insgesamt, poetisch setzen würde im Druck, das heißt in Sinnzeilen, dann würde jedermann von Ihnen ohne Schwierigkeit, natürlich auch von den Theologen, die poetische Form erkennen. Aber nicht nur das, sondern erkennen an der unterschiedlichen Länge der Zeilen, dass hier und da und dort etwas nicht stimmt. Hinzugefügt wurde, ausgelassen wurde, ganz nach Belieben. Und wenn Sie fragen, wie die das wagen konnten damals, jene, die dieses Buch so abfassten, wie es heute vorliegt, dann lautet die Antwort: Die poetische Form ist klar, ist eindeutig und so formuliert, dass man nicht ein Wort streichen kann, ohne zu zerstören. Und nicht ein Wort hinzufügen kann, ohne zu zerstören. Daraus ergibt sich: Wenn jeder von Ihnen Zusätze als Zusätze erkennen würde, Auslassungen als Auslassungen erkennen würde, dann ergäbe sich daraus, ..., dass so wie die Kirche lehrt, Jesus nicht gelehrt hat.

Theologen haben hinzugefügt an den Stellen, wo sie daran interessiert waren, oder weggelassen, wenn sie daran nicht interessiert waren. Wobei natürlich die Wahrheit und die Klarheit auf der Strecke blieben. Ich schließe diese Entwicklung mit einer Frage an Ihr Gewissen: Finden Sie es richtig, dass das geistige Eigentum eines

Mannes wie Jesus von Nazareth durch die Überlieferung verändert wird, sodass der Autor Jesus sagen müsste: Das unterschreibe ich nicht. So habe ich das nicht gesagt.« Deshalb hat Günther Schwarz ein ganzes Buch mit dem Titel geschrieben: »Ist die Bergpredigt eine Fälschung?«

Die Bergpredigt, so wie sie bei Matthäus in den Kapiteln 5 bis 7 steht, hat es so nie gegeben. Die »Feldpredigt« im Lukas-Evangelium (6,20-49) mit ähnlichem Inhalt wie die Bergpredigt bei Matthäus ist nur etwa ein Viertel so lang. Was aber ist dann die berühmte Bergpredigt, wie wir sie kennen? Sie ist die Ansammlung von einzelnen Sprüchen und Aussagen Jesu, die er an verschiedenen Orten zu verschiedenen Zeiten für verschiedene Menschen vorgetragen hat: vor theologischen Gegnern, vor seinen Jüngern, vor Einzelpersonen. Diese Aphorismen entstanden nicht am Schreibtisch oder in der Synagoge, sondern meist unter freiem Himmel in direkter Auseinandersetzung mit Schülern oder Gegnern. Er hat sie in galiläischem Westaramäisch gesprochen. Sie enthält die Summe der Lehre Jesu auf knappem Raum. Sie ist die Magna Charta seiner Botschaft. Die Bergpredigt ist das Verdienst des Evangelisten Matthäus, so wie die kürzere Feldpredigt das Verdienst des Evangelisten Lukas ist.

Aber auch diese Feststellung ist nicht ganz richtig. Was wir als Bergpredigt oder Feldpredigt Jesu kennen, sind Abschriften von Abschriften von Abschriften. Und bei jeder Abschrift schleichen sich Fehler ein – wie jeder weiß, der schon mal längere Texte abschreiben musste –, vor allem im Laufe von mehreren Jahrhunderten und teilweise noch in fremden Sprachen. Der älteste griechische Text, der alle Worte der Bergpredigt enthält, ist etwa 250 Jahre nach Jesu Tod geschrieben worden. Es handelt sich dabei nicht um einen aramäischen Urtext, sondern um einen aus dem Aramäischen ins Griechische übersetzten Wortlaut. Aus dieser Tatsache hat Günther Schwarz gefolgert: »Die Worte der Bergpredigt offenbaren erst im aramäischen Originalton ihre ursprüngliche Bedeutung« und »Zwei Drittel der bisherigen Bergpredigt-Übersetzungen sind falsch übersetzt«.

Für seine Rückübersetzungen ins Aramäische dienten Schwarz mehrere syrische Übersetzungen der Evangelien. Hinzu kamen aramäische und syrische Wörterbücher. Schon 1895 forderte der Göttinger Theologieprofessor Julius Wellhausen: »Wer die Rede Jesu wissenschaftlich erklären will, muss imstande sein, sie nötigenfalls in die Sprache zurückzuübersetzen, die Jesus gesprochen hat.« Und 1927 beklagte der Marburger Theologe Professor Karl Bornhäuser: »Die Schwierigkeit, die darin besteht, dass Jesus Aramäisch gesprochen und wir seine Worte auf Griechisch haben, ist wohl gesehen, aber zu ihrer Überwindung ist das Mögliche noch nicht geschehen.« Und schon Martin Luther wusste über das Aramäische und Hebräische: »Ohne sie kann man die Heilige Schrift nimmermehr recht verstehen. Denn das Neue Testament, obwohl griechisch geschrieben ist, doch ist es voll von Ebraismus (= hebräisch) und Aramäismus (aramäisch)«.

Luthers Erkenntnis, Wellhausens Forderung und Bornhäusers Klage sind offiziell noch immer nicht erhört. Doch Günther Schwarz hat wichtige Pionierarbeit und wertvolle Vorarbeit geleistet.

Diese Hintergründe und Notwendigkeiten sind aber den meisten Christen und auch vielen Theologen noch immer unbekannt. Vor allem ist unbekannt, an wen Jesus seine Worte gerichtet hat. Das aber ist wichtig. Worte an Einzelne sind nicht für alle gültig. Wenn Jesus zu einer Person spricht, redet er im Singular, wenn er zu mehreren spricht, redet er im Plural. Sprüche im Singular gelten also nicht für jedermann für alle Zeit.

Ein Beispiel: »Wenn dich einer schlägt auf die rechte Wange, halt ihm auch die rechte hin.« Der Realist Jesus wird gewusst haben, dass dieser Grundsatz kaum von allen Menschen in jeder Situation befolgt werden kann. Er ist sicher auch nicht in jeder Situation hilfreich. Jesus selbst lebte freilich nach diesem Motto: Als er als Gefangener vor dem Priester Hannas steht, schlägt ihn ein Tempelpriester mit eiserner Faust zu Boden. Jesus steht ruhig auf und sagt: »Wenn ich unwahr gesprochen habe, so beweise es mir! Wenn ich aber wahr gesprochen habe, warum schlägst du mich?«

(Joh 18,23 RÜ). Jesus war also kein Feigling und kein Duckmäuser, aber auch kein Schlägertyp. Er war ein ganzer Mann. Er hat nicht zurückgeschlagen, aber auch nicht kleinlaut eingesteckt.

Und wie redete er? Dazu der Aramäisch-Kenner und gründliche Jesus-Forscher Günther Schwarz: »Jesus gab seinen Worten bestimmte Rhythmen. In einem Satz zwei betonte Silben, drei betonte Silben, vier betonte Silben. Und in einem längeren Satz fünf betonte Silben. Mehr gibt es nicht. Und eine Grobunterscheidung jetzt: Wenn ein Satz drei betonte Silben hat, wendet Jesus sich an Außenstehende. Bei vier betonten Silben an den Kreis seiner Jünger. Des engeren Kreises, des weiteren Kreises, je nachdem. Und nur ganz selten an Außenstehende, und dann meistens an außenstehende Lehrer, jüdische Lehrer oder Pharisäer. Dann nämlich, wenn er ihnen eine Lehre mitzuteilen hatte. Vier betonte Silben pro Satz sind immer lehrhaften Inhalts. Drei betonte Silben pro Satz sind meditativen Inhalts.« So kommt man den Intentionen Jesu näher.

Und nun vier Beispiele für verhängnisvolle falsche Übersetzungen in der Bergpredigt.

Erstens:

»Würdet ihr beharrlich bitten –
Abba würde euch geben.
Würdet ihr beharrlich suchen –
Abba würde euch finden lassen.
Würdet ihr beharrlich anklopfen –
Abba würde euch öffnen.«
(Mt 7,7 RÜ)

In der Einheitsübersetzung fehlt dreimal das Adjektiv »beharrlich«. Dort heißt es lediglich: »Bittet, dann wird euch gegeben ... sucht, dann werdet ihr finden ... klopft an, dann wird euch geöffnet.« Es geht Jesus bei seinen Zusagen jedoch um Beharrlichkeit. Wir aber glauben oft, dass wir nur mal kurz bitten müssten, und schon werden wie beim Weihnachtsmann unsere Wünsche erfüllt.

Oder wie beim Lottospielen. Jeder und jede, die mal vergeblich gebetet haben, wissen, wie frustrierend und enttäuschend vergebliches Beten sein kann. Und milliardenfach haben Menschen vergeblich gebetet und beten noch immer vergeblich. Was Jesus mit »beharrlich« meint, verdeutlicht er auch auf eine Frage von Petrus. Dieser will wissen: »Meister – wenn mein Bruder gegen mich gesündigt hat, wie oft soll ich ihm vergeben? Ist es genug – bis zu siebenmal?« Jesu Antwort: »Nicht bis zu siebenmal, sondern siebenundsiebzigmal!« (Mt 18, 21-22 RÜ).

Petri Frage zeigt, dass er wusste, was der Talmud zum Vergeben sagt: »Begeht ein Mensch eine Sünde, so soll sie ihm das erste, das zweite und dritte Mal, aber nicht mehr als das vierte Mal vergeben werden.« Die Sieben ist ein Symbol der Fülle und Vollkommenheit. Die Frage »Bis zu siebenmal?« zeigt, dass Petrus um diese Symbolik wusste. Er war bereit, begrenzt zu vergeben. Ganz anders Jesus: Siebenundsiebzig ist das 11-Fache von sieben. Damit lässt Jesus grundsätzlich keine Begrenzung der Vergebungsbereitschaft zu. Siebenundsiebzig heißt: Immer!

Die Imperative »bittet«, »sucht« und »klopft an«, also die Befehlsform in der Einheitsübersetzung, sind sehr missverständlich. Diesen Imperativ gibt es im Aramäischen in dieser Form nicht. Jesu Intention kann in richtiger Übersetzung im Deutschen am besten mit dem Konjunktiv wiedergegeben werden: »Würdet ihr bitten ...«

Mit »Öffnen« meint Jesus hier den »Einlass« in die Himmelsherrschaft« oder ins Leben. Das Verb »bitten« meint die Bitte um Erkenntnis, und »suchen« bedeutet um den rechten Weg bitten. Das Bitten, das Jesus meint, sollte also auf Erkenntnis und Selbsterkenntnis gerichtet sein, nicht auf blinden Glauben. Erkenntnis und Selbsterkenntnis meinen, dass Vieles, um das wir Gott bitten, unsere eigene Aufgabe, unser eigener Auftrag und unsere eigene Verantwortung sind. Das gilt beruflich, wirtschaftlich und oft auch im persönlichen Bereich. Vor allem wir Männer müssen in diesem Sinne lernen, dass Liebe immer auch Liebes-Arbeit ist. Wenn wir dies lernen, erfüllen sich viele Wünsche unseres Liebeslebens wie von selbst. Wirkliche Erkenntnis ist die wichtigste Lernaufgabe unseres Hierseins. Dafür sind wir auf diesem Schulungsplaneten. Die Erde soll es uns ermöglichen, den spirituellen Reifegrad zu erreichen, der es uns erlaubt, in die Urheimat, den Himmel, zurückzukehren. Himmel und Himmelsherrschaft sind bei Jesus dynamische Begriffe. Er meint den Zustand der immerwährenden Verbundenheit mit Gott, mit der spirituellen Welt Gottes.

Wer also beharrlich um Erkenntnis bittet, dem wird Gott diese Gnade zuteilwerden lassen. Das ist ein anderes Bitten als das Betteln um einen Sechser beim Lottospiel. Wenn wir oft vergeblich bitten, dürfte das auch daran liegen, dass Gott besser weiß als wir, was gut und hilfreich für uns ist. Auch Jesus hat noch vor der Kreuzigung gebet: »Abba! Diesen Becher lass vorübergehen, wenn es möglich ist!« Aber dann doch eingewilligt in den Willen seines Vaters: » Aber es geschehe dein Wille, nicht meiner!« (Mt 26-29 RÜ). Gott ist keine Maschine zum Erfüllen unserer Wünsche.

An dieser wichtigen Stelle der Bergpredigt, die das beharrliche Bitten behandelt, fällt auf, dass Jesus das Wort »Gott« vermeidet. Durch Missbrauch und Schändung, durch zahllose Opferkulte und Religionen ist das Wort durch die Jahrtausende besudelt und missbraucht worden. Jesus hat im Wort »Abba« einen Weg gefunden, von Gott zu sprechen sowie ihn anzusprechen.

Das zweite Beispiel für falsche und missverständliche Übersetzung in der Bergpredigt: Nachdem Jesus seinen Aposteln das Vaterunser gelehrt hatte, sagte er nach der Einheitsübersetzung zu ihnen: »Wenn ihr betet, sollt ihr nicht plappern wie die Heiden, die meinen, sie werden nur erhört, wenn sie viele Worte machen. Macht es nicht wie sie, denn euer Vater weiß, was ihr braucht, noch ehe ihr ihn bittet.« (Mt 6,7-9).

Den Zusatz »noch ehe ihr ihn bittet« wird Jesus nicht gesagt haben. Er ist unlogisch. Durch solche Zusätze werden Jesu zentrale Worte entstellt. Warum überhaupt bitten, wenn Gott eh schon immer weiß, warum wir bitten? Dann können wir es auch sein lassen. Könnten wir Jesus im Nachhinein bitten, solche Zusätze zu autorisieren, er würde es entrüstet ablehnen. Solche Zusätze sind nichtssagende Floskeln, die mehr verdunkeln als erhellen. Sie sind willkürliche Eingriffe in Jesu geistiges Eigentum. Schon der lateinische Kirchenlehrer Hieronymus beklagte sich im Jahr 382 in einem Brief an Papst Damasus, dass manche Bibelabschreiber Jesus durch Zusätze oder durch Fälschungen »korrigieren« wollten. Dabei hätten sie ihn aber »nur noch mehr verdorben«.

Liebe Leserin, lieber Leser, Sie haben bisher in diesem Buch schon einiges über den wirklichen Geist Jesu und über seine wahre Gesinnung gelesen: Können Sie sich wirklich vorstellen, dass der junge Mann aus Nazareth über »die Heiden« so abfällig gesprochen hat wie oben zitiert? Er, der wusste und lehrte, dass *alle* Menschen – wie er selbst – Kinder Gottes sind? Nein, so etwas können nur besserwisserische Übersetzer, die nicht viel von ihm begriffen haben, ihm in den Mund gelegt haben. So machte man aus dem toleranten Gottsucher einen intoleranten Gott-Fanatiker. Jesus kann unmöglich Heiden, also Nichtjuden, religiös so abqualifiziert haben. Er war viel zu sensibel gegenüber Andersdenkenden, um so ein Urteil über alle Heiden auszusprechen.

Im Johannes-Evangelium sagt Jesus: »Wenn ihr bei meinen Worten beharren würdet, so würdet ihr wahrhaftig meine Schüler, und ihr würdet die Wahrheit *erkennen*, und die Wahrheit würde euch frei machen« (Joh 8,31-32 RÜ).

Jesus schlägt vor, bei *seinen* Worten zu bleiben, nicht bei den falschen Übersetzungen seiner Worte.

Das dritte Beispiel in der Bergpredigt macht vollends deutlich, was eine falsche Übersetzung anstellen kann. In der Einheitsübersetzung lesen wir bei Matthäus (5,21-22 und 5,27-28): »Ihr habt gehört, dass zu den Alten gesagt wurde: Du sollst nicht töten; wer aber jemand tötet, soll dem Gericht verfallen sein. Ich aber sage euch: Jeder, der seinem Bruder auch nur zürnt, soll dem Gericht verfallen sein; und wer zu seinem Bruder sagt: Du Dummkopf!, soll dem Spruch des Hohen Rates verfallen sein; wer aber zu ihm sagt: du Narr, soll dem Feuer der Hölle verfallen sein.«

Wer von uns hat noch nie zu einem lieben Verwandten das gesagt, was Jesus hier angeblich geißelt? Dummkopf oder Narr? Und seit wann wünscht Jesus wegen einer solchen Lapalie jemand in die Hölle? Auf Aramäisch hat Jesus viel verständnisvoller und weniger verurteilend gesprochen:

»Ihr habt gelernt, dass Abba den Vorfahren geboten hat:
›Morde nicht!‹
Ich aber, ich sage euch:
Jeder, der seinem Bruder beharrlich zürnt –
Er mordet!«
(RÜ)

Also: Seid immer und grundsätzlich bereit zur Versöhnung. Wie gesagt: »Nicht siebenmal, sondern siebenundsiebzigmal am Tag.«

Ebenfalls in der Bergpredigt sagt Jesus in der Einheitsübersetzung (Mt 5,27-28): »Ihr habt gehört, dass gesagt worden ist: Du sollst nicht die Ehe brechen. Ich aber sage euch: Wer eine Frau auch nur lüstern ansieht, hat in seinem Herzen schon Ehebruch mit ihr begangen.«

Kann es sein, dass der menschenfreundliche Jesus so fundamentalistisch und moralistisch geurteilt und verurteilt hat? Er, der uns empfahl, nicht zu verurteilen? Günther Schwarz übersetzt diese heikle Stelle aus dem Aramäischen so:

»Ihr habt gelernt, dass Abba den Vorfahren geboten hat:
Brich die Ehe nicht!
Ich aber, ich sage euch:
Jeder, der seine Frau willkürlich verstößt –
er bricht die Ehe!«
(Mt 5,27-28 RÜ)

Deutlicher kann der Unterschied zwischen einer moralischen Position und einer moralistischen oder moralisierenden kaum aufgezeigt werden. Und wieder macht Jesus auf eine Ethik aufmerksam, welche die Frauen vor moralisierenden und heuchlerischen Männern schützt.

Und schließlich das vierte Beispiel irreführender Übersetzung in der Bergpredigt: In der Einheitsübersetzung lesen wir bei den berühmten Seligpreisungen: »Selig, die arm sind vor Gott; denn ihnen gehört das Himmelreich« (Mt 5,3). Und: »Selig, die keine Gewalt anwenden; denn sie werden das Land erben« (Mt 5,5).

Arm »vor Gott« ist wiederum ein Einschub der Übersetzer. Und von »selig« und von »Seligpreisungen« ist bei Jesus nicht die Rede.

Kann es sein, dass Menschen das Himmelreich »gehört«? Wer auch nur ein wenig nachdenkt, versteht, was Jesus hier wirklich gemeint hat: Das Wort »Himmelreich« ist eine Umschreibung für »Himmel«, und der »gehört« weder den Armen noch den Reichen, sondern allein Gott und sonst niemandem.

Und soll Jesus tatsächlich versprochen haben, dass die Gewaltlosen »das Land erben«? Auch hier stellt sich die Frage: Was soll dieser Unsinn? Warum unterstellen wir Jesus seit über 2000 Jahren solche Aussagen? Erbschaften auf dieser Erde waren nun wirklich nicht sein Thema. Rückübersetzt und in poetische Form gegossen, also so, wie Jesus wirklich geredet hat, sagt der Meister dieses: »Wohl euch, ihr Armen! Denn euch kann Abba reich machen« (RÜ).

Der Reichtum Abbas hat sicherlich nicht viel mit materiellem Reichtum zu tun. Nicht hier auf dieser Erde, aber in der Himmelsherrschaft kann und will Abba reich machen, und zwar rundum, in erster Linie spirituell.

Und: »Wohl ihnen, den Heilstiftenden!

Denn sie kann Abba »meine Kinder« nennen« (RÜ).

»Wohl euch ...« – damit sprach Jesus seine Zuhörerinnen und Zuhörer direkt an – »Wohl ihnen« – damit meint er alle Friedensstifter aller Zeiten. Sie sind in Wahrheit und Wirklichkeit »Gottes Kinder«. Also, lieber Günther Schwarz: Eine Fälschung scheint mir die Bergpredigt nicht zu sein. Auch in der griechischen Übersetzung ist zum Beispiel die pazifistische Intention sehr deutlich. Aber Ihre sensible Übersetzung aus dem Aramäischen macht das Denken Jesu deutlicher und verständlicher.

47. Jesu ergreifendes Abschiedsgebet

»Vater!
Ich habe offenbart deine Gegenwart denen,
die du mir gegeben hast.
Mir hast du sie gegeben,
und sie haben dein Wort bewahrt.
Alle, die du mir gegeben hast,
stammen von dir.
Die Worte, die du mir gegeben hast,
habe ich ihnen übergeben.
Sie haben sie übernommen und erkannt,
dass ich aus dir hervorgegangen bin.
Und sie haben darauf vertraut,
dass du mich gesandt hast.
Heiliger Vater!
Bewahre durch deine Gegenwart jene,
die du mir gegeben hast.
Während ich bei ihnen war,
habe ich sie bewahrt.
Nun komme ich zu dir
und sage dies,
damit sie meine Freude in sich haben
in ganzer Fülle.
Ich erbitte nicht von dir,
dass du sie entrücken lässt,
sondern dass du sie bewahren lässt
vor dem Bösen.
Gerechter Vater!
Wie du mich gesandt hast,
sende ich sie.
Und ich heilige mich für sie,
damit sie geheiligt seien.
Aber ich bitte nicht
für sie allein,

sondern auch für die, die vertrauen
durch ihr Wort.
Ich habe ihnen offenbart deine Gegenwart,
und ich werde sie offenbaren,
damit die Liebe, mit der du mich geliebt hast,
in ihnen sei.
(Joh 17,1-26 RÜ)

Auch dieses Gebet ist reinste aramäische Poesie in drei Teilen. Der erste Teil ist eingeleitet mit Jesu Schlüsselwort »Vater«. Der zweite Teil beginnt mit »Heiliger Vater!« und der dritte Teil mit »Gerechter Vater!«. Geballte Jesus-Programmatik. Im Zentrum steht der aufschlussreiche Vers: »Nun komme ich zu dir, und ich sage dies, damit sie meine Freude in sich haben in ganzer Fülle!« Er wollte noch einmal zum Abschied deutlich machen, dass er eine Freudenbotschaft hinterlässt. Und dass es keinen Tod gibt, sondern ewiges Leben. Leben in Fülle. (Siehe das Kapitel: Vom Sinn des Sterbens.)

Drei Jahre lang war er mit seinen engsten Freunden und Vertrauten in etwa zehn Wanderungen jeweils bis zu drei Monate unterwegs: in Nazareth und am Jordan, in Kafarnaum und am See Genezareth, in Galiläa und Judäa, in Jerusalem und Jericho, im Hermon-Gebirge und in Betanien, in Tyrus und in Naim, in Kana und Betsaida. Seine Freunde und »viel Volk« konnte Jesus von seiner Botschaft überzeugen, nicht aber die Mächtigen und Einflussreichen seiner Zeit. Deshalb setzte er am Schluss alles auf eine Karte: Er war bereit zu leiden und zu sterben.

Im Tempel hatte er Kampfreden gehalten, weitgehend vergeblich. Die frommen Eiferer waren nicht offen für seine neue Botschaft. Er dachte jetzt wohl an sein eigenes Gleichnis vom Weizenkorn: »Wenn das Weizenkorn nicht stürbe, so bliebe es allein. Wenn das Weizenkorn stirbt, so bringt es Frucht« (Joh 12,24 RÜ). Und so lädt er seine Freunde zu einem letzten gemeinsamen Abendessen ein. Als Zeichen seiner Demut und Verbundenheit wäscht er seinen Begleitern die Füße. Er will damit seinen engsten

Vertrauten sagen: Setzt euch zu Füßen der Menschen, denen ihr die Gottesbotschaft vermitteln wollt. Hört ihnen zu, und habt keine Angst vor zärtlichen und liebevollen Berührungen.

Und dann ein grandioses Abschiedsversprechen, wie es nie jemand anders geben konnte:

»Ich werde erbitten von Abba,
dass er euch einen Tröster sende,
der sich für immer bei euch aufhalten wird.
Der Tröster, den Abba senden wird –
Er wird euch alles lehren,
und er wird euch an alles erinnern.
Wenn der Tröster gekommen sein wird,
ein Geistwesen, das von Abba ausgeht, –
so wird er Zeugnis über mich ablegen.«
(Joh 14,16-26 RÜ)

Mit diesen Trostworten und einem gemeinsamen Essen hat sich Jesus von seinen Freunden verabschiedet. Er wollte deutlich machen, dass diese Communio beim Essen und Trinken ein Zeichen der Verbindung mit ihm und zwischen ihnen ist. Jegliche Trennung der Konfessionen ist also ein schwerer Verstoß gegen Jesu letzten Willen. »Tut dies zu meinem Gedächtnis«, hat er ihnen aufgetragen. Er hat jedoch nicht gesagt: »Tut dies getrennt nach Konfessionen.«

Jesus hat keine Vertröstungsideologie verkündet. Das Reich Gottes ist zum Greifen nah – erklärte er permanent seinen Aposteln. Und das vor 2000 Jahren. Wo aber blieb denn das Reich Gottes in der Zwischenzeit? Jesus hat ja nicht gesagt, dass das Reich Gottes eine fromme Utopie in ferner Zukunft sei. Also: Frieden schaffen jetzt! Für Gerechtigkeit kämpfen jetzt! Den Klimawandel stoppen jetzt! Wann denn sonst?

Das heißt: Schluss mit der Jammerei, Stopp mit der Vertrösterei, keine Angstmacherei mehr! Wir alle leben doch nur ein paar Jahrzehnte auf diesem schönen Planeten. Die Zeit der ewigen

Warterei ist endgültig zu Ende. Die Zeit drängt, und die Zeichen mehren sich. Und wir wissen heute gut Bescheid über die Zustände auf unserem Planeten. Es gibt jetzt keine Ausreden mehr.

48. Jesus überlebte die Kreuzigung

In keinem der vier »griechischen« Evangelien der Einheitsübersetzung steht klipp und klar, kurz und eindeutig, dass Jesus am Kreuz tot war. Bei Matthäus steht: »Jesus aber schrie noch einmal laut auf. Dann hauchte er den Geist aus« (Mt 26,50). Bei Markus: »Jesus aber schrie laut auf. Dann hauchte er den Geist aus« (Mk 15,37). Bei Lukas heißt es: »Vater, in deine Hände lege ich meinen Geist. Nach diesen Worten hauchte er den Geist aus« (Lk 23,46). Und bei Johannes: »Und er neigte sein Haupt und gab seinen Geist auf« (Joh 19,30). Seltsamerweise sind trotzdem alle entsprechenden Kapitel von den Übersetzern so überschrieben: Der Tod Jesu! Und jede Karfreitagsliturgie und jede Osterpredigt suggerieren seit Jahrhunderten, dass er tot war. Aber das steht in keinem der entscheidenden Texte. Wie auch soll ein Leichnam nach eineinhalb Tagen wiedererweckt werden wie ein Schlafender?

Warum aber hat keiner der Evangelisten schlicht geschrieben: »Er starb«? Wir wissen es nicht.

Jesu »Auferstehung von den Toten« hat niemand gesehen.

Nur Paulus, der Jesus und seine Botschaft nicht kannte, sondern lediglich auf seine Erleuchtung bei Damaskus setzte, hat geschrieben: »Ist aber Christus nicht auferweckt worden, dann ist unsere Verkündigung leer und euer Glaube sinnlos« (1 Kor 15,12-19). Karl Herbst meint, selbst wenn Jesu Leichnam in einer Verbrechergrube verwest wäre, würde das die Wahrheit seiner Botschaft nicht mindern. Brauchen wir physische Osterbeweise?

Über die Frage, ob Gott mithilfe von Magie Leichen wiederherstellen kann, müssen wir nicht länger spekulieren. Nach Jesus hat es Gott nicht nötig, mit Mirakeln in sein Schöpfungswerk einzugreifen. Alles bleibt im Rahmen der Schöpfungsordnung. Gott wirkt *nicht gegen* seine Schöpfung, sondern *in* seiner Schöpfung. Dass Gott eine Leiche aufrichtet, ist gottwidrig; dass Jesus durch die Kraft seines Gottvertrauens Kranke und Schwache aufrichtet, ist gottgemäß. Eine bis heute wundergläubige Theologie erklärt Jesus am Kreuz für tot, verwandelt seine Leiche anschließend in ein Gespenst, das sich je nach Bedarf sichtbar oder unsichtbar machen und anschließend in die Wolken hinauf schweben kann. Hokuspokus! Welch primitives Jesus- und Gottesbild. Frömmigkeit, die den Verstand einschläfert, sollte sich wenigstens nicht auf Jesus berufen. Gott hat uns den Verstand gegeben, damit wir ihn benutzen.

Jesus propagiert keinen blind-frommen Glauben, sondern einen mit Herz *und* Verstand. Auch das Karfreitags- und Ostergeschehen ist vereinbar mit Herz und Verstand. Genau für diese Vereinbarkeit und Ganzheitlichkeit hat Jesus geworben. Jesus-Freunde sollten denken und fühlen wie ihr Meister selbst: nüchtern, logisch, einfach und nicht theologisch kompliziert. Könnte es nicht sein, dass Jesus zwar *bis* an den Tod, aber nicht *in* den Tod ging, wie es die Texte aller vier Evangelien ja tatsächlich suggerieren?

Zieht man das Aramäische hinzu, findet man des Rätsels Lösung. Günther Schwarz: »Erwähnenswert ist, dass das Verb ›nphah‹, ›er hauchte aus‹, ein aktives Verb ist. Diese Tatsache erlaubt den Schluss: Jesus starb nicht als ein passiv Erleidender, sondern er ›hauchte seinen Geist aus‹ als ein aktiv Handelnder. Denn den Zeitpunkt des Geistaushauchens, wobei sein Geistkörper seinen materiellen Körper verließ, bestimmte er selbst. Und zwar damit, dass er zu Abba gewandt sagte: ›Deiner Macht vertraue ich meinen Geist an.‹ Kann man das anders verstehen als: Jesus habe erwartet, dass sein Geistkörper nach dem Geistaushauchen weiterleben werde und dass sein materieller Körper (wie bei der Tochter des Jairus) bald in ihn zurückkehren werde?!«

Wie aber hat Jesus die Tochter des Jairus »vom Tod zurückgeholt«?

Nach dem griechischen Text heißt es in der Einheitsübersetzung: »Alle Leute weinten und klagten über ihren Tod. Jesus aber sagte: Weint nicht! Sie ist nicht gestorben, sie schläft nur. Da lachten sie ihn aus, weil sie wussten, dass sie tot war. Er aber fasste sie an der Hand und rief: Mädchen steh auf! Da kehrte das Leben in sie zurück, und sie stand sofort auf. Und er sagte, man solle ihr etwas zu essen geben. Ihre Eltern aber waren außer sich. Doch Jesus verbot ihnen, irgendjemand etwas zu erzählen, was geschehen war« (Lk 8,52-56). Das heißt: Das Mädchen schwebte zwischen Leben und Tod. Ihr Geistkörper war noch mit einem Energieband mit dem materiellen Körper verbunden – vielleicht so wie ein Embryo bei seiner Geburt physisch noch durch eine Nabelschnur mit dem Körper seiner Mutter verbunden ist. Dieses Energieband nennt der Volksmund »Lebensfaden« oder »Silberne Schnur«. Wäre das Mädchen tot gewesen, hätte es so wenig ins irdische Leben zurückkehren können, wie ein Neugeborenes in den Mutterleib zurückkehren kann, wenn die Nabelschnur zerschnitten ist. Durch sein Machtwort »Steh auf!« rief Jesus den Geistkörper des Mädchens in ihren leiblichen Körper zurück. Günther Schwarz: »Und warum tat er das? Weil er hellsehend wahrgenommen hatte, dass ihr Energieband noch nicht zerrissen war.«

Die moderne Neurologie und Gehirnforschung sind gerade dabei, uns solche Zusammenhänge verstehen zu lernen. Der Neurologe Eben Alexander schreibt: »Die Vorstellung, dass ein Herzstillstand den Tod bedeutet, ist seit 50 Jahren veraltet ... Die Medizin hat ihre Definitionen von Tod schon vor langer Zeit dahingehend revidiert, dass sie das Gehirn und nicht das Herz in den Mittelpunkt stellt ... solange sauerstoffreiches Blut zum Gehirn transportiert wird, bleibt die betreffende Person am Leben, auch wenn sie vorübergehend bewusstlos ist.«

Es gibt einen Beleg für diese These in der Apostelgeschichte. In der aramäischen Rückübersetzung heißt es dort in der Pfingstpredigt des Petrus (Apg 2,22-24 RÜ): »Kinder Israels! – Hört diese Worte: Jesus der Nazoräer, den ihr durch Gottlose habt annageln und beseitigen lassen, den hat Gott *wiederherstellen* lassen, indem er die ›Stricke des Todes‹ lösen ließ: weil es unmöglich war, dass er von ihm besiegt wurde.« Das aramäische »aqem« heißt nicht »auferstehen«, sondern »wiederherstellen«. Die eingewurzelte christliche Überzeugung, dass Jesus am Kreuz gestorben war, ist damit erschüttert. Petrus selbst bezeichnet es als »unmöglich«, dass Jesus vom Tod »besiegt wurde«. Und Paulus – ein unverdächtiger Zeuge – bestätigt grundsätzlich:

»Ich verrate euch ein Geheimnis:
Wir werden nicht alle entschlafen.
Aber wir werden alle verklärt werden.«
(1 Kor 15,51 RÜ)

Günther Schwarz kommentiert: »Die Summe von all dem, was sich in diesem Zusammenhang an Jesus ereignet hat, mit dem ganz und gar ungeeigneten Wort ›auferstehen – Auferstehung‹ bezeichnen zu wollen, war von Anfang an zum Scheitern verurteilt und sollte künftig unterlassen werden. Denn, damit kein Missverständnis aufkomme: ganz und gar ungeeignet ist dieses Wortfeld deswegen, weil es viel zu grobmateriell ist, um jenes geistige Phänomen sachgerecht aussagen zu können, das sich am Ostersonntag an Jesus ereignet hat. Nämlich nicht seine grobmaterielle Auferstehung, sondern, ich wiederhole: seine endgültige Verklärung, und damit seine Erhöhung über seinen vorherigen jenseitig-geistigen Rang hinaus.« Später ersetzt Schwarz das Wort »Verklärung« oft durch »Verwandlung«.

Hätte Paulus hier »wir werden alle verklärt werden« diktieren dürfen und dies noch als »Geheimnis« deklarieren, wenn »wir werden alle auferstehen« richtig gewesen wäre? Vielleicht ist dieses »verklärt« eine Selbstkorrektur Pauli gegenüber seiner bisherigen Auffassung von »auferstanden«. Die »Verklärung« Jesu am Berg Tabor wird von Matthäus so beschrieben:

»Während er dastand und betete,
wurde er in Lichtglanz verwandelt.
Sein Gesicht wurde leuchtend wie die Sonne,
seine Kleidung wurde weiß wie Schnee.«
(Mt 17,2-3 RÜ)

Und dann hörten Jesus und seine drei Begleiter (Petrus, Jakobus und Johannes) das berühmte Wort Gottes an Jesus:

»Mein Sohn bist du, mein Einzigartiger.
Du bist der Fels. Auf diesen Felsen werde ich meinen Tempel bauen.
Denn dich werden nicht überwältigen die Torhüter der Totenwelt.
Dir werde ich die Schlüssel geben zum Königtum der Himmel.
Jedem, dem du zuschließen wirst – ihm soll zugeschlossen sein.
Jedem, dem du aufschließen wirst, ihm soll aufgeschlossen sein.«
(Mt 17,1-5 RÜ)

So ähnlich wie diese »Verklärung« am Berg Tabor können wir uns Jesu Verklärung am Kreuz vorstellen und das, was Paulus unter Verklärung verstand.

Karl Herbst: »Nach dem ›Aushauchen‹ ergaben sich Zufälle, von denen jeder einzelne ganz natürlich zu erklären ist, deren Verkettung und Endergebnis aber so ungewöhnlich ist, als ob sie von einem liebenden Gott gelenkt wären, der auch als Schöpfer seine Ziele schon ab dem Urknall durch schöpfungsgemäße ›Zufälle‹ statt durch schöpfungswidrige Wundereingriffe erreicht.«

Zufall nennen wir das, was uns zufällt.

Einige dieser »Zufälle«:

1. Weil Vorabend des Sabbat war, mussten die Gekreuzigten von den Kreuzen entfernt werden.
2. Theologen meinen, weil ein Landsknecht Jesus mit seiner Lanze »in die Seite« stach, muss sein Herz getroffen sein, und folglich war er tot. Wie können Soldaten beim bloßen Sehen erkennen, ob jemand tot ist? Und warum dann noch der Lanzenstoß? Nirgendwo steht, dass die Lanze ihn ins Herz traf. Seite und Herz sind nicht dasselbe.
3. Jesus hatte im Hohen Rat geheime Anhänger wie Joseph von Arimathäa, ein reicher und einflussreicher Mann mit Bezie-

hungen zu Medizinern. Er wollte Jesus den letztmöglichen Dienst erweisen, nachdem er seine Kreuzigung schon nicht verhindern konnte. Nur ein Einflussreicher konnte es wagen, von Pilatus die Freigabe des »Leichnams« zu erbitten.

4. Pilatus »wunderte sich« (Mk 15,44 RÜ), dass ein Gekreuzigter schon nach fünf oder sechs Stunden tot sein sollte.
5. »Zufällig« war der Jesus-Freund Joseph schon vor der Kreuzigung auf die nicht alltägliche Idee gekommen, auf seinem Gelände ein großes Grab aushauen zu lassen.
6. »Zufällig« lag diese Grabkammer nicht weit entfernt vom Kreuzigungsort.
7. Es war nicht üblich, einen Leichnam in ein Leinentuch einzuschlagen. Leichen wurden bandagiert, um rasch verwesen zu können. Jesus aber wurde in ein Leinentuch eingeschlagen, sonst hätten wir kein Grabtuch von Turin. Nach gründlichen Studien sind Günther Schwarz und Karl Herbst von der Echtheit des Turiner Grabtuchs überzeugt. Zur »Wiederherstellung« Jesu kauften Joseph und der zweite einflussreiche Jesus-Freund Nikodemus »etwa zwei Pfund« Heilkräuter wie Myrrhe und Aloe (Joh 19,39 RÜ), um damit das Grabtuch zu tränken. Das wäre für eine Leiche sinnlos gewesen.

Am ersten Karfreitag war es inzwischen Abend geworden. Das Evangelium sagt: »Die Sonne verlor ihren Schein.« Es war Nacht, und die Nacht hatte scheinbar gesiegt. Aber auf jede Nacht folgt ein neuer Tag. Medizinkundige Helfer um die Jesus-Freunde versorgen wohl den verwundeten und ohnmächtigen Jesus nach seiner Kreuzigung, sodass er nach eineinhalb Tagen aus seiner Ohnmacht wieder aufwacht. Sie werden ihn auch mit den gekauften Heilkräutern behandelt haben. Nachdem er körperlich wieder*hergestellt* war, ging er nach Galiläa, wo er seine Freunde traf. Jesu Körper war vor der Kreuzigung und am Kreuz unsäglich gequält und geschunden worden – durch die Geißelung, durch die Dornenkrone, durch mehrere Stürze auf seinem Kreuzweg, durch die Kreuzigung mit Nägeln an Händen und Füßen und durch den

Lanzenstich am Kreuz. Welch ein Gottvertrauen, diesen Leidensweg freiwillig und ganz bewusst zu gehen. Er war nicht seinen Kreuzweg gegangen, um die nationalen Träume seines Volkes zu erfüllen, sondern um einen die ganze Menschheit betreffenden Auftrag.

Vielleicht sollten wir Christen etwas mehr Vorsicht beim Umgang mit dem Kreuz und mit dem »Tod am Kreuz« walten lassen. Allzu gerne wird aus dem Kreuz Jesu ein Schmuckstück. Es gehört aber neben dem elektrischen Stuhl, dem Fallbeil und dem Scheiterhaufen, auf dem im Mittelalter bis in die Neuzeit »Hexen« verbrannt wurden, zu den grausamsten und ungeheuerlichsten Mord- und Folterinstrumenten, mit denen Menschen glaubten, ihre Mitmenschen quälen, foltern und töten zu dürfen. Jesus ist bei seiner Geißelung, auf dem Kreuzweg und am Kreuz genau das widerfahren, wovon er uns ein für alle Mal befreien wollte: dass Menschen andere Menschen quälen.

Vor 2000 Jahren wurden viele Menschen ans Kreuz geschlagen. Nicht die Kreuzigung Jesu ist einmalig, sondern dass er sie überlebt hat – wie auch immer – und die Reaktion seiner Mitmenschen und künftiger Generationen – ist das eigentliche »Wunder«. Und vor allem: Dass Jesus sich freiwillig kreuzigen ließ. Seine gesamte Leidensgeschichte konnte er nur ertragen, weil er wusste, dass seine Seele unsterblich ist und auch sein Geistkörper. Die freiwilligen Qualen einer Kreuzigung sind wohl nur durchzustehen im Vertrauen auf ewiges Leben und durch die Kraft ewigen Lebens. C. G. Jung meint: Ob Jesus nach seiner Kreuzigung physisch weiterlebte oder nicht, dürfte nur von geringer Bedeutung sein. Wesentlicher ist wohl die Erkenntnis, *dass* er geistig weiterlebt. Lasst uns also auf eine schöne geistig-seelische »Auferstehung« oder »Verklärung« hoffen. Die moderne Quantenphysik lehrt uns, dass Materie nichts anderes ist als verdichteter Geist oder verdichtete Energie durch Geist. Der frühere UN-Generalsekretär Dag Hammerskjöld hat so gebetet: »Gib uns reinen Geist, damit wir dich sehen, demütigen Geist, damit wir dich hören, liebenden Geist, damit wir dir dienen, gläubigen Geist, damit wir dich lieben.« Dann sendest du uns die unumstößliche Gewissheit, dass du da bist. Vertrauen, das ist die Heiterkeit, die von Gott kommt, meinte Papst Johannes XXIII.

Die Opfer-, Blut- und Kreuzestheologie ist eine Perversion dessen, was Jesus lehrt und was sein Vater-Gott will. Am Blut Christi und am Kreuz Christi hat sich die Kirche geradezu berauscht. Jesu Vater-Gott will aber keine Opfer und kein Blut und keine Kreuzigung – er will Barmherzigkeit und Liebe. Jesu Gott ist kein Sadist. Wir sollten am Karfreitag deshalb unser Knie niemals vor dem Kreuz, sondern allein vor dem Gekreuzigten beugen. Ihn nennt das Johannes-Evangelium »den Weg, die Wahrheit und das Leben«. Eugen Drewermann: »Er war der wunderbarste Mensch, der je gelebt hat. Alles, was wir von Gott je begreifen werden, war in ihm lebendig, und wo immer wir untereinander ein Stück Leben pflegen und erfahren, werden wir nach und nach von jener Wahrheit mehr verstehen, die er uns bringen wollte.« Wesentlich ist: Jesu ganze Zuversicht liegt in der Überzeugung, dass der physische Tod die Tür zum Eingang ins ewige Leben ist, in eine Sphäre ohne Leid, in den ewigen Frieden, ins »Paradies«.

Nach einhelliger Überzeugung der Evangelisten konnte Jesus vom Tod nicht besiegt werden, sondern er hat ihn überwunden. Der Begriff »Auferstehung« statt »wiederhergestellt« hat unermesslich viel spirituellen Schaden angerichtet. »Auferstanden« ist ein aktives Verb, aber kein Toter kann sich selbst wiederbeleben. Tot ist tot. »Auferstehung« ist eher eine mystische als eine physische Erfahrung, eine »Verklärung« der Person, nicht eines materiellen Leibes oder eine »Verwandlung« wie am Berg Tabor.

»Wiedergeburt«, »Auferstehung«, »Verklärung« und »Verwandlung«: In der Nähe Jesu waren dies keine Verheißungen, sondern Erfahrungen. Die Garantin dafür, die große Erfahrene, war eine Frau, Maria aus Magdala. Ihre Erfahrung »Er lebt« heißt für alle Zeit: Der Tod hat nicht das letzte Wort. In dieser zentralen Botschaft des »Auferstandenen« oder besser des »Verklärten« liegt die Erfahrung, dass der Tod ein für alle Mal überwunden ist. Jesus: »Wer an mich glaubt, wird leben – auch wenn er gestorben ist« (Joh 11,25).

Es ist magisches, vorreligiöses Denken, dass Gott gegen seine eigenen Schöpfungsgesetze verstoßen müsste, um »Wunder« zu wirken. Es ist aber jesuanisches Urvertrauen, wenn ich davon ausgehe, dass ein liebender Vater es gut mit mir meint oder mit dem gefolterten und gekreuzigten Jesus. Mit der Theologin und Psychotherapeutin Monika Renz bin ich der Meinung, dass die Frage, wie Jesu Kreuzestod zu verstehen sei, »für die Zukunft des Christentums schicksalhaft« ist. Jesus hat seinen Tod sicherlich nicht »gesucht«. Er war kein Masochist. Und er war schon gar nicht verliebt in Schmerz und Leid. Deshalb bat er seinen »Vater«, wenn möglich, ihm die Schmerzen und die Tortur am Kreuz zu ersparen. Er wusste auch, dass sein liebender Vater nicht einen »Opfertod« braucht, um in einem magisch anmutenden Tauschhandel mit den Menschen »versöhnt« zu werden. Jesus hat aus freien Stücken in seinen Kreuzweg eingewilligt. Jesu Abba war auch kein Sadist, der wollte, dass sein Lieblingssohn gekreuzigt wird. Alles, was uns Jesus über seinen Abba erzählte, widerspricht diesem nach Blut lechzenden Gottesbild. Sicher ist, dass Jesus bis zum Kreuz der Handelnde blieb. Es ließ sich das Gesetz des Handelns von niemandem vorschreiben.

Wie anders aber sollen und wollen wir seine Passion und seine Kreuzigung verstehen? Alle vier Evangelien machen deutlich, dass Jesus seine Demütigung am Kreuz in Kauf nehmen musste, wollte er seiner Bestimmung und seinem Auftrag konsequent treu sein. Es war »Liebe in äußerster Konsequenz« (Monika Renz). Und bedingungsloses Vertrauen in die Güte und Barmherzigkeit seines und unseres Vaters. Kämpfer für eine gerechte Sache können ungeahnte Kräfte und Mut gegen Todesangst mobilisieren. Man denke zum Beispiel an die Geschwister Sophie und Hans Scholl und ihren Kampf gegen die verbrecherische Politik der Nazis. Diesen Kampf wird freilich nur durchstehen, wer von seiner »Sache« völlig überzeugt ist. Jesus war überzeugt.

Am Ostermorgen ging Maria Magdalena mit zwei anderen Frauen zum Grab Jesu. Wege zu Gräbern sind Wege der Traurigkeit. Es war noch dunkel. Aber, so heißt es bei Markus, sie gingen zum Grab, »als eben die Sonne aufging«. Sie traf ihren »verklärten« Freund und wollte ihn festhalten. Im griechischen Johannes-Evangelium (Joh 20,17) sagt Jesus zu ihr: »Halte mich nicht fest; denn ich bin noch nicht zum Vater hinaufgegangen.« Doch rückübersetzt ins Aramäische und dann ins Deutsche ergibt sich genau das Gegenteil: »Berühre mich, denn ich bin nicht gestorben.« Dazu Günther Schwarz: »Auch wenn es schockierend ist. Eine andere Wiedergabe lässt die Aussage Jesu nicht zu.«

Dazu der Kirchenlehrer Aurelius Augustinus: »Ein Wunder passiert nicht gegen die Natur, sondern gegen unser Wissen von der Natur.«

Die Zeugen am Ostermorgen sahen: Ein leeres Grab, ein Leichentuch, einen Engel sowie eine strahlende und seltsam vertraute Erscheinung aus Fleisch und Blut. Der Gekreuzigte und Totgeglaubte wandelte auf wundersame Weise unter den Lebenden, aß mit ihnen und konnte auf rätselhafte Weise erscheinen und verschwinden. Und alle, die ihm begegneten, überwanden ihre Angst, obwohl sie zuvor total verängstigt waren und sich versteckt hatten. Und aus der kleinen Schar einer Sekte wurde die größte Glaubensgemeinschaft der Menschheitsgeschichte. Das Leben und die Lehre des Mannes aus Nazareth haben die Welt verändert.

Ostern bedeutet vor allem: Die Sache Jesu geht weiter. Ich laufe in Jerusalem den Weg, den Maria Magdalena damals am Ostermorgen ging. Dabei stelle ich mir vor, was diese Jesus-Freundin empfunden haben muss. Ihre ganze Hoffnung, ihr tiefstes Vertrauen und ihre bedingungslose Liebe hat sie auf ihren Freund aus Nazareth gesetzt. Doch die damaligen Obrigkeiten hatten dies alles brutal zerstört. Sie war zu Tode betrübt. Aber dann das leere Grab. Die Begegnung mit dem Jüngling. Und Jesus sagt nur ein einziges liebevolles Wort zu ihr: »Mirjam«! Jesus spricht seine Freundin und Vertraute mit ihrem aramäischen Namen an und ruft sie aus ihrer Traurigkeit ins Leben zurück.

Und plötzlich ist die Stimmung himmelhochjauchzend. Er lebt. Er hat die Kreuzigung überlebt. Kann das wirklich sein? Unfassbar! Jesus hat tatsächlich zu ihr gesagt: »Ich bin nicht gestorben!« Maria Magdalena rennt nach der Überwindung des ersten Schocks so schnell sie wohl konnte quer durch Jerusalem zu den Aposteln, die noch immer unter Schockstarre stehen und sich eingeschlossen haben. »Er lebt«, ruft sie. Und erzählt, was sie gesehen hatte. Die Reaktion der Männer: »Weibergeschwätz! Die spinnt doch. Jetzt nur nicht die Nerven verlieren.« Wie Männer halt so sind. Doch später haben auch sie voller Begeisterung und ohne jede Angst öffentlich verkündet: »Er lebt.« Den Sieg des Lebens über den Tod hat Maria aus Magdala klarer und rascher erkannt als die Männer um Jesus. Heute wird im Gedenken an diese Frau in Migdal (Magdala) mit einem Millionenaufwand eine Kirche errichtet. Ich pilgere durch Magdala und wundere mich, dass in einem Mosaikbild diese Magdalena noch immer als eine Sünderin, eine reuige Prostituierte dargestellt wird, aus der erst sieben Teufel ausgetrieben werden müssen. Sie hatte unbestritten ein besonderes Verhältnis zu Jesus. Alles andere ist männliche Fantasie. Frauen müssen bis heute in der Kirche einfach zweitrangig sein. Ob die Kirche es jemals schafft, Jesus wirklich zu verstehen, für den Männer und Frauen schlicht gleichwertig sind?

Und ich denke, dass Jesus das zentrale christliche Grundvertrauen in das Leben nach seiner Verklärung an Ostern jedem und jeder von uns weitergeben möchte. Jörg Zink: »Nach allem, was ich im Laufe meines Lebens erfahren habe, bin ich überzeugt, dass das, was wir Tod nennen, in Wahrheit die Rückseite einer ganz anderen Art von Leben ist. Ich gehe also mit Maria Magdalena im Garten meines eigenen Daseins umher und begegne dabei nicht einer vergangenen Geschichte, nicht einem Grab, nicht einem toten Christus, sondern höre meinen Namen und weiß: Mit diesem Namen ist der Mensch in mir gemeint, dem Leben zugedacht. Lebendiges, bleibendes Leben.«

In meinem Buch »Jesus – der erste neue Mann« beschrieb ich die Szene der »Auferstehung« nach den Erkenntnissen von Karl Herbst schon so ähnlich. Doch jetzt haben wir von Günther Schwarz einen exegetischen Beleg dafür, dass Jesus wohl nicht am Kreuz gestorben ist, sondern »verklärt« war, was immer das heißen mag. Das Geheimnis bleibt. Das große Geheimnis unseres Hierseins: Wir sterben, um zu leben. Als Jesus nach seinem Auferstehungsglauben gefragt wird, antwortet er, die Toten seien nicht tot, sie lebten bei Gott. Und zwar schon immer. Israels alte Väter wie Abraham, Isaak und Jakob leben, sagt Jesus. Gott ist nicht ein Gott der Toten, er ist ein Gott der Lebenden. Sicher ist, dass Jesus den Tod besiegt und überwunden hat. Wie genau – das wissen wir nicht. Der außergewöhnlichste Mensch aller Zeiten hat den verhängnisvollsten Irrtum aller Zeiten aufgelöst: dass es mit dem irdischen Tod mit uns aus und vorbei sei. Im Gegenteil. Deshalb kann Jesus nach seiner eigenen Lehre am Kreuz gar nicht gestorben sein. Dafür sprechen diese Gründe:

- Neben unserem physischen Körper besitzen wir einen zweiten Astralkörper, im Volksmund »Seele« genannt.
- Der »Tod« unseres Körpers ist kein Ende unserer Persönlichkeit.
- Über unseren Sterbevorgang liegen seit 150 Jahren Tausende von Forschungs- und Erfahrungsberichte vor, die wir endlich zur Kenntnis nehmen und in unser Welt- und Menschenbild integrieren sollten. So zum Beispiel das Buch von Werner Schiebeler »Der Tod – die Brücke zu neuem Leben. Erfahrungsberichte für ein persönliches Fortleben nach dem Tod. Der Bericht eines Physikers« oder die vielen Bücher von Elisabeth Kübler-Ross zu diesem Thema.
- Allein in Deutschland haben etwa zwei Millionen Menschen wissenschaftlich abgesicherte Nahtoderfahrungen, die wir ebenfalls nicht länger ignorieren sollten, vor allem die Kirchen nicht.

Jesu Großtat besteht nicht im »Wunder« einer physischen »Auferstehung«, sondern darin, ein Beispiel zu geben, wie man *so* lebt, dass der Tod und die Angst vor dem Tod das Leben nicht verstellen und beschränken. Das ist seine wahre Frohbotschaft. Das ist die innere Umkehr der bis dahin geltenden Weltordnung. Nur so kann die Umwandlung von Angst in Akzeptanz, von Gewalt in Güte gelingen. Dies genau ist der Wendepunkt der gesamten Menschheitsgeschichte. Im Vertrauen auf seinen Vater ging Jesus durch den Tod hindurch, machte »Auferstehung« erlebbar und zeigte sich selbst als »Auferstandenen«. Jesus ist *der* Beweis für ewiges Leben. In seinem Geist können wir auf ein ewiges Leben vertrauen und damit aufhören, die Endlichkeit des Lebens zu fürchten.

Die ganze Leidensgeschichte Jesu ist eine Geschichte der Grobheit von Männern. Aber das entscheidende Wort der gesamten Geschichte des Christentums hat eine Frau gesprochen. Die Wirklichkeit des Geschehens am Ostermorgen kann man nur mit dem Herzen verstehen: Es gibt Hoffnung über die Tödlichkeit des Tuns von Menschen hinaus. Wir können nicht hoffen, von Leid und Angst ein für alle Mal befreit zu werden, aber wir dürfen nun hoffen, dass uns am Grab eine göttliche Stimme – so wie Mirjam – bei unserem Namen ruft. Und zum Leben. Was Gott an Jesus getan, das kann er an uns allen tun.

Vor allem die Hoffnung auf ein Leben nach dem Tod gibt unserem Leben und Sterben einen tiefen Sinn. Ohne diese Hoffnung sind wir gefangen in einem Meer von Angst. Ohne Hoffnung verlieren wir die Fähigkeit zu träumen und die Kraft zu lieben. Wenn wir den Blick vom Himmel wenden, wird dieses Leben ein Gefängnis. In der Ewigkeit aber wartet die Freiheit auf uns. Viele Bilder in den Jesus-Geschichten von Engeln und Teufeln, von Wundern und Heilungen, von Totenerweckungen und Brotvermehrung sind nicht physiologisch, sondern allein tiefenpsychologisch zu verstehen – er vertraute sehr wohl darauf, dass Gott seine schützende Hand über uns hält. Wir dürfen uns beruhigen in seiner Obhut. Auch Jesus konnte keine Wunder herbeizaubern, aber er hat Türen des Vertrauens in Gottes unendliche Güte geöffnet und dadurch Heilungsprozesse initiiert.

Während einer schweren Krankheit schrieb mir ein bekennender Atheist ins Krankenhaus: »Als ich von Ihrer Krankheit erfuhr, habe ich mich in die nächste Kirche aufgemacht, um eine Kerze zu Ihrer Genesung anzuzünden.« Diese Geste hat mir gutgetan, sie war hilfreich und heilsam. Kerzen von Atheisten und Zweiflern mag der Gott Jesu ganz besonders. Die Sache Jesu geht weiter mit jeder Geste der Menschlichkeit.

Psychosomatische Heilungen können sich nur ereignen in einem Klima des Vertrauens und einer Bereitschaft zur Umkehr der bisherigen Lebenseinstellung. Was alles könnte die Botschaft Jesu bewirken, wenn wir sie als Heils- und Heilungsbotschaft ernster nehmen würden! Wir können sie aber erst ernst nehmen, wenn wir sie wirklich verstehen. Dabei kann die Rückübersetzung ins Aramäische ganz wesentlich helfen.

Und die vielen Theologen, die lehren, dass es »Auferstehung« erst durch Jesu Erlösungstod und seit seiner Erlösungstat gebe? Sie lehren etwas anderes, als Jesus gelehrt hat.

Dazu noch eine Selbstaussage Jesu in der Rückübersetzung: »Wie Abba hat Leben in seiner Substanz, so hat er mir gegeben Leben in meiner Substanz« (Joh 5,26 RÜ).

Wenn Jesus nach eigener Aussage »Leben aus eigener Substanz« hatte, so wie sein Gott und Vater, dann war er unsterblich. Auch das Zeugnis der Apostelgeschichte bekundet, dass er nicht vom Tode besiegt werden konnte. Die Aussage aller vier Evangelien, dass er »seinen Geist aushauchte«, ist nicht dasselbe wie »er war tot«. Auch Jesu »Leidensankündigungen« handeln immer von seinem Leiden und nicht von seinem Sterben. Ich sehe in den Forschungsergebnissen von Günther Schwarz eine mögliche rationale Erklärung der Ereignisse am ersten Karfreitag und am ersten Osterfest – in Übereinstimmung mit den Schöpfungsgesetzen und der Vernunft.

Was sagte Jesus selbst über sein Leiden und seine »Auferstehung«? Ein Schlüssel zum Verständnis ist Lukas 17,24 (RÜ): »Wie ein blitzender und leuchtender Blitz, so werde ich sein an meinem Tag.« Sein Tag – das ist Ostern. Günther Schwarz differenziert wie Millionen Asiaten zwischen einem sichtbaren grobstofflich-materiellen Körper und einem unsichtbaren Feinstoffkörper oder unsichtbaren Geistkörper, eine jenseitige geistige Energie also, auch Seele genannt. Sein Fazit: »Dies also könnte es gewesen sein, was Rabbi Jeschua (Jesus) erwartete ... Weder dass er sterben noch dass er auferstehen werde; sondern dass sein Körper aus Materie in Geist = Energie umgewandelt werde, damit er in jene Daseinsform zurückkehren könne, in der er gelebt hatte, bevor er auf die Erde kam.« So beschreibt es auch das Johannes-Evangelium in 16,28 RÜ: »Ich ging aus von Abba, und ich kam auf die Erde. Ich verlasse die Erde wieder, und ich gehe zu Abba.«

Sicher ist, dass er nach dem Zeugnis all seiner Freundinnen und Freunde die Kreuzigung überlebt hat.

Die meisten Christen meinen zwar viel, weil sie es nie anders gehört haben. Es war jedoch schon immer anders, etwas zu wissen als zu meinen. Und Meinungen sind häufig übernommen von Menschen, die ebenfalls viel meinen. Viele Theologen vertreten Meinungen über Jesus statt Wissen über das, was Jesus in seiner Muttersprache gesagt hat. Die Bibelforscher konnten zu ihrer Zeit auch gar nicht anders, weil es bis zum 19. Jahrhundert keine aramäischen Wörterbücher gab. Doch Günther Schwarz hat diese Wissenslücke geschlossen und nachprüfbare Indizienbeweise vorgelegt, die nur sachlich zur Kenntnis genommen und sachkundig geprüft zu werden brauchen. Deshalb haben wir heute eine weit größere Chance, sich mit dem wirklichen Jesus zu beschäftigen. Dazu möchte dieses Buch anregen.

Die historische Bibelwissenschaft hat dafür schon seit 200 Jahren gute Vorarbeit geleistet. Aber die Volkskirchen haben diese Vorarbeit kaum zur Kenntnis genommen oder zumindest ihren Gläubigen nicht zur Kenntnis gegeben. Wir brauchen eine exegetische Schocktherapie, und zwar kompromisslos. Das sind wir Jesus schuldig. Die Jesus-Geschichte ist, wie sie ist, und nicht, wie wir meinen, dass sie ist.

Wir müssen uns dabei zwischen zwei Gottesbildern entscheiden: zwischen dem Zauberer-Gott der Kirchen oder dem Schöpfer-Gott Jesu. Beide Bilder sind nicht zu kombinieren und nicht zu harmonisieren. Sie passen einfach nicht zusammen. Jesu Abba ist ein Schöpfer-Gott, der Menschen in großer Freiheit Menschenhänden überlässt – guten oder bösen Menschenhänden, die einen

Menschen entweder hinrichten oder auch aufrichten können. Wir müssen uns von einem Hokuspokus-Gott endgültig verabschieden. Die Karfreitags- und Ostergeschichte ist Jesus-Freunden rational verständlich. Wir brauchen keine theologisch-christologische Überhöhung mehr.

Wir brauchen allerdings eine neue Übersetzung der Jesus-Geschichte aus seiner Muttersprache. Alles, was im Griechischen dasteht und sich nicht ins Aramäische rückübersetzen lässt, hat Jesus wahrscheinlich nicht gesagt. In der »Offenbarung« heißt es an die Gemeinde von Laodizea: »Ich kenne deine Werke, dass du weder kalt noch warm bist. Ach, dass du kalt oder warm wärest! Weil du aber lau bist und weder warm noch kalt, werde ich dich ausspeien aus meinem Mund« (Offb 3,15-16 RÜ). Eine lauwarme Kirche ist heute ihr eigenes Hauptproblem.

III.

Wie glaubwürdig ist das Glaubensbekenntnis?

1. Das Christentum: Asche statt Feuer

Seit vielen Hundert Jahren beten alle Deutsch sprechenden Katholiken und Protestanten dieses Glaubensbekenntnis:

»Ich glaube an Gott, den Vater, den Allmächtigen, den Schöpfer des Himmels und der Erde. Und an Jesus Christus, seinen eingeborenen Sohn, unsern Herrn, empfangen durch den Heiligen Geist, geboren von der Jungfrau Maria, gelitten unter Pontius Pilatus,
gekreuzigt, gestorben und begraben, hinabgestiegen in das Reich des Todes,
am dritten Tage auferstanden von den Toten, aufgefahren in den Himmel;
er sitzt zur Rechten Gottes, des allmächtigen Vaters,
von dort wird er kommen, zu richten die Lebenden und die Toten.
Ich glaube an den Heiligen Geist, die heilige christliche (katholische) Kirche, Gemeinschaft der Heiligen, Vergebung der Sünden, Auferstehung der Toten und das ewige Leben. Amen.«

Was könnte mit »Ich glaube« wirklich gemeint sein? Ich meine? Ich vermute? Ich nehme an? Ich halte für wahr? Meinungen, Annahmen, Vermutungen sind unsicher – sie können richtig, aber auch falsch sein. Einzig die Übersetzung »Ich vertraue« drückt aus, was Jesus gemeint hat. Damit wird auch das griechische Wort *pisteuo* richtig übersetzt. Wer beten kann »Ich vertraue auf Gott«, für den ist auch die Frage, ob es Gott überhaupt gibt, positiv beantwortet.

Warum aber glaubten die Credo-Verfasser, ein Glaubensbekenntnis formulieren zu müssen, das sich nicht auf Jesu Lehre stützen kann? Warum mussten sie Jesus eine jungfräuliche Zeugung und Geburt andichten, warum muss Jesus am Kreuz gestorben und körperlich »auferstanden« sein? Vielleicht glaubten sie, Jesus durch prahlerische Übertreibungen »attraktiver« machen zu müssen. Wir wissen es nicht. Sicher ist jedoch, dass dadurch viel Wesentliches verloren ging. Welchen Wert hat ein »Glaubensbekenntnis«, an das kaum noch jemand glaubt? Dass dieses inhaltsleere Glaubensbekenntnis dennoch millionenfach gebetet und von den Kirchenoberen nicht endlich infrage gestellt wird, ist ein Armutszeugnis ohnegleichen. Günther Schwarz: »Wo einst Feuer war, ist jetzt nur noch Asche. Aber unter der Asche ist noch Glut.« Aramäische Glut! Eine Gewissensfrage an meine Leser und Leserinnen: Wie viele Christen können im 21. Jahrhundert dieses Credo noch guten Gewissens beten?

Nach Rückübersetzung der Worte Jesu ins Aramäische formulierte Günther Schwarz folgendes an Jesus orientiertes Glaubensbekenntnis:

»Ich vertraue auf Gott, den Vater,
den Herrn der Himmel und Erde,
und auf Jesus, den Gesalbten, seinen einzigartigen Sohn,
unseren Herrn:
der geboren wurde von Maria, der gekreuzigt wurde
durch Pontius Pilatus,
der hinabgestiegen ist in die Unterwelt, der verklärt wurde
am dritten Tage,
der aufgenommen wurde in die Himmel,
der sitzt zur Rechten des Vaters. Amen.«

Exakt so kompakt hat Jesus formuliert. Dieses Credo zeigt, wem unser Vertrauen gelten soll: Gott, dem Vater und Jesus, seinem Botschafter. Das entspricht der Weisung Jesu in Johannes 14,1: »Vertraut auf Gott! / Und vertraut auf mich!« (RÜ).

Zu diesem Bekenntnis hätte Jesus bedenkenlos »Ja« und »Amen« sagen können. Deshalb können auch wir in unserer Zeit so »bekennen«, ohne lügen zu müssen.

Nach Günther Schwarz sind alle übrigen Credo-Aussagen »falsch und daher überflüssig: sowohl der Glaube an die Wiederkunft Jesu, zum Gericht über die Lebenden und die Toten, als auch der Glaube an den Heiligen Geist, die heilige christliche Kirche, die Gemeinschaft der Heiligen, die Vergebung der Sünden, die Auferstehung der Toten und das ewige Leben.« Andererseits gilt für die katholische Kirche noch immer der Grundsatz: »Kein Heil außerhalb der Kirche.«

Das Zauberwort der jesuanischen Lehre heißt Vertrauen. Alles, was Günther Schwarz im herkömmlichen Credo gestrichen hat, erweist sich nach seinen Forschungen als unnötig, falsch oder irreführend. Im kirchlichen Credo huldigen Millionen Menschen einem »Lippenbekenntnis, das ihrem Herzen fremd ist« (Heinrich von Treitschke). Der bekannte Mainzer Sozialbischof von Ketteler, einer der Väter der katholischen Soziallehre im 19. Jahrhundert, schrieb bereits: »Erst wenn die Kirche ihre Grundsätze wieder offen und klar der Welt vor Augen legt, kann sie wieder werden, was sie sein soll, wenn auch vielleicht zunächst ein Kampf auf Leben und Tod entsteht.« Um diesen Kampf geht es jetzt im 21. Jahrhundert. Die Frage ist: Geht es den heutigen Kirchenführern nur noch darum, den Niedergang der Institution zu verwalten, oder sind sie zu Reformen und Korrekturen im Geiste Jesu bereit?

Das Fatale am klassischen Glaubensbekenntnis sind – wie bereits gesagt – schon die ersten zwei Worte: »Ich glaube«. Kinder glauben an den Weihnachtsmann oder an den Osterhasen oder an den Klapperstorch. Aber spätestens im Grundschulalter verschwindet dieser Kinderglaube. Es ist wiedersinnig, vom »Glauben« zu reden und dann vom »allmächtigen Gott«, wenn das Gegenteil gemeint ist. Wir haben gesehen, dass es Jesus um Vertrauen geht und nicht um blinden Glauben. Und wie soll denn Jesu Abba gar »allmächtig« sein? Dieser Aberglaube hat schreckliche Konsequenzen. Je weniger wir wissen, desto mehr müssen wir glauben.

An Weihnachten 2004 war ich zu Fernsehaufnahmen in Südindien und erlebte den furchtbaren Tsunami, der am Indischen Ozean über 230 000 Tote forderte. Die Schlagzeile der Bildzeitung ist mir noch in Erinnerung: »Wie kann Gott das zulassen?« Wäre Gott allmächtig, wie es im Glaubensbekenntnis gleich am Anfang heißt, dann wäre alles Gute und alles Böse auf ihn zurückzuführen – auch ein Tsunami. Und wegen dieses grauenhaften Missverständnisses fragen sehr viele Menschen, seltsamerweise auch Christen, die sich auf Jesus berufen, nach jeder Naturkatastrophe: Wie kann Gott das zulassen? Gäbe es einen allmächtigen Gott, dann dürfte er in der Tat Tsunamis oder Erdbeben oder den Klimawandel nicht zulassen. Der Klimawandel ist aber überwiegend durch Menschen verursacht, und dass beim Tsunami 2004 über 230 000 Menschen umgekommen sind, hängt auch mit menschlichem Fehlverhalten zusammen und nicht mit Gott. Ich wurde Zeuge: Dort, wo die Menschen die Mangrovenwälder abgeholzt hatten, und dort, wo die Häuser und Hütten bis auf wenige Meter ans Meer heran gebaut waren, dort gab es etwa zehnmal mehr Tote als an den Orten, wo die Mangrovenwälder die hohen Wellen noch von den Häusern abhalten konnten oder die Häuser vernünftigerweise weiter weg von der Küste gelegen waren. Für Jesus war Gott gut wie ein Vater oder eine Mutter, aber nicht »allmächtig« wie für die Anhänger vieler Kulte und Religionen mit falschen Gottesvorstellungen.

Übertreibungen sind immer schädlich, aber theologisch wohlgemeinte Übertreibungen ganz besonders. Wieder einmal glaubten Theologen beim Formulieren des »Credo« es besser zu wissen als Jesus. Der Gott Jesu ist schon deshalb nicht allmächtig, weil er niemals gegen den Willen eines unvernünftigen Menschen aus ihm einen vernünftigen machen kann. Oder: Wenn wir so unvernünftig oder leichtsinnig sind und unsere Lebensgrundlagen zerstören, dann kann uns auch ein liebender Gott nicht daran hindern. Oder: Wenn wir uns unvernünftig ernähren, dann kann uns auch ein liebender Gott nicht vor den gesundheitlichen Konsequenzen bewahren. Oder: Wenn wir uns zu sehr selbst stressen, dann kann auch ein liebender Gott uns nicht vor einem Burn-out schützen. Oder: Wenn wir naiv meinen, dass die romantische Phase von Frischverliebten ewig anhält und wir für eine lebenslange Partnerschaft nicht selbst etwas tun müssen, dann kann uns auch ein guter Gott nicht helfen. Oder: »Wenn man dem Menschen den freien Willen zuspricht, muss man Gott die Allmacht absprechen« (Günther Schwarz). Das ist logisch und unwiderruflich.

Allmächtig zu sein widerstreitet auf jeden Fall den Absichten Gottes. Der Glaube an einen allmächtigen Gott ist auch unvereinbar mit dem modernen Wissen um die Evolution, das heute nahezu jedes Kind in der Schule lernt. Schon deshalb verschwindet der kirchliche Glaube an einen allmächtigen Gott, der jeden einzelnen Menschen geschaffen haben soll und der ein zorniger Rächer und Bestrafer ist und der die Ungläubigen und die Ungetauften zur Hölle schickt. Und das ist gut so. Wenn Gott jeden einzelnen Menschen selbst geschaffen hätte, warum entwickeln sich die Menschen dann so unterschiedlich? Warum ist der eine Mensch gesund und der andere krank? Wie gerecht ist das denn von einem liebenden Gott? Der Zustand unseres Körpers hängt zwar von unseren Genen ab, aber auch sehr vom persönlichen Lebensstil. Der naturwissenschaftliche Evolutionsglaube ist zum größten Teil richtig, aber der vorherrschende Kirchenglaube ist zum großen Teil falsch, solange er sich nicht an Jesus orientiert. Jesus-Fremde theologische Gottesbeschreibungen sind oft so irre wie wirre. So gibt es nach dem noch immer gültigen »Credo« nicht einen Gott, sondern gleich drei Gottpersonen: Gott, den Vater, Gott, den Sohn und Gott, den Heiligen Geist. Jeder sei Gott, und alle drei zusammen seien auch Gott – ein dreieiniger Gott. Schon eine einzige Stelle aus dem Neuen Testament belegt, dass die Lehre von einem dreieinigen Gott falsch ist:

»Einer ist Gott!
Und einer ist ein Mittler zwischen ihm und den Menschen:
Der Mensch Jesus!«
(1 Ti 2,5 RÜ)

Das ist eine klare Aussage der Ein-Gott-Verehrung. Eine authentische Widerlegung der Trinitätslehre. Wer immer der Autor dieser Zeilen ist, er hätte wohl die Lehre von der »Dreieinigkeit« entrüstet zurückgewiesen, wenn er von ihr gewusst hätte.

Diese verworrene Lehre zeugt von theologischer Leere – mit verheerenden Wirkungen. Sie ist aber die theologische Basis unseres christlichen Glaubensbekenntnisses. Ihre verderbliche Wirkung zeigt sich vor allem darin, dass sie Gott den Menschen entfremdete und schließlich auch die Kirchen den Menschen. Auch in dieser Hinsicht war Jesu Lehre ganz eindeutig: Gott ist *ein* Gott und Vater allen Lebens. Aber den wahren und klaren Geist Jesu haben Theologen oft hinter mehr oder weniger eleganten theologischen Phrasen verdampfen lassen.

Und was soll diese Aussage im Glaubensbekenntnis: »... empfangen vom Heiligen Geist, geboren von der Jungfrau Maria«?

Warum wird auch noch den heutigen Christen die wahre Vaterschaft Jesu durch Josef verschleiert? Und warum muss Jesu Mutter unbedingt Jungfrau sein? Sie ist nach biblischer Aussage die Mutter von vier Söhnen und mehreren Töchtern. Warum arbeiten die Kirchenoberen sich immer noch an ihrer peinlichen Gynäkologie der unbefleckten Empfängnis ab? Wir haben schon gesehen (siehe Kapitel I.4.), dass die Antwort auf diese Frage im Stammbaum Jesu bei Matthäus 1,16 nach einem altsyrischen Text in der Rückübersetzung so lautet:

»Jakob zeugte Josef,
Josef zeugte Jesu,
der Messias genannt wird.«
(RÜ)

Daraus folgt: Nach dem Zeugnis der altsyrischen Schriften ist die Vaterschaft Josefs eindeutig. Es ist nur peinlich, dass die Kirchen ausgerechnet im Glaubensbekenntnis auf einer Vaterschaft des Heiligen Geistes bei einer Jungfrau (aramäisch: bei einer jungen Frau) bestehen. Bestätigt wird dieser schlichte Befund auch im Lukas-Evangelium: Über die Bethlehem-Reise von Maria und Josef heißt es in der griechischen Einheitsübersetzung bei Lukas 2, 5: »Er wollte sich eintragen lassen mit Maria, seiner Verlobten, die ein Kind erwartete ...« In der Rückübersetzung aus dem altsyrischen Text heißt es aber: »... und Marjam, sein Weib, / die schwanger war ...« (RÜ).

Sein »Weib« ist seine Ehefrau. Das ist eine ganz natürliche Formulierung und auch in der damaligen Zeit ein ganz natürlicher Vorgang. Die Formulierung seine »Verlobte« ermöglicht es aber den Jungfrauen-Dogmatikern eher, die »jungfräuliche Geburt« Jesu aufrechtzuerhalten. Dogmatik ist für Theologen immer das stärkste Motiv. Selbst Kardinal Josef Ratzinger schrieb im Jahr 2000 in der Neuauflage seines Buches »Einführung in das Christentum« über das Glaubensbekenntnis den befreienden Satz: »Die Lehre vom Gottsein Jesu würde nicht angetastet, wenn Jesus aus einer normalen menschlichen Ehe hervorgegangen wäre.« Allerdings: Auch hier wird der Begriff vom »Gottsein Jesu« völlig unreflektiert gebraucht. Er ist durch nichts gerechtfertigt und widerstreitet der gesamten Lehre Jesu, wie hier mehrfach aufgezeigt.

Die Belege im Neuen Testament sind eindeutig: Matthäus 1,16 zeigt, dass Josef der leibliche Vater Jesu war, dass Maria seine Ehefrau war (Lukas 2,5) und dass sie wahrscheinlich als 16-jähriges Mädchen ihren Sohn Jesus gebar (Matthäus 1,21).

Wie soll Jesu gütiger Vater vereinbar sein mit der »Credo«-Aussage: »Er sitzt zur Rechten Gottes, des allmächtigen Vaters; von dort wird er kommen, zu richten die Lebenden und die Toten«? Der »allmächtige Vater«, wie schon gesagt: Keine einzige Stelle im Neuen Testament erklärt Abba für »allmächtig«, aber im christlichen Glaubensbekenntnis geschieht das gleich zweimal. Dadurch soll dieser Begriff ein noch stärkeres Gewicht bekommen.

»Von dort wird er kommen«: Damit ist die »Wiederkunft Christi« gemeint. Doch auch davon ist nur im Matthäus-Evangelium die Rede (Mt 24,27: » ... so wird die Wiederkunft des Sohnes des Menschen sein ...«). Weder Markus noch Lukas erwähnen eine »Wiederkunft Christi«. Das heißt, dass die Wiederkunft Christi nicht Teil ihrer Lehre ist. Und dennoch beten die Christen seit über 1600 Jahren genau das.

Und wozu soll er »wiederkommen?« Die kirchliche Antwort: »zu richten die Lebenden und die Toten«. Man stelle sich dieses »Gericht« einmal vor: Milliarden Menschen (alle »Lebenden und die Toten«) stehen vor Gericht. Gott, der »seine Sonne aufgehen lässt über Gute und Böse« und der »seinen Regen herabkommen lässt auf Gerechte und Ungerechte« (Mt 5,45 RÜ), dieser Gott, der »will, dass keiner verloren geht« (Mt 18,14 RÜ), soll über Milliarden Menschen Urteile sprechen? Das heißt: die einen freisprechen zum ewigen Leben und die anderen verdammen zum ewigen Tod oder zur ewigen Finsternis? Jesus hat genau das Gegenteil über seinen uns *alle* liebenden Vater gelehrt.

Gibt es also gar keinen »Tag des Gerichts« über uns Menschen? Paulus gibt im Hebräer-Brief diese Antwort auf die gewichtige Frage:

»Wie lange den Menschen bestimmt ist zu sterben,
und nach ihrem Tod ein Gericht folgt,
so lange wird auch der Gesalbte erscheinen
denen zum Leben, die auf ihn vertrauen.«
(Heb 9,27-28 RÜ)

Eine Interpretationshilfe bietet Jesus selbst bei Matthäus (10,32-33 RÜ) und bei Lukas (12,8-9 RÜ). Hier beschreibt er sich als »Anwalt« seiner Schülerinnen und Schüler, der sich vor den Richter-Engeln zu denen bekennen wird, die sich auf der Erde zu ihm bekannt haben. Jesus beschreibt hier sehr eindeutig, dass er als »Anwalt« und nicht als »Richter« in Erscheinung treten wird. Das ist eine völlig andere Rolle, als sie Gott im »Credo« zugeschrieben wird. Jesus hat seinen Schülerinnen und Schülern immer wieder eingeschärft, dass sie ihm und Gott vertrauen können. Noch einmal sei an sein Wort bei Johannes erinnert:

»*Vertraut auf Gott*
Und vertraut auf mich.
Im Haus Abbas gibt es viele Ruhestätten.«
(Joh 14,1 RÜ)

Jesus und sein Abba treten hier als konkrete Personen auf. Ganz anders der Heilige Geist.

Im Glaubensbekenntnis beten die Christen: »Ich glaube an den Heiligen Geist« und »Empfangen durch den Heiligen Geist«. Der Heilige Geist ist aber keine Person, wie die Kirche lehrt, sondern die inspirierende Kraft Gottes, wie es Jesus gelehrt hat. Deshalb erreichen diese Textteile des »Credo« auch das Empfinden und das Denken der Menschen nicht. Ich kenne niemanden, der sich eine »Empfängnis« durch den Heiligen Geist vorstellen kann. Dieser Text passt vielleicht in die Welt heidnischer Mythen, von denen er mit Sicherheit tatsächlich inspiriert wurde. Nur dort konnte eine Jungfrau durch einen »Heiligen Geist« schwanger werden. In der Sprache das Alten Testaments, also des Hebräischen, wie auch in der Sprache Jesu und seiner Apostel, also im Aramäischen, gibt es keinen Heiligen Geist als Person. In beiden Sprachen ist der Heilige Geist der Geist der Heiligkeit, der Geist Gottes. In Lukas 24,29 RÜ heißt es entsprechend diesem Gedanken:

»*Bleibt in der Stadt,*
bis euch ergriffen hat,
eine Kraft aus der Höhe.«

Dieser Geist Gottes kann sicherlich Menschen geistig befruchten und anregen, aber er kann nicht als Person eine Jungfrau schwängern, und er kann auch nicht die dritte Person Gottes sein. Günther Schwarz formulierte schließlich ein weiteres, persönliches Credo: »Ich glaube nicht an den dreieinigen Gott des Credos. An einen Gott, der versucht, zürnt und verflucht und zur Höllenstrafe verdammt – weil er ein menschenferner und menschenfeindlicher Ungott wäre. Ich vertraue auf Abba, auf den Gott und Vater Jesu. Auf einen Gott, der nicht versucht, zürnt und verflucht und nicht zur Höllenstrafe verdammt – weil er ein menschennaher und menschenfreundlicher Gott ist.«

Die Kirchen, die in der Antike das Glaubensbekenntnis formulierten, hatten vor circa 1600 Jahren ein anderes Welt-, Menschen- und Gottesbild als wir Menschen im 21. Jahrhundert. Die Erde war der Mittelpunkt des gesamten Universums, darüber der Himmel, darunter die Hölle und über allem ein allmächtiger Gott, Schöpfer des Himmels und der Erde. Heute hat eine Religion mit diesem Weltbild keine Chance. Es gilt, was schon Paulus wusste:

»Stückweise erkennen wir und stückweise prophezeien wir« (1 Kor 13,9). Richtig ist: Auch ein 1600 Jahre alter Irrtum bleibt ein Irrtum! Kein Wunder also, dass immer mehr Menschen den Kirchen den Rücken kehren. 2013 sind beinahe doppelt so viele aus der Kirche ausgetreten wie ein Jahr zuvor. Und 2014 war ein Austritts-Rekordjahr bei beiden Konfessionen. Bei diesem Glaubensbekenntnis verlieren die Gläubigen den Glauben. Die zunehmenden Austritte aus der Kirche haben nicht allein mit der Kirchensteuer zu tun, sondern auch mit vernichtetem Vertrauen. Aber die katholische Kirche hat in Deutschland noch immer mehr als 24 Millionen Mitglieder und die evangelische mehr als 23 Millionen. Und weltweit gibt es über zwei Milliarden Christen.

Unser Wissen und unsere Erkenntnis sind grundsätzlich subjektiv und relativ. Und selbstverständlich gilt diese Einsicht auch für die Kirchenväter, für die Apostel und die Evangelisten, für Günther Schwarz, für mich und für jeden Leser dieses Buches. Deshalb ist jede Generation neu aufgefordert, Jesu Aussagen zu überprüfen. Das Prüfinstrument von Günther Schwarz war die Rückübersetzung der Jesus-Worte ins Aramäische und die Orientierung an Jesu poetischem Sprachstil.

Ein modernes, am wirklichen Jesus orientiertes »Credo« könnte vielleicht so lauten wie das Glaubensbekenntnis, das 1990 bei der Weltversammlung der Christen in Seoul gebetet wurde – ein Glaubensbekenntnis, das jeder verstehen kann:

»Ich glaube an Gott, der die Liebe ist
und der die Erde allen Menschen geschenkt hat.
Ich glaube nicht an das Recht der Stärkeren,
an die Stärke der Waffen,
an die Macht der Unterdrückung.
Ich glaube nicht, dass Kriege unvermeidlich sind,
dass Friede unerreichbar ist.
Ich glaube nicht, dass Leiden umsonst sein muss,
dass Gott die Zerstörung der Erde gewollt hat.«

»Ecclesia semper reformanda« (die Kirche muss immer erneuert werden) heißt ein Leitspruch der katholischen Kirche. Katholisch sein sollte also heißen: nie den Willen zur Reformation verlieren! Ihre Praxis jedoch sieht ganz anders aus. Wehe, es kommen Reformatoren! Hans Küng und Eugen Drewermann kamen nie in Führungspositionen, sondern wurden an den Rand gedrängt. Verbale Aufgeschlossenheit für Reformen ist das eine, aber faktische Verhaltensstarre, wenn es tatsächlich um Reformen geht, das andere.

Wenn es anders wäre, dann könnte in keiner Kirche mehr das antiquierte Glaubensbekenntnis gebetet werden. Nach dem griechischen Neuen Testament steht der Papst im Mittelpunkt der Kirche. Im ersten Jahr seines Pontifikats hat jedoch Papst Franziskus, so höre ich aus dem Vatikan, seinen Mitarbeitern mehrfach gesagt: »Sich selbst in den Mittelpunkt zu stellen ist die größte Gefahr für die Kirche.« Sollte Franziskus mit seinem Reformprogramm wirklich ernst machen, dann dürfte es vielen Bischöfen, Kardinälen und Kirchenmitgliedern bald schwindelig werden. Mit dem italienischen Journalisten Eugenio Scalfari, einem Atheisten, hat Franziskus mehrfach über Reformen in der Kirche gesprochen. Zum Zölibat sagte ihm der Papst: »Vielleicht ist Ihnen nicht bekannt, dass der Zölibat erst im 10. Jahrhundert eingeführt wurde ... In den katholischen Ostkirchen gibt es für die Priester auch heute noch die Möglichkeit zu heiraten. Das Problem existiert natürlich, aber es ist nicht von großer Bedeutung. Es braucht seine Zeit, aber es gibt Lösungen, und ich werde sie finden.« Auch die Priester der aramäischen Kirche sind verheiratet.

Wenn die Kirchen den letzten Rest an Glaubwürdigkeit nicht vollends verlieren wollen, dann sollten sie nicht zögern, ihr Glaubensbekenntnis kritisch zu lesen und im Lichte einer glaubwürdigen Rückübersetzung der Jesus-Worte ins Aramäische neu formulieren. Denn nur was Jesus in seiner Muttersprache nachprüfbar gesagt und gelehrt hat und was er mitsprechen könnte, ist es wert, als seine Lehre anerkannt zu werden. Daraus folgt: Alles, was Jesus nicht mitsprechen könnte, sollten Christen auch nicht als ihr Glaubensbekenntnis im Sinne Jesu formulieren. Es sollte aus dem »Credo« verschwinden. Erst wenn sich die Kirche mutig von allem verabschiedet, was Jesu Lehre widerspricht, hat sie die Voraussetzung dafür geschaffen, ihre Glaubwürdigkeit bei selbstständig denkenden Menschen wiederzuerlangen.

Der heutige Papst fordert und fördert immerhin glaubwürdige Reformen von seiner Kirche, wenn er sich – wie einst Jesus – für eine »Kirche der Armen« engagiert, die auch die Kirche für die sozial und gesellschaftlich Ausgegrenzten sein muss. Völlig zu Recht warnt Franziskus vor dem Geist des »theologischen Narzissmus«, was wohl ein anderes Wort für Dogmatismus, Fanatismus und Selbstbespiegelung ist. Das Credo ist voll von diesem theologischen Narzissmus, und der Vorgänger des jetzigen Papstes, Benedikt XVI., pflegte diesen Narzissmus besonders hingebungsvoll. Nach der offiziellen Lehre der Kirche ist Gott ein »Allmächtiger« und ein »Dreieiniger«, der die Ungläubigen und Ungetauften zur »Höllenstrafe« verdammt. Markus 16,16 in der katholisch-evangelischen Einheitsübersetzung des Neuen Testaments: »Wer glaubt und sich taufen lässt, wird gerettet; wer aber nicht glaubt, wird verdammt werden.«

Kann Jesus so etwas Schreckliches und Erschreckendes wirklich gesagt haben? Aber ansonsten den gütigen und liebevollen

Abba lehren? Welcher gute Vater verdammt denn seine Kinder? Genau dieses zwiespältige, schizophrene Gottesbild der heutigen Kirchenlehre macht ihre Botschaft so unglaubwürdig.

Nach der Rückübersetzung ins Aramäische hat Jesus laut Markus 16,16 wörtlich dieses gesagt:

»Jeden, der Gott vertrauen wird,
ihn kann er wiederbeleben lassen.
Jeden, der Gott nicht vertrauen wird,
ihn kann er nicht wiederbeleben lassen.«

Das ist exakt das Gegenteil dessen, was die Kirchen Jesus 2000 Jahre in den Mund legen.

In seiner »Bewerbungsrede« beim letzten Konklave hatte der spätere Papst Franziskus gesagt: »Die Kirche ist aufgerufen, an die Ränder zu gehen, nicht nur an die geografischen Ränder, sondern an die Grenzen der menschlichen Existenz.« Das sind die Millionen Armen in den Ländern der »Dritten Welt«, aber auch die Millionen psychisch Kranker in den Ländern der materiell reichen Welt. Vielleicht schlägt mit solch neuen Tönen die Stunde der Rückbesinnung und Rückkehr zu Jesus. Jetzt geschieht ja sogar hinter den dicken Mauern des Vatikans bisher Unerhörtes: Franziskus ruft einfach irgendwelche Leute an, die ihm geschrieben haben, schreibt dem prominenten Papst-Kritiker Hans Küng persönliche Briefe und erklärt in Interviews: Die Kirche solle sich nicht nur mit Abtreibung, Verhütung oder der Bewertung homosexueller Lebenspartnerschaften beschäftigen, sie solle niemanden verurteilen, weil er schwul oder sie lesbisch oder abgetrieben habe. In solchen Worten findet man endlich Jesus wieder, der in der Bergpredigt sagt:

»Würdet ihr nicht immer wieder richten,
Abba würde euch nicht richten.
Würdet ihr nicht immer wieder verurteilen,
Abba würde euch nicht verurteilen.«
(Mt 7,1 RÜ)

Auf dem Flug von Rio nach Rom fragt ein Journalistenkollege Franziskus nach seiner Bewertung von Homosexualität. Der Papst, bisher unfehlbar: »Wer bin ich denn, dass ich Homosexuelle verurteilen könnte!« Immerhin neue Töne. Aber auch erste neue Taten: Er exkommuniziert die Mafia. Das hatte sich bisher kein Papst getraut.

Im Juni 2015 publiziert Papst Franziskus die erste Öko-Enzyklika in der 2000-jährigen Geschichte des Christentums. Sie beginnt wie der Sonnengesang seines Vorbildes, des Heiligen Franziskus von Assisi: »Laudato si, mi Signore« – »Gelobt bist Du, mein Herr«. Diese Enzyklika ist ein Meilenstein in der Ökologie-Geschichte, weil sie ganzheitlich, politisch und wissenschaftlich argumentiert – von den sterbenden Korallenbänken über das Schwinden der Artenvielfalt, von der Eisschmelze in der Arktis und Antarktis, der Wüstenbildung und den zunehmenden Überschwemmungen bis zur Atmosphäre als CO_2-Müllkippe: Papst Franziskus ist immer konkret. Und vor allem stellt er den Zusammenhang her zwischen der egoistischen Umweltzerstörung, der pathologischen Innenweltzerstörung und der Armut von Milliarden Menschen im Süden. Bisher galt in der Theologie der Satz: »Macht euch die Erde untertan.« Jetzt soll gelten: Macht euch *der* Erde untertan. Eine Kulturrevolution – wie es diese Karikatur der Münchner tz zum Ausdruck brachte:

Lasst Kohle, Gas und Öl im Boden, nutzt Sonne, Wind und Wasserkraft, wie es die Natur vorgesehen hat. Arbeitet und wirtschaftet nicht länger gegen die Natur, sondern mit ihr. Überwindet die »perverse Logik« des unendlichen Wachstums in einer endlichen Welt. Dringend geboten sei »eine Ethik des Genug«. Der prominenteste Kritiker des real existierenden Kapitalismus, Papst Franziskus, pflanzt den Samen einer neuen Weltsicht und ruft auf zu politischem Widerstand, zu Konsumverzicht, zu Protest gegen Ausbeutung von Mensch und Natur und zu einem Umbau des globalen Wirtschaftssystems – im Tonfall zärtlich und romantisch, in der Analyse radikal. Er hat zusammen mit Wissenschaftlern ein Manifest für eine bessere Zukunft geschrieben: ein Buch der Weisheit, einen aktuellen Sonnengesang – der Papst als Stellvertreter der Sonne auf Erden. Und ganz konkret: ein Weckruf für die Weltklima-Konferenz Ende 2015 in Paris. Ein neuer Maßstab für ein besseres 21. Jahrhundert – vielleicht der wirkliche Start ins Solarzeitalter.

Frei nach Papst Franziskus: Die Erde wurde uns geliehen. Sie gehört uns nicht. Der Papst bringt den Mut auf, den viele engagierte Bürger heute bei den Verantwortungsträgern vermissen. Öko-Spiritualität ist ihm wichtiger als dogmatisierte Religion. Er wirbt wie sein Vorbild vor 800 Jahren für eine kosmische Spiritualität, in der alles mit allem zusammenhängt. Seine Botschaft: Wir sind noch zu retten. Keine vordergründige Gottesfurcht, sondern tiefe Mitmenschlichkeit. Die Hoffnungsfanfare eines bodenständigen Propheten.

Die traditionelle Lehre seiner Kirche hat auch dieser Papst (noch) nicht verändert. Vielleicht wird auch er an den Dogmatikern und Beharrungskräften scheitern. Auch für Franziskus dürfte das Wort gelten, das jemand vor 500 Jahren an den Reformator Martin Luther gerichtet hat: »Mönchlein, du gehst einen schweren Gang.« Immerhin sagt dieser Papst für europäische Kirchenohren so ungewöhnliche Worte wie: »Petrus hatte kein Bankkonto« oder »Ich will keine Jugendlichen, die nicht protestieren« oder »Diese Wirtschaft (der Kapitalismus) tötet«. Wie anders soll man es nennen, wenn zurzeit jeden Tag weltweit über 20 000 Menschen verhungern? In den reichen Kirchen Europas erschrecken viele, wenn dieser »Papst vom Ende der Welt« Klartext redet. Im armen Lateinamerika und in den dortigen Kirchen aber fühlen sich viele endlich verstanden. Am deutlichsten wurde der jetzige Papst in seiner Weihnachtsansprache 2014: Vor seinen leitenden Mitarbeitern geißelte er »15 Kurienkrankheiten« wie die Unfähigkeit zur Selbstkritik, das Missverständnis, sich für unersetzlich und unsterblich zu halten, Karriere-Macherei, Arroganz, Geldgier, Hartherzigkeit, und Exhibitionismus. Vom Missverständnis, sich für »unfehlbar« zu halten, sprach er noch nicht, vielleicht kommt das noch. Aber immerhin warf er seinen engsten Mitarbeitern, Kardinälen, Bischöfen und Monsignori, vor, von »spirituellem Alzheimer und existenzieller Schizophrenie« befallen zu sein. So etwas hat es im Vatikan noch nie gegeben. Er schickt seine Kurie schon mal in Kur. Alles Gute, lieber Franziskus, und ein langes Leben! Allerdings stellt sich auch hier die Systemfrage: Da sitzen seine engsten Mitarbeiter stillschweigend um einen Papst herum und müssen sich eine Moralpredigt anhören – ohne widersprechen zu dürfen. Ist das ein zeitgemäßer Führungsstil? Demokratie und Brüderlichkeit funktionieren anders! Für diesen Papst steht die Lebenswirklichkeit über den kirchlichen Dogmen. Er lässt sich, wie er sagt, »immer wieder gerne vom Heiligen Geist überraschen«. Dieser Rebell lebt im Vatikan eine neue Fehlbarkeit vor.

Die heute so zentralisierte und versteinerte Kirche war nicht immer so Jesus-fern wie heute. Es gab Bischöfinnen und Äbtissinnen und 1000 Jahre lang kein Zölibat für Kleriker. Eine verblendete, verstümmelte und Jesus-vergessene Männerkirche hat auf das kreative und innovative Potenzial von Pfarrerinnen, Bischöfinnen und Päpstinnen aus reiner Dummheit und Machtversessenheit verzichtet. Lange Zeit wurden Bischöfe aus dem Volk gewählt. Papst Leo der Große sagte schon im 5. Jahrhundert: »Wer allen vorstehen soll, muss von allen gewählt werden.« Welche von beiden Komponenten wird sich beim jetzigen Papst durchsetzen? Der klassische männerfixierte Papst oder der naturtheologisch orientierte Franziskus von Assisi?

Schon geht das Wort von der »Papastroika« im Vatikan um. Soll heißen: So wie Michail Gorbatschow die Sowjetunion umgekrempelt hat, soll nun der Papst jesuanische Veränderungen in seiner Kirche durchführen. Bereits 2007 hatte er als Kardinal Bergoglio in einem Interview gesagt: »Treue ist immer Veränderung« und »man bleibt nicht gläubig, wenn man wie die Traditionalisten oder die Fundamentalisten am Buchstaben klebt«. Wenn überhaupt jemand, dann bringt dieser Franziskus, der sich bei seinen öffentlichen Auftritten nicht »Papst« nennt, sondern »Bischof von Rom«, die Voraussetzung mit, die Worte und die Lehre Jesu neu durchbuchstabieren zu lassen. Er wird dabei auf den »aramäischen« Jesus treffen.

Dazu passt diese Geschichte von Erich Kaniok:

»Nachdem Gott die Erde als Erfahrungsfeld für die Menschen geschaffen hatte, damit sie sich zu selbstständigen Geschöpfen entwickeln konnten, verschloss er den Himmel und überlegte, wo er den Schlüssel verbergen soll, sodass die Menschen ihn nicht finden. ›Wir sollten den Schlüssel auf den Grund des Ozeans legen‹, schlug ein Engel vor. Aber Gott sagte: ›Ich kenne die Menschen, dort werden sie ihn sicher finden.‹ – ›Dann verstecken wir ihn auf der Spitze des höchsten Berges im Schnee‹, sagte ein anderer Engel. Aber Gott erwiderte: ›Auch dort werden sie ihn finden.‹ – ›Und im entlegensten Winkel des Weltalls?‹, fragte ein weiterer Engel. Gott antwortete: ›Sogar dort werden sie ihn finden.‹ Da meldete sich ein kleiner Engel: ›Ich weiß, was wir machen müssen. Wir verstecken den Schlüssel im Herzen der Menschen.‹ Da sagte Gott: ›Ja, das machen wir. Die Menschen finden den Schlüssel eher am Grunde des tiefsten Meeres, auf der Spitze des höchsten Berges oder im weitesten Winkel des Weltalls als in ihrem eigenen Herzen. Aber wenn sie ihn dort gefunden haben, dann dürfen sie ihn auch benutzen!‹«

2. Vom Sinn des Sterbens – Hinüberreifen

Jedem Alter wohnt ein Zauber inne. Jede Lebenszeit hat ihren Aufbruch. Arthur Schopenhauer meinte zu wissen, der Lebenslauf des Menschen bestehe darin, dass er – von der Hoffnung genarrt – dem Tod »in die Arme tanzt«. Wie aber soll das gehen: dem Tod in die Arme tanzen? Ist das die Kunst zu altern und zu sterben, so wie sie der Theologe Josef Goldbrunner sieht?

Goldbrunner arbeitet in seinem Büchlein »Die Lebensalter und das Glaubenkönnen« mit diesem schlichten Diagramm:

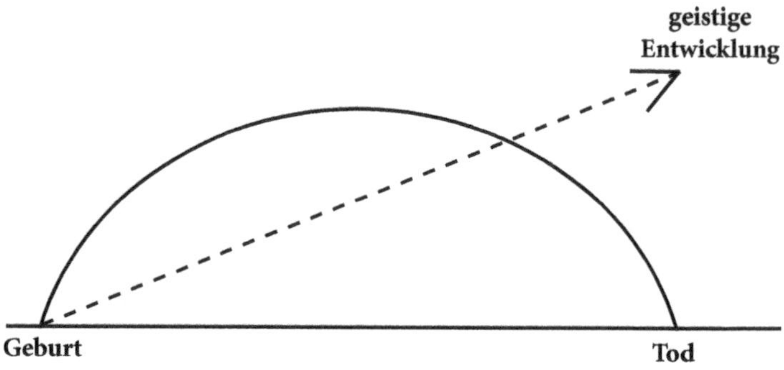

Unser Lebensalter wird in der aufsteigenden und dann wieder abfallenden biologischen Lebenskurve von links nach rechts abgebildet. Der gestrichelte Pfeil, der von links unten nach rechts oben führt, symbolisiert die geistig-psychische Lebensentfaltung bis zur Fülle des Alters und über den Tod hinaus. Die durchgezogene Linie steht für die körperlich-irdische Entwicklung. Dieses Bild der beiden sich an einem bestimmten Punkt in der zweiten Lebenshälfte überschneidenden Linien hat mich in den Monaten nach meinem 75. Geburtstag sehr beschäftigt. Zusammengefasst sagen diese beiden Linien: Hier wird eine Entwicklung deutlich, die über unser jetziges, irdisches Leben hinausweist. Die geistig-seelisch-spirituelle Entwicklung geht nach unserem biologischen Tod weiter, ja sie beginnt vielleicht erst richtig. Der biologische Tod ist also eine Neugeburt in eine andere Welt, so wie es Jesus lehrte: Und unsere irdische Geburt war ein Tod in der geistigen Welt. So wie schon zuvor Sokrates glaubte auch Jesus nicht an den Tod. Ihnen eröffnete sich der Blick in die jenseitige Welt, und deshalb hatten sie die Kraft, den Giftbecher oder das Kreuz freiwillig anzunehmen.

Mit der biologisch-physischen Kraft geht es etwa – wie in unserer Kurve – ab der Lebensmitte abwärts, aber mit der geistig-spirituellen kann es – wie mit unserem Pfeil – immer weiter aufwärts gehen, über mehrere Leben und »Tode« hinweg. Die beiden Linien in unserem Diagramm können ein Hinweis auf den Sinn des Lebens und des Alterns sein und auch die Angst vor dem Tod und dem Altern nehmen oder mindern. Unsere geistige Kurve führt uns nämlich immer weiter aufwärts in eine andere Energieform hinein. Das heißt aber auch, dass zum Zeitpunkt unseres Todes allein ein geschulter Geist, gewachsen durch Liebe und Erkenntnis, wichtig ist.

Hinüberreifen, Hinüberleben. Meine alternde Haut, mein schwaches Fleisch, meine müden Knochen werden sich auflösen, aber mein Geist wächst weiter, und meine Seele lebt weiter. Als Seele und Geist sind wir unzerstörbar. Das wussten die griechischen Philosophen in der Antike und die Tempelpriesterinnen im alten Ägypten, alle Kulturen über China, Tibet und Indien bis zu den Kelten in Europa und den Indianern auf den beiden amerikanischen Kontinenten. Das wissen alle Religionen. Der mongolische Nomade und Schamane Galsan Tschinag spricht – nach einer Nahtoderfahrung im August 1995 – von »hinüberschlafen oder hinüberleben, das ist noch besser«. Auch er sagt, dass diese Erfahrung »gar nicht ähnlich der christlichen Hölle, viel ähnlicher dem Paradies« war.

Wenn das biologische Alter seinen Zenit überschritten hat, stellt sich nach der üblichen Krise in der Mitte des Lebens die Sinnfrage – also die geistige Entwicklung – umso dringender und drängender. Eine Wendung vom Sichtbaren zum Unsichtbaren kann sich anbahnen. Die geistige Lebenskraft will uns weitertreiben hin zur Reife des Alters und der Frucht der Jahre. Spätestens jetzt können wir mit Schopenhauer erkennen, dass »alle Nüsse hohl sind, selbst wenn sie auch vergoldet sein mögen«. Wir erkennen jetzt leichter die Eitelkeit der Dinge und die Hohlheit aller Herrlichkeiten und Gaukeleien dieser Welt.

Zu einem achtsamen Leben gehört im Alter die tägliche Erinnerung an den Tod. Neben der Liebe ist der Tod das Wichtigste in unserem Leben. Wahre Liebe schenkt uns eine Ahnung vom Himmel. Über das Sterben finden wir den Weg dorthin. Erst wenn wir mit dem Tod rechnen, werden wir wirklich erwachsen.

Und trotzdem verdrängen wir ihn. Wir müssen uns nur anschauen, wo die heutigen Friedhöfe angelegt werden. Wir brauchen uns nur manche Intensivstationen anzusehen, wie unser Ende immer an die Ränder geschoben wird. Wenn man bei gesellschaftlichen Ereignissen und in lockeren Gesprächsrunden anfängt, über Nahtoderlebnisse zu reden, erstarren auch die besten Freunde. Das zeigt, dass wir nicht rational mit dem Normalsten und Natürlichsten der Welt umgehen: mit dem Tod. Wir haben nicht nur zu viel Angst vor dem Tod, sondern stellen uns dieser Angst viel zu selten. Das ist ein Lernprozess. Irgendwann fängt man an, darüber nachzudenken. Die eigenen Eltern sind tot, und nahe Freunde sind schon gestorben. Wenn man 77 ist, dann ist es einfach naheliegend, sich damit zu beschäftigen. Vielleicht gelingt es einem sogar irgendwann, sich mit dem Tod anzufreunden. Ich habe heute weniger Angst als noch vor ein paar Jahren. Ich glaube, es ist auch ganz natürlich, dass für einen 18-Jährigen der Tod kein zentrales Thema ist. Zunächst einmal muss man sein Leben organisieren: Beruf, Partnerschaft, Kinder. Aber so ab der Lebensmitte sollte man anfangen – wenn man vierzig oder fünfundvierzig ist und das Ende nicht weiter entfernt ist als der Anfang – darüber nachzudenken, dass mit dem Leben auch einmal Schluss sein wird. Und dann fangen die Fragen an: Wie gehen wir mit unserer bisherigen metaphysischen Obdachlosigkeit um? Gibt es vielleicht eine Wiedergeburt? Was sagen die Religionen über das Leben nach dem Tod? Die heutigen westlichen Gesellschaften sehen den Tod nicht mehr als Übergang, nicht mehr als Wandlung an, sondern als das endgültige Ende.

Der Tod wird uns wohl alle überraschen, ob wir viel oder wenig glauben. Wir werden vielleicht staunen über unsere eigenen Vorstellungen vom Leben nach dem Tod. Die zwei Millionen Menschen, die allein in Deutschland mit Nahtoderfahrungen leben, leben angstfreier nach dem ersten Blick auf die andere Seite. Sie wurden künstlich reanimiert, in dieses Leben zurückgeholt, obwohl sie zum Großteil gar nicht mehr zurückwollten. Sie sagen alle, dass man vor dem Tod keine Angst zu haben brauche. Es werde danach schöner. Die meisten sind ihrem Doktor böse, weil er sie reanimierte und zurückholte. Mein Kollege Joachim Faulstich hat darüber ein spannendes Buch, »Das innere Land«, geschrieben. Von der großen Sterbeforscherin Elisabeth Kübler-Ross, die viele Hundert Menschen beim Sterben in ihren Armen hielt, habe ich vor allem eines gelernt: Wer vertraut, ist nicht allein. Hoffen, vertrauen und glauben ist schlicht vernünftig. Die Tiefenpsychologie lehrt uns, dass Angst und Hoffnungslosigkeit Gefühle sind, die krank machen. Aber Vertrauen und Hoffen haben heilende Wirkung. Deshalb ist die Hoffnung der Verzweiflung vorzuziehen. Seelische Erfahrungen und Träume vermitteln uns solche Einsichten. Ich möchte dahin kommen, dass ich eines Tages nicht mehr sterben muss, sondern sterben darf.

Es gibt Wissenschaftler, die behaupten, es gäbe kein Leben nach dem Tod; die geschilderten Nahtoderlebnisse seien eingebaute chemische Vorgänge im Gehirn, eine Selbsttäuschung des Körpers, damit das unvermeidliche Sterben leichter falle. Und wenn?

Die Erfahrungen der verschiedensten Leute waren meist positiv. Warum sollten Menschen, die viele Minuten ohne Bewusstsein waren, warum sollten sie alle dieselbe Erfahrung machen, wenn es nach dem Tod angeblich gar keine Erfahrung gibt? Warum sollten sie alle ihre Eltern sehen, warum sollten sie alle ihre großen Vorbilder sehen? Warum erscheint ihnen Jesus so oft? Warum sollten viele plötzlich religiös werden, auch wenn sie es vorher überhaupt nicht waren? Diejenigen, die ein wirkliches Nahtoderlebnis hatten, werden anschließend fast alle spirituell. Warum spielt für diese Menschen ihre frühere Weltanschauung – ob Kommunismus oder Atheismus, ob Christentum oder Buddhismus – keine Rolle mehr? Allen, die Nahtoderfahrungen hatten, sind Dinge, die ihnen vorher wichtig waren, Äußerlichkeiten oft, plötzlich unwichtig. Nach der Reanimation werden jedoch scheinbare Kleinigkeiten wichtig: die Liebe zum Partner, die Liebe zu den Kindern oder die Schönheit der Natur. Die Betroffenen erleben alles, spüren Dankbarkeit und leben achtsamer. Das alles ist doch nicht versponnen, das alles hat doch nichts mit chemischen Vorgängen zu tun. Also, wer das nur auf Chemie und Physik zurückführt, hat wahrscheinlich auch von Chemie und Physik wenig verstanden. Was wir über Nahtoderfahrung wissen, ist weit mehr als Chemie und Physik. Ich kenne Quantenphysiker, die davon überzeugt sind, dass die alten Religionen und Weisheitslehren schon viele Dinge wussten, die die Naturwissenschaften heute erst mühsam erforschen. Und wenn Millionen solcher persönlich bezeugter Erfahrungen vorliegen, kann ich das, gerade wenn ich wissenschaftlich denke, nicht einfach beiseiteschieben.

Auf Bitten der Zuschauer haben wir in der ARD die Filme von Joachim Faulstich mehrmals wiederholt. Ich glaube, hier gibt es plötzlich Brücken zwischen naturwissenschaftlicher und uralter religiöser Erfahrung, zwischen Meditation und neuen Erkenntnissen der Gehirnforschung. Da werden wir in den nächsten Jahren und Jahrzehnten von hochspannenden neuen neurologischen Entdeckungen und Erkenntnissen lesen und hören. Ich glaube, dass wir heute die Chance haben, den Tod weiter zu enttabuisieren, und dass wir auch eine naturwissenschaftliche Basis finden werden, die uns die Angst vor dem Tod verlieren lassen kann. Die Angst vor dem Tod und die Angst vor dem Leben hängen zusammen. Menschen wissen oft nicht mehr, wie sie weiterleben sollen, und greifen dann zu dem Instrument des Selbstmords. Oft ist es die Angst vor einem qualvollen Sterben. Deshalb meinen viele, sie müssten ihrem Leben selbst einen Schlusspunkt setzen, um allen Unsicherheiten zu entkommen. Und die aktuell viel diskutierte

Beihilfe zum Freitod? Ich selber möchte eher an der Hand eines Menschen sterben als durch die Hand eines Menschen.

Und die moderne, überwiegend materialistisch orientierte Wissenschaft? Kann sie mit Apparaten und Techniken uns helfen? Wir wissen vor allem dieses: Nach wie vor kann uns die klassische Wissenschaft nicht sagen, was der Tod und was das Leben ist. Da bleibt immer ein letztes, großes Geheimnis. Hier sind Demut und Ehrfurcht zugleich angebracht. Wissenschaftlich ist nur eines gesichert: Das Leben bleibt lebensgefährlich.

Wenn wir den Tod als Transformation in die geistige Welt und nicht als das Ende sehen können, bekommt unser Leben einen neuen Sinn. Dann verstehen wir wohl auch, dass nicht der Tod das letzte Wort hat, sondern die Liebe. Allein dieses Buch ist ein Hinweis auf die Realität des Geistes. Es handelt vom Geist Jesu, der vor 2000 Jahren gelebt hat, aber auch heute geistig weiterlebt. Dieses Buch ist die transgenerationelle Weitergabe und Wiedererweckung eines ganz außergewöhnlichen Menschen. Eines Menschen, der uns begeistert. Begeisterte und begeisternde Fähigkeiten besitzen allein wir Menschen. Nur deshalb sind wir Gestalter und Entdecker einer miteinander geschaffenen und gemeinsam entwickelten Lebenswelt.

Ich habe während der Krise in der Mitte meines Lebens angefangen, ernsthaft über das Altern nachzudenken. Wahrscheinlich haben auch Leserinnen und Leser dieses Buches ähnliche Krisenerfahrungen hinter sich, oder sie sind mittendrin. Hinter dem kleinen Goldbrunner-Diagramm verbirgt sich wohl das große Geheimnis unseres Hierseins: Unser Leben reicht über unsere aktive hiesige Zeit hinaus. In seinem Sonnengesang hat Franz von Assisi nicht nur von Bruder Sonne und Schwester Wasser, von Bruder Elefant und Schwester Schlange, von Bruder Gebirge und von Schwester Meer gesprochen, sondern auch von Bruder Tod. Der Tod, ein Bruder und ein Freund! Die moderne Medizin versteht den Tod nicht als Zeitpunkt, sondern – wie das tibetische oder das ägyptische Totenbuch seit Jahrtausenden – als Prozess. Diese »heutige« Erkenntnis hat natürlich Folgen für die Transplantationsmedizin. Mein Ende ist ein neuer Anfang.

Die Meditation dieses Diagramms hilft mir ganz konkret und praktisch, die geistig-psychische Ebene meiner Aktivitäten nicht zu vergessen. Und ich spüre: Der geistige Pfeil gibt mir Kraft und Energie für die äußere Aufgabe und meinen äußeren Kampf für die hundertprozentige Wende hin zu erneuerbaren Energien. »An den unverbrauchten Träumen des Alters lässt sich am besten erkennen, wie identisch jemand mit sich geblieben ist« (Eugen Drewermann).

Natürlich spüre ich auch jeden Tag, dass der Lebensbogen nach unten zeigt, aber der Geistpfeil eben nach oben. Dieser Pfeil ist wie ein energetischer Jungbrunnen, neue Energie für neues Arbeiten. Das habe ich in der Schule Jesu und durch die Arbeit an diesem Buch neu gelernt. Die Aufgabe ist, wach zu bleiben, um die Signale des Lebens im Alter nicht zu überhören und zu übersehen. Ich fühle mich als Festangestellter des Lebens. So kann man wohl ins Alter hineinreifen. Das Diagramm enthält eine befreiende Botschaft. Und vielleicht blitzt hinter diesem Diagramm auch das Geheimnis von Wiedergeburt auf, von der Jesus sprach, wenn man seine Worte in seiner aramäischen Muttersprache liest.

Der Sinn des Sterbens im Geiste des »aramäischen« Jesus ist jene Verwandlung, die es uns ermöglicht, in ein neues Leben wiedergeboren zu werden.

Die Reinkarnation nimmt uns in die Pflicht. Pastor Günther Schwarz fand in Jesu Muttersprache und im Alten Testament 125 Belege für die Reinkarnationslehre. Nach Schalom Ben-Chorin war der Glaube an die Wiedergeburt sogar jüdischer Volksglaube.

Die Dynamik unseres Lebens hängt vom Ziel ab, das wir im Alter anstreben. So kann sich geistige Schubkraft entwickeln. Noch mal: Im Johannes-Evangelium gibt Jesus diese Gottesdefinition: »Gott ist Geist.« Und Geist ist offen für Wachstum und Zukunft. Gott ist der Geist jeder Seele, der Ursprung des Universums, das Sein alles Seienden und das Leben allen Lebens.

Was Jesus über Gott und Geist sagte, ist analog der Erkenntnis des Physikers und Nobelpreisträgers Max Planck: »Als Physiker, also als Mann, der sein ganzes Leben der nüchternen Wissenschaft, der Erforschung der Materie diente ... sage ich also nach den Erforschungen des Atoms Folgendes: Es gibt keine Materie an sich ... Alle Materie entsteht und besteht nur durch eine Kraft, welche die Atomteilchen in Schwingungen bringt und sie zum winzigsten Sonnensystem des Atoms zusammenhält ... Dieser Geist ist der Urgrund aller Materie. Nicht die sichtbare, aber vergängliche Materie ist das Reale, Wahre, Wirkliche (denn die Materie bestünde, wie wir gesehen haben, ohne diesen Geist überhaupt nicht), sondern der unsichtbare, unsterbliche Geist ist das Wahre. Da es aber Geist an sich nicht geben kann und jeder Geist einem Wesen zugehört, so müssen wir zwingend Geistwesen annehmen. Da aber auch Geistwesen nicht aus sich sein können, sondern geschaffen worden sein müssen, so scheue ich mich nicht, diesen geheimnisvollen Schöpfer ebenso zu nennen, wie ihn alle alten Kulturen der Erde früherer Jahrtausende genannt haben – Gott!«

Der Quantenphysiker Professor Hans-Peter Dürr (gestorben 2014) schrieb das Buch »Es gibt keine Materie«. Materie sei lediglich »geronnener, erstarrter Geist«. Es gibt nur ein Beziehungsgefüge, ständigen Wandel, Lebendigkeit. Geist sei auch in kleinsten Spuren vorhanden, zum Beispiel im Elektron. Dazu schreibt der französische Physiker Jean E. Charon das Buch »Der Geist der Materie«. Der Primat des Geistes ist einsichtig, wenn man bedenkt, dass die Atome des Schreibtisches, an dem ich dieses Buch schreibe, in der Relation weiter voneinander entfernt sind als die Erde von der Sonne. Dieser Schreibtisch, dieser PC, mein Körper, die gesamte Materie bestehen aus – Leere! Die winzigen Atomkerne und die noch kleineren Elektronen, Protonen, Neutronen und Quarks sind von hunderttausendmal größeren Zwischenräumen getrennt, die sich immer wieder neu bilden und wieder verschwinden. Wenn Physiker die Atomkerne genauer untersuchen, finden sie wiederum nur – Leere! Die Quelle aller Materie ist die Geistkraft. Und Geisteskräfte können uns Flügel verleihen und zu überraschenden Folgen und Erfolgen führen.

Nach Albert Einstein ist Materie eine verdünnte Form von Energie. Und der Nobelpreisträger für Physiologie Georg Wald meint schließlich: »Der Geist ist nicht eine späte Folgeerscheinung der Evolution des Lebens, sondern hat schon immer existiert ... als Quelle und Voraussetzung für unsere physische Wirklichkeit. Der Geist hat ein physisches Universum geschaffen, welches seinerseits das Leben hervorgebracht hat, und auf diese Weise entwickeln sich schließlich Lebewesen, die Bewusstsein tragen und schöpferisch handeln.«

»Gott ist Geist« – Geist von unvorstellbarer Energie. Alles was ist, ist ein Ausströmen, ein Ausschwingen Gottes, und Gott ist – wie schon verdeutlicht – jene Energie. Energie in verschiedener Form und Dichte.

3. Warum ist Jesus der einzigartigste Mensch aller Zeiten?

Jesu ganzes Leben war ein einziges Vertrauen auf und ein Wissen um einen Gott, um einen Geist, der alles Leben liebt und der allen Menschen ewige Heimat bietet. Jesu Botschaft an jeden von uns heißt: Verträumt nicht euer Leben, sondern lebt eure Träume, füllt euer Leben mit Liebe und Erkenntnis. Ob Christ oder Atheist, ob Hindu oder Buddhist: In die Seele eines jeden Menschen hat Gott die Sehnsucht nach dem Guten, Wahren und Schönen gelegt. Der Mann, der uns die Geschichte vom barmherzigen Samariter erzählt hat, war sich ganz sicher, dass jeder Mensch, der Mitleid mit dem Leid eines Anderen hat, sich auf geradem Weg zu Gott befindet. An jedem Ort unseres Planeten blicken Menschen auf zum selben Himmel, zum selben Gestirn, zum selben Gott, dem Schöpfer und Vater aller Menschen und allen Lebens. Jesu »Geist« empfiehlt, Gott wiederzuentdecken als Urgrund allen Seins und unbedingten Vertrauens in die Berechtigung des menschlichen Lebens. Jesus lehrt uns, dass alle Weisheit darin besteht, auf die Stimme Gottes im eigenen Herzen zu hören. Gott ist nicht tot! Es ist für denkende Menschen sinnvoll, hilfreich und nötig, auf Gott zu vertrauen. Dieses Vertrauen ist der Sinn hinter allem Sinn.

In Indien gibt es seit dem 19. Jahrhundert eine Jesus-Bewegung, die sich »Hindu-Jünger Jesu« nennt. Einer dieser Jünger, Kesab Chandra Sen, sagte über Jesus: »Ich spreche von keinem toten Christus. Seht ihr nicht, wie Christus durch die ganze Christenheit ausgebreitet ist, wie er geheimnisvoll und unmerklich das Leben von Millionen Männern und Frauen wie ein Sauerteig durchdringt? Ihr mögt seine Lehren ablehnen, seinen Namen zurückweisen, und dennoch dringt er geradewegs in eure Herzen und durchsetzt euer Leben.« Die Wirklichkeit Gottes können Menschen aller Religionen und Konfessionen annehmen: Jesus lehrt keinen anderen Gott, aber er sprach anders über ihn.

Erst wenn uns als Leser und Hörer der uralten Jesus-Geschichten ein »Licht aufgeht« und wir verstehen lernen, dass diese Geschichten, die auch in diesem Buch erzählt werden, unsere eigenen Geschichten sind, dann hat Jesus sein Ziel erreicht. Jesus, das Neue Testament und die Theologen halten noch manche Überraschung für uns bereit. »Die Bibel«, sagt der Schweizer Bibelwissenschaftler Ernst Axel Knauf, »ist wie ein Museum, das großartige Stücke aus 1000 Jahren Geschichte enthält, aber die wenigsten sind beschriftet, und bei manchen sind die Erklärungen vertauscht. Es gibt noch vieles zu erkunden.« Dazu hat Günther Schwarz mit seinen Rückübersetzungen einen wichtigen Beitrag geleistet. Ob alle seine Schlüsse in der theologischen Forschung Bestand haben werden, das weiß ich natürlich nicht – das muss die hoffentlich rasch einsetzende Fachdebatte zeigen. Über 200 wissenschaftliche Aufsätze und 20 Bücher hat Günther Schwarz hinterlassen, als er 2009 starb. In der gesamten Bibelforschung der letzten 200 Jahre gab es keinen Aufklärer wie ihn. Aber außer blanker Angst und Abwehr gab es so gut wie keine Reaktion.

Um dieses Buch abzuschließen, fahre ich noch einmal an den See Genezareth. Im Dunst des Morgennebels oder beim Farbenspiel des Abendrots bin ich dankbar dafür, dass ich in den letzten Jahrzehnten hier dreimal auf Jesu Spuren pilgern durfte und neue Erkenntnisse über den einzigartigsten Menschen, der je auf unserem Planeten lebte, gewinnen konnte. Vor allem hier, am Ort der Bergpredigt, der Seepredigt und der Seligpreisungen, in der Landschaft des »Fünften Evangeliums«, habe ich ihn lieben und wertschätzen gelernt, den »Urheber des ewigen Heiles« (Hebr 5,9), oder wie ihn der Theologe Hans Urs von Baltasar genannt hat: das Herz der Welt! Hier an seinem See hat mich eine tiefere Bewusstseinsebene berührt. Jede Begegnung, die unsere Seele erfährt, hinterlässt eine Spur. Hier lasse ich vom Geist Jesu meine innere Antenne zur geistigen Welt neu aufladen, vom Weltenwind neu ausrichten, von der Sonne erhitzen und vom Regen reinigen. Viele schmutzige Schichten müssen abgetragen werden. Damit der innere Kern der Seele den Kontakt nach drüben aufrechterhalten kann.

Warum ist und war Jesus – wie wir schon am Anfang dieses Buches gesehen haben – einzigartig, ja, der einzigartigste Mensch aller Zeiten? Er hat uns liebend die Liebe seines uns *alle* liebenden Vaters erzählt und vorgelebt. Er war, ist und wird immer sein: *der* große Liebende und Lehrer und Heiler unserer Zeit und aller Zeit. Papst Johannes XXXIII.: »Das Evangelium verändert sich nicht, aber wir beginnen, es besser zur verstehen.« Zum Entdecken dieses Goldschatzes gehört der »aramäische Jesus«. Es könnte damit eine Zeit evangelischer Frische anbrechen. Jesus: »Ich kam auf die Erde, um eine Fackel anzuzünden. Und wie wünschte ich, sie lodere schon«(Lk 12,49 RÜ). Feuer statt Asche! In der kommenden Verwandlung des Menschen wird Jesu Lehre, also die Liebe als Grund allen Seins, der entschiedene und entscheidende Faktor sein. Die Liebe ist das zentrale Element der Integration und Integrität. Ohne mehr Liebesfähigkeit wird es uns nicht gelingen, das Leben auf diesem Planeten zu erhalten.

Alles, was Jesus lehrte, hat der Theologe Dietrich Bonhoeffer wenige Monate vor seiner Hinrichtung durch die Nazis in zwei Sätzen zusammengefasst: »Von guten Mächten wunderbar geborgen, erwarten wir getrost, was kommen mag. Gott ist bei uns am Abend und am Morgen und ganz gewiss an jedem neuen Tag.«

Mit Eugen Drewermann meine ich, dass Jesus »das menschlich und göttlich Echteste und Tiefste, das überhaupt möglich ist«, verkörpert. Deshalb konnte er nie reden, wie Theologen reden, sondern wie Dichter und Mystiker.

Die moderne Neuropsychologie zeigt uns, dass wir durch bewusste positive Erfahrungen unseren Verstand nutzen können, um unsere Seele zu stärken und unser Hirn zu verändern. Erstmalig in der Menschheitsgeschichte leben wir in einer Epoche, in der wir den Hunger überwinden, die Erderwärmung stoppen und weltweiten Frieden organisieren können. Die große Vision von Menschenlehrern wie Jesus und Buddha, Mahatma Gandhi, Nelson Mandela und Martin Luther King von Freiheit, Gerechtigkeit und Frieden ist keine Utopie. Zum Wohle unserer Kinder und Kindeskinder können wir in den nächsten Jahrzehnten eine bessere Welt schaffen – ein qualitativer Kurswechsel der Menschheitsgeschichte ist möglich. Stellen wir uns doch dafür in unseren Herzen und in unseren Familien, in unseren Betrieben und in unseren Ländern, auf unseren Kontinenten und auf diesem Planeten Werte und Fundamente vor, durch die sich Ängste und Frustrationen durch positive Erfahrungen überwinden lassen. Meditationen und Gebete, Achtsamkeit und Gelassenheit können dabei helfen, dass in uns Gutes wirklich wirken und wachsen kann. In der Geistesschule Jesu und in der Denkschule Buddhas finden wir Wege zu diesen Zielen, auf dass wir möglichst rasch nach Hause, also zu uns selbst, kommen und zur Ruhe finden. Hirnforscher und Genforscher haben herausgefunden, dass Vertrauen in Gottes Liebe zu uns Menschen auch unser Immunsystem stärkt, uns gesünder macht und uns länger leben lässt. Liebe, Altruismus und Vertrauen lehren uns, dass der Mensch von Natur aus gar nicht die Bestie sein muss, die er bisher in der Menschheitsgeschichte zu sein schien. Das haben Studien wie die des Genforschers Dawson Church ergeben, die er in seinem Buch »Die neue Medizin des Bewusstseins« publizierte. Schon Buddha wusste, dass wir von Gedanken geformt werden. Es ist eine gute Nachricht, dass heutige Wissenschaftler dieses alte Wissen bestätigen. Wir können unsere Selbstheilungskräfte durch Gefühle wie Liebe und Altruismus aktivieren. Wir können die Macht des Guten mobilisieren.

Wenn eine kritische Masse von vielleicht 100 Millionen Menschen diese Chancen nutzt, leben wir »morgen« in einer besseren Welt. In den kirchlichen Mitgliedskarteien hat Jesus ja bereits über zwei Milliarden Fans. Was könnte daraus noch werden, wenn wir ihn endlich richtig verstehen! Wem die vielen Umkehrungen, die wir heute weltweit beobachten können, zu langsam vorangehen, der sei an die Erfahrung erinnert, die der Nobelpreisträger Max Planck 1933 veröffentlichte: »Eine neue wissenschaftliche Idee pflegt sich nicht dadurch in der Welt durchzusetzen, dass ihre Gegner allmählich überzeugt und bekehrt werden, sondern in der Weise, dass die Gegner aussterben.«

Als ich am 11. Januar 2015 Angela Merkel und François Hollande Arm in Arm mit Israels Ministerpräsident Netanjahu und Palästinenserpräsident Abbas, mit EU-Ratspräsident Donald Tusk und Jordaniens Königin Ranja, mit EU-Kommissionspräsident Juncker und weiteren 40 Staats- und Regierungschefs aus der ganzen Welt zusammen mit 1,5 Millionen Demonstranten gegen den Terror durch Paris laufen sah, überkam mich diese Erkenntnis und dieses Gefühl: Liebe ist die Universalmedizin – eine bessere Welt ist möglich; *liberté, égalité, fraternité* sind mehr als politische Schlagworte – Frieden zwischen Israel und Palästina ist möglich – jetzt ist die Zeit reif für eine neue Nahost-Friedenskonferenz. Vielleicht kann Angela Merkel die Initiative ergreifen.

Dem Dalai Lama kam aus diesem Anlass eine ganz andere Idee: »Ich denke an manchen Tagen, dass es besser wäre, wenn wir gar keine Religionen mehr hätten. Alle Religionen und alle Heiligen Schriften bergen ein Gewaltpotenzial in sich. Deshalb brauchen wir eine säkulare Ethik jenseits aller Religionen. In den Schulen ist Ethikunterricht wichtiger als Religionsunterricht. Warum? Weil zum Überleben der Menschheit das Bewusstsein des Gemeinsamen wichtiger ist als das ständige Hervorheben des Trennenden.« Damit ist der Dalai Lama in der Spur Jesu. Auch der junge Mann aus Nazareth verstand sich nicht als Gründer der größten Weltreligion, sondern vielmehr als der Überwinder jeder dogmatisierten

Religion. Der Dalai Lama und Jesus meinen übereinstimmend, dass unser wirkliches Verhalten wichtiger ist als religiöse Lippenbekenntnisse. Kein Mensch wird als religiöser Mensch geboren, dazu werden wir gemacht. Aber alle Menschen werden als Wesen voller Mitleid geboren. 2015 publizierte ich deshalb mit dem Dalai Lama zusammen in allen Weltsprachen das Büchlein »Ethik ist wichtiger als Religion«.

Foto: Bigi Alt

Der Dalai Lama und Franz Alt

Um eine säkulare Ethik zu erlernen, brauchen wir Menschen wahrscheinlich eine Perspektive über dieses irdische Leben hinaus. Die Lehre der Wiedergeburt, die noch nicht alle Religionen weitergeben, kann dabei hilfreich sein, indem wir erkennen, dass wir vielleicht auf diesen schönen Planeten zurückkehren. Daraus wird Verantwortung entstehen, und wir können die Einstellung »Nach uns die Sintflut« hinter uns lassen. Die Wissenschaft hat längst damit angefangen, das Feld der Reinkarnation zu erforschen, so wie sie in den letzten 250 Jahren das Feld der Materie erforscht hat. Genauso können Wissenschaft und Religion, Wissen und Glauben, zu echtem Vertrauen in das Leben zusammenwachsen. Hoffnungsvolle Forschungsansätze für dieses ganzheitliche Denken wie die Nahtodforschung gibt es genug. Vielleicht erkennen wir erst danach uns selbst besser sowie unsere Stellung und unseren Auftrag in der Schöpfung – ganz so, wie es unser großer Freund aus Nazareth gelehrt hat. Dann werden wir auch verstehen, dass es übergeordnete Instanzen gibt – von »Abba« sprach er oder von Geist –, die uns lieben und leiten und von denen wir uns leiten lassen sollen. Diese Erkenntnis kann uns zu grenzenlosem Glück und zu wirklicher Energie führen. Das wünsche ich allen meinen Lesern aus ganzem Herzen.

Ich bin seit 50 Jahren mit einer Frau verheiratet, die partielle Erinnerungen an ein früheres Leben hat. Ich bin befreundet mit dem Dalai Lama, der von der Wiedergeburt überzeugt ist, und mein großes Vorbild Jesus hat oft von Wiedergeburt gesprochen. Vielleicht ist das, was wir Tod nennen, ein »Seinsschlaf«, wie der Philosoph Wilhelm Schmid vermutet. Ein Seinsschlaf, bei dem wir uns wie beim nächtlichen Schlaf in dieser Welt von den Verletzungen und Abgründen dieses Lebens erholen, um uns im nächsten Leben weiterentwickeln zu können. Solche Hoffnung kann uns entlasten beim Alt- und Älterwerden. Und wenn ich mich getäuscht habe? Dann bin ich dankbar dafür, dass dieses jetzige Leben ein schönes und sinnvolles war.

Wir sollten endlich lernen, dass der Tod der Höhepunkt unseres Lebens ist. Lasst uns ihn endlich feiern.

Zum Abschied und zum Geleit, liebe Leserin und lieber Leser, möchte ich ein altes Pilgergebet zitieren, das ganz im Sinne unseres »aramäischen« Jesus, den wir in diesem Buch gesucht haben, eine Bitte an Gott enthält. Dieses Gebet sprach der Hamburger Pilgerpastor Bernd Lohse mit einer Gruppe von Pilgern, mit denen meine Frau und ich 2010 auf dem Olavsweg in Norwegen unterwegs waren, am Beginn unserer Tour im Glas-Dom von Hamar:

Foto: Bigi Alt

Im Glasdom in Hamar: Pilgergruppe und Bernd Lohse (links), Franz Alt (2. v. rechts)

»Gott, wir danken Dir, dass Du die beschützt, die Dich suchen.
Wir danken Dir, dass Du die leitest, die auf Dich hoffen.
Wir bitten Dich um Deinen Segen, wenn wir nun
aufbrechen zu unserem Pilgerweg.
Bewahre uns vor allem Übel, dass kein Schaden uns treffe.
Behüte Du unsere Körper und Seelen.
Hilf uns, mit einem offenen Blick für das einzustehen,
was Du uns auf diesem Weg zeigen willst.
Und wenn wir unser Ziel erreichen, hilf Du,
Deine Stimme zu hören.
Öffne uns für die Erneuerung des Glaubens und Lebens.«

Wir sangen nach diesem Gebet das Lied »Vertraut den neuen Wegen«. Neue Wege, neue Sprache: Körper, Geist und Seele brauchen immer neue Herausforderungen – wahrscheinlich bis zu unserem letzten Atemzug. Dazu gehört zentral die Suche nach dem wirklichen Jesus. Wir finden ihn in seiner Muttersprache. Deshalb sollte das Neue Testament endlich ins Aramäische rückübersetzt und dann in alle Sprachen der Welt neu übertragen werden.

Es gilt, das wichtigste und meist gekaufte Buch der Welt neu zu entdecken und in alle Sprachen neu zu übersetzen. Es gilt, das geistige Eigentum Jesu wiederherzustellen. Dazu will dieses Buches anstiften. Jede erkannte Wahrheit verpflichtet, entsprechend zu handeln.

Theologen aller Konfessionen, Christen aller Länder, vereinigt euch! Geht zur Quelle, zum »aramäischen« Jesus. Er hat uns den Himmel geöffnet. Und so erkennen wir: Gottes Versprechen sind wahr – er hat für jeden von uns einen wundervollen Plan. Auch für Sie.

Ich danke Thomas Schmitz im Gütersloher Verlagshaus sowie den Freunden von Günther Schwarz, dem Ehepaar Brigitte und Friedrich Körner und dem Sohn von Günther Schwarz, Jörn Schwarz, für ihre konstruktive und liebevolle Begleitung beim Schreiben dieses Buches. Und meiner Frau Bigi Alt danke ich besonders für kompetente Recherchenhilfe.

Mehr Infos zu den Jesus-Forschungen von Günther Schwarz: www.jesus-forscher.de

Wenn Sie mit mir in Verbindung bleiben wollen, besuchen Sie meine Homepage (www.sonnenseite.com) oder schreiben Sie mir eine E-Mail an franzalt@sonnenseite.com.

Literatur

Aleman, André: Wenn das Gehirn älter wird. Was uns ängstigt. Was wir wissen. Was wir tun können. München: C. H. Beck 2013.

Alexander, Dr. med. Eben: Blick in die Ewigkeit. Die faszinierende Nahtoderfahrung eines Neurochirurgen. München: Ansata 2013.

Alt, Franz/Lohse, Bernd/Weyer, Helfried: Aufbruch zur Achtsamkeit. Wie Pilgern unser Leben verändert. Freiburg im Breisgau: Kreuz 2013.

Ders.: Der ökologische Jesus. Vertrauen in die Schöpfung. München: Riemann 1999.

Alt, Franz: Die Schöpfung. Mit Fotografien von Helfried Weyer. Gütersloh: Gütersloher Verlagshaus 2009.

Ders.: Frieden ist möglich. Die Politik der Bergpredigt. München/Zürich: Piper 1983.

Ders.: Jesus – der erste neue Mann. München/Zürich: Piper 1989.

Ders.: Liebe ist möglich. Die Bergpredigt im Atomzeitalter. Müchen/Zürich: Piper 1985.

Cohen, Richard: Die Sonne. Der Stern, um den sich alles dreht. Zürich/Hamburg: Arche 2012.

Dalai Lama: Rückkehr zur Menschlichkeit. Neue Werte in einer globalisierten Welt. Köln: Lübbe 2011.

Dalai Lama und Franz Alt: Ethik ist wichtiger als Religion. Der Appell des Dalai Lama an die Welt, Beneventobooks, Salzburg 2015.

Darwin, Charles: Mein Leben. 1809–1882. Frankfurt am Main/Leipzig: Insel 2008.

Das Markus-Evangelium in der Übersetzung von Eugen Drewermann. Olten/Freiburg im Breisgau: Walter 1989.

Die Bibel. Einheitsübersetzung. Altes und Neues Testament. Freiburg im Breisgau/Basel/Wien: Herder 1980.

Drewermann, Eugen: Die Apostelgeschichte. Wege zur Menschlichkeit. Ostfildern: Patmos 2011.

Ders.: Wendepunkte. Oder was eigentlich besagt das Christentum? Ostfildern: Patmos 2014.

Dürr, Hans-Peter: Es gibt keine Materie. Amerang: Crotona 2017.

Faulstich, Joachim: Das innere Land. Bewusstseinsreisen zwischen Leben und Tod. München, Knaur 2004.

Hanson, Rick: Denken wie ein Buddha. Wie wir unser Gehirn positiv verändern. Gelassenheit und innere Stärke durch Achtsamkeit. München: Irisiana 2013.

Herbst, Karl: Der wirkliche Jesus. Das total andere Gottesbild. Olten/Freiburg im Breisgau: Walter 1988.

Hüging, Uli: Der Jesus Trail hat eine Farbe: Orange! Münster : Verl.-Haus Monsenstein und Vannerdat 2012.

Hüther, Gerald: Was wir sind und was wir sein könnten. Ein neurobiologischer Mutmacher. Frankfurt am Main: S. Fischer 2012.

Grässlin, Jürgen: Schwarzbuch Waffenhandel. Wie Deutschland am Krieg verdient. München: Heyne 2013.

Kamphaus, Franz: Lichtblicke. Jahreslesebuch, hg. von Ulrich Schütz. Freiburg im Breisgau/Basel/Wien: Herder 2014.

Kermani, Navid: Gott ist schön. Das ästhetische Erleben des Koran. München: C. H. Beck 2000.

Klingholz, Reiner: Sklaven des Wachstums. Die Geschichte einer Befreiung. Frankfurt am Main/New York: Campus 2014.

Küng, Hans: Jesus. München/Zürich: Piper 2013.

Lesch, Harald/Zaun, Harald: Die kürzeste Geschichte allen Lebens. Eine Reportage über 13,7 Milliarden Jahre Werden und Vergehen. München/Zürich: Piper 2009.

Luxenberg, Christoph: Die syro-aramäische Lesart des Koran. Ein Beitrag zur Entschlüsselung der Koransprache. Berlin: Schiler 2011.

Niemz, Markolf H.: Lucy im Licht. Dem Jenseits auf der Spur. München: Droemer 2007.

Oberdorf, Astrid/Oberdorf, Christoph: Innere Transformation, äußerer Erfolg. Ramerberg: EchnAton 2015.

Neal C. Mary: Einmal Himmel und zurück. Der wahre Bericht einer Ärztin über ihren Tod, den Himmel, die Engel und das Leben, das folgte. Berlin: Ullstein 2015.

Pinker, Steven: Gewalt. Eine neue Geschichte der Menschheit. Frankfurt am Main: S. Fischer 2011.

Pixner, Bargil: Mit Jesus durch Galiläa nach dem fünften Evangelium. Rosh Pina: Corazin Publishing 1992.

Renz, Monika: Der Mystiker aus Nazaret. Jesus neu begegnen. Jesuanische Spiritualität. Kreuz 2013.

Rosien, Peter: Die Gottesfälscher. Wie die Kirchen Gott verschleiern. Publik Forum 2013.

Scheer, Hermann: Der energethische Imperativ. 100 Prozent jetzt. Wie der vollständige Wechsel zu erneuerbaren Energien zu realisieren ist. München: Kunstmann 2010.

Schiebeler, Werner: Der Tod, die Brücke zu neuem Leben. Erfahrungsbeweise für ein persönliches Fortleben nach dem Tod. Der Bericht eines Physikers. Ravensburg-Torkenweiler: WerSch-Verlag 1999.

Schmid, Wilhelm: Gelassenheit. Was wir gewinnen, wenn wir älter werden. Berlin: Insel 2014.

Schröder, Heinz: Jesus und das Geld. Wirtschaftskommentar zum Neuen Testament. Karlsruhe: Gesellschaft für Kulturhistorische Dokumentation 1979.

Tschinag, Galsan: Der singende Fels. Schamanismus, Heilkunde, Wissenschaft. Galsan Tschinag im Gespräch mit Klaus Kornwachs und Maria Kaluza. Zürich: Unionsverlag 2010.

Von Weizsäcker, Beatrice: JesusMaria. Christentum für Frauen. München/Zürich: Piper 2014.

Wolff, Hanna: Jesus, der Mann. Die Gestalt Jesu in tiefenpsychologischer Sicht. Stuttgart: Radius 1977.

Dies.: Neuer Wein – alte Schläuche. Das Identitätsproblem des Christentums im Lichte der Tiefenpsychologie. Stuttgart: Radius 1981.

Ziegler, Jean: Ändere die Welt. Warum wir die kannibalische Weltordnung stürzen müssen. München. Bertelsmann 2014.

Zink, Jörg: Jesus. Funke aus dem Feuer. Freiburg im Breisgau: Kreuz 2012.

Bücher von Günther Schwarz:

Das Jesus-Evangelium. Zusammengestellt und übersetzt aus griechischen und altsyrischen Vorlagen und aus ausserbiblischen Quellen, hg. von Günther Schwarz. München: Ukkam 1993.

Die Bergpredigt – eine Fälschung? Die Worte der Berglehre im Originalton Jesu. München: Ukkam 1991.

Wenn die Worte nicht stimmen. Dreissig entstellte Evangelientexte wiederhergestellt. München: Ukkam 1990.

Worte des Rabbi Jeschu. Eine Wiederherstellung. Graz/Wien: Styria 2003.

Günther: Glaubenswürdiges Credo? Rückfragen zum Credobuch von Benedikt XVI. und zum Glaubensbekenntnis der Kirche. Berlin/Münster: Lit 2006.

Hat Jesus überlebt? Manuskript 1999

Jesus lehrte anders, Manuskript 2000

Das Papstamt! Eine ungeheure Anmaßung? Manuskript 2006

Das Papstamt – Eine intelligente Fälschung, Manuskript 2007

Ich bin nicht gestorben, Manuskript 2009

Schauungen der Therese Neumann aus Konnersreuth, Manuskript 2009

Die Bücher und Manuskripte von Günther Schwarz erhalten Sie über seinen Sohn Jörn Schwarz (Mail an: ICETEX@web.de).

Abkürzungen:

Spr:	Sprüche
Mt:	Matthäus-Evangelium
Mk:	Markus-Evangelium
Lk:	Lukas-Evangelium
Joh:	Johannes-Evangelium
Apg:	Apostelgeschichte
1 Kor:	Erster Brief an die Korinther
Eph:	Brief an die Epheser
Kol:	Brief an die Kolosser
1 Tim:	Erster Brief an Timotheus
Tit:	Brief an Titus
Heb:	Brief an die Hebräer
Offb:	Offenbarung des Johannes
Phil:	Philippus-Evangelium (nicht in den Kanon aufgenommen)
Th:	Thomas-Evangelium (nicht in den Kanon aufgenommen)
RÜ:	Rückübersetzung aus dem Aramäischen

MIX
Papier | Fördert gute Waldnutzung
FSC® C014496

Penguin Random House Verlagsgruppe FSC® N001967

14. Auflage, 2025

Neumarkter Str. 28, 81673 München
produktsicherheit@penguinrandomhouse.de
(Vorstehende Angaben sind zugleich
Pflichtinformationen nach GPSR)

Druck und Bindung: GGP Media GmbH, Pößneck
Printed in Germany
ISBN 978-3-579-08522-7
www.gtvh.de